权威·前沿·原创

皮书系列为
“十二五”“十三五”国家重点图书出版规划项目

BLUE BOOK

智库成果出版与传播平台

共享经济蓝皮书
BLUE BOOK OF SHARING ECONOMY

中国共享出行发展报告（2020~2021）

ANNUAL REPORT ON THE DEVELOPMENT OF SHARED MOBILITY IN CHINA (2020-2021)

主　编 / 中华环境保护基金会绿色出行专项基金
北方工业大学
中国汽车技术研究中心战略与政策研究中心

社会科学文献出版社
SOCIAL SCIENCES ACADEMIC PRESS (CHINA)

图书在版编目（CIP）数据

中国共享出行发展报告.2020－2021/中华环境保护基金会绿色出行专项基金，北方工业大学，中国汽车技术研究中心战略与政策研究中心主编.--北京：社会科学文献出版社，2021.5
（共享经济蓝皮书）
ISBN 978－7－5201－8217－1

Ⅰ.①中… Ⅱ.①中… ②北… ③中… Ⅲ.①城市交通运输－交通运输发展－研究报告－中国－2020－2021 Ⅳ.①F512.3

中国版本图书馆CIP数据核字（2021）第064157号

共享经济蓝皮书
中国共享出行发展报告（2020~2021）

主　　编／中华环境保护基金会绿色出行专项基金
　　　　　北方工业大学
　　　　　中国汽车技术研究中心战略与政策研究中心

出 版 人／王利民
责任编辑／吴　敏

出　　版／社会科学文献出版社·皮书出版分社（010）59367127
　　　　　地址：北京市北三环中路甲29号院华龙大厦　邮编：100029
　　　　　网址：www.ssap.com.cn
发　　行／市场营销中心（010）59367081　59367083
印　　装／天津千鹤文化传播有限公司

规　　格／开　本：787mm×1092mm　1/16
　　　　　印　张：32.25　字　数：489千字
版　　次／2021年5月第1版　2021年5月第1次印刷
书　　号／ISBN 978－7－5201－8217－1
定　　价／158.00元

本书如有印装质量问题，请与读者服务中心（010－59367028）联系

《中国共享出行发展报告（2020～2021）》编委会

郝萌 徐龙 郭详 郭煜 鹿璐
梁少芳 董娜 蒋贵凰 蒋慧 靳文舟
潘朕嘉 戴薇

致谢（按姓氏笔画排序）

于丰 王天伦 王帆 王成 王玮
王易彦 王倩 王瑛 付黎明 乔英俊
朱培松 任龙 刘宇盈 刘和 孙学琛
孙理科 孙馨 李宁 李如彬 李洪
杨宏旭 杨洋 杨锋磊 吴狄 吴敬敬
宋文明 何松 张贤国 陈湛 苗祎勉
罗文 周亚 庞博 赵晶 袁旬
袁菁 栗泽宇 贾晓坤 晏科文 高俊明
唐小淳 黄小玮 黄清敏 龚云鹏 崔占伟
覃左鸿 谢川 魏雪静

编写单位简介

中华环境保护基金会绿色出行专项基金 中华环境保护基金会成立于1993年4月，是经民政部登记注册的中国第一家从事环境保护公益事业的全国性公募基金会。绿色出行专项基金发起于2017年4月，旨在推动绿色出行产品投放使用、绿色出行技术标准与规范研究、绿色出行城市基础设施建设、法律法规的制定及相关领域的科学研究与峰会举办。

北方工业大学 成立于1946年，是隶属于北京市教委的一所涵盖理、工、文、经、管、法、艺七大学科，以工为主、特色鲜明的高等院校。

中国汽车技术研究中心战略与政策研究中心 中国汽车技术研究中心成立于1985年，是隶属于国务院国资委的中央企业，在国内外汽车行业具有广泛影响力。汽车战略与政策研究中心是其直属二级单位，是汽车行业权威的综合性研究机构。

轩辕大学 成立于2020年3月，以成就新汽车人为使命，致力于在全球汽车产业转型和升级时代，发现、培养和打造具有专业能力、国际视野的汽车商界领袖和高级管理者。

哈啰出行 成立于2016年9月，致力于为用户提供便捷、高效、舒适出行工具和服务的专业移动出行平台。

华夏出行有限公司 成立于2017年2月，是北汽集团由传统制造型企业向制造服务型和创新型企业转型的标志性企业，为公众提供智慧、便捷、环保和高效的出行解决方案。

摘　要

《中国共享出行发展报告（2020～2021）》是关于中国共享出行领域的年度发展报告。全书分为总报告、综合篇、业态篇、专题篇、地方篇、案例篇等六个部分。总报告分析了2020～2021年度共享出行主要业态发展、企业经营、政策制定及落实的情况，并预测了共享出行领域的发展态势。综合篇围绕城市交通和国际共享出行分析了共享出行发展的主要外部环境。业态篇重点分析了网约车、私人小客车合乘、互联网汽车租赁、互联网租赁自行车、互联网租赁电动自行车和需求响应公交的发展情况和趋势。专题篇分析了2020～2021年度共享出行领域的热点和焦点问题，如疫情下的共享出行、聚合打车模式、共享化对汽车产业的影响、共享出行产品与服务设计、互联网租赁自行车的综合影响、网络货运、自动驾驶出租车以及“出行即服务”等。地方篇分析了三个地方政府共享出行发展与政策管理情况。案例篇选择了13家共享出行代表性企业展开了分析。

2020年我国共享出行经受住了疫情冲击，体现出较强的韧性，发展质量不断提升。网约车、互联网租赁自行车、互联网租赁电动自行车、合乘与分时租赁等共享出行方式与公共汽电车、轨道交通和巡游出租车等传统出行方式深度融合，相互补充。共享出行市场交易额超过2200亿元，共享出行超过320亿人次，并创造了大量就业岗位。

不同共享出行的具体发展阶段有所不同，网约车行业发展进入稳定期，日订单数量超过2000万单，私人小客车合乘行业实现快速增长，订单量日均达到100万单左右。分时租赁领域各地已投入运营的车辆为20万辆左右，仍处于探索阶段。互联网租赁自行车行业平稳发展，日均订单量超过4500万单。互联网租赁电动自行车行业进入快速发展期。

共享出行的政策法规体系不断完善。网约车政策逐步体系化，私人小客车合乘强化"真顺风"要求，汽车租赁进一步规范发展，互联网租赁自行车政策法规不断细化，互联网租赁电动自行车的规范管理仍在探索中。

本书剖析了2020～2021年度共享出行领域的大量数据，探讨了该领域的相关政策，提出了推动中国共享出行健康持续发展的若干建议。本书对政府的政策制定、企业出行业务的开展，以及科研院校的研究工作开展等都具有一定的参考价值。

（按姓氏笔画排序）

共享出行新业态发展呈现四个特点

近年来，以网约车、共享单车、共享汽车为代表的出行新业态新模式不断涌现，快速发展，丰富着出行服务供给，改善着服务体验。当前我国共享出行新业态发展呈现如下特点。

一是共享出行在有效满足人民群众多层次、多样化、个性化的出行需求方面发挥了重要作用。国家信息中心发布的《中国共享经济发展报告2021》显示，2020年网约车客运量占出租车总客运量的比重为36.2%；从居民消费的角度看，人均网约车支出占出行消费支出的比重为11.3%。

二是共享出行的快速发展也深刻改变着整个出行服务业。共享出行平台越来越注重B端即企业服务市场，一些城市也开始探索网约车与传统出租车融合发展的有效途径。这些都将有力地推动着出租车公司等传统出行企业的数字化、平台化转型步伐。

三是面向未来，共享出行平台在企业服务市场的竞争将更加激烈，其向货运、跑腿服务等其他服务领域的业务拓展也在积极探索中，呈现多元化生态化扩张态势。

四是从监管的角度看，针对新业态新模式发展中存在的问题，监管制度及多部门协同的监管机制将更加完善。

于凤霞
国家信息中心信息化和产业发展部处长
分享经济研究中心副主任

城市共享出行新业态应与传统业态协同共生、以人为本

城市共享出行新业态与传统业态各模式之间应该是协同共生的关系，企业无论是民营还是国有，价值取向均应该是从满足用户需求到创造用户需求，创造用户需求最本质的逻辑是要“以人为本”，放弃投机念头，追求长期利益。腾讯在2019年提出“科技向善”，科技应用的商业更应该向善，唯有向善才能长久。

从共享出行到MaaS出行是未来可期的，MaaS是一个生态系统，包含了交通出行的各个环节、模式以及价值流。这一生态系统的各要素间的关系一定是互惠互利、生态位互补的。实现MaaS关键是要形成从价值创造、价值分配到价值获取全链条的可持续商业模式，而各利益相关主体之间的合作意愿与基于契约的信任则是跑通商业模式的基础；区块链技术的发展正逢其时，可为城市交通乃至整个信用社会建设提供客观信用体系，降低各主体之间的交易成本，重构价值创造、分配和获取的商业模式。

尹志芳

交通运输部科学研究院战略规划室副主任

共享出行团队负责人

共享出行与出行即服务的发展愿景

Mobility的传统中文词义是移动性，最初我也采用词典汉译；2017年在为清华大学全球产业4.5研究院组织的闭门会议准备演讲材料的过程中，突然领悟到用“出行”可以比较准确地表达Mobility术语的中文概念和涵义，从二元划分角度把共享出行（Shared Mobility）和运动出行（Active Mobility）与传统私人交通（Private Transport）和公共交通（Public Transport）并列分析，可以在理论上梳理出交通与出行概念的基本特征及差异。于是，我建议学界和业界共同采用新术语：Mobility = 出行，将Sustainable Urban Mobility Plan（SUMP）翻译为可持续城市出行规划，而不再是可持续城市交通规划；同时，我也建议把Mobility as a Service（MaaS）翻译为出行即服务，国际咨询机构的中文资料大多翻译为移动出行服务。

新的共享出行和出行即服务概念模糊了传统公共交通与私人交通的界限，引入新的社会经济（共享与协作）和体验经济（参与和联系）体系，出现优步、滴滴等以应用程序连接乘客和驾驶人提供载客车辆租赁或共乘的共享型经济服务；出行即服务与消费者解决方案和共享经济向“即服务”转变密切相关，它给消费者带来系列好处（个性化、使用方便、最优价格、有效利用时间等），以及经济效益（有效使用交通工具、新的商业模式、高效的管理等）和社会效益（支持政策目标、创造经济增长和就业机会等）。

对城市管理当局来说，出行即服务提供了解决交通堵塞、污染和停车问题的机会。对于传统运输服务运营商来说，出行即服务是一个新的战略支点，运输监管方而的发展允许其充分挖掘整合多种服务的潜力，并改变定位，更加以用户为中心；对出行服务平台来说，出行即服务是一个巨大的市场机会。

按照这种逻辑，出行即服务就不只局限于人的出行，这种方法也适用于运输货物（尤其是在城市地区）。许多创新的出行服务，如共享自行车、共享汽车和共乘出行正在推动交通运输行业的变革；最终将多种交通方式通过整合到无缝出行的序列中，为用户、运输产业和商业带来更多效益。

人类交通方式的革命不仅是由技术创新驱动的，更重要的是由人类价值观和生活方式的改变所驱动的。依照交通工具的机动化与非机动化和交通方式的公共交通与私人交通两个维度，我把人类出行发展划分为四个阶段，分别以骑马、公共马车、私人汽车和出行即服务为标志。

如果说美国从需求响应交通演变出共享出行，欧洲从可持续城市出行规划演绎为出行即服务，中国强调共享巴士则兼具其他们的共同愿景。换句话讲，美国人的共享出行、欧洲人的出行即服务和中国人的共享巴士都异曲同工地在推动人类社会的第四次出行革命。出行即服务概念逐渐被社会大众所接受，成为政府推动的一项工作。

通过共享出行和出行即服务来实现交通范式的转变，出行服务供应商可以提供简单、灵活、可靠、可支付和环境可持续发展的日常出行，目标包括：通过加强技术和创新的伙伴关系，促进敏捷、响应、方便和无缝的多式联运服务来提高运输效率；确保公共交通一体化成为区域运输网络的重要组成部分，为每个旅客提供一致、可靠和方便的服务来提高运输效率；利用公共交通长期存在能力和传统作用，为每个出行者提供公平、方便和客户为中心的服务来提高乘客体验。

总结起来一句话：共享出行和出行即服务的核心社会价值在于降低私人汽车的需求。

王　健
共享出行实验室创建人
全国公共交通学科首席科学传播专家

坚持绿色和安全发展观
促进共享行业持续发展

我国正以空前的速度实现城镇化和机动化。全国城镇化率平均每年增长超过1%，过去十年全国民用汽车保有量增加两倍。虽然我国城市机动化水平远低于欧洲和美国，但我国很多城市已经面临严重的交通拥堵、事故和难以忍受的空气污染等问题。特别是，我国已经承诺2030年碳排放达峰并尽早达峰，降低污染物及温室气体排放强度已迫在眉睫。但根据目前预测，交通运输行业2040年左右才能达到峰值，城市交通节能减排压力巨大。我们也清晰地认识到继续朝着这种土地低密度开发且过度依赖小汽车的不健康城市交通模式发展是不可持续的。我们需要建立“一个现代的城市绿色交通系统”，以降低城市交通时间和经济成本，让市民具有更多的出行方式选择。从总体上来讲，可持续城市的繁荣和市民的福利围绕步行、自行车、高效的公共交通系统展开的，而共享出行是城市绿色出行的重要组成部分，已为城市便利工作、生活和旅游服务的重要基础条件之一。

借助互联网技术实现高效供需匹配的共享出行，在很大程度上节约或者最大限度地使用车辆资源，属于绿色出行范畴。2009年，Uber正式创立，实现了动动手指就可打到车，加入平台就能有份不错的收入，提高了车辆的使用效率，成为世界上共享出行领域的先行者。2012年，共享出行在我国各地陆续出现。我国消费者对网约车、共享单车、共享汽车、共享电单车和即时配送业务展现出巨大热情，2020年共享出行超过320亿人次，相当于同年全国城市客运量的近20%，这是一个非常了不起的突破。短短十年间，以灵活、便捷、经济、绿色和安全的特点，共享出行深受我国广大消费者群体喜爱，中国已经超过美国和德国成为全球最大的共享出行市场。实现这种跨越式发展，得益于政府鼓励采取共享出行模式，推动新老业态融合发展的政策和措施，也得益于共享平台企业技术创新、扎实工作、高效运作和灵活的经营策略。

但共享出行在高速扩张过程中，也暴露出不少问题。私人小客车合乘、网约车、汽车租赁、互联网租赁自行车、互联网租赁电动自行车和需求响应公交等新兴出行方式的行业安全管理复杂、内容多、技术难度大，安全隐患是困扰政府和企业的共同难题。安全和稳定是行业发展的底线和红线，交通运输部多次强调要加强安全监管，压实企业主体责任，强化共享出行平台公司的安全责任，坚决堵住平台管理漏洞，有效防范化解各类风险，切实提高对共享出行行业的长效治理能力，切实保障公众出行安全。

我们需要从全生命周期角度来考虑共享出行绿色化问题，不仅考虑在运输过程中资源最大化利用、车辆电动化和较少污染排放，还要考虑车辆及其设施设备的前端生产的绿色化以及后端废旧不用后的无害化处理，包括废旧电池和车辆处理等一系列问题，不能再出现小黄车“坟场”事件。

只有坚持绿色和安全，才能行稳致远。共享出行平台公司应该把运营和安全做到极致，牢记共享绿色发展的企业社会责任，获得公众信任和政府的信赖至关重要。让我们凝聚行业共识，不断提升安全和服务水平，让老百姓更好地享受优质的共享出行服务，推动共享出行行业可持续健康发展，为交通强国建设和综合立体交通网建设作出新的贡献。

江玉林

交通运输部科学研究院城市交通研究中心原主任、 研究员

中国交通运输协会共享出行分会副会长

中国公路学会城市交通分会副理事长

先有共赢　后有共享

经营者——先有共赢，后有共享。在社会主义社会，一切经济活动的出发点必须是造福人民，必须是推动社会进步。习近平总书记在省部级主要领导干部学习贯彻党的十九届五中全会精神专题研讨班开班式上指出，只有坚持以人民为中心的发展思想，坚持发展为了人民、发展依靠人民、发展成果由人民共享，才会有正确的发展观、现代化观。服务的提供者首先要保护好用户的人身安全和个人信息安全，这是共享出行的底线和红线。现在，网约车的使用频率越来越高，针对运行中出现的问题，服务提供方应不断完善管理规则。比如，当网约车司机迟到时，用户希望退单，另约其他车，以免影响出行计划。但是有的平台要求用户就此支付罚款甚至全额车费。再如，对于用户的送机订单，如果网约车司机迟到导致用户没有赶上预定的航班，平台如何赔偿用户？这些条款应该在用户下单之前告知，作为用户判断是否选择这个平台服务的依据。对于共享单车，存在投放量远远大于实际需求量且随意停放堵塞交通、押金数额过高且退押金的时间过长或者难以退押金等问题。平台的创新应该优先考虑如何提升服务水平、使操作更加简洁便捷、使用户的权益得到更好的保障，而不是千方百计地去挤压司机的利益、去排斥竞争者。共享平台如果不能以服务社会为宗旨，为群众提供良好的、不断创新的服务，实现供需双方共赢，就违背了社会主义社会经济活动的出发点，必将失败。

政府——该出手时就出手。通过社会资源解决群众出行问题，是企业与政府二者的共赢。既然共享出行解决的是千家万户的出行问题，政府的监管与支持都不能缺失。政府要监督供应商做好服务工作，特别是保护消费者安全、维护消费者利益、及时有效地应对客户投诉等。政府应该对于共享单车的押金数额进行约束和监管。政府应该要求共享单车的服务提供商提供其运行数据，如单车的投放数量、单车的使用率、用车的热点位置和平均骑行的距离等，以便对共享单车进行管理。不能将人行道路和公共场所作为共享单车企业的免费停车场。我们经济体制改革的核心问题是处理好政府和市场的关系，既要使市场在资源配置中起决定性作用，又要在涉及人民群众生活的问题上加强政府监管，更要制止市场经营中的垄断现象。

用户——道德水平与经济发展同步提高。共享出行服务的提供商有责任约束用户和司机的行为，培养用户和司机的道德水平与经济发展同步提高。比如，用毕后将共享单车停放到适当的位置，不影响交通和行人。对于这样的用户，服务提供商应该给予奖励，10 次规范行为兑换一次免费使用机会，以此培育用户的社会道德水平。培育良好社会风气的成本低于雇人搬运乱放车辆的成本。

残车——不能浪费的社会资源。我在很多城市看到共享单车残车的堆放场地，也就是人们说的共享单车“坟场”。看到几十万辆单车被随意抛弃，我十分心痛。这既违背了资源最大化利用的共享初衷，也是对社会资源的浪费。共享单车的服务提供商有责任尽最大可能修复有故障、被损坏的单车。政府相关部门应该对于浪费物质资源的现象加以干预、予以处罚。

四年前，共享单车开始进入我们的生活，方便了出行。此后，各种创新让城市的生活服务越来越有效、越来越方便。为了促进经济发展，我们要发展新业态，释放新动能，不断地创新经济发展模式。同时，我们也要引导、规范新的经济发展模式在法制的轨道上运行，更好地服务社会、服务人民群众的生活。

许 进
全国政协委员
九三学社中央委员

自动化、电动化、共享化和多样化是未来出行的主要趋势

未来出行行业发展的四大趋势日益清晰，即自动化、电动化、共享化和多样化。

在自动化方面，美国的谷歌、苹果和亚马逊等互联网公司以及特斯拉、通用等主要车企都在关注无人驾驶，中国的京东、百度、华为、滴滴、美团等科技公司以及主要车企都在开展无人驾驶的研究。无人驾驶技术的应用目前仍面临巨大挑战，但是中国车联网行业快速发展，本土化的复杂道路特征以及基于车路协同的基础设施优势，很可能会让中国与美国一道引领全球未来出行行业发展。

在电动化方面，中国拥有目前世界上最大的电动汽车市场，出现了一大批造车新势力企业，蔚来、理想和小鹏等品牌有力的激活了电动乘用车市场，电动汽车全面取代传统燃油汽车虽然面临挑战，但发展趋势不可逆转。

在共享化方面，中国消费者为购买服务的支付意愿在全球位居前列，相对而言对拥车的支付意愿不像欧美用户那么强烈。中国在共享出行领域已经拥有了包括滴滴、美团、哈啰在内的全球头部企业，共享出行服务的日活量在全球也首屈一指，中国在共享出行领域处于领先地位。

而在多样化方面，除了传统的小汽车、出租车、地铁公交方式之外，近年来不断涌现的网约车、共享单车、共享电单车、MaaS 等多种新业态蓬勃发展。微信与支付宝从支付角度优先发展城市出行业务，也说明互联网行业

将出行服务置于投资的风口。多样化出行方式在不断整合、创新中保持成长，值得我们更多的关注。

刘岱宗

世界资源研究所中国可持续城市部门主任

拥抱共享经济时代的出行变革

出行是人类社会最基本的活动之一。

从徒步出行到进入机动化，人类历经了几千年漫长的发展历程，但革命性的变革发生在近一百年。从19世纪蒸汽机的发明到汽车在全社会普及乃至飞机、高速公路和高速铁路的全面兴起，不到100年左右的时间，交通系统发生了革命性转变，并推动全球社会活动和经济格局发生了重大的变化。这期间，载运工具的技术进步是推动交通系统全面转型和技术提升的主要力量。20世纪80年代至今不到50年的时间，信息技术发展日新月异，交通系统再次进入革命性的重大变革期，这次，信息化和新能源成为推动变革的核心力量。这场变革刚刚开始，未来新型交通系统的雏形已然显现，对社会经济活动和相关产业带来的影响可能超乎我们的预期。

共享出行可能是未来交通系统最重要的特征之一。随着共享经济时代的到来，智能化、共享化、网联化等成为载运工具的鲜明特点，带来了交通工具、基础设施在供给和使用方面的变革，交通系统运行和服务模式正在发生深刻的变化。对于公共交通、共享交通、共享出行，从概念到内涵都要有新的认知。

共享出行是共享经济时代率先成长和发展的产业领域，也是发展最快、最具规模的领域。在人类社会衣、食、住、行等基本活动中，出行由于需求周期性、目的导向性，以及资源供给短期性、多样性、灵活性等特点，最具共享价值和最易于实现共享。共享出行的社会经济效益显著，其健康可持续发展需要全社会积极应对和共同努力。

共享出行孕育着交通运输服务的新业态，将对传统交通系统带来巨大冲击。传统交通管理体制、法律法规和相关政策等面临挑战，对交通业务运营和从业者来说，共享出行变革带来的危机和生机俱在。共享出行市场潜力巨大，对未来建设低碳社会意义非凡。共享出行在就业、能源、环境等方面综合效用明显，代表了业未来发展的重要方向。

共享出行是新生事物，是大势所趋，需要交通、经济等领域的专家学者高度关注和深入研究。让我们张开双臂，拥抱共享经济时代的出行变革！

关积珍

中国智能交通协会副理事长

国家智能交通产业技术创新战略联盟理事长

关注共享出行，收获来自竞争的福利

共享出行是共享经济的重要表现，本质上是将有价值的商品或服务的使用权在个体之间自由组合。共享经济的本质是商品或服务的使用权的让渡，而非所有权的让渡。共享出行快速发展，首先源于经济的发展。随着国民收入水平增长，居民在交通出行方面的消费水平持续提升，有意愿和能力选择更为便捷和舒适的出行服务，由此出现了网约车 C2C 模式、共享单车 B2C 模式等共享出行方式。其次是技术的辅助，移动互联网、信息通信和定位技术的飞速发展，为整合和匹配交通出行领域的市场供求信息、在线支付等提供了必要的技术支撑。其与传统出行方式的最大区别是增加了信息中介主体，由此形成了新的社会关系、社会矛盾，以及法律关系、解决矛盾的新的法律方法。按涉及主体不同，可将矛盾分为两类：经营矛盾，即经营者与经营者之间的矛盾；消费矛盾，即经营者和消费者之间的矛盾。总体上，建立在竞争基础上的共享出行增加了消费者福利，很大程度上出现的消费矛盾来自经营矛盾的转嫁，故理顺经营关系是解决整体矛盾的前提和基础。

首先，网约车的主要矛盾源于打破传统利益格局。限于历史原因和行业特性，传统出租车大都是垄断经营。网约车服务的兴起改变了传统巡游出租车服务的商业运营模式，这是一种外在的市场力量对产业结构的冲击。如何化解？一个阶段性的现象是，政府设定网约车的相关条件，以划定各自的利益范围，包括经营权许可证、出租车服务价格管制、司机的资质和条件限制等。其次，共享单车服务经营者之间矛盾源于新兴市场的利益划分。为了获得更大市场利益，营业中采取虚假宣传、低于成本提供服务等手段，或者以资本、技术和数据力量为基础进行市场扩张。

不到十年的时间，共享出行产业的发展已经从试水期进入相对平稳的运行期。为促进产行业健康有序发展，以下问题尤为值得关注。第一，政府介入方式和手段问题。若没有正当理由人为限制共享服务的准入条件，会形成进入壁垒。需要对相关管理规定和行为进行公平竞争审查，及时清理具有或者可能具有排除限制竞争效果的因素。第二，经营中技术被滥用的问题。在网约车和共享单车领域，市场集中度都较高。在这种市场结构下，需要特别关注共同市场支配地位滥用行为或者横向垄断协议行为。技术进步是产品和服务质量提高的前提，但技术被滥用则可能以更为隐蔽的方式造成损害消费者利益的不利后果。第三，合理的市场结构问题。基于当前共享出行领域较为集中的市场结构状态，需要关注共享单车领域的经营者集中行为。

共享出行直接服务于消费者。对上述存在或可能存在的风险化解，政府应确立以消费者利益为中心的监管理念，同时，强化平台企业的自我约束和对平台内经营者的监管责任。只有合理的市场结构和正当竞争才能保持行业的稳定发展，也才能保障经营者和消费者的福利。

刘继峰

中国政法大学教授

民商经济法学院副院长

汽车共享化发展新特征、新趋势

当前，全球新一轮科技革命和产业变革蓬勃发展，汽车产业加快向电动化、智能化、网联化、共享化发展。新冠肺炎疫情的暴发进一步推动了汽车共享出行行业由资本驱动回归商业化本质。疫情初期，由于人流限制、交通管控等原因，共享出行需求大幅下降，出行企业生存困难，大量中小企业退出市场。

随着疫情防控形势持续向好，当前汽车共享出行发展呈现以下特征。一是合规化进程加快。网约车合规化进程不断推进，交通运输部推出网约车合规信息查询服务，各地也不断加大对不合规网约车的整治查处力度。此外，《小微型客车租赁经营服务管理办法》的实施，强化了对分时租赁的监管，规范了车辆使用性质。二是商业模式加快演进。网约车领域滴滴仍占据绝对市场份额，但是以车企网约车平台为代表的新势力在长期战略和短期卖车需求影响下也在加快布局，抢占合规运力空间，创新商业运营模式，聚合模式、巡网融合成为新的发展特点。三是运营向精细化转变。目前行业普遍面临盈利难题，特别是分时租赁缺少行之有效的商业模式，为此出行企业在用户体验、司机合理权益、核心用车场景等方面不断优化。四是车辆加快电动化和定制化。在行业政策和运营成本的共同驱动下，新能源汽车在共享出行领域加快普及应用，在降低运营成本方面优势逐步显现。同时，为更好的满足出行市场用户需求，多家车企推出定制化车辆，如比亚迪 D1、一汽奔腾 NAT 等。

展望未来，出行行业在产品技术、用户需求、城市交通等深刻变革下呈现以下新趋势。一是行业运力逐步饱和。在城市大力发展公共交通以及运力+平台双合规背景下，以网约车为代表的共享出行市场逐步饱和，并出现局部过剩，存量竞争更加激烈，行业竞争格局发生变化。二是自动驾驶技术加速导入。各地积极开展出行领域自动驾驶测试示范应用项目，滴滴、百度、高德等出行平台已在有限区域内开启自动驾驶出租车试乘服务，探索新型商业模式。三是打造出行行业生态。出行企业不断加强与上下游产业链的合作，整合汽车制造、维保、保险、充电、租车、二手车等资源，提升资产运营效率。四加快构建 MaaS 服务平台。出行行业与其他城市交通模式深度整合，提供无缝衔接、安全便捷的全链条出行服务，缓解交通和环境压力。

刘　斌

中国汽车技术研究中心首席专家

中国汽车技术研究中心战略与政策研究中心副主任

构筑美好数字交通出行新图景

“十四五”时期是我国全面建成小康社会、实现第一个百年奋斗目标之后，乘势而上开启全面建设社会主义现代化国家新征程、向第二个百年奋斗目标进军的第一个五年。2021 年 3 月全国人大通过了《中华人民共和国国民经济和社会发展第十四个五年规划和 2035 年远景目标纲要》（以下简称《纲要》)。“十四五”期及长远中的发展交通出行必须以《纲要》作为指引。

“共享”作为五大新发展理念之一，是交通出行的基本原则。《纲要》提出的指导思想是：高举中国特色社会主义伟大旗帜，深入贯彻党的十九大和十九届二中、三中、四中、五中全会精神，坚持以马克思列宁主义、毛泽东思想、邓小平理论、“三个代表”重要思想、科学发展观、习近平新时代中国特色社会主义思想为指导，全面贯彻党的基本理论、基本路线、基本方略，统筹推进经济建设、政治建设、文化建设、社会建设、生态文明建设的总体布局，协调推进全面建设社会主义现代化国家、全面深化改革、全面依法治国、全面从严治党的战略布局，坚定不移贯彻创新、协调、绿色、开放、共享的新发展理念，坚持稳中求进工作总基调，以推动高质量发展为主题，以深化供给侧结构性改革为主线，以改革创新为根本动力，以满足人民日益增长的美好生活需要为根本目的，统筹发展和安全，加快建设现代化经济体系，加快构建以国内大循环为主体、国内国际双循环相互促进的新发展格局，推进国家治理体系和治理能力现代化，实现经济行稳致远、社会安定和谐，为全面建设社会主义现代化国家开好局、起好步。《纲要》提出必须遵循的原则之一：坚持新发展理念。把新发展理念完整、准确、全面贯穿于发展全过程和各领域，构建新发展格局，切实转变发展方式，推动质量变革、效率变革、动力变革，实现更高质量、更有效率、更加公平、更可持续、更为安全的发展。显然交通出行也必须“坚定不移贯彻创新、协调、绿色、开放、共享的新发展理念”。“十三五”期内，“共享出行”作为交通出行贯彻新发展理念的代表，网约车、共享单车、分时租赁、私人小客车合乘等快速发展，并走出了国门，推动了交通出行的效率、动力的变革，虽然在发展中还存在诸多的问题，但已经成为人们生活的组成部分并不可或缺。相信在《纲要》的指引下，“共享出行”在“十四五”时期还会有更大的发展。

“共享出行”是构筑美好数字生活新图景的亮丽色彩。《纲要》在第五篇“加快数字化发展，建设数字中国”中提出：构筑美好数字生活新图景，要推动交通出行等各类场景数字化，打造智慧共享、和睦共治的新型数字生活。这对“共享出行”既是鞭策，又是鼓舞，共享出行行业应当抓住这一机遇期，深入研讨以下题目：一是在“十三五”基础上，交通出行更广泛、更深入的各类数字化场景有哪些？二是智慧共享、和睦共治的“八字”要求下，新型数字出行的具体指标有哪些？只要全行业坚持五大新发展理念不动摇，构筑美好数字生活新图景，共享出行就必是其中的亮丽色彩。

张柱庭
中国公路学会法律工作委员会主任
太和智库高级研究员

共享出行合规之路任重道远

2020年，席卷全球的新冠肺炎疫情给共享出行领域带来了巨大冲击。据不完全统计，全国有超过30个城市暂停了网约车运营服务，网约车订单量骤减。随着国内疫情防控形势向好，复工复产有序推进，3月以来各网约车平台数据稳步回升，行业发展活力逐步恢复。自2016年《网络预约出租汽车经营服务管理暂行办法》发布以来，我国网约车行业逐渐发展成熟，自上而下的“三证监管”政策体系建立健全。全国已有200多个城市在统一指导下，因地制宜制定了网约车政策的落地实施细则，对“三证”的具体要求、合规流程、执法监督等进行了明确界定。然而，对于平台化运营的互联网新模式新业态而言，这种碎片化、分散化的合规模式，在适应性上还有待进一步的探索和检验。尽管经历了4年多的政策实施，但网约车行业的合规经营情况仍然不容乐观，甚至没有一家平台实现了全合规经营。其背后不仅是合规门槛的提高降低了合规意愿，而且对于地方政府而言，庞大的合规压力和监管成本，也使得合规工作的推进面临不少困难，合规之路任重道远。

共享出行是新时代符合“创新、协调、绿色、开放、共享”新发展理念的经济形态之一，在经济发展方式转变过程中，成为促进就业、解决失业问题的重要载体，特别是在疫情期间，不仅在疫情防控中发挥了重要作用，保持了经济和社会的畅通，也成为经济发展、带动复工复产的重要动能。预计未来一段时间，推动共享出行行业健康发展仍是政策主基调。首先，监管政策框架总体稳定。网约车是平台经济背景下产生的共享经济新业态，是互联网与传统行业深度融合的典型代表。在坚持包容审慎的总体原则下，鼓励行业兼顾效率与公平、健康有序发展的监管政策框架总体稳定，有利于打造可持续发展的市场环境。其次，局部调整和优化将持续。由于之前定的门槛较高，少部分地区可能根据实际的合规进展以及本地发展需要，对车辆排气量、轴距、车龄等方面的门槛采取更为放开的态度。再次，推动融合发展是方向。各地为更好适应平台经济和地方经济发展的需要，推动出租车与网约车融合发展的方向未变，鼓励传统出租汽车网约化转型，给传统出租车发展松绑，允许出租车拥有与网约车相同或相似的各种灵活机制等，实现新旧业态融合发展。最后，平台监管可能进一步加强。共享出行作为平台经济发展最主要的领域，已经进入相对成熟的阶段，在全球性反垄断浪潮下，面临的平台反垄断监管风险也将持续增加。

李强治
中国信通院政策与经济研究所监管部主任

网约车行业加速洗牌，区域化合作共赢模式或成发展必然

网约车的兴起，是时代的选择，是用户的需求。伴随着国内疫情控制得力，经济快速恢复，越来越多新兴出行平台企业迎来了全新的发展机遇。同时，资本、技术、品牌、安全、资源、渠道、管理、运营各类资源要素也决定着各参与方的发展势必会遵循优胜劣汰的进化法则。

在行业监管环境趋于严格、法规不断健全、执法手段不断升级的大背景，网约车平台线下的规范化和精细化运营、车队管理能力、平台自身的盈利模式和能力等成为各家平台能否发展壮大的重要因素。

网约车行业从无序生长逐步向规范化经营、有序竞争发展。在互联网出行领域这一未来的万亿级市场中，流量平台、主机厂出行平台、区域运力平台等各路势力加码竞争，行业加速洗牌，出行产业的下半场已经开赛。高德、滴滴、美团等互联网平台系凭借资本、技术、品牌和流量优势，发展势头强劲；曹操出行、T3 出行等传统车企布局网约车业务，依托资金、资源、渠道等综合实力，在竞争中也快速攻城略地；以各省地方交运、客运集团等为代表的交通运输企业纷纷发力，成立网约车平台，依托良好的本地社会资源和关系、安全和运营管理能力等，成为有区域优势的网约车运力平台。网约车市场发展三大核心要素“司机、车、乘客”，司机的管理能力决定着服务供给和服务质量管理能力，车源供给和标准化决定着成本管控能力，流量平台决定着流量获取与分发能力，行业各方势力竞争激烈，但竞争加速推动着整个网约车行业的快速发展。

互联网出行行业全面进入平台化发展阶段，只有回归商业本质、注重精细化运营管理和安全体系管理的企业才能实现持续发展。在未来，聚合超级平台、车企出行平台和区域化运力平台等各参与方在相互竞争的同时，以开放的心态各方协同、融合发展，充分发挥自身优势，形成互补，实现“1 +1 +1 >3”，从而推动行业高效、规范发展，或将成为一种必然选择，一个全新的规范化的出行时代即将来临。

范越甲

石家庄市道路运输行业协会专家委员会出行新业态组组长

物信关系重构和分布式运输兴起是两大发展趋势

物信关系是指经济活动的实体过程及其特征信息在相关场域中的组合模式与时空效率。任何经济行为在产生相应实体活动的同时，也都会产生一系列相关的特征信息，包括活动发生的时间、地点、主体、客体、活动内容、活动过程、活动结果、活动绩效、影响因素、决策过程……其中有些信息包括了非常大量和细致的时空特征。经济活动的特征信息在早期很难像现在这样被记录、传输、处理、使用和保存，因此在前工业化时代信息所起的作用相对较弱，实体活动在经济过程中一直占据绝对主导地位。工业时代的交通革命和通信革命使得信息的作用大大提升，但从整体上看工业化时期的信息仍旧从属于实体经济活动，因为信息虽然被较多记录并传输，但其作用一般来说是相对滞后的。而在目前的信息时代，信息的作用开始凸显，甚至在很多领域出现信息反过来主导实体过程的趋势，"互联网+"的特征之一就是把大量原来不被重视和利用的信息数据变成新资源。由于经济活动特征信息的标准化描述和测量能力提高与实时实地采集、处理、传输配合，加上信息传递速度已远远快于实体位移速度，经济活动的特征信息可以更高的效率打破时空局限。物信关系与时空结构变化的深刻影响正在并还将不断地表现出来。

在交通运输领域，人们一方面看到非常明显的运输业大型化、快速化趋势，但另一方面也看到存在大量的中小型交通运输工具。而运输市场的需求也可以分为集中化需求和分散化需求。可以大体上把传统的常规运输供给分为两大类，一类是建立在规模经济基础上，依靠大型设施与设备，主要特征包括需求要整合并服从于供给、决策依赖于高层、信息化服务于内部管理、行业主管部门具有绝对权威等，简称为规模化计划主导型运输供给，或需求服从型供给；另一类则是资源怠用型运输供给，主要特征是为满足分散化运输需求而提前超量配置各类交通运输资源，以备随时以碎片化模式满足特殊时空下的需求，相应资源的利用效率通常较低。规模化供给可以有效满足集中化需求，但无论是规模化计划主导型供给还是资源怠用型碎片化供给，在满足分散化需求方面都存在不适应或低效率问题。分布式供给则是依托信息技术创新和商业模式创新，面向终端消费需求，通过有组织的小型、分散、柔性供给主体的分工与协作，提供满足特定时空要求的产品和服务。分布式运输是针对时空异质性提供的有别于规模化计划主导型供给，也不同于资源怠用型碎片化供给的运输服务。分布式运输形成的基础是不同运输方式构建起新型物信关系，并推动形成了互联网共享出行的新业态。未来运输业的业态将在信息平台的支持下同时包括规模化、联运物流和分布式供给，并形成一个可以满足各种特定运输需求的服务谱系。分布式运输也对运输政策的调整提出了要求。

荣朝和
北京交通大学教授

网约车行业进入深度盘整期

2021年，距离交通部出台网约车部门规章，网约车取得合法身份已经进入第五个年头了，网约车行业已经从过去的“野蛮生长”阶段进入需要合规运行的深度盘整阶段。

首先，网约车行业需遵守“三证合规”底线。网约车发展早期，人们曾认为兼职性质的“网约车”是解决传统出租汽车供给潮汐现象的新兴事物，法规政策给予其合法空间，方是对新业态的包容审慎的结果。不过，当下的网约车行业“三证合规”已是基本法律要求，已成为网约车行业稳定发展的基础。网约车行业的职业化而非兼职化，也是业态的重要特征。当前交通主管部门不断推进合规信息公示，加强违规平台与司机执法查处，也是网约车行业深度盘整的重要表现。

其次，网约车行业需进行“巡网融合”的探索。巡游出租汽车与网络预约出租汽车融合发展，系国家确定的出租汽车行业深化改革的重要目标，网约车行业的创新发展应当兼顾巡游出租汽车的转型升级。因此，业务性质趋同类的网约车业务如快车、机场线等，应特别注重与巡游出租汽车的统筹协调，而线下的车辆管理、司机培训等需要向巡游出租汽车行业学习，网约车的信息化优势则可以为巡游出租汽车行业的转型升级提供有力支撑。“巡网融合”得到网约车行业的重视，也正是网约车行业向出租汽车行业深化改革目标深度盘整的重要体现。

最后，网约车行业需重视司机合法权益的保障。网约车行业作为运输服务业态，其主要的服务主体为一线网约车司机，因此司机的心态与能力决定了行业服务质量，而司机的心态与能力有赖于经营主体为司机提供的权益保障。虽然交通运输部网约车立法并未强制要求网约车平台与司机建立雇佣关系，但网约车司机的基本劳动权益保障仍然需要作为平台公司以及行业其他重要参与主体的高度重视。在一定意义，网约车司机权益保障可以说是网约车行业稳定发展之锚，而这也是当前网约车行业深度盘整阶段不可忽视的重要方向。

顾大松

东南大学法学院副教授

交通法治与发展研究中心执行主任

网约车反垄断与共享化的未来

2015年初，我提出“汽车四化”，其中重要的“一化”就是共享化，也就是移动出行的共享化，或者叫MaaS（出行即服务）。所谓汽车共享化，在当时的语境里，我指的是因为有了移动互联网，很多有车一族可以通过顺风车或者闲暇时提供用车服务来最大化利用闲置的汽车资源。而从终极的意义上来说，则是随着完全无人驾驶的实现，整个社会个人不再拥有车辆，完全由运营ROBOTAXI的出行公司来完全满足人们的移动出行需求。当时，确实是怀着一种憧憬，而且觉得可能这个未来将会很快到来，并且非常美好，但是5年过去了，汽车共享化的现状却越来越令人担忧。

现在的汽车共享化，所谓通过顺风车或者闲暇时提供用车服务来最大化利用闲置汽车资源仍很难实现。随着巡游出租车上线，当下的网约车模式和出租车模式对于用户来讲，几乎是一回事。这当然极大方便了人们的出行，但与所谓的汽车共享化还是有巨大的偏差。当然，这也并非是最重要的，网约车作为平台经济的一种，存在巨大的分化。分化之一是模式不同。一种以滴滴为代表，其司机并非是公司员工，自己带车上岗。另一种以T3出行、曹操出行为代表，司机由平台自己雇用，几乎就是出租车模式。两种模式的不同，导致管理的不同，也导致最终用户体验不同。后者往往更加规范，无论是司机职业安全还是乘客用车安全，都能更好地实现。但是这往往导致后者成本极大增加，无论是资金成本还是管理成本，都超过前者。分化之二就是网约出租车出现垄断现象。建立车队的网约车公司之所以很难竞争过对手的原因除了成本问题之外，还因为各地的限牌措施，使车队往往难以有很大规模，规模天然被约束。这导致两种网约车平台公司经营的难易程度和司机待遇不同。根据官方首次公布网约车运营数据，2020 年 10 月，网约车监管信息交互平台共收到订单信息 6.3 亿单。其中，滴滴出行为 5.62 亿单，排第一位；曹操专车为 1660 万单，排第二位；T3 出行为 1580 万单，排第三位；之后依次为万顺叫车、美团打车、享道出行、花小猪。倘若再把花小猪的 320 万订单量统计在滴滴的数据之内，榜首滴滴是第二名曹操出行订单量的 34 倍。因此，网约车平台经济领域的反垄断成为迫切要求。而这种反垄断，将很大程度上引导类似滴滴这样的公司成为 T3 出行这样的公司，它必然导致滴滴的运营成本增加，而这对于增进整个社会的福利，并非坏事，相反是更大促进。

至于更接近与未来 ROBOTAXI 模式的分时租赁，在当下几乎陷入绝境。因为没有司机，没有人接单，变成单边模式，就是平台公司投放，用户用车就要去找车。这种平台投放导致的成本极其高，难以有规模，而没有规模就没有便利性，没有便利性就没有流动性。市场化的分时租赁公司不断退出市场，主机厂成立的分时租赁公司又常常被质疑为新能源汽车销量的主要渠道，并非长久之计。

鉴于无人驾驶的遥遥无期，我认为未来汽车共享化最大可能的是网约车平台公司发展既能巡游又能线上的出租车模式，也就是扬招和网约一体化模式，从而有效保护平台和消费者的权益。当然，顺风车模式更多会形成区域化的社群模式，成为汽车共享化道路上一个不可忽视的分支。

贾　可

轩辕大学校长

汽车商业评论总编辑

汽场联合创始人

理性发展阶段更需要理性的推动

过去的一年，共享出行不再像以往那样出现各种热点，或许因为疫情，但更多的是客观上进入了理性发展阶段，这将是一个长期、常态的过程。

网约车方面，曾备受期待的聚合模式没有出现想象中的大发展，或许因为疫情，但更多的应该是运力规模及其背后规则的约束。网约车合规化，本可以利用疫情期间需求较小的契机，严格要求合规运力，但因为精力主要集中于如何防疫，而错失机会。需要深层次反思的是，在这种互联网平台经济模式下，网约车司机群体的劳动强度与收入问题。网约车更灵活的薪酬分配方式，并不会改变或提高司机的待遇。这是经济社会分配的大问题，而且好像基本无解。

共享单车方面，与网约车一样，在疫情的冲击之下，财务可持续性问题进一步凸显。政府需要在改善骑行环境和停放条件的基础上，考虑予以一定的财政支持，让好事物健康发展下去。在互联网平台背景条件下，有条件通过购买服务的方式来实现，同时也可以更好的加以监管。而不是在当前理性发展阶段，仍然仅仅是数量管制。

共享汽车（汽车分时租赁）方面，本就异常艰难的共享汽车，在疫情的影响下，较多的企业退出了市场。面对包括网约车在内的出租车的竞争，共享汽车不管是在便利性、服务水平还是在价格费用方面，都难以有明显的竞争力，未来还是应该从传统的汽车租赁视角予以推进，以便找到适合的场景，获取应有的市场定位和分工。

停车共享方面，依然受制于停车位所有者开放的意愿，可能只有等收费价格不断上涨，收益达到一定程度后才能打动所有者来开放共享，这是一个缓慢持续的过程。

程世东

国家发展与改革委员会综合运输研究所城市交通中心主任

目　录

Ⅰ　总报告

Ⅱ　综合篇

Ⅲ　业态篇

Ⅳ 专题篇

Ⅴ 地方篇

Ⅵ 案例篇

皮书数据库阅读使用指南

总报告

General Report

B.1 2020~2021年中国共享出行发展形势分析与展望

纪雪洪　王丰斌　陈海峰*

摘　要： 本报告阐述了2020年中国共享出行发展状况。共享出行作为平台经济和数字交通的典型代表，在构建高效、可靠、便捷、普惠的城市出行系统中发挥了重要的作用。共享出行经受住了疫情的考验，为抗疫做出了应有的贡献。整体上看，共享市场规模不断扩大，各业态保持了较强的活力和创新能力，创造了大量的就业机会，促进了产业链的协同增长，推动了低碳绿色出行理念的落实。共享出行行业治理能力不断提升，政策体系日渐完善，安全底线得以夯实。展望未来，共享出行服务场景将更加多元化、技术应用更加成熟、企业责任更加明晰，社会福祉将得到更全面实现，共享出行市场

* 纪雪洪，博士，北方工业大学汽车产业创新研究中心主任，教授；王丰斌，轩辕大学执行校长；陈海峰，中国汽车技术研究中心战略与政策研究中心汽车产业发展与交通出行研究室主任。

潜力巨大，发展前景光明。

关键词：　城市交通　共享出行　政策体系　行业治理

共享出行（Shared Mobility）是指共同使用机动车辆、自行车或其他低速模式的车辆完成出行。共享出行的具体形式多样，包括公共交通、出租汽车、班车、共享自行车，以及其他按需乘坐和送货服务。本报告关注的共享出行是借助互联网技术，实现供需高效匹配的交通新业态，主要包括私人小客车合乘、网约车、汽车租赁、互联网租赁自行车、互联网租赁电动自行车和需求响应公交等新兴出行方式。2020 年我国共享出行的总体发展情况如下。

一　共享出行经受住了疫情冲击，发展质量不断提升

（一）共享出行市场交易额超过2200亿元

2020 年我国国民经济稳定恢复，成为全球主要经济体中唯一正向增长的国家，全年国内生产总值实现 1015986 亿元，同比增长 2.3%。2020 年，我国共享经济市场交易规模约为 33773 亿元，同比增长 2.9%，增长速度略高于国民经济增长速度[①]。

共享出行是非常具有代表性的共享经济领域，也是共享经济发展的重要组成部分。根据国家信息中心统计，2020 年共享出行市场交易量为 2276 亿元，在共享经济交易总额中占比为 6.74%，是共享经济中超过千亿交易额的主要领域之一。

① 国家信息中心：《中国共享经济发展报告 2021》，2021 年 2 月 22 日。

（二）2020年共享出行超过320亿人次

根据交通运输部的统计，2019 年我国城市客运量为 1297. 2 亿人次，公共汽电车客运量为 691. 8 亿人次，城市轨道交通客运量为 238. 8 亿人次，出租车客运量为 347. 9 亿人次。根据预测①，2020 年我国城市客运量为 831. 2 亿人次，其中公共汽电车客运量为 424. 1 亿人次，城市轨道交通客运量为 175 亿人次，出租汽车客运量为 232 亿人次。

2020 年我国互联网租赁自行车使用量日均订单超过 4570 万单，全国网约车日均订单达 2100 万单。若将互联网租赁自行车、网约车、互联网租赁电动自行车和顺风车等计入，2020 年共享出行人次已经超过 323 亿人次。网约车、互联网租赁自行车、合乘与分时租赁等共享出行方式与公共汽电车、轨道交通和巡游出租车等传统出行方式相互补充，共同构成多层次的城市出行体系。

共享出行属于准公共交通，以形式的私人性实现了效果的公共性目的。从出行者的角度看，共享出行满足了部分个性化的特定出行需求，解决了城市交通在“最后一公里”中的供给短板问题，提供了更加便捷、高效、可靠的出行组合，推动一站式无缝衔接出行从概念走向实践。

（三）共享出行在疫情冲击下体现出发展韧性

在疫情防控过程中，共享出行交通工具凸显出与传统集中运输交通方式不同的作用，在公交、轨道交通停运和需求大幅下滑的情况下，承担起了部分居民交通出行的重要任务，体现出非常强的发展韧性。

2020 年 2 ~3 月，在公共交通量下降 80% 的情况下，超过 3 公里的共享（电）单车骑行量同比翻了一番。复产复工之后，多地互联网租赁自行车的平均骑行速度、骑行时间、骑行距离三项指标对比上年同期均有所提升。私人小客车合乘、汽车租赁等共享出行方式在 2020 年下半年需求迅速回升，促使全年需求保持增长。

① 根据《中国城市客运发展报告（2019）》和交通运输部网站中心城市客运量数据推算。

在疫情期间，超过100个城市网约车停止运营，订单量下降至正常水平的85%以上。3月以后，订单量开始逐步增加，到2020年底，已经基本达到疫情前水平，12月完成订单8.1亿单。2020年12月中心城市巡游出租车水平相较上年下降33.3%。网约车行业恢复速度明显超过巡游出租车、公交和轨道交通等。

在防控疫情的过程中，共享出行企业积极响应各地防疫号召，主动落实减免缓租，及时创新防疫方法，为司机、乘客提供了必要的防护。同时，网约车、顺风车、分时租赁等企业和司机成立志愿服务队，承担了疫情期间大量医护人员通勤、隔离区物资运送、紧急出行等任务，互联网租赁自行车、互联网租赁电动自行车等也成为防疫期间最为流行的出行方式。

（四）共享出行与绿色出行深度融合

交通运输部等部门2019年发布《绿色出行行动计划（2019～2022年）》，提出到2022年初步建成布局合理、生态友好、清洁低碳、集约高效的绿色出行服务体系。共享出行与绿色出行正在深度融合。

根据新能源汽车国家监管平台的统计，截至2020年底，网约车中的新能源汽车保有量为51.6万辆，分时租赁中新能源汽车保有量为20.2万辆。根据相关统计，2020年底巡游出租车中新能源汽车保有量为14.2万辆，公交车中新能源汽车超过40万辆。到2020年底，在交通运输行业使用的新能源汽车达到160万辆，其中近50%的新能源汽车分布在共享出行新业态中。

互联网租赁（电动）自行车已经成为很多城市居民的短程出行工具之一。互联网租赁（电动）自行车丰富了城市居民的出行选择。两轮交通工具能够显著降低人们对四轮小汽车的使用和依赖，有研究发现①，当某一城市两轮车的出行比例从8%提升到16%时，相应的小汽车出行比例将从21%下降为15%。

① 美团、城市智行信息技术研究院：《2020年绿色出行发展报告——共享两轮车篇》，2021年2月4日。

未来绿色出行在共享出行中的比重将不断增加，共享出行与绿色出行深度融合的趋势不断加强。

（五）互联网出行平台扩大生态布局

互联网出行平台，一方面积极拥抱传统出行企业，另一方面加强跨界生态布局。哈啰出行推出了哈啰打车业务，从两轮车共享进入四轮车共享，构建普惠出行平台。华夏出行最大化产业链整合优势，布局分时租赁、汽车短租、网约车、城市配送、越野自驾等多个业务领域。T3 出行、嘀嗒出行、首汽约车、高德地图和美团等赋能传统出租企业，推动了巡游出租车的智能化和数字化，网约车与巡游出租车呈现逐步融合趋势。高德和滴滴等企业也在积极探索将共享出行与传统公交、轨道交通等出行方式整合，构建全品类、一站式的 MaaS（Mobility as a Service）平台。

针对没有被充分满足的城际出行需求，很多新创平台启用合规网约车、出租车和定制客运车辆为跨城出行提供高品质和高效率的服务。分时租赁企业探索与短租业务、网约车业务以及 P2P 租车业务的融合。多个出行平台正在与公交企业合作，探讨从“人找车”到“车找人”的需求响应公交模式，“拼车版”公交相比出租车更为便宜，相比传统公交、定制公交更加灵活。

我国共享出行企业重视在全球市场的布局和市场开发。滴滴在 2020 年初已在海外累计服务超过 10 亿单出行订单，滴滴及其主要合作伙伴的业务范围覆盖了全球 60% 的人口，滴滴在拉美的市场份额接近 50%。开展物流车辆共享的货拉拉海外平台 Lalamove 已经将业务扩展到东南亚、印度和巴西等区域，快狗打车的 GoGoVan 在中国香港、新加坡、中国台湾、韩国和印度等地区开展业务。

（六）共享出行为社会发展创造了大量就业岗位

共享出行不仅成为新的经济增长点，也创造了新的就业机会。共享出行的发展不仅增加了车辆产品研发大数据分析、AI 智能硬件研发等高科技岗位的需求，也创造了司机、司机服务经理、自动驾驶路测安全管理员、自动驾驶测试驾驶员、车辆运维员等新的岗位人员需求。根据滴滴公司的数据，2020 年上半年滴滴新注册司机超过 150 万人，2020 年新增 300 万个灵活就业岗位。从哈啰出行数据看，从 2016 年成立至 2020 年，哈啰出行累计为近 40 万人提供全职或零工运维岗位，包括兼职车辆运维人员、调度人员、仓库人员等工种。共享出行企业提供了包括大量面向基层劳动者的普通岗位，成为“4050”人员、下岗职工、退伍军人、农村剩余劳动力、低技能人才等社会弱势群体就业的重要途径。

二　共享出行新业态不断探索前行

（一）网约车发展进入稳定期

据全国网约车监管信息交互平台统计，2020 年 12 月，网约车监管信息交互平台共收到订单信息 8.1 亿单，日订单数量为 2610 万单。网约车出行已经成为人们交通出行的重要方式。对比前几年的快速增长，网约车市场出现增速明显放缓的趋势。这也体现在网约车用户规模增长幅度较小，一、二线城市网约车订单量增速放缓。

2020 年疫情对网约车行业发展造成了重大冲击，全国有超过 100 多个城市的网约车被迫停运，网约车订单从 3 月开始逐步恢复，5 月订单量达到疫情前水平的 60% ~70%，8 月整体订单量接近疫情前的 70% 左右。疫情一方面导致一些承压能力较小的中小企业面临困境，遭受资产停滞的打击；另一方面推动了行业的合规化进程，为一些 B2C 模式的企业发展创造了一定的市场空间。

从市场格局看，高德、美团和百度等互联网公司持续发展聚合打车模式，哈啰出行以普惠出行的定位布局网约车领域，整车背景的网约车平台公司如 T3 出行、享道出行等订单量增长速度较快。但滴滴一家独大的行业垄断局面并未改变，2020 年滴滴出行月订单达到 5.62 亿单，占据市场份额的 90% 左右，滴滴新成立的花小猪平台的订单增速也超过其他平台。

表1　2020 年 10 月主要网约车平台的市场份额与订单量

单位：%，万单

平台	市场份额	订单量
滴滴出行	89.21	56200
曹操专车	2.63	1660
T3 出行	2.51	1580
万顺叫车	1.41	890
美团打车	1.16	730
首汽约车	0.92	580
享道出行	0.70	440
花小猪	0.51	320

（二）私人小客车合乘实现快速增长

2020 年初私人小客车合乘市场受到疫情的影响较为突出，疫情防控形势向好后，私人小客车合乘市场快速恢复，到 2020 年底，私人小客车合乘在嘀嗒出行、哈啰出行和滴滴出行等互联网平台上的订单量逐步增加，日均订单量达到 100 万单左右。私人小客车合乘在经历 2018 年滴滴安全事件后，2020 年第二季度开始订单量快速增长。

到 2020 年底，全国汽车保有量 2.44 亿辆，顺风车车主端的渗透率为 5% ~8%，顺风车乘客端的渗透率为 3% ~4%。随着越来越多的乘客选择顺路、低价的出行方式，顺风车的市场渗透率仍会保持较快的增长速度。

从具体使用情况看，顺风车车主以年轻人为主，“90 后”和“80 后”占比合计达到 80%左右。车主男女比例为 9∶1，乘客男女比例为 7∶3。顺风车以通勤出行为主，通勤上下班占顺风车合乘总需求的 53.1%，其次为周边游和节假日返乡需求。在所有成行合乘订单中，平均顺路匹配程度高达 86.3%。单次行程 60 公里以内的订单占 2/3 左右。

从主要平台企业看，截至 2020 年 8 月 31 日，嘀嗒出行整体注册用户突破 1.8 亿人，注册车主突破 1900 万人，认证通过车主超过 1000 万人。2021 年 1 月，哈啰顺风车宣布平台获得认证车主超过 1800 万人。

（三）短期租赁和分时租赁融合发展

汽车租赁包括短期租赁和长期租赁，分时租赁属于短期汽车租赁的衍生业务。分时租赁发展推动了汽车租赁特别是短期租赁的互联网化。

休闲用车、商务用车和替换用车是汽车短期租赁市场的主要场景，三者所占比例分别约为60%、30%、10%。2020 年新冠肺炎疫情暴发初期汽车租赁企业营业收入大幅减少，基于人们愿意采用租车的方式降低出行风险，在疫情防控形势向好后消费大增。租车行业或将是受到负面影响较小且有望获得积极影响的少数领域。与此同时，疫情也推动了行业洗牌，实力不足的企业被淘汰出局。

根据交通运输部公布的数据，2020 年 10 月，我国分时租赁领域各地已投入运营的车辆数量为 20 万辆左右，相较于 2019 年，这一数据并没有发生明显变化。2020 年短期租赁和分时租赁业务逐步融合，之前的分时租赁企业纷纷在单一的分时租赁服务的基础上推出了全时段出行产品。

租车平台在汽车租赁服务中发挥了重要作用。2020 年我国超过 50% 的租车客户使用神州、一嗨和首汽租车企业的自有平台进行预订，约 30% 的客户使用携程、飞猪、同程、悟空和小豆等租车平台，另外还有约 20% 的客户采取电话预约或到店预约的方式。但目前租车客户对第三方的租车平台尚未建立较高的依赖度，主要原因是租车平台的线下服务多由中小租车企业执行，服务质量一致性还不能完全保证。

（四）互联网租赁自行车平稳发展

2020 年，我国互联网租赁自行车在全国 360 多个城市投放运营，投入运营量达到 1945 万辆，日均订单量超过 4570 万单。我国互联网租赁自行车经过前几年的迅猛发展，已经成为城市出行中重要的交通方式之一。在 2020 年疫情最为严重的时期，互联网租赁自行车成为最为安全的出行方式之一，显示出其在交通出行中不可替代的地位。

从企业发展看，互联网租赁自行车市场呈“三足鼎立”态势，竞争格局趋于稳定，互联网租赁自行车企业的盈利状况不断改善。企业在智能锁中搭载了物联网技术、先进定位技术，实现了准确预测、精确调度，提升了投放、调度、维护和回收车辆的效率，提升了行业的管理水平。互联网租赁自行车与公共交通接驳出行占比约为40%，2020年互联网租赁自行车企业致力于服务“大交通”场景，消除MaaS交通出行一体化壁垒，为用户出行提供更加便捷、优质的服务。

（五）互联网租赁电动自行车行业进入快速发展期

2020年互联网租赁电动自行车运营总量约为500万辆，是2019年的2倍多，分布在400多个城市。哈啰出行、美团、滴滴青桔、小遛、人民出行、喵走、松果等企业积极布局这一领域。

互联网租赁电动自行车的平均出行距离约为3.3公里，平均距离约是互联网租赁自行车的2倍。通勤、休闲娱乐是电动自行车的主要出行目的。互联网租赁电动自行车在很大程度上满足了人们短距离通勤/辅助通勤、生活娱乐的需求，能有效解决城市“最后三公里”问题。在大型城市，互联网租赁电动自行车与地铁的接驳率为20%，主要补充地铁运力，在公共出行可达性不高的区域提供可靠的出行补充。相比互联网租赁自行车，互联网租赁电动自行车分布范围更广，在三、四线小城市有较大的需求。

互联网租赁电动自行车不仅对电动自行车行业，而且对互联网行业、大数据行业、电池产业、车辆运维行业等形成大量的需求。据预测，互联网租赁电动自行车市场的发展还将创造60万个运营、维修等岗位需求。

2020年互联网出行头部企业非常重视这一领域，共享两轮行业的竞争变成生态体系的竞争。降低车辆动态损耗率与维修率以延长车辆生命周期，是降低运营成本的关键，为此，行业领先企业不断优化与供需预测和智能调度、电力数字化管理相关的基础算法。行业领先企业也在建设智能换电系统，开展实时订单和最优路径预测，进行换电派单。互联网租赁电动自行车企业不断优化智能化硬件、大数据计算和人工智能等技术，促进定位、电子围栏、蓝牙监控等应用，逐步满足城市管理者对互联网租赁自行车/电动车的总量、秩序与安全的管理要求。

三　共享出行的政策法规体系不断完善

（一）网约车政策体系加快完善

2020 年，网约车政策发展在深入推进“放管服”和进一步优化营商环境的指引下稳中有进。

国家层面，2019 年底《关于修改〈网络预约出租汽车经营服务管理暂行办法〉的决定》（以下简称《决定》）公布，拉开了 2020 年网约车政策发展的序幕。《决定》主要是删除了有关外商投资企业还应当提供外商投资企业批准证书的规定，网约车合规发展的主线没有变。2020 年 9 月 8 日，交通运输部发布《关于加强和规范事中事后监管的指导意见》（以下简称《意见》），立足于整个交通运输领域，网约车涵盖其中，对于切实转变重审批、轻监管的观念，解决交通运输领域监管存在的不会管、不敢管、不愿管等突出问题大有裨益。2020 年 11 月 2 日，交通运输部发布《道路运输条例（修订草案征求意见稿）》，在保持现行条例基本框架的基础上，新增“安全管理”一章以及“出租汽车经营”和“汽车租赁”各一节。网约车相关内容纳入道路运输条例意见稿，进一步明确了上位法，对于未来进一步完善法制化管理迈出了重要一步。

地方层面，2020 年，厦门、银川、济南、呼和浩特等多地因地制宜，因城施策，修订了地方网约车管理办法，不同程度地降低了车辆、驾驶员的准入条件，优化了审批流程，部分城市取消了“一人一车一平台”的相关政策。与此同时，事中事后监管也进一步加强和规范，如确定多部门协同监管的机制、明确各部门职责、加大处罚力度，以及联合执法、线上执法等。基于《关于深化道路运输价格改革的意见》，增加和完善了地方细则中对价格管理的条款。基于《出租汽车服务质量信誉考核办法》，强化网约车平台和驾驶员信用管理，逐步实现信用记录与国家、省、市信用信息平台和全国企业信用信息公示系统互通。此外，网约车新能源化进程在地方得到不同程度的有序推进。

与此同时，网约车相关政策仍需要逐步改进和完善。一是面对网约车发展不平衡的问题，需继续优化准入和退出机制。从宏观层面，网约车合规存量具备较强劲的增长势头，但各城市合规进程和开放程度还存在较大差异。有的城市相对开放，体现了放管服的精神和治理能力的信心，有的城市相对保守，体现了管理思路的谨慎和稳健。但政策的大方向还是要继续优化准入和退出流程，构建可进、可退、公平、健康的市场环境。二是面对安全监管精细化不足的问题，需更符合行业特点和平台运营实际。网约车行业安全管理是重中之重，但监管面临较大难度，如监管过松则没有尽到监管责任，监管过严可能又不符合网约车行业特点。地方需基于行业特点和运营模式，完善安全管理的具体要求，赋予平台企业事前对驾驶员准入的审核能力，严格审核事中基础安全功能，同时确保事后妥善处置和保险理赔。三是面对服务质量参差不齐的问题，需助力服务质量提升。网约车的市场定位是高品质服务、差异化经营，但仍然存在司机服务态度恶劣、用户投诉得不到解决、计程计价不准等问题，需要通过政策予以明确，并通过信用管理，形成管理闭环。

（二）私人小客车合乘强化“真顺风”要求

根据《网络预约出租汽车经营服务管理暂行办法》的规定，不得以私人小客车合乘名义从事具有营运性质的网约车业务。2020 年 12 月 7 日，交通运输新业态协同监管部际联席会议办公室在对两家主要顺风车平台公司进行提醒式约谈时指出，顺风车平台推出的“附近订单”功能涉嫌以顺风车名义从事非法网约车业务，在用户头像上显示性别以及开展长途城际服务等方面还存在诸多安全问题。部际联席会议办公室再次重申顺风车的四项合规要求：一是应以车主自身出行需求为前提、事先发布出行信息；二是由出行线路相同的人选择合乘车辆；三是不以盈利为目的，分摊部分出行成本或免费互助；四是每车每日合乘次数应有一定限制。相关被约谈企业及时回应，表示要认真落实整改，坚决抵制非法营运，不把顺风车做成廉价网约车。

当前顺风车管理的具体细则和规范是依据《国务院办公厅关于深化改革推进出租汽车行业健康发展的指导意见》，尚未具备明确的法律依据，导致在顺风车监管这一方面留有法律空白。有专家认为顺风车车主和乘客间是好意同乘关系，平台在车主和乘客间提供了居间服务合同，因此，顺风车平台应该遵循我国《电子商务法》等的有关规定。

在一些地方规制的规范性文件中，个别城市将"部分出行成本"理解为"仅限于车辆燃料成本及通行费"，在实际执法中，往往参照工信部综合油耗而非实际燃料消耗进行判定，导致一些地方的顺风车因价格问题存在被认定为"非法运营"的风险，阻碍了顺风车行业发展。为了解决这些问题，政府部门需要完善顺风车的顶层设计，考虑出台专门针对顺风车市场的有序合规发展的指导意见。要合理分摊合乘服务费用，适度放开价格管控。

（三）鼓励与规范汽车租赁行业发展

国家在宏观产业政策方面一直鼓励汽车租赁的发展，因此，在与汽车租赁相关领域，政策和措施逐步利好汽车租赁，包括互联网汽车租赁行业的发展、汽车租赁经营的宏观环境持续改善。2020 年《中共中央关于制定国民经济和社会发展第十四个五年规划和二〇三五年远景目标的建议》提出"推动汽车等消费品由购买管理向使用管理转变"。2021 年初商务部印发《商务领域促进汽车消费工作指引》，提出"壮大汽车租赁市场，发展长租、短租、分时租赁等多种租赁模式"。

2020 年底，交通运输部制定《小微型客车租赁经营服务管理办法》（以下简称《管理办法》），并于 2021 年 4 月 1 日起正式实施。《管理办法》着力解决小微客车租赁市场法规制度不健全、经营管理不规范、承租人权益难以有效保障等问题，共五章二十八条，主要包括如下要求：一是明确小微型客车租赁管理职责，明确县级以上地方人民政府是负责小微型客车租赁管理的行政主管部门。二是建立完善小微型客车租赁经营备案管理制度。三是规范小微型客车租赁经营服务活动，如规范小微型客车租赁经营者以及租赁平台经营者的经营行为，规定承租人的相关义务，明确身份查验的相关要求以及租赁小微型客车使用性质和车辆的报废年限。四是强化对小微型客车租赁经营活动的监管。五是对租赁车辆使用性质予以规范，规定租赁的小微型客车不得擅自用于道路运输经营。六是明确不得随车提供驾驶劳务。七是提出合理规范平台公司的活动，对小微型客车租赁经营者委托电子商务平台经营者的行为进行规定，要求平台公司应当遵守国家网络安全、数据安全、电子商务、个人信息保护等方面的法律法规。

（四）互联网租赁自行车政策法规不断细化

截至2020年，北京、上海、南京、厦门等76个地级以上城市出台了互联网租赁自行车的实施意见和管理办法，细化了《关于鼓励和规范互联网租赁自行车发展的指导意见》的各项政策措施。很多地方建立了互联网租赁自行车服务质量考核制度，定期对运营企业开展服务质量考核，并将服务质量考核结果作为运营企业投放车辆数量的重要参考依据。一些城市探索建立了互联网租赁自行车的公开招投标机制，如广州市结合总量评估和实际情况，实施了压减存量车辆、车辆置换更新、优化市场竞争和实施动态配额等“四步走”策略，取得了非常好的效果。天津、厦门、呼和浩特等城市出台管理办法，将管理经验沉淀，鼓励督促互联网租赁自行车企业与基层网格管理机构建立共管共治机制，引导互联网租赁自行车企业维护人员与城市网格管理专业队伍开展合作。大部分城市逐步将属地化街镇作为管理互联网租赁自行车停放的主导单位。

2020年1月，住房和城乡建设部发布《关于开展人行道净化和自行车专用道建设工作的意见》，明确要科学规划和统筹建设自行车专用道。一是依据城市综合交通体系规划，衔接城市轨道交通、公共交通等专项规划，科学编制自行车专用道规划，构建连续、通畅、安全的自行车专用道网络。二是在市政道路红线内设置自行车专用道，有效串联重要商业区、大型居住区、集中办公区、城市公园等，满足群众短途通勤和接驳公共交通的需求。三是因地制宜规划路权专有、封闭隔离、快速通行的独立自行车专用道。四是依托城市绿道，规划以休闲、游憩、健身为主要功能的自行车专用道。北京、昆明、沈阳等城市系统规划互联网租赁自行车的功能定位，将其融入城市综合交通体系，强化自行车道等城市慢行交通基础设施建设。

当前互联网租赁自行车行业已经进入理性竞争阶段，企业进入精细化管理阶段，不再盲目投放，因此可以尝试取消配额管理。企业在满足管理要求的情况下，允许根据自身需求进行动态调整，这样可以让互联网租赁自行车覆盖更多的城市区域，为居民出行提供更便利的条件。

若继续使用配额管理方法，则需要科学确定市场需求，只有基于科学的需求预测方法，才能使配额制成为一个真正的管理杠杆，通过配额的动态调整促使企业精细化运营。

（五）各地正探索互联网租赁电动自行车的规范管理

由于车辆安全问题，电动自行车一般不被城市管理者所认可。但不可否认的是，互联网租赁电动自行车在优化城市出行结构、提高道路资源利用效率、缓解交通拥堵和节能减排、解决疫情期间居民出行难题方面具有一定的积极意义。因此，需要全面评估发展互联网租赁电动自行车的综合影响，科学制定政策法规。

目前，地方政府在管理互联网租赁电动自行车方面有两个途径：一是在互联网租赁自行车的管理办法中，提出针对互联网租赁电动自行车的管理方法；二是参照地方的电动自行车及非机动车法规对互联网租赁电动自行车进行管理。

昆明、宁波、襄阳等城市已制定共享电动车的纳管考核政策；浙江省通过立法明确地方政府规范管理互联网租赁电动自行车的要求；石家庄、兰州、包头、渭南和玉林等地倾向于允许助力车型作为共享交通工具，但禁止重量大、有载人可能的电动轻摩款。2020 年，长沙、沈阳、南宁、厦门、重庆等超过 60 个城市开启了共享助力车的上牌工作。但在一些一线城市和重要城市，如北京、上海、天津、广州、南京、杭州、郑州、西安和太原等明确表示不发展互联网租赁电动自行车。中山、东莞、泉州等城市对互联网租赁电动自行车限期进行了清退整治。在中央政府层面没有出台互联网租赁电动自行车专门指导意见的情况下，地方政府正在探索适合各自城市定位与发展的管理方案。

出行安全与秩序是发展互联网租赁电动自行车的关键。电动自行车安全事故与车速、道路和安全意识等诸多因素相关。一方面，平台企业积极推行新国标车辆、提升骑行安全技术、加强充电换电安全体系建设、开展线上和线下安全宣教活动、提高用户安全意识等；另一方面，城市规划部门、交通管理部门也在加快慢行交通体系的构建，实现道路改造，联合保险公司完善保险制度等。65.2%的调研用户基于超速、超重、被盗等因素，认为互联网租赁电动自行车安全性优于私人电动自行车。总体来看，互联网租赁电动自行车无论是在车身安全、充电安全还是在骑行安全、停放安全等方面都优于私人电动自行车，事故死亡率低于社会电动自行车事故死亡率。在加强安全管理的基础上，未来会有更多城市将互联网租赁电动自行车纳入互联网租赁自行车的管理体系予以规范。

四　共享出行发展前景展望

（一）共享出行总体从快速增长阶段进入稳定增长阶段

近年来，网约车、私人小客车合乘、互联网租赁自行车、互联网租赁电动自行车、互联网汽车租赁等新业态借助互联网技术，依靠技术创新和商业模式创新，成为资本市场的“宠儿”，实现了快速甚至高速发展，到2020年各类共享出行总订单量约为8000万单。总体来看，共享出行丰富了运输服务供给，提升了用户出行体验，在疫情冲击下显示出了新业态的韧性和不可替代的重要作用，有效满足了人民群众多层次、多样化、个性化的出行需求。

未来主要的共享出行方式仍有一定的增长空间，将进入稳定增长阶段。网约车在一、二线城市趋于饱和，在低线城市仍有拓展空间。私人小客车合乘会随着用户规模和注册车辆的增加而提供更好的使用体验，吸引更多人群。互联网租赁自行车和互联网租赁电动自行车在短途出行和接驳公共交通方面发挥着重要作用，两者虽有一定的替代关系，但总体需求都在增长。

未来共享出行的主要发展特征将是：市场格局相对稳定，企业的经营重点不再是跑马圈地和价格拼杀，而是会聚焦精细化运营、用户体验、用户保持和积累，以及品牌形象塑造等。在强化内部管理基础上，企业也会加强对上下游产业链的渗透与合作，构建和扩大自身的生态体系。

（二）部门协同监管促进共享出行的可持续发展

交通运输新业态涉及范围广、影响因素多、关联作用强、治理难度较大。与此同时，新业态的发展关系到人民美好生活的需要、社会安全稳定、新旧动能转换等重大问题。2018 年经国务院批准，由交通运输部牵头，联合中央宣传部、中央政法委、中央网信办、国家发展改革委、工业和信息化部、公安部、司法部、中国人民银行、国家市场监督管理总局、国家信访局等部门和单位建立交通运输新业态协同监管部际联席会议制度。

2020 年以来，交通运输新业态协同监管部际联席会议办公室针对疫情防控中的企业违规、司机收入下降、以租代购以及顺风车“附近订单”等新情况及时进行了约谈和监管，保证了交通新业态企业安全合规运营。

从交通运输新业态监管方向看，网约车合规工作力度进一步提升，对私人小客车合乘的性质认定存在“非法营运处罚”现象，互联网租赁电动自行车相关问题较为复杂，处理难度较大。这一问题并不是某一个主管部门能够单独解决的，需要部门协同机制，提升联合监管能力，只有这样才能真正将交通运输新业态各项工作落到实处并取得实效。

（三）共享出行互联网平台反垄断监管将逐步加强

在共享出行发展过程中，部分企业利用互联网行业的网络效应和规模效应，实现了“赢家通吃”和“一家独大”，加之恶性价格竞争、资本逐利助推的企业合并造成了垄断市场格局形成，这在共享出行领域较为突出，特别是在网约车行业。其还表现在一些具体行为上，如采用不合理的过度补贴手段造成事实上的价格恶性竞争，打压中小企业；平台抽成比例太高；利用大数据对消费者“杀熟”；强制要求合作者“二选一”，在平台内利用算法实现派单倾斜；产品搭售等。

2020 年 12 月 11 日在中央政治局会议上要求反垄断和防止资本无序扩张。2020 年国家市场监管总局发布《关于平台经济领域的反垄断指南（征求意见稿）》，说明未来一段时间，互联网平台企业包括共享出行头部企业将成为政府反垄断的重点。监管的重点是：平台内是否有侵害消费者、服务人员的行为；是否有恶意打压竞争对手，阻止行业创新的行为；是否存在上下游企业签署协议排除市场竞争等行为。

除了互联网平台公司外，行业管理中也存在一些阻碍竞争的行为，如准入门槛提高，限制了新进入者进入，在网约车领域人为地设置进入障碍等，违反了反垄断法的基本原则。

（四）合规与安全成为政府监管的主线

从宏观层面看，网约车合规政策取得了长足进展，但各城市合规进程和开放程度还存在较大差异。一些城市发放城市网约车牌照不超过 10 家，部分城市因准入条件高、司机办理意愿低等原因，市场合规运力存量不足。因此，未来的合规工作依然是政府网约车管理的重点。

共享出行平台企业近两年在安全方面做了大量工作，安全体系逐步完善。但一些共享出行车辆行驶或者骑行导致的安全事故时有发生，一些事件甚至引起社会大众的广泛关注，如货拉拉跳车事件。因此，在未来几年，安全工作依然会是政府管理的重点。

未来，政府也需要科学治理、高效治理。比如，在互联网租赁自行车的规模投放上，目前市场已经处于良性竞争状态，企业不会再盲目投放，政府可以尝试取消配额管理。政府主要职责是明确互联网租赁自行车企业的管理责任，并监督其执行到位。

（五）慢行交通系统与智慧城市交通建设结合更加紧密

2020 年互联网租赁自行车作为服务交通强国的重要组成部分，在政策方面首先表现为政府开始加强顶层设计，系统规划互联网租赁自行车的功能定位，将其融入城市综合交通体系，强化自行车道等城市慢行交通基础设施建设。2020年1月，住房和城乡建设部发布《关于开展人行道净化和自行车专用道建设工作的意见》，明确要科学规划和统筹建设自行车专用道。

未来的城市综合交通体系规划，不仅有城市轨道交通、公共交通等专项规划，还会进行自行车专用道规划，加快修建自行车专用道，满足群众短途通勤和接驳公共交通的需求。因地制宜规划路权专有、封闭隔离、快速通行的独立自行车专用道。依托城市绿道，规划以休闲、游憩、健身为主要功能的自行车专用道。

互联网租赁（电动）自行车出行是解决城市出行“最后一公里”的重要方式，未来政府部门会开展相关的规划和研究工作。

（六）普惠出行是未来发展的重要方向

当前出行有两个发展方向：一是进一步降低出行成本，通过丰富出行业态，让更多的人可以享受到共享出行带来的便捷性。二是根据不同场景下用户的需求特点，为用户提供个性化的出行选择，打造差异化服务和高品质的出行体验，尤其是为老、弱、幼、孕等群体提供针对性服务。

目前网约车市场价格依然较高，如何低成本满足个性化需求实现普惠出行仍有发展空间。特别是在一些城市，城际市场发展潜力极大。需要平台企业利用科技手段，对出行资源进行集约化利用，以引导用户更多地采取预约方式出行，以定时定点的模式实现与供给端的更好匹配，借助大数据技术降低营销成本。

（七）需求响应公交具有较大发展潜力

需求响应公共交通是一类没有固定的运行线路，并根据出行需求而在特定地点停站上下客的公交模式。需求响应公交提供的多层次、多样化、精细化的服务正好迎合了大众不断升级的出行需求。另外需求响应公共的集约性，能缓解城市交通拥堵问题，因此，需求响应公交具有很大的发展空间。

2020 年 6 ~9 月，需求响应公交在青岛、广州、南通等一些城市落地实施。从目前需求响应公交的运营模式、系统的稳定性以及乘客的接受程度来看，其已经具备了推广的基础条件。基于适当的选取区域、模式和票价，需求响应公交的商业模式是成立的。

从长期来看，需求响应公交是 MaaS 的核心阶段和服务模式，与 MaaS 系统的融合是需求响应公交的根本出路。

（八）共享出行发展正在改变个人车辆销售所主导的市场格局

当前，越来越多的年轻人对汽车的需求意愿下降，他们的需求主要是服务属性需求而不再是资产属性需求，越来越不愿意承担车辆和其他交通出行工具涉及的烦琐的日常保管和维修保养等事务，只是愿意把车辆作为便捷的出行工具。

共享出行以相对更低的成本，安全便捷地满足了消费者个性化的出行需求，这意味着未来共享出行市场将保持增长态势，导致面向 C 端的出行市场转为面向 B 端的出行市场。

未来，各类共享出行方式仍然保持较快的增长速度，网约车、汽车租赁仍有较大的增长空间，面向 B 端的市场将越来越重要。这一点在近两年互联网租赁（电动）自行车行业已经表现得非常突出。随着无人驾驶技术的发展，共享出行市场规模将发生颠覆性变化，个人放弃拥有车辆将是一个重要趋势。

（九）越来越多的车企将把共享出行作为重要市场

丰田、大众、戴姆勒等国际巨头以及上汽、广汽、吉利等国内车企都纷纷布局共享出行市场。主机厂涉足出行的本质是尝试从硬件制造商向出行服务商转型，未来主机厂的出行服务将有以下变化。一是车辆本身的价值将被不断提升，“定制化”车型将成为未来出行领域的发展趋势。二是将整条产业链的资源优势，如车辆、经销商、售后维修等移至网约车行业，打通产业链是这些企业的重要目标。三是推动体制变革，包括人员结构、激励机制、盈利模式、考核指标等将发生一系列转变以构建用户服务的企业体制。

2020 年 11 月，滴滴出行和比亚迪共同设计开发了 D1。D1 是一款划时代的产品，是有史以来第一款专门为共享出行打造的电动汽车，代表了共享汽车未来的发展方向。未来面向共享出行的汽车将越来越多。此类车辆将充分考虑人们对空间、舒适和便捷等用户乘车体验的需求，还会从商业运营角度考虑车辆的成本控制、付费模式和能源补充方式，以及未来自动驾驶带来的变革。未来主机厂背景的出行平台将把电动化、智能化和网联化要素加以融合，利用掌握的整车数据、通信协议以及车联网等优势，加深对出行服务领域的渗透。主机厂也会加强无人驾驶技术的研发，推出真正的自动驾驶智能化车辆。

（十）出行即服务的理念将加快落地实施

MaaS 作为一体化的出行服务平台，整合不同的交通方式和出行功能，为消费者提供定制化的一站式出行体验。在芬兰，Whim 平台整合了公共交通、互联网租赁自行车、车辆租赁、出租车、拼车等交通资源，运行时间超过 3 年。2020 年 12 月，滴滴出行和广州羊城通联合发行面向广州市民的“绿通票”，实现“公交 + 互联网租赁自行车”出行。高德地图与北京市交通委合作，八维通科技等在国内一些城市探索 MaaS 的落地实施。交通管理体制、交通票价定价机制、基于大数据的算法调度以及不同参与者的信息共享等都是 MaaS 实施中面临的主要问题。

国务院《交通强国建设纲要》提出，“大力发展共享交通，打造基于移动智能终端技术的服务系统，实现出行即服务”。MaaS 的成功实施不仅为居民提供高质量的出行服务，还会提升公共交通的使用效率，降低运输企业成本。随着一些开放程度较高的城市开展 MaaS 示范应用，越来越多的政府部门、科技公司、公共交通单位和科研机构将参与其中，MaaS 面临的相关难题将在实践中逐步得以解决。

综合篇

Comprehensive Reports

B.2
2020年中国城市交通发展现状分析

吴洪洋　魏领红　林　翊*

摘　要：　本报告主要对近五年特别是2020年城市交通发展状况进行了分析。受到疫情的影响，2020年上半年因倡导"居家不外出"，城市公共汽电车、轨道交通、传统出租车发展近乎停滞，城市客运量创近五年来最低；下半年随着城市解封，城市客运迅速恢复。传统汽车租赁行业发展总体趋于稳定，网约车、互联网租赁自行车等新业态、新模式蓬勃发展，为全球提供了中国经验和中国方案。

关键词：　城市交通　公共汽电车　轨道交通　出租车　汽车租赁

---

* 吴洪洋，博士，交通运输部科学研究院城市交通与轨道交通研究中心副主任；魏领红，博士，交通运输部科学研究院城市交通与轨道交通研究中心副研究员；林翊，交通运输部科学研究院城市交通与轨道交通研究中心高级工程师。

2020年党的十九届五中全会通过《中共中央关于制定国民经济和社会发展第十四个五年规划和二〇三五年远景目标的建议》，对加快建设交通强国作出专门部署，提出明确要求。我们要加快建设人民满意、保障有力、世界前列的交通强国，为全面建设社会主义现代化国家当好“先行官”。建议提出，加快建设交通强国，加快城市群和都市圈轨道交通网络化，提高农村和边境地区交通通达深度。为进一步贯彻党的十九大和十九届五中全会精神，推进交通强国建设，全国城市客运行业采取一系列措施持续推进绿色出行和公交优先发展、持续深化出租汽车行业改革、逐步完善城市轨道交通行业治理体系、有序发展互联网自行车和汽车租赁、加速推动行业数字化智能化，行业政策体系不断完善，切实保障城市客运行业健康发展。

一 城市客运交通发展整体情况

城市交通受到疫情的影响，客运量、运营里程都有所下降，但客运服务品质持续提升，行业智能化、标准化建设步伐加快，行业发展势头良好①。以中心城市为例，2020年，我国36个直辖市、计划单列市、省会城市的客运总量为441.5亿人次，较上年减少232亿人次。其中2月倡导居民居家不外出，客运总量最低，仅5.97亿人次，随着疫情防控形势向好和复工复产复学，城市客运量逐渐回升，2021年仍将继续回升。

2019年底，我国城市公共汽电车运营车辆69.33万辆①（折合79.15万标台），其中，新能源运营车辆（包括纯电动客车、混合动力车）40.97万辆。运营线路65730条，运营线路长度133.62万公里，公交专用车道长度14951.7公里，全年完成运营里程354.13亿公里，客运量691.80亿人次。城市轨道交通方面，新开通城市6个，开通运营城市轨道交通的城市达41个，运营里程6172.2公里，运营线路190条，客运量238.80亿人次，运营

① 本报告相关数据主要来自中华人民共和国交通运输部综合规划司统计数据、《中国城市客运发展报告（2019）》。

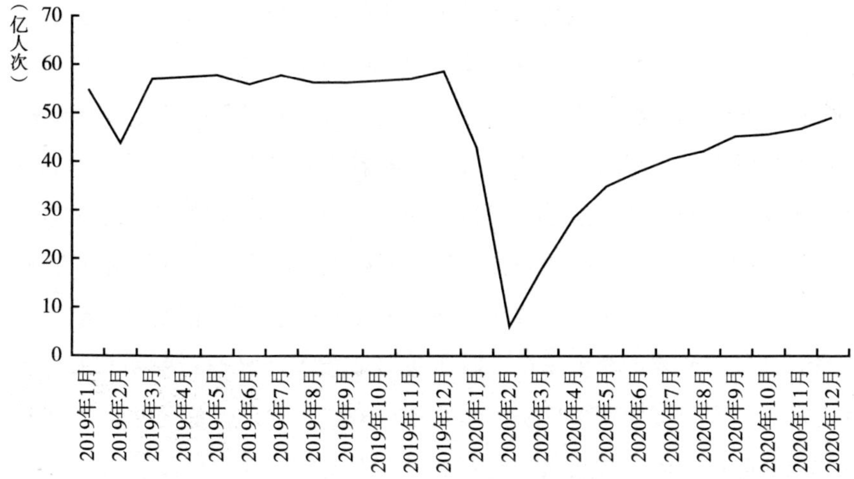

图 1　2019～2020 年中心城市客运总量变动

里程及客运量均稳居世界第一。传统出租汽车行业稳步发展，拥有车辆 139.16 万辆，其中，新能源车辆（纯电动车）7.72 万辆。城市客运服务新业态蓬勃发展，网络预约出租汽车、互联网租赁自行车、汽车分时租赁等出行模式发展水平不断提升，对于满足居民出行新需求、提升运输效率和品质发挥了积极作用。

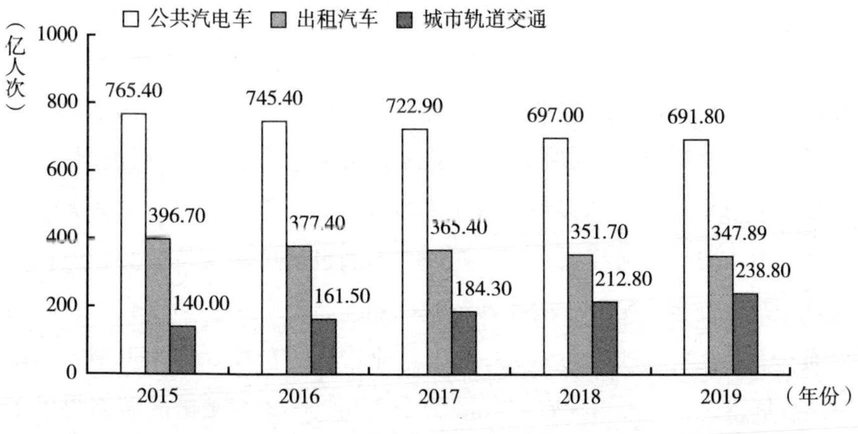

图 2　2015～2019 年三大出行方式客运量统计

城市交通服务持续优化。①城市圈等区域公交出行取得积极进展。上海至江苏试行5条区域公交示范线路，青浦、吴江、嘉善“两区一县”实现部分区域公交与上海地铁17号线无缝衔接，并有多条公交线路将朱家角古镇、东方绿舟、黎里古镇、西塘古镇等隔着省界的数个旅游景点串联起来。②城市轨道交通与铁路换乘免安检可提升换乘效率。天津站、成都犀浦站已实现城市轨道交通与铁路的安检互认，便捷乘客换乘，北京南站、上海虹桥站、成都东站、长沙南站、杭州东站、天津西站、天津南站等客运枢纽实现铁路到达旅客换乘地铁免安检。减少重复安检，提高通行效率和服务水平。③需求响应型公交（DRT）服务体系正在构建。嘉兴市首批投放20条线路，以学校为起点，运营时间段为周五下午集中放学时段、周日至周四晚自习放学时段，缓解放学时段的拥堵问题。济南市在现有“爱巴士”定制公交基础上，又推出动态专线，市民可以根据需求提前定制公交线路，即时响应市民多样化的出行需求。

城市交通智慧化发展加快。①大数据、互联网等新技术与交通行业深度融合。杭州市对市内69座智能公交电子站牌进行了升级，除了公交、地铁信息查询外，升级后的电子站牌将新增一键呼叫出租车、爱心一键求助、中英双语切换、站点安防监控、周边公共自行车站点查询等10项功能。②出行即服务（MaaS）模式快速发展。北京市通过政企合作模式启动了北京交通绿色出行一体化服务平台（MaaS平台），平台通过共享交通大数据，整合了地面公交、地铁、市郊铁路、步行、骑行、网约车、航空、铁路、长途大巴、自驾等各种交通出行服务，实现了行前规划、行中引导、行后绿色激励。③交通一卡通互联互通和移动支付应用快速发展。2019年底，共有275个地级以上城市实现一卡通互联互通。交通一卡通也从单一支持公交、地铁拓展到支持公共自行车、轮渡、城乡客运、市郊线路等多种交通方式，较好实现了交通一卡通互联互通的目标，一卡走遍全国的出行模式初步形成。移动支付方式发展迅速，成都市天府通App为全国超过323个城市的游客提供了出行服务，分别有23%和40%的市民选择移动支付方式搭乘公交和地铁。

城市交通践行绿色出行理念。2019年底，我国新能源公交运营车辆数

40.97 万辆，占公交车辆总数的 59.1%。连云港市 BRT 线路大批量采用纯电动公交车运营。北京、上海、武汉、佛山、张家口等十余个城市引进了氢能源公交车，并投入运营。2019 年，北京更新 1000 多辆纯电动出租汽车，昆明、沈阳、广州、佛山、郑州等多个城市制定出租车、网约车新能源化的时间表，确保新增网约车全部采用新能源电动车。各地积极打造城市慢行交通系统，推动"公交 + 慢行"模式发展。北京市循序推进公共服务慢行系统建设工程，对互联网租赁自行车等主体进行规范引导，探索解决车辆无序停放等问题，并建设了回龙观至上地的 6.5 公里自行车专用道，打造北京首条"自行车高速公路"。

二　城市公共汽电车发展情况

（一）概况

1. 运营指标

2020 年，我国 36 个直辖市、计划单列市、省会城市中公共汽电车客运总量为 205.28 亿人次，占城市客运总量的 46.5%。2020 年中心城市公共汽电车客运量较 2019 年减少 134.63 亿人次，下降 39.61%。这主要是受到疫情的影响，其中上半年表现得更加显著，2020 年上半年中心城市公共汽电车客运量较上年减少将近一半，变动比率为 -51.53%，客运量下半年有所回升，但相比上年仍减少 47.81 亿人次。

表 1　2019～2020 年中心城市公共汽电车客运量

单位：亿人次，%

月份	2020 年	2019 年	下降量	降幅
1 月	21.66	28.26	-6.61	-23.37
2 月	2.80	22.55	-19.74	-87.58
3 月	8.45	29.27	-20.82	-71.14
4 月	13.56	29.92	-16.36	-54.67

续表

月份	2020 年	2019 年	下降量	降幅
5 月	16.83	29.87	-13.04	-43.64
6 月	18.38	28.64	-10.26	-35.81
上半年合计	81.69	168.52	-86.83	-51.53
7 月	18.69	28.57	-9.88	-34.59
8 月	18.86	27.35	-8.50	-31.06
9 月	20.91	28.60	-7.69	-26.87
10 月	20.69	28.38	-7.69	-27.10
11 月	21.52	28.85	-7.33	-25.42
12 月	22.92	29.64	-6.71	-22.66
下半年合计	123.59	171.40	-47.81	-27.89
全年总计	205.28	339.91	-134.63	-39.61

按照第一财经和国家发改委的划分标准，将中心城市公共汽电车客运量进行分类分析，其中一线和新一线城市的客运量共计 139.9 亿人次，占到全部中心城市的 68.19%；从地域划分的角度来看，东部地区中心城市客运量为 110.9 亿人次，占到全部中心城市的 54.02%。

表 2　2019～2020 年中心城市公共汽电车客运量

单位：亿人次

城市级别	城市	2020 年	2019 年	地域划分
		公共汽电车	公共汽电车	
一线	北京	18.26	31.19	东部
一线	上海	13.38	20.37	东部
一线	广州	13.62	22.27	东部
一线	深圳	10.54	15.28	东部
新一线	成都	9.90	14.76	西部
新一线	重庆	16.79	24.51	西部
新一线	杭州	5.96	14.09	东部
新一线	武汉	5.86	14.25	中部
新一线	西安	7.93	13.76	西部
新一线	天津	6.14	10.91	东部
新一线	南京	5.48	9.11	东部

续表

城市级别	城市	2020 年	2019 年	地域划分
		公共汽电车	公共汽电车	
新一线	郑州	5.56	9.34	中部
新一线	长沙	4.14	6.80	中部
新一线	沈阳	6.70	11.05	东部
新一线	合肥	3.24	5.61	中部
新一线	青岛	6.49	10.80	东部
二线	宁波	2.67	4.24	东部
二线	昆明	4.35	7.68	西部
二线	福州	2.94	4.34	东部
二线	厦门	5.29	7.74	东部
二线	济南	4.66	7.58	东部
二线	大连	5.79	9.19	东部
二线	哈尔滨	4.85	10.61	中部
二线	石家庄	1.78	3.72	东部
二线	南宁	1.90	3.27	中部
二线	长春	4.72	6.91	中部
二线	南昌	2.09	3.78	中部
二线	贵阳	3.71	5.47	西部
二线	太原	2.12	3.41	中部
二线	兰州	6.24	8.42	西部
三线	乌鲁木齐	4.35	7.15	西部
三线	呼和浩特	1.73	3.72	中部
三线	银川	1.53	2.33	西部
三线	海口	1.23	1.98	东部
四线	拉萨	0.69	0.86	西部
四线	西宁	2.72	3.40	西部

表 3 对各级别城市的交通出行方式进行了分析。其中，一线城市的主要客运方式是轨道交通，占比达 57.22%，其次是公共汽电车。一线以外城市公共汽电车比重最大，以轨道交通和巡游出租车为辅。在三、四线城市，由于缺乏轨道交通，主要依靠公共汽电车出行，以巡游出租车为辅。比如，四线城市中几乎没有轨道交通，城市客运的近 3/4 靠公共汽电车来维持，巡游出租车承担约 1/4 的客运量。

表3　2020 年城市客运量情况（按城市分类）

单位：%

城市级别	公共汽电车客运量	城市轨道交通客运量	巡游出租车客运量
一线	34. 82	57. 22	7. 96
新一线	48. 15	37. 17	14. 68
二线	60. 14	15. 71	24. 16
三线	67. 31	3. 05	29. 64
四线	72. 47	—	27. 53

表4 对我国东部、中部和西部的城市交通出行方式进行了对比分析。东部地区城市轨道交通相对发达，承担了最主要的交通出行人次。中、西部地区城市轨道交通占比相对较低，公共汽电车承担了城市居民的主要出行。从东部城市看，巡游出租车所承担的出行比例相对中部和西部地区明显较低。

表4　2020 年城市客运量情况（按地域分类）

单位：%

城市地域	公共汽电车客运量	城市轨道交通客运量	巡游出租车客运量
东部	43. 03	46. 26	10. 71
中部	49. 64	29. 14	21. 22
西部	52. 67	27. 56	19. 77

2. 车辆方面

2019 年底，我国城市公共汽电车数量为 69. 33 万辆，其中，新能源运营车辆为 40. 97 万辆，占城市公共汽电车总数的 59. 1%，BRT（快速公交系统）运营车辆数 9502 辆，占运营车辆总数的 1. 4%。我国 36 个直辖市、计划单列市、省会城市公共汽电车运营车辆 27. 30 万辆，占运营车辆总数的 39. 4%。

3. 线路方面

2019 年底，我国共有城市公共汽电车运营线路 65730 条，运营线路长度 133. 62 万公里。其中，公交专用车道长度 14951. 7 公里。无轨电车运营线路长度 1162. 8 公里，BRT 线路总长度达 6149. 8 公里。我国 36 个直辖市、计划单列市、省会城市公共汽电车运营线路长度 36. 43 万公里，占城市公共汽电车运营线路总长度的 27. 3%。

（二）基本特点

第一，车辆总体数量增速放缓，车辆能源结构持续优化。我国公共汽电车总数逐年上升，近两年增速放缓；新能源车辆数量增速较快（见图3）。

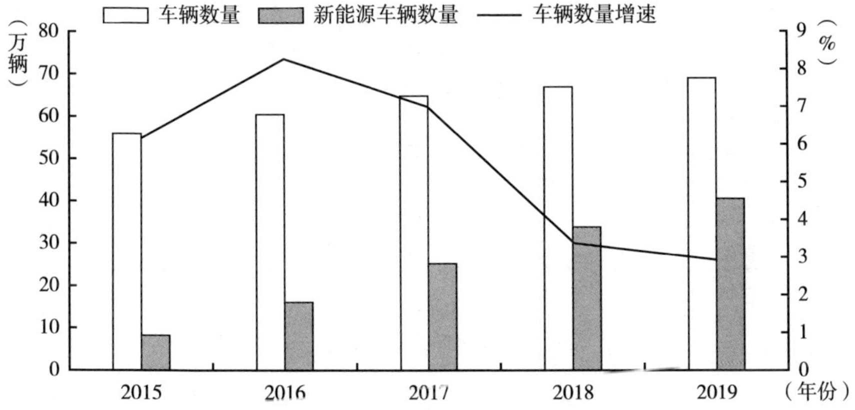

图3　2015～2019年公共汽电车数量及增速

第二，城市公共汽电车运营线路条数及运营线路长度均增加，11个省（自治区、直辖市）的城市公共汽电车运营线路条数超过全国平均水平，11个省（自治区、直辖市）运营线路长度高于全国平均水平。

第三，运营里程增速回升，客运量降幅收窄，单位运营里程载客量略有降低。2019年，我国城市公共汽电车运营里程354.13亿公里，比2018年增长8.03亿公里，同比增长2.3%；客运量比2018年减少5.24亿人次，同比减少0.8%；单位运营里程载客量为1.95人次/公里，比2018年减少0.06人次/公里。

三　城市轨道交通发展情况

（一）概况

我国城市轨道交通发展十分迅速，全国31个省（自治区、直辖市）的城市轨道交通2016～2020年发展情况如表5所示。开通运营城市数、运营线路条数、运营线路长度等均快速增长。

表5　2016～2020年我国城市轨道交通发展情况

项目	2016年	2017年	2018年	2019年	2020年
开通运营城市数(个)	30	34	35	41	44
运营线路条数(条)	124	153	171	190	233
运营线路长度(公里)	3727.5	4583.2	5295.1	6172.2	7623.3
车站数(个)	2468	3047	3408	4007	—
换乘站数(个)	254	272	319	368	—
配属车辆(辆)	23791	28707	34012	40998	—
客运量(亿人次)	161.51	184.3	212.77	238.80	—
客运量增速(%)	15.4	14.1	15.4	12.2	—

全国来看，2020年，我国城市轨道交通运营里程为7623.3公里，运营线路条数为233条。城市层面来看，截至2020年底，已有44个城市开通了城市轨道交通线路，其中2020年新开通的城市为太原、三亚和天水等3个城市。

中心城市层面，2020年中心城市轨道交通客运量170.93亿人次，较2019年减少62.17亿人次，下降26.67%，与汽电车一样，主要是受到疫情的影响，其中上半年中心城市轨道交通客运量较上年减少48.86亿人次，变动比率为-44.22%，下半年轨道交通客运量为109.29亿人次，与上年同期相比，仍减少13.31亿人次，但已几乎恢复到上年的水平。

表6　2019年与2020年中心城市轨道交通客运量情况

单位：亿人次，%

月份	2020年	2019年	下降量	降幅
1月	15.16	18.28	-3.12	-17.06
2月	1.84	13.87	-12.03	-86.74
3月	6.76	19.80	-13.05	-65.89
4月	10.53	19.56	-9.03	-46.18
5月	13.05	19.81	-6.76	-34.12

续表

月份	2020 年	2019 年	下降量	降幅
6 月	14. 31	19. 18	-4. 87	-25. 39
上半年合计	61. 64	110. 50	-48. 86	-44. 22
7 月	16. 44	21. 07	-4. 63	-21. 99
8 月	17. 29	20. 62	-3. 34	-16. 19
9 月	18. 13	19. 67	-1. 54	-7. 82
10 月	18. 58	20. 17	-1. 59	-7. 90
11 月	19. 01	20. 24	-1. 23	-6. 08
12 月	19. 85	20. 83	-0. 98	-4. 71
下半年合计	109. 29	122. 60	-13. 31	-10. 86
总计	170. 93	233. 10	-62. 17	-26. 67

从城市类别来看，中心城市中，一线和新一线城市的轨道交通更为完善，客运量更高，共计 156. 67 亿人次，占中心城市全部客运量的 91. 66%；东部地区的城市轨道交通更发达，客运总量为 119. 24 亿人次，占中心城市全部客运量的 69. 76%，中部地区和西部地区中心城市的轨道交通客运量相差不大。

表 7　2020 年城市轨道交通客运量情况（按城市分类）

单位：亿人次

城市级别	2020 年城市轨道交通客运量
一线	91. 68
新一线	64. 99
二线	13. 86
三线	0. 4
四线	—
总计	170. 93

表 8　2020 年城市轨道交通客运量情况（按地域分类）

单位：亿人次

城市地域	2020 年城市轨道交通客运量
东部	119.24
西部	30.44
中部	21.25
总计	170.93

（二）基本特点

第一，城市轨道交通各制式均投入运营。7 种城市轨道交通制式中，地铁制式仍然占主体地位。2019 年，我国新增 3 条市域快速轨道交通运营线路，运营里程 97.4 公里，占比 1.6%。地铁运营总里程达 5480.6 公里，占 88.8%，其他制式（包括轻轨、单轨、有轨电车、磁悬浮、自动导向、市域快速轨道）运营里程占 11.2%（见图 4）。

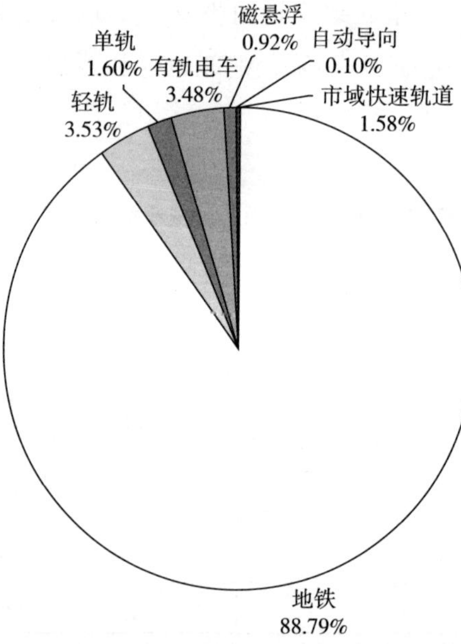

图 4　2019 年我国城市轨道交通各制式运营里程占比情况

第二，城市轨道交通服务不断优化。近年来，我国城市轨道交通服务水平不断提升，突出表现在发车间隔及列车正点率方面。2019 年，我国城市轨道交通最小发车间隔在 120 秒（含）以下的城市有 5 个，其中，上海实现了最小发车间隔为 115 秒，达到世界先进水平。我国各城市轨道交通列车正点率均在 99% 以上，其中，上海列车正点率达 100%。

四　出租汽车发展情况

（一）概况

与 2019 年相比，2020 年我国中心城市巡游出租车客运量减少 34.524 亿人次，下降 34.71%。其中，上半年客运量几乎是上年的一半，为 25.992 亿人次，下半年受到复工复产复学的带动，客运量有所增加，为 38.933 亿人次，但较上年同期相比，仍下降了 21.97%。

表 9　2019 年与 2020 年我国中心城市巡游出租汽车客运量变化情况

单位：千万人次，%

月份	2020 年	2019 年	下降量	降幅
1 月	64.43	84.91	-20.49	-24.13
2 月	13.27	77.29	-64.01	-82.82
3 月	28.74	83.95	-55.21	-65.76
4 月	44.96	81.55	-36.59	-44.87
5 月	52.35	84.06	-31.70	-37.72
6 月	56.17	83.81	-27.64	-32.98
上半年合计	259.92	495.56	-235.64	-47.55
7 月	59.00	84.52	-25.52	-30.19
8 月	62.65	84.60	-21.95	-25.95
9 月	66.24	82.72	-16.48	-19.92
10 月	67.71	82.82	-15.11	-18.25
11 月	66.83	81.50	-14.68	-18.01
12 月	66.91	82.77	-15.86	-19.16
下半年合计	389.33	498.93	-109.59	-21.97
总计	649.25	994.49	-345.24	-34.71

从城市划分看，中心城市中一线、新一线和二线城市的巡游出租车客运总量较大，其中一线城市占比为19.65%，新一线城市占比为39.52%，二线城市占比为32.84%，共计占中心城市的92.02%；考虑到各个地区中心城市数量和人口因素的影响，从地域来看巡游出租车客运量东、中、西部地区相对均衡，分别占42.53%、33.64%和23.83%。

表10　2020年巡游出租车客运量情况（按城市分类）

单位：亿人次

城市级别	2020年巡游出租车客运量
一线	12.76
新一线	25.66
二线	21.32
三线	3.89
四线	1.30
总计	64.93

表11　2020年巡游出租车客运量情况（按地域分类）

单位：亿人次

城市地域	2020年巡游出租车客运量
东部	27.62
西部	21.84
中部	15.47
总计	64.93

（二）基本特点

第一，出租汽车行业发展趋于平稳。近年来，由于城市交通新业态网约车的兴起，出租汽车行业受到冲击，但传统出租汽车提供服务的客运量仍然占据我国出租车行业客运总量的较大比重。2019年，出租汽车企业数为15.03万家；车辆数相对稳定，我国出租汽车营运车辆数总体保持稳定，在139万辆上下略有波动。

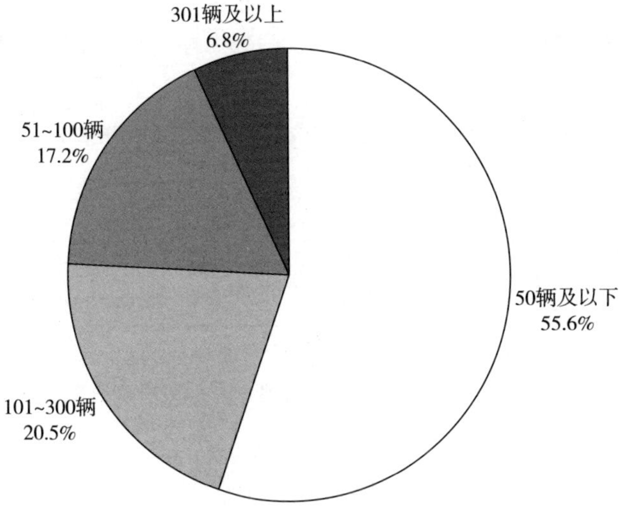

图 5　2019 年我国出租汽车企业构成情况

第二，出租汽车里程利用率普遍较高。我国 36 个直辖市、计划单列市、省会城市的出租汽车里程利用率普遍较高。拉萨、乌鲁木齐等 8 个城市出租汽车里程利用率在 70% ~90%。城市规模较小的城市出租汽车里程利用率相对较高。

第三，新能源车辆数量持续增长。2019 年，我国新能源营运车辆数量为 7.72 万辆。新能源出租汽车营运车辆数量占出租汽车营运车辆总量的比例持续上升，新能源出租汽车营运车辆数量占比 5.5%。

五　汽车租赁发展情况

（一）概况

2019 年，我国纳入统计的汽车租赁车辆 22.88 万辆（见表 12）。纳入统计的汽车租赁企业共 6987 家。我国 31 个省（自治区、直辖市）中，山东、宁夏、安徽、广东和重庆汽车租赁运营车辆数量增幅较大；北京、山西、辽宁、浙江、江西、河南、湖北、云南、西藏和甘肃等10个省（自治区、直辖市）汽车租赁车辆数量有所减少，其中云南减少幅度最大，同比减少27.2%。

表12　2015～2019年我国汽车租赁车辆数变化情况

单位：万辆，%

项目	2015年	2016年	2017年	2018年	2019年
租赁车辆数	15.20	19.69	20.15	22.99	22.88
同比增长	49.2	29.5	2.3	14.1	-0.5

表13　2019年我国汽车租赁企业按车辆规模划分情况

单位：家，%

项目	10辆以下	10～50辆	50～100辆	100～300辆	300～1000辆	1000辆及以上
租赁企业	4163	2149	362	194	85	34
占比	59.6	30.8	5.2	2.7	1.2	0.5

（二）基本特点

第一，租赁车辆总数基本稳定。汽车租赁车辆以小微型客车（9座及以下客车）为主。2019年，小微型客车22.45万辆，占汽车租赁总数的98.1%。

第二，汽车租赁从业人员数量大幅增长。2019年，我国汽车租赁从业人员数量10.22万人，同比增长50.8%。近年来，我国汽车租赁从业人员数量呈持续上升趋势。2019年，我国汽车租赁从业人员数量大幅增长。

六　我国城市交通相关政策

《交通强国建设纲要》明确“到2035年基本形成‘全国123出行交通圈’，城市交通拥堵基本缓解”等发展目标。为进一步贯彻党的十九大精神，推进交通强国建设，全国城市客运行业主管部门颁布实施了一系列政策、法规和标准规范（见表14）。

表 14　2019～2020 年我国城市交通相关政策文件清单

序号	分类	发布年月	发布部门	文件名
1	城市交通顶层政策	2019 年 9 月	党中央、国务院	《交通强国建设纲要》
2		2019 年 5 月	交通运输部等十二部门	《绿色出行行动计划(2019—2022 年)》
3		2019 年 7 月	交通运输部	《交通运输部关于印发〈数字交通发展规划纲要〉的通知》(交规划发〔2019〕89 号)
4		—	交通运输部会同相关部门	《关于加快推动城市交通高质量发展综合治理交通拥堵的意见》
5		2020 年 6 月	交通运输部	《关于河北雄安新区开展智能出行城市等交通强国建设试点工作的意见》
6		2020 年 7 月	交通运输部、国家发展改革委	《绿色出行创建行动方案》
7		2020 年 7 月	国家发展改革委等	《关于支持新业态新模式健康发展激活消费市场带动扩大就业的意见》(发改高技〔2020〕1157 号)
8		2020 年 8 月	交通运输部	《关于加强和规范事中事后监管的指导意见》
9		2020 年 11 月	交通运输部	《道路运输条例(修订草案征求意见稿)》
10	网约车/巡游出租车方面	2019 年 10 月	交通运输部、国家发展改革委	《关于深化道路运输价格改革的意见》(交运规〔2019〕17 号)
11		2019 年 10 月	交通运输部	《关于学习借鉴上海市推动网约车规范发展做法经验的通知》(交办运函〔2019〕1503 号)
12		2019 年 12 月	交通运输部、工业和信息化部、公安部、商务部、市场监管总局、国家网信办	《关于修改〈网络预约出租汽车经营服务管理暂行办法〉的决定》(中华人民共和国交通运输部令,2019 年第 46 号)
13		2020 年 3 月	交通运输部	《关于严格落实网约车、顺风车疫情防控管理有关要求的通知》
14	汽车租赁方面	2019 年 3 月	交通运输部	《汽车租赁企业等级划分》(JT/T 1251－2019)
15		2020 年 12 月	交通运输部	《小微型客车租赁经营服务管理办法》(2020 年第 22 号)

续表

序号	分类	发布年月	发布部门	文件名
16	智能电动汽车	2020 年 4 月	装备工业一司	《2020 年智能网联汽车标准化工作要点》
17		2020 年 11 月	国务院办公厅	《国务院办公厅关于印发新能源汽车产业发展规划(2021—2035 年)的通知》(国办发〔2020〕39 号)
18	其他	2019 年 5 月	交通运输部、中国人民银行、国家发展改革委、公安部、市场监管总局、银保监会	《关于印发〈交通运输新业态用户资金管理办法(试行)〉的通知》(交运规〔2019〕5 号)
19		2020 年 6 月	交通运输部	《交通运输部关于进一步强化交通运输疫情防控措施坚决防止疫情反弹的通知》
20		2020 年 11 月	国务院办公厅	《国务院办公厅印发关于切实解决老年人运用智能技术困难实施方案的通知》
21		2020 年 12 月	国家互联网信息办公室	《常见类型移动互联网应用程序(App)必要个人信息范围(征求意见稿)》

B.3

2020年国际共享出行发展现状与趋势

吴 钊 梁少芳*

摘 要： 2020年面对席卷而来的新冠肺炎疫情，全球很多国家发布了大规模的出行限制政策，极大地影响了人们的出行和消费需求。共享出行市场因此受到冲击，部分企业甚至面临经营困境。短期内，国际共享出行领域的企业将加速战略转型的步伐，通过不同方式提升产业链整合能力，布局跨场景下的生态体系，为消费者提供多元化、智能化的共享出行服务。而从长期市场趋势来看，汽车产业自动驾驶、智能网联等技术将对共享出行带来颠覆性影响，全球产业链上下游企业均从不同维度采取创新举措，以共同构建未来智能共享绿色出行的美好愿景。

关键词： 国际市场 商业模式 服务创新 共享出行

一 国际共享出行生态体系与价值链

（一）国际共享出行主要模式概览

当前城市出行环境中共存有多种交通方式，其中有四种共享出行方式被世界上大多数城市广泛采用：乘用车出行、公共道路交通出行、城市轨道交

* 吴钊，罗兰贝格合伙人；梁少芳，罗兰贝格高级咨询顾问。

通出行和微出行。其中乘用车出行包括私家车、出租车、网约车、共享汽车、分时租赁车等，公共道路交通出行包括公交车、有轨电车、公共班车等，城市轨道交通包括地铁、高架铁路、高速城市铁路等，微出行包括自行车、电动摩托车、滑板车、平衡车等。

图 1　国际共享出行主要模式

资料来源：案头研究，罗兰贝格。

每种共享出行模式都需要搭建一套不同的基础设施，并采用不同的业务模型来服务消费者。例如，在基础设施方面，乘用车出行主要依赖道路和桥

	基础设施					商业模式				
交通工具	道路和桥梁	轨道和隧道	停车场地	交通管制	运营维护	个人所有	长短租	网约车	分时租赁	门票和通行证
乘用车	√		√	√	√	√	√	√	√	
公共道路交通	√			√	√					√
城市轨道交通		√			√					√
微出行	√					√	√		√	√

图 2　不同模式所需基础设施及商业模式

资料来源：案头研究，罗兰贝格。

梁、停车场地以及交通管制等基础设施，城市轨道交通主要依赖轨道和隧道以及运营维护等；而在商业模式方面，乘用车出行广泛涉及个人所有、长短租、网约车、分时租赁等多种模式，而公共道路交通和城市轨道交通出行主要采用门票和通行证模式。

（二）国际共享出行价值链核心角色

无论在哪一种国际共享出行模式中，我们都观察到四类创造价值的角色——生产商、运营商、赋能商和监管部门，它们相互协作以为消费者提供城市出行服务。

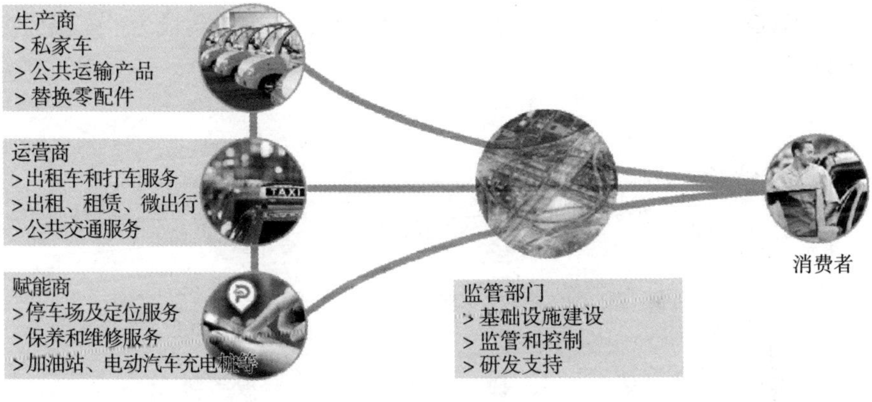

图3　国际共享出行价值链核心角色

资料来源：案头研究，罗兰贝格。

生产商即乘用车、公共交通车辆的整车制造企业与零部件供应商，它们主要通过产品研发、零部件制造、整车产品的集成整合来为出行提供实体的交通运输工具。运营商则为各类出行商业模式的运营管理者，如出租车与网约车运营管理平台、长短租与微出行出租企业、公交公司等，这些运营商既可以是交通工具的资产所有者，也可以仅仅是轻资产的出行供需匹配与撮合平台。赋能商定位为各种出行方式价值链各环节的服务提供商，如停车定位、场地提供、保养和维修服务、加油站、充电站等。无论是生产商、运营商还是赋能商，都受监管部门（主要是当地政府及国有机构）的管控，同时监管部门也提供基础设施、政策法规、交通管控、研发支持等服务。在监管部门的引导下，所有的价值链上的商家共同为消费者服务。

二　国际共享出行价值链企业的定位转变趋势

共享出行的快速发展，对传统汽车产业链带来巨大变革，重塑产业链上的价值分配。而在大的汽车产业链价值分布变化的趋势下，共享出行产业链上下游的各类企业也在以不同的方式提升自身的产业链整合能力。生产商尝试向出行服务运营商延伸，出行运营商与赋能商通过优势互补实现合作共赢，领先企业积极布局全产业链生态以加速转型，各方均将成为生态圈的主导力量。

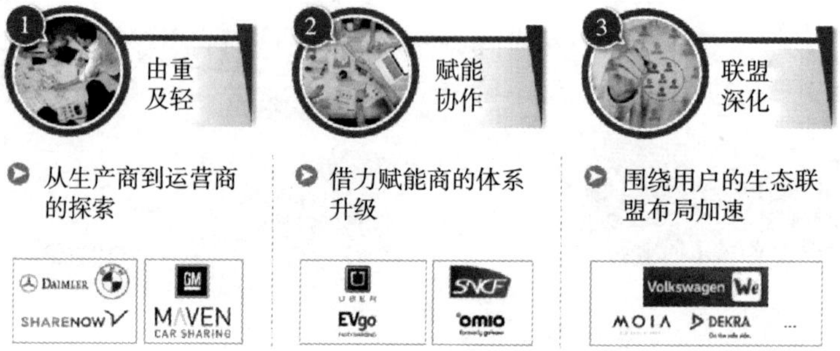

图4　国际共享出行价值链企业定位转变趋势

资料来源：案头研究，罗兰贝格。

（一）由重及轻——从生产商到运营商的探索

面对城市交通问题的深化、消费者车辆保有意识的减弱，以及数字化创新催生的机遇，全球传统车企纷纷开始布局共享出行市场，提前布局，以应对未来收入模式从单纯汽车销售向出行服务转变的机会与挑战。

与传统运营商相比，车辆生产商转型布局共享出行业务似乎拥有着得天独厚的优势。首先，作为汽车行业制造巨头，车辆生产商利用自身的产能即可投放大量运营车辆以节省前期投资成本，其次，车辆生产商多年积淀的品牌知名度和美誉度将更容易获得消费者信任，打消部分消费者对于共享车辆存在安全隐患的疑虑。

以全球领先主机厂为例，戴姆勒和宝马早期便在共享出行的风口分别成立 Car2Go 和 DriveNow 品牌，布局共享移动出行业务。2019 年，双方将旗下业务合并成立 ShareNow 公司，在欧洲以及北美地区提供乘用车共享租赁业务，以期产生协同效应进一步扩大市场影响力。ShareNow 瞄准消费者临时出行的需求市场，通过智能手机 App 为消费者提供点对点的共享车辆租赁服务，并为其提供戴姆勒和宝马旗下的 Smart、奔驰、宝马等车型，按分钟或者小时和日计费。

而不久后，ShareNow 即宣布于 2020 年退出北美市场，且同时退出伦敦、布鲁塞尔及佛罗伦萨三个欧洲重要市场。无独有偶，通用汽车亦在 2019 年宣布公司旗下于 2016 年成立的共享服务 Maven 将退出部分北美市场，之后受新冠肺炎疫情的影响，2020 年宣布终止汽车共享租赁业务。

图 5　ShareNow 旗下共享车辆车型

资料来源：ShareNow 官网。

反观全球主机厂转型的部分失败案例，生产商向运营商转型主要面临的挑战在于业务战略定位模糊、商业模式不可盈利，以及运营支持能力薄弱。

首先，部分传统车企对共享出行业务的战略定位及目标暂不明晰。站在共享出行的风口上，传统车企面临改革浪潮，或将寄托于共享出行业务拉动新能源车辆销量，构建品牌创新形象，抑或是打造生态系统，进一步为消费者提供增值服务。清晰的业务战略定位将有助于主机厂明确可实现的业务目标，并制定与之相匹配的商业模式及形成有竞争力的产品和服务作为抓手。

其次，尽管传统车企在车辆制造层面节约了一大笔前期投入费用，但与车队运营相关的车辆保养成本、能耗成本、平台维护成本等，均对传统车企的共享出行商业模式提出挑战。与此同时，消费者面临租车、网约车等众多出行选择及不同出行平台时，构建除价格以外的核心竞争优势及多元化服务将有助于企业实现可持续性发展。

值得注意的是，共享出行业务的核心成功因素不再只局限于车辆。与传统运营商相比，作为以造车能力见长的传统车企，针对共享出行业务的运营支持能力较弱。这将在一定程度上影响运营效率以及消费者体验，导致盈利能力降低进而面临经营困境。

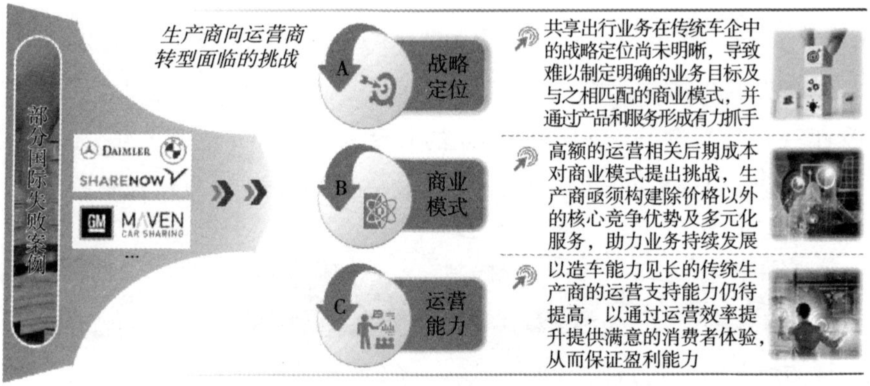

图6　生产商向运营商转型面临的挑战

资料来源：案头研究，罗兰贝格。

（二）赋能协作——借力赋能商的体系升级

作为共享出行服务的运营商，当已凭借独特的商业模式在本地市场初具规模时，接踵而至的挑战即如何通过提升产品和服务的核心竞争力而提高品牌影响力，并进一步扩大市场份额实现长期战略目标。赋能商往往已在各自领域拥有成熟的商业模式和过硬的技术能力，而他们亟须通过进入全新市场来布局产业生态，支撑自身业务增长。

为加速共享汽车电气化进程，Uber 集团于 2019 年宣布与美国电动汽车快速充电公共网络 EVgo 签署合作协议，以进一步倡导绿色出行，实现其成为零排放出行平台的战略使命。

作为乘用车共享出行领域的行业引领者，运营商 Uber 集团所使用的车辆因更高的使用频率成为温室气体排放量的最大贡献者之一。但驾乘人员对新能源汽车的使用意识不强，以及驾驶员所面临的充电焦虑，成为 Uber 集团实现 2025 年全面过渡到新能源汽车目标的最大阻碍。

而借助于赋能商 EVgo 在美国不断发展的强大充电网络，Uber 集团完美地将旗下共享乘车和送餐服务与全国充电网络相结合，使驾驶人员在全国范围内享受快速便捷的充电服务，从而解决共享出行驾驶员从燃油车过渡到新能源车的痛点，进一步推进绿色经济共享出行。

图 7　Uber 和 EVgo 合作共同推进绿色共享出行

资料来源：Uber 官网。

以城市轨道交通为例，法国国家铁路公司 SNCF（Société nationale des chemins de fer français）负责全国国有铁路的经营。SNCF 毋庸置疑已是法国铁路运营市场的绝对领先者，但面临汹涌而来的数字化浪潮以及日渐增加的全球旅客需求，SNCF 作为法国最大的国营企业之一亦面临着数字化转型缓慢的困境。

与此同时，欧洲票务方案提供商 OMIO 注意到了消费者在欧洲选择城市轨道交通时面临的多而散的痛点和行为改变的趋势。因此，OMIO 以消费者为中心，区别于其他专注价格比较或搜索服务的赋能商，以提升消费者出行体验为使命构建了多式联运预定平台。

SNCF 与 OMIO 的合作促使运营商和赋能商在最大程度上实现共赢。一方面，SNCF 通过 OMIO 新兴一体化订票平台扩展了销售渠道，同时提升了消费者线上购票体验。另一方面，OMIO 遵循其企业战略发展愿景，为消费者提供了多元化的轨道交通出行方案及友好的出行体验。

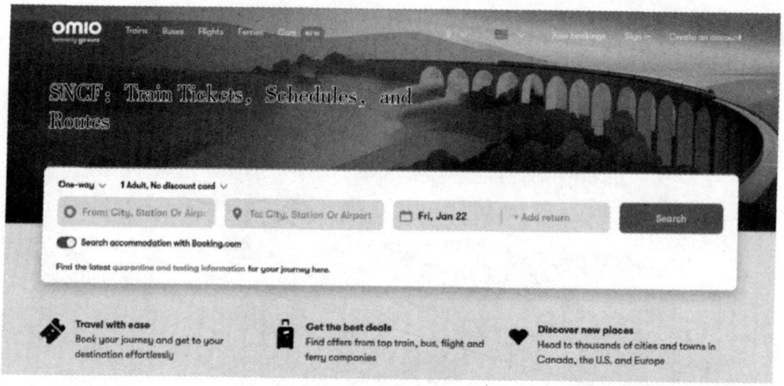

图 8　SNCF 与 OMIO 合作提供友好轨道交通出行体验

资料来源：OMIO 官网。

（三）联盟深化——围绕用户的生态联盟布局加速

在共享出行时代，终端消费者的价值中心将从产品转向服务，物理形态的汽车不再是汽车生态系统中唯一的核心。汽车行业各大企业不再仅以产品性能的推陈出新来满足消费者需求，而是围绕消费者全生命周期旅程来提升出行体验，并通过产业链多方联盟共同布局生态圈，从而不断提升消费者体验，形成动态可持续的出行体验闭环。

作为一家致力于向“未来出行服务商”转型的全球领先车企，大众集团的战略愿景不仅是持续制造生产性能卓越的汽车，而且是将眼光投向未来，致力于将大众打造成为车轮上的移动数字设备。为此，大众集团计划在2025 年前投资 35 亿欧元用于企业数字化，加速推进大众“WE”生态系统的发展，以期使消费者将出行都托付于大众品牌。

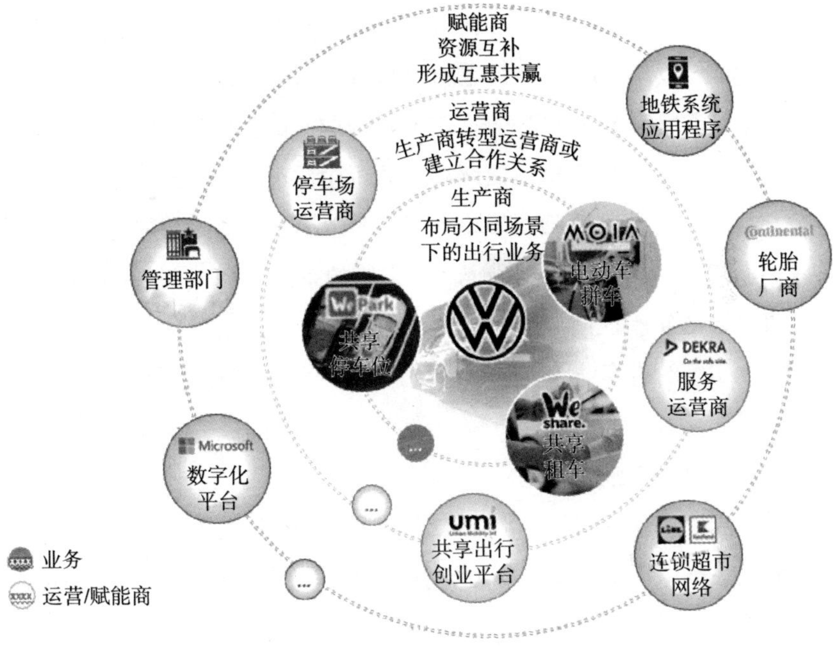

图 9 大众集团联盟产业链多方生态布局共享出行

资料来源：案头研究，罗兰贝格。

早在 2016 年底，大众集团便将旗下网约车运营业务单独拆分成立新一代出行公司“MOIA”，成为当年传统车企从制造商向移动出行服务商转型最显著的一步。MOIA 为出行者提供清洁安全的电动汽车拼车服务，意图进一步缩小出租车和公共交通工具的差距，同时肩负着建立环保共享的城市交通环境的使命。

尽管大众集团在与 Gett（Uber 集团竞争者）的合作过程当中积累了一定程度的共享出行业务运营经验，新成立的 MOIA 公司还是选择将运营业务承接给合作伙伴 DEKRA（德国机动车监督协会）。DEKRA 为 MOIA 的拼车业务提供驾驶员培训，并负责管理车队，同时提供驾驶行为分析以提升电动汽车驾驶安全性。通过与运营商 DEKRA 的合作，大众集团可从运营商终端数据分析中获得基于不同使用场景下的消费者需求，从而专注于持续优化新能源汽车的创新功能设计，为发展移动出行业务提供更有竞争力的产品与服务。

不仅如此，大众 MOIA 亦注重通过与赋能商的合作实现互惠共赢。2019 年，MOIA 与汉堡市地铁系统合作，出现在汉堡市地铁系统中的移动应用程序上，为公共交通使用者提供便捷实惠的短途拼车服务，同时为大众集团实现一体化出行服务奠定基础。2020 年底，MOIA 还与德国马牌建立了合作伙伴关系，获得了合作伙伴专门为 MOIA 定制的系列轮胎，为 MOIA 电动汽车车队提供最佳的轮胎性能保障。

尽管 MOIA 的拼车业务在欧洲市场还处于试点阶段，但大众集团在拼车领域与运营商和赋能商形成全方位布局，为大众集团成为顶级移动服务提供商的战略目标奠定了坚实的基础。

与此同时，大众集团仍在加强与各方运营商和赋能商的合作，持续布局共享停车、共享租车等其他共享出行业务，以完善大众“WE”生态布局。

三　国际共享出行运营商竞争格局与企业动态

在类型上，根据共享交通工具（Vehicle-sharing）和共享运力（Ride-sharing）两类主要共享方式以及 B2C 和 C2C 两类主要商业模式，海外共享出行领域相关企业主要可分为四大类，每个领域内都不乏企业布局多种创新性实践。

（一）网约车

以互联网技术为依托构建服务平台的网约车早在 20 世纪 90 年代就开始出现，从 Uber 集团 2009 年创立、滴滴出行 2012 年创立伊始，网约车走过

图 10　国外共享出行主要企业

资料来源：案头研究，罗兰贝格。

了快速扩张的十年，同时也逐渐形成了由国际网约车平台中以 Uber 集团和滴滴出行为首的“两超”、地区型网约车平台中以 Lyft 和 Grab 为首的“多强”共同组成的“两超多强”动态平衡的竞争格局。

1. 受疫情影响，Uber 网约车业务大幅下滑，险中求变，扩展不同场景下外送业务

以美国的 Uber 为代表，其在美国的市场份额远超竞争对手，全球月度活跃用户于 2019 年突破 1 亿，是当之无愧的国际网约车“龙头”企业。然而，由于后起之秀滴滴出行和 Lyft 的出现，Uber 的市场份额不断下降。疫情暴发后，大规模的居家令等出行限制使得 Uber 的运营雪上加霜，2020 年第二季度 Uber 平台总出行人次同比下滑近 56%，迫使 Uber 开始寻找新的业务增长点。

与滴滴在出行领域“不退反进”扩张快车、专车、拼车业务的策略不同，Uber 利用自身物流渠道及数据平台的价值，通过 Uber Connect 和 Uber Direct 两项出行场景外服务新业务，并基于 Uber Eats 的新型伙伴关系，寻求疫情期间的增长机会。

2020 年，Uber 在美国、澳大利亚、加拿大、墨西哥等国的多个城市同

时推出两项出行场景外服务——Uber Connect 和 Uber Direct。凭借 Uber 自有渠道的低成本特点以及 Uber Eats 积累的 5 年配送经验，Uber Connect 以免邮资、无接触、当天送达的特色为人们提供经济、便捷的物品寄送服务，Uber Direct 与便利店、邮政服务公司、药店和宠物诊所等零售企业合作，向用户直接配送非处方药物、宠物用品、邮政包裹等物品。其目的在于使用户在疫情期间足不出户就能获得物品的寄送和收取服务，以便捷、无接触的服务满足用户的“最后一公里”需求。

图 11 Uber Connect 满足亲友间的物品寄送需求

资料来源：Uber 官网。

疫情影响下，2015 年推出的第一项 Uber 出行场景外服务 Uber Eats 的表现也十分亮眼。2020 年以来，全球约 40 万家餐厅使用 Uber Eats，超过 6000 个城市的 Uber Eats 订单量增量超过 30%，Uber Eats 在人们居家隔离期间迎来了增长的好时机。除此之外，Uber Eats 也制定了扩张计划：在业务上，

图 12　Uber Connect 和 Uber Direct 为用户提供便捷的极速送达服务

资料来源：Uber 官网。

从 2020 年 4 月 6 日开始，Uber Eats 与巴黎地区 15 家家乐福超市合作开发新的外送服务以帮助人们购买生活必需品；在体量上，2020 年 7 月，Uber Eats 针对美国第四大外卖公司 Postmates 的收购计划最终以 26.5 亿美元的价格成交，这是 Uber 在出行场景外服务延伸的另一里程碑事件。

疫情促使 Uber 在险境中求生，积极调整业务布局，不再单独依赖网约车业务，着力发展外卖配送等出行场景外服务。2020 年第三季度的财报显示，虽然 Uber 核心的网约车业务大幅下滑，但外卖业务净收入同比增长 190%，缓解了疫情期间出行业务面临的困境。

图 13　Uber Eats 帮助疫情期间居家隔离的用户实现便捷用餐

资料来源：Uber 官网。

在增加经济效益的同时，Uber也在为践行企业社会责任而努力，致力于到2040年成为零排放平台。Uber集团投资8亿美元支持数十万名司机在2025年前完成电动汽车替代燃油车，并开展Uber Green计划以鼓励乘客乘坐电动汽车或混合动力车，用环保的出行方式践行低碳生活。

2. Grab从出行业务向外卖、数字支付、金融等领域不断延伸

Grab于2012年在马来西亚成立，是一家总部位于新加坡的地区型网约车平台，为东南亚地区共享出行及相关综合服务提供商，业务主要覆盖新加坡、马来西亚等8个国家。

Grab出行业务从传统网约车业务起步，涵盖了网约出租车、顺风车、拼车等运力共享服务。此外，Grab也已布局超短途及多人共享出行解决方案，包括互联网租赁电动滑板车、共享面包车及小型客运公交车等。

此后，Grab不仅从优化打车供需匹配角度进行业务拓展，更从消费者需求角度开发了移动支付和外卖业务，为消费者提供更加便利的多元化服务。

2020年，GrabFood越南和Lazada越南达成合作意向，在各自平台上整合两家公司产品以达到互相引流的目的，此次合作大力推动了Grab外卖业务的发展。同时，凭借之前快速布局的移动支付市场和强大的物流网络，Grab与便利店、超市等零售商合作，在2020年疫情期间通过推出GrabMart为居家隔离的本地居民提供安全的购物方案。

不仅如此，疫情暴发后，Grab还从长期发展角度积极布局金融业务。2020年，新加坡金融管理局（MAS）向Grab颁发数字银行牌照，基于东南亚最大金融科技生态系统保险和借贷渠道的e-money和Grab自有移动支付GrabPay，Grab将实现规模化的金融服务，未来Grab的金融业务将和出行、外卖等核心业务一起成为Grab业务增长的重要引擎。

更值得关注的是，Grab与另一东南亚市场最有价值的初创公司Gojek强强联手，有意合并旗下一系列垂直业务，包含出行、数字支付、外卖和金融。这是东南亚史上最大规模的互联网企业并购事件，展现了出行领先企业向出行场景内业务整合和出行场景外业务延伸的战略意图。

图 14　GrabMart 为居家隔离的居民提供购物解决方案

资料来源：Google Play - Grab 页面。

图 15　GrabPay 助力 Grab 实现规模化金融服务

资料来源：Grab 官网。

3. Lyft 积极布局自动驾驶技术并已取得初步发展

与 Uber 的多元化战略布局不同，Lyft 更专注于北美市场的网约车服务，导致其在疫情期间受到的冲击更为严重。

但专注出行业务的 Lyft 自 2016 年起便在自动驾驶领域积极布局，并已取得初步进展。其布局可主要分为两方面：车辆架构及自动驾驶相关软件研发。

在车辆架构方面，Lyft 于 2018 年与自动驾驶技术厂商 Aptiv 达成合作意向。此次合作为双方带来极大利好：Lyft 直接参与自动驾驶系统的联合研发，并接受自动驾驶公司车辆系统知识、安全和 ADAS 等相关专业知识的输入；车辆架构公司直接利用 Lyft 平台数据及算法优化自身设计，并增加主动安全解决方案组合。2020 年 12 月，Lyft 称由 Motional 公司（现代汽车与 Aptiv 联合成立的自动驾驶合资公司）赋能的全自动驾驶的网约车服务将正式于 2023 年开始运营，Lyft 的无人驾驶共享时代即将到来。

图 16　Lyft 与 Aptiv 联合研发自动驾驶系统

资料来源：Lyft 官网。

在自动驾驶软件研发方面，Lyft 于 2019 年 6 月与谷歌母公司 Alphabet 旗下自动驾驶公司 Waymo 达成合作意向，主要内容为 Robotaxi 相关研发。目前 Waymo 依靠 Lyft 平台研发并已向 Lyft 提供 10 辆自动驾驶汽车进行封闭区域内试点，有利于更好地评估公众与自动驾驶汽车的互动方式。

通过对自动驾驶技术的布局，Lyft 等共享出行平台在 L4/5 自动驾驶技术成熟后第一时间降低自身运营成本以及人为操作失误责任。

综观国际网约车市场，以网约车和外卖业务为核心的商业模式已逐步成形。由于网约车业务受到疫情期间出行需求大幅下降的巨大冲击，外卖业务成为国际网约车企业的核心业务增长点。值得关注的是，领先企业亦在积极寻找“泛出行”领域外的新机遇，以消费者为中心基于不同使用场景的需求，积极布局货运、金融等多元化业务，为客户及企业深挖价值。与此同

图 17　Motional 助力 Lyft 无人驾驶网约车

资料来源：Motional 官网。

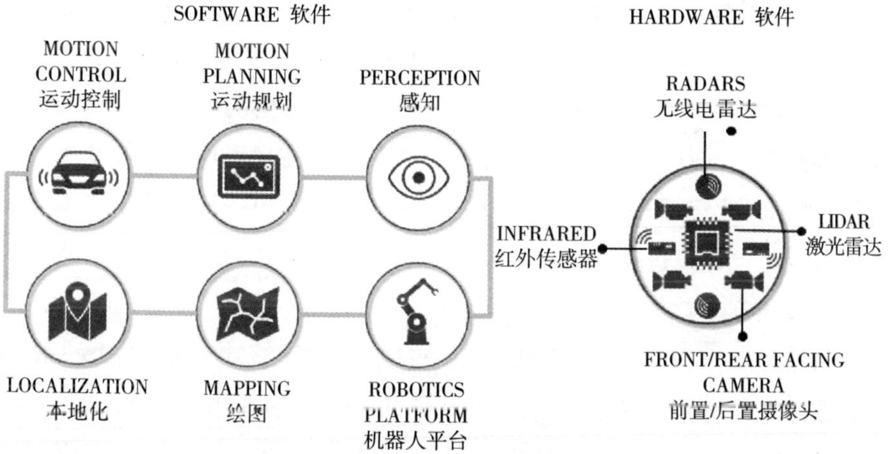

图 18　Robotaxi 自动驾驶解决方案

资料来源：Magna & Lyft 合作成果展示。

时，领先企业亦加大自动驾驶等技术研发力度，引进新能源汽车代替燃油共享汽车，在降低能源成本的同时践行企业社会责任，引领城市绿色出行，助力共享汽车行业的可持续发展。

（二）顺风车

顺风车[①]是一种有着很长历史的传统出行形式，但随着私家车的普及，选择顺风车通勤的人数占比在21世纪初跌到低谷。然而，互联网出行从根本上促成线上线下相结合的便捷高效、舒适安全的服务，顺风车得以在近十年再次流行起来。顺风车的领先企业包含以网约车业务闻名的Uber和Lyft，以及主打顺风车业务的地区型品牌BlaBlaCar，它们在被网约车挤占了大部分共享汽车出行市场份额的背景下展开激烈竞争。

BlaBlaCar成立于2006年，来自法国，是当今世界最大的拼车服务公司之一，主要在欧洲400余个城市运营，2019年已拥有7000万用户。疫情暴发后，出于防疫需求，各地政府对顺风车严加管控，为此，BlaBlaCar减少拼车中提供的座位数量，乘客量同比下降约30%。与此同时，BlaBlaCar观察到居民因封城而生活必需品的购置需求增加，于是，2020年4月，BlaBlaCar运用诞生于内部黑客松的基于地图的应用程序，推出全新服务BlaBlaHelp。与Uber集团旗下的配送品牌Uber Direct不同，BlaBlaHelp并不是直接帮助居民购买物品并提供有偿的配送服务，而是旨在为人们搭建互帮互助购买日用品的免费平台，使居民们联合起来共同形成积极应对疫情的解决方案，这既是顺风车市场中出行场景外业务延伸的特殊典范，也是促进社区团结抗疫、解决民众困难、践行企业社会责任的优秀实践案例。

除此之外，BlaBlaCar也积极整合出行场景内业务，在2020年首次与瑞典电动滑板车品牌Voi联手，使得1800万名BlaBlaCar法国会员能将自己的BlaBlaCar账户与BlaBla Ride应用程序关联，用电动滑板车满足较长的拼车或公交车旅行之后的“最后一公里”（door to door）需求。如此，BlaBla Ride结合BlaBla家族中的长途巴士BlaBlaBus和长途拼车BlaBlaCar，以及通勤距离拼车BlaBlaLines，形成强大的多式联运综合服务网络，提供完美的无缝集成体验。

---

① 也称为私人小客车合乘。

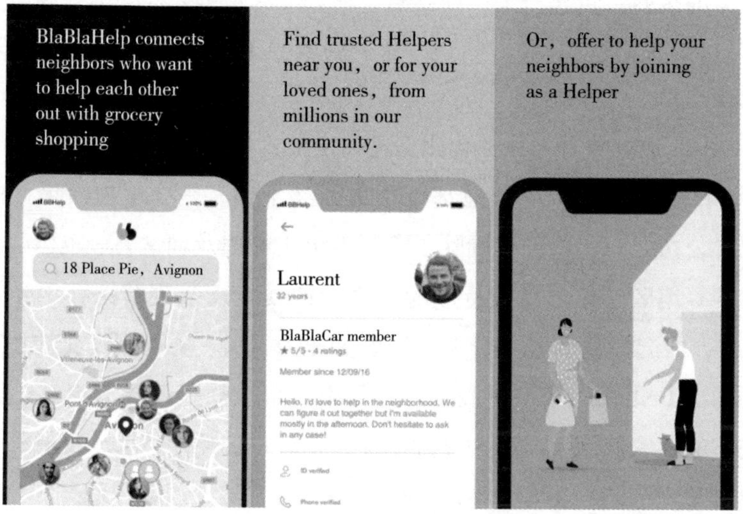

图 19　BlaBlaCar 推出应对疫情的积极解决方案 BlaBlaHelp

资料来源：BlaBlaCar 官网。

顺风车业务在疫情期间受到较大的冲击，领先企业则另辟蹊径寻找新的增长点，反映未来行业发展趋势。首先，及时响应疫情衍生出的新刚需，不仅体现出企业对社会民生的关注和卓越的行动力，为践行社会责任提供了优秀的实践案例，并且收获的良好品牌声誉又将反哺品牌主营业务。其次，整合出行场景内业务，寻求微出行的加入以解决“最后一公里”难题，最终形成完整的多式联运解决方案，能够最大程度地满足大众出行需求，带来业务增长新动能。

（三）分时租赁

汽车分时租赁于 20 世纪 90 年代从传统汽车短租业务细分而来，与互联网结合而形成一种按小时或分钟计费、随取随用的自助式新兴租车模式。这种新模式不仅满足了大众愈加碎片化的用车需求，也符合更加注重环境保护的行业发展趋势。30 余年来，在全球经济发展、旅游业繁荣发展、千禧一代汽车购置率低而碎片化用车需求上升等因素的促进下，汽车分时租赁市场得到了空前发展，行业内不断涌入新企业，但疫情的突然暴发让旅游业和汽车租赁行业一度陷入瘫痪，Zipcar 和 Getaround 在无数黯然收场的强大竞争者中脱颖而出。

1. Zipcar 通过裁员和业务优化及延伸应对疫情冲击

Zipcar 成立于 2000 年，总部位于美国波士顿，是全球规模最大的分时租赁服务公司之一，服务范围除了美国本土之外遍及加拿大、英国、西班牙与奥地利等地区。分时租赁行业随着疫情的暴发而显现萧条，深受影响的 Zipcar 一方面选择裁员近 20% 来应对资金压力，另一方面则简化注册和预订流程，推出 Dedicated Zipcar 服务，使得用户可以获得每周五天或七天的同一辆汽车的独家使用权，既用高效率提升了客户的使用体验，又减轻了疫情下客户对车辆清洁性和安全性的担忧。

此外，不同于与众多餐饮商家拥有合作伙伴关系的 Uber 自己开展外卖配送业务，Zipcar 选择与 Uber 集团旗下外卖品牌 Uber Eats 合作，为美国一些地区的 Uber Eats 送餐员提供价格低廉的车辆分时租赁服务，这证明 Zipcar 仍然以巧妙的方式抓住疫情期间新增的外卖送餐需求来开拓新增长点，实现出行场景内外业务延伸。

2. Getaround 自研车联网解决方案优化用户租车体验

Getaround 创立于 2011 年，总部设在美国旧金山，是目前全球最大的 P2P 分时租赁公司之一，继 2018 年获软银 3 亿美元战略投资后，于 2019 年 4 月收购其在欧洲的最大竞争对手 Drivy，收购完成后，Getaround 业务已覆盖全球 300 多个城市，平台注册用户达 500 万。

与其他 P2P 租车公司相比，Getaround 最大的特点在于，用户在前往指定地点提车时，不再需要车主提供“实体钥匙”。基于 Getaround 自主研发的后装车联网方案的设备，通过发动机锁、GPS 跟踪和篡改检测来防止盗窃情况发生，用户可以放心地将钥匙留在车内，用智能手机来解锁汽车，有效降低人力成本。而基于车联网带来的车辆数据沉淀，例如通过数据计算出汽车零部件磨损程度、换机油周期等，也能够帮助平台高效调度车辆资源，及时为车主提供维保预警，同时为用户提供最优租车方案，提高出行效率。

2020 年疫情期间，Getaround 完成了 1.4 亿美元的 E 轮融资，并计划通过提供完全的非接触体验来进一步发展车联网技术，这成为其布局汽车产业前沿科技的重要一步。

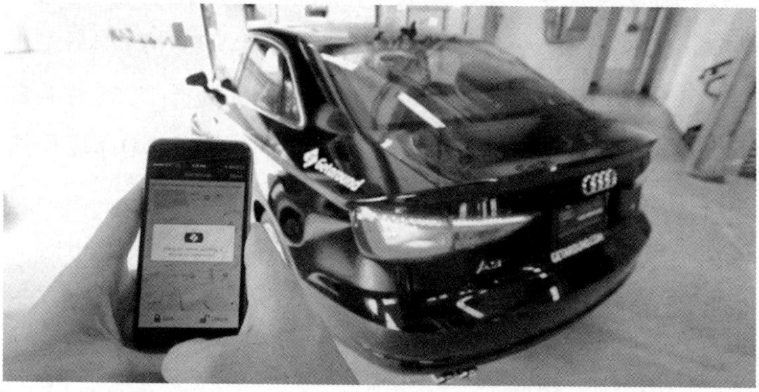

图 20　Getaround Connect 让驾驶员无须车钥匙解锁车辆

资料来源：Getaround Youtube 频道。

疫情为汽车分时租赁行业带来挑战的同时，也带来前所未有的机遇，领先企业在多个领域开展创新性实践。它们精简线上服务程序以提升服务体验，评估自身实力后借助合作伙伴之力进入因疫情而更加活跃的新兴市场，并且为疫情结束后的行业科技竞争积极备战。这昭示着汽车分时租赁行业在未来将进一步与互联网产业融合，并重视技术导向型业务的趋势。

（四）互联网租赁自行车

互联网租赁自行车的雏形是 20 世纪 60 年代被称作 “White Bicycle Plan” 的荷兰自行车社区共享项目，此后的互联网租赁自行车一度大多由政府投资建造，形成市区内共享自行车系统，大部分设有固定的停靠站。直到 2014 年前后，智能手机和移动支付开始被广泛使用，移动互联网技术为传统互联网租赁自行车行业带来了大变革，才形成了以如今的共享自行车、电动滑板车、电动自行车、摩托车为主要业务，以有停靠站、无停靠站和混合式为停靠方式的互联网租赁自行车行业。互联网租赁自行车领域的主要企业也因此变得更加多元化，有以摩托车乘坐服务闻名的Gojek，也有以电动滑板车业务在欧美广受欢迎的Lime、Bird和Spin。

1. Gojek致力于成为综合生活服务类平台，疫情期间收入稳定

Gojek于2009年在印度尼西亚成立，从最早的摩托车出行服务开始，逐渐发展为集出行服务Goride、餐饮配送Gofood、移动支付Gopay、快递服务Gosend、超市购物Gomart等20多种功能于一体的综合性应用平台。截至2020年6月，Gojek在东南亚已拥有1.7亿注册用户，也是印度尼西亚第一家“独角兽”公司。

疫情使得出行服务变得举步维艰，Gojek和Uber的策略相似，将目光投向出行场景之外。一方面，积极开展外卖配送和购物配送业务，2020年Gofood注册商户数量超过90万，增长率达80%，购物配送服务的交易额增长500%；另一方面，鉴于疫情对小企业近乎毁灭性的打击，2020年9月推出B2B平台GoToko，旨在为小企业提供物流、订单管理、数据管理等服务，并于同月宣布与联合利华达成合作意向，搭建印尼的小企业与领先消费品企业之间的桥梁，让小企业以优惠价格从联合利华购买商品，帮助小企业渡过难关，同时达到延伸业务范围的目的。服务的整合与延伸使得Gojek受益颇多，在2020年这个共享出行一片萧条的年份，Gojek印尼以120亿美元的交易总额取得了10%的增长率，在行业内独树一帜。

2. 疫情使得Lime共享电动滑板车业务否极泰来

2017年，以电动滑板车业务闻名的共享出行服务提供商Lime成立于美国旧金山。从共享自行车到电动滑板车再到汽车，Lime自始至终把与移动互联网的深度融合体现在了其世界各地的出行系统中。2019年2月，Lime获得高达3.36亿美元的D轮融资资金，其估值也达到24亿美元，同年9月，被领英评为50家顶级初创公司之一。

然而，疫情的暴发使Lime从2020年3月开始不得不暂停在近20个国家的服务，并且由于进入市场的时间较短，没有Gojek在“泛出行”领域的深厚基础，短时间内无法顺利打通出行与支付、配送、购物等领域的行业壁垒，其估值一度跌至7亿美元。

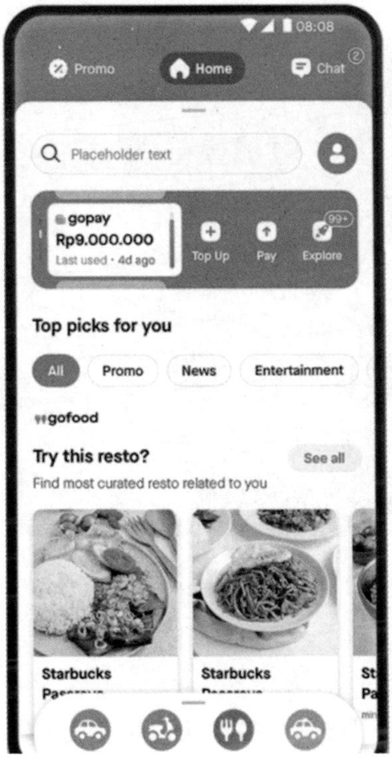

图 21　Gofood 与超 90 万家商家合作，为居民提供外卖配送服务

资料来源：Gojek 官网。

转机出现在 2020 年 5 月，Uber 集团宣布向 Lime 投资 1.7 亿美元，Lime 也收购了 Uber 集团电动自行车和滑板车业务，用户还可以在 Uber 或 Lime 两个应用程序中通过二选一来完成滑板车的借用流程。这次出行企业的强强联合，不仅满足了消费者对打通“最后一公里”的期待，完成了业务的整合，还打通二者应用程序，实现用户共享与数据共享，减少了管理与运营成本。为此，Lime 的发展前景得以更加明晰。

3. Spin 和 Bird 积极推动技术创新，致力于提供更加智能安全的共享电动滑板车服务

在互联网租赁电动滑板车出行领域还有两家颇有建树的领先企业，分别是福特汽车公司旗下的 Spin 和与 Lime 同年在美国加利福尼亚州成立的 Bird。

图 22　Uber 向 Lime 投资 1.7 亿美元

Spin 成立于 2016 年，一年后在美国西雅图搭建了该市首个无停靠共享自行车系统，2018 年 11 月被福特公司以 1 亿美元的价格收购，2019 年成为美国旧金山市四家互联网租赁电动滑板车业务提供企业之一。

Spin 即使在疫情期间也没有放弃产品技术更新，宣布 2021 年将在北美和欧洲投入使用 Spin S－200。这是来自九号公司的三轮智能互联网租赁电动滑板车，它使得远程操作成为可能，增强的支架也提高了滑板车对各种路况的适应性，给用户提供更智能安全的“半自动驾驶”体验。这同时意味着“自动驾驶”并非 Lyft 等共享汽车品牌的专属技术，也可以被不同程度地引入互联网租赁自行车领域，提升互联网租赁自行车骑行体验。

Bird 在 2017 年由 Lyft 和 Uber 的前高管创立，2018 年 5 月获得红杉资本 1.5 亿美元的投资，成为有史以来估值最快达到 10 亿美元的“独角兽”企业。2018 年 9 月，Bird 电动滑板车使用数量已达到 1000 万人次，2019 年 10 月，其估值达到 28 亿美元。

Bird 在赢得巨大市场的同时，也着眼于培养用户的安全驾驶习惯，在 2019 年 11 月开展的“免费头盔计划”（free helmet program）中，用户戴着头盔自拍即可获得乘车积分，其目的在于鼓励骑行者佩戴头盔。2020 年，Bird 直击电动滑板车一直被诟病的刹车失灵的安全隐患，成为微出行领域首个推出紧急制动系统的企业。

2021 年 1 月，Bird 宣布将采用以色列的反欺诈和恐怖主义的身份认证技术 AU10TIX，以几乎零偏差的精度，花费大约 8 秒用 ID 扫描快速识别用户身份，以杜绝欺诈及未成年人骑行行为，以引用先进技术的方式培养用户良好的用车习惯，保障用户骑行安全。

事实证明，即使在出行受限的疫情期间，大众也对既安全又环保的出行方式颇为偏爱，而 Bird 也以对用户安全高度负责的态度，彰显了企业的社会责任感，赢得了良好的口碑和效益。

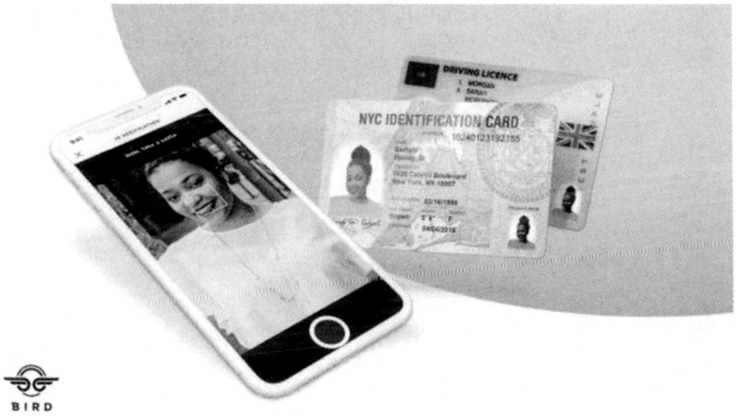

图 23　Bird 采用以色列 AU10TIX 技术支持 ID 扫描，杜绝欺诈和未成年人骑行行为

资料来源：Bird 官网。

互联网租赁自行车的需求在疫情期间被唤醒，人们基于对公共交通可能存在的卫生隐患的担忧，不约而同地改变了出行方式，倾向于选择互联网租赁自行车作为“最后的交通工具”。互联网租赁自行车行业因此逐步走出此前发展的低谷，迎来全新的转型契机和拐点。全球企业均借此机遇完善服务生态，并积极引入新技术以迎接即将到来的技术转型，以全新姿态迎接后疫情时代互联网租赁自行车的春天。

综上所述，尽管网约车、顺风车、分时租赁及互联网租赁自行车细分市场的核心企业受到疫情的影响各不相同，但在具体的创新实践上，海外出行企业均聚焦以下四个方面：出行场景内业务整合、出行场景外业务延伸、布局汽车产业前沿科技领域、践行各类企业社会责任。

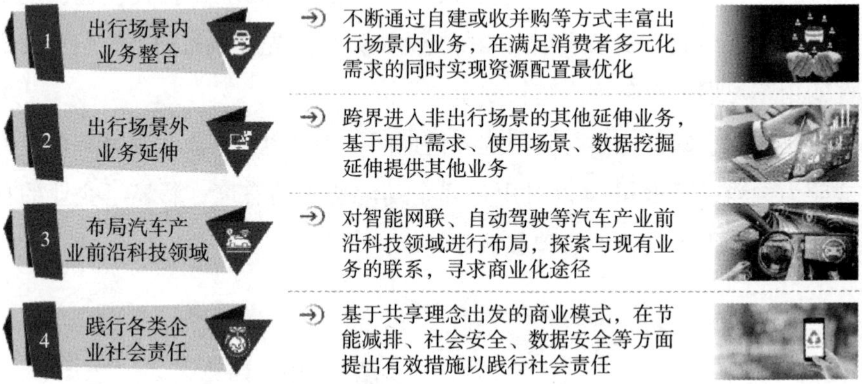

图 24　国外共享出行企业创新实践主要维度总结

资料来源：案头研究，罗兰贝格。

业 态 篇

Business Reports

B.4

2020年中国网络预约出租汽车发展形势分析

刘 震 杨一翁 王学成 范越甲*

摘 要: 2020年网约车日订单量超过2000万单，成为人们出行中不可缺少的交通方式，也在推动经济增长和保证社会就业上发挥了重要作用。2020年网约车行业经受住了疫情的重大冲击，合规化进程不断推进，网约车电动化趋势不断加强，但同时也面临着行业垄断、部分城市业务量下降的挑战。从政策看，网约车行业合规化发展主线未变，网约车审批流程不断简化，准入条件不断优化，价格和信用监管进一步加强。

关键词: 网约车 巡游出租车 监管 反垄断

* 刘震，携程用车业务部安全与政府事务负责人；杨一翁，博士，北方工业大学副教授；王学成，博士，北方工业大学讲师；范越甲，哈喽优行总经理。

一　网约车行业发展基本情况

（一）网约车日订单量超过2000万单

2020 年，我国网约车订单量整体保持在相对稳定的 2000 万～3000 万的订单规模。据全国网约车监管信息交互平台统计，2020 年 10 月，网约车的日均订单量为 2100 万单，2020 年 11 月，网约车监管信息交互平台共收到订单信息 6.6 亿单，日均订单量为 2200 万单，2020 年 12 月，网约车监管信息交互平台共收到订单信息 8.1 亿单，日均订单量为 2610 万单。

从网约车用户规模看，中国互联网络信息中心（CNNIC）发布的报告显示，自 2019 年 6 月网约车用户规模在达到 4.04 亿的高点后，开始逐步回落。截至 2020 年 6 月，我国网约车用户规模为 3.40 亿，较 2020 年 3 月减少 2219 万，占网民整体的 36.2%。

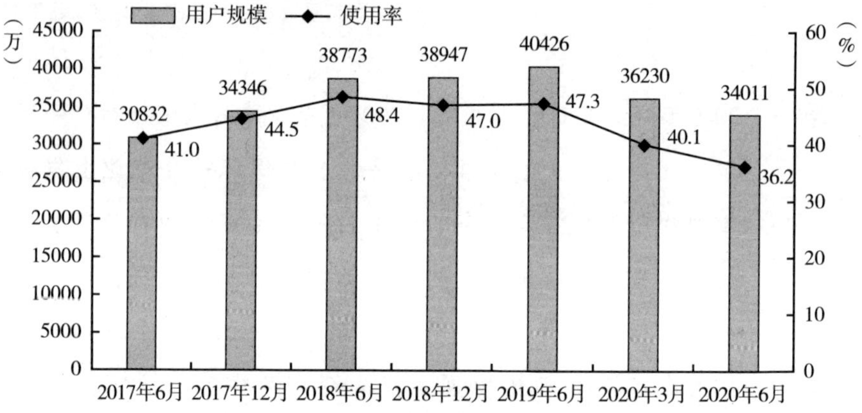

图 1　网约车用户规模及使用率

资料来源：CNNIC 中国互联网络发展状况统计调查。

（二）网约车行业经受住了疫情的重大冲击

根据有关统计，在 2020 年疫情最严重期间，有 100 多个城市网约车停运，对行业造成了重大冲击。根据交通运输部数据，受疫情影响，2020 年 2 月中国巡游出租车客运量由 1 月的 64425 万人次骤降至 13274 万人次，1~2 月累计客运量仅为 2019 年同期的 47.9%；2020 年 3 月客运量恢复至 28741 万人次；2020 年 12 月客运量达到 66912 万人次，接近疫情前的 80%。总体而言，2020 年 1~12 月巡游出租车累计客运量同比下降 33.3%。

面对疫情，交通运输部及时出台政策，加大对客货运输企业的金融支持力度，特别是针对中小微企业，鼓励保险公司通过延长保险期限、续保费用抵扣等方式，适当减免疫情期间停运的车辆保险费用。鼓励金融机构对民营小微企业、个体工商户提供专项的信贷额度及优惠利率的贷款。鼓励采取阶段性减免出租汽车驾驶员份子钱等措施，切实维护出租汽车驾驶员的合法权益。

平台从 3 月开始订单逐步恢复。首汽约车在 4 月开始订单逐步恢复，2020 年 8 月整体订单量接近疫情前的 70%①。滴滴在 5 月订单量达到疫情暴发前的 60%~70%，是 2 月低点的 5 倍②。

疫情对网约车行业发展造成了两个方面的深刻影响：一是部分承压能力较弱的中小企业生存艰难，遭受资产停滞的打击，出现倒闭潮。相较而言，头部网约车平台的应急能力稍强，能够快速反应，积极应对。二是一些城市在疫情下，要求平台只能给合规的车辆派发订单，推动了行业的合规化进程，为一些采用 B2C 模式的企业的发展创造了一定的市场空间。

（三）部分城市网约车市场呈现饱和状态

网约车市场自 2012 年以来，利用互联网技术较好地解决了百姓打车难的问题，也为网约车司机带来了就业机会，因此整体处于快速增长阶段。但受到疫情等因素影响，2020 年网约车市场开始出现增速放缓的情况。

从一、二线城市看，一些司机对网约车收入情况并不满意，出现了退出网约车市场的情况。例如，深圳市交通运输局发布的 2020 年第四季度网约

① 曹操出行大数据研究院等发布的《国内主要城市疫后消费趋势分析》。
② 根据滴滴总裁柳青公开讲话。

车运营数据显示，深圳市网约车日均订单仅为10.04单，日均每车订单运营金额约为324.54元。其中，日均接10单以下（不含10单）的车辆数为54670辆，占接单车辆总数的比例高达69.7%；日均接10~20单（不含20单）的车辆为21128辆，占接单车辆总数的26.9%；日均接20单及以上的车辆仅有2689辆，占接单车辆总数的3.4%。深圳市2020年第四季度，有1674辆网约车辆注销营运资质退出经营，累计退出车辆共14841辆。

但在三线及以下城市，网约车渗透率依然处于较低水平。根据易观国际的统计，滴滴出行、首汽约车和曹操出行三家头部平台的用户中，在三线及以下城市的用户占比分别为16%、5%、5%。未来网约车市场的需求增量将主要来自三线及以下城市的用户。

（四）网约车行业“一家独大”的垄断格局仍未改变

2020年10月，网约车监管信息交互平台共收到订单信息6.3亿单。其中，滴滴出行的订单量为5.62亿单，排第一位，曹操专车以1660万单排第二位，T3出行以1580万单排第三位，其后依次为万顺叫车890万单、美团打车730万单、首汽约车580万单、享道出行440万单、花小猪320万单。滴滴在网约车出行市场中占有近90%的份额，占据垄断位置。滴滴投资的花小猪平台2020年11月订单增速达10.5%，增速超过其他平台。

表1　2020年10月主要网约车平台的市场份额与订单量

单位：%，万单

平台	市场份额	订单量
滴滴出行	89.21	56200
曹操专车	2.63	1660
T3出行	2.51	1580
万顺叫车	1.41	890
美团打车	1.16	730
首汽约车	0.92	580
享道出行	0.70	440
花小猪	0.51	320

资料来源：网约车监管信息交互平台。

滴滴“一家独大”的模式主要形成于2015年滴滴与快的、2016年滴滴与优步的两次合并。两次合并不仅使网约车市场竞争格局发生了根本性改变，也深刻改变了网约车的生态格局，2021年3月5日，滴滴因涉嫌侵害驾驶员权益而被交通运输部约谈。

2018年开始，高德等推出了聚合模式，迄今其App接入了60多个第三方网约车平台、区域性生态企业，特别是区域性B2C自营模式生态企业。聚合平台凭借过亿的月活跃用户流量优势，可以帮助网约车平台快速实现用户引流。百度、美团、腾讯等也进入这一市场。从月活跃人数看，地图和社交等互联网平台的流量要高于滴滴平台，如2020年6月，滴滴的月活跃用户数量为7768万，高德地图的月活跃用户数量为53181万，百度地图的月活跃用户数量为32686万，美团的月活跃用户数量为14478万①。聚合平台能够在滴滴垄断的网约车市场为中小平台企业保持既有的市场份额。

网约车行业新力量的加入试图改变滴滴“一家独大”的市场格局。2020年整车企业主导投入的网约车平台订单量增长速度较快，T3出行2020年12月较11月订单量增长135.9%，如祺出行增长17.9%、享道出行增长14.9%。2020年10月，哈啰出行启动新业务“哈啰打车”，布局网约车领域。哈啰网约车也在一、二级以外的城市试运营，并采用一口价收费模式，如在广东省中山市其提成比例仅为15%，发挥了哈啰出行普惠定位的特点，这一模式正在显示出较好的增长潜力。

（五）网约车行业为经济发展和社会就业做出重要贡献

近年来，网约车改变了人们的出行观念，丰富了出行方式，补充了公共交通，提高了出行的方便性和便捷性，更好地满足了个性化的出行需求。按照当前全国网约车每日订单量为2000万单左右、一辆车平均搭载1.5人来测算，网约车每日可以解决约3000万人的出行需求。

近年来，虽然网约车安全事件并不少见，但总体案发率较低，最高法大

---

① 根据QuestMobile发布的《中国移动互联网2020半年大报告》。

数据报告显示，网约车司机每万人案发率为0.048%。网约车做到了实时路费明晰与路线监控，让乘客消费明白、有据可查，也为网约车安全出行提供了保障。

中国劳动和社会保障科学研究院发布的《中国网约车新就业形态发展报告》显示，网约车新业态已覆盖全国400多个城市，带动大量劳动力投入其中。与传统就业方式不同，网约车等新就业形态更具灵活性和自主性，对增加就业机会、帮扶困难群体就业作用明显，是实现稳定就业工作的重要载体。

根据滴滴提供的数据①，2020年2月1日至9月30日该平台新注册司机超过150万人，相当于5000家300人规模的小型企业。新增司机中约23%是受疫情影响而加入的。63.7%的网约车司机将滴滴平台作为主要收入来源。他们平均年龄为37岁，四成以上来自传统服务业，超过一半是家中主要就业人员，七成以上有负债，八成以上需要抚养未成年子女、赡养老人。

据全国网约车监管信息交互平台统计，截至2020年12月31日，全国共有214家网约车平台取得网约车平台经营许可，各地共发放网约车驾驶员证289.1万本、车辆运输证112万本。2019年全国拥有巡游出租车139.16万辆，按照每辆车配备2名司机估计，2019年中国巡游出租车驾驶员约为278万人。可见，网约车驾驶员数量已经接近甚至超过巡游出租车驾驶员数量。

二　2020年网约车行业发展的主要特点

（一）网约车成为人们不可或缺的交通出行方式

根据中国互联网络信息中心数据②，网约车用户群体已经覆盖我国31个省（自治区、直辖市），全国大部分地区使用率均超过三成。其中东部地

---

① 根据滴滴出行副总裁胡成公开讲话。

② 中国互联网络信息中心：第44次《中国互联网络发展状况统计报告》，2019年8月30日。

区网民使用率为54.0%、中部地区为43.4%、西部地区为44.8%、东北地区为34.6%。从年龄结构来看，网约车用户在20~29岁、30~39岁年龄段网民中的使用率分别为74%、57%，高于其他年龄段。可见，东部经济发达地区、年轻人使用率更高。

根据对网约车的调研数据①，在网约车用户中，超过54.6%的每月使用网约车，有33.9%的每周使用，有8.2%的每天使用，3.4%的每月使用不足一次。用户使用网约车的频率整体处于较高水平。

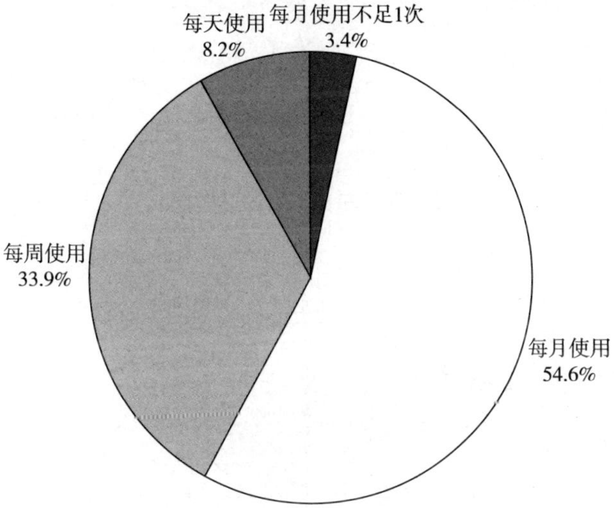

图2 用户使用网约车的频率分布

用户使用网约车的出行目的，依次是上下班（占29%）、购买日常生活用品（占24.8%）、休闲娱乐和逛街购物（占23.5%）、商务（占8.8%）、走亲访友（占7.0%）和其他（占6.9%）。

用户选择出行平台的主要因素依次为便捷快速（占27.1%）、最先接触（占22.9%）、服务好（占13.7%）、价格便宜（占13.1%）、安全卫生（占12.4%）、车况好（占10.3%）及其他（占0.5%）。

① 根据北方工业大学汽车产业创新研究中心2020年3月的调查数据。

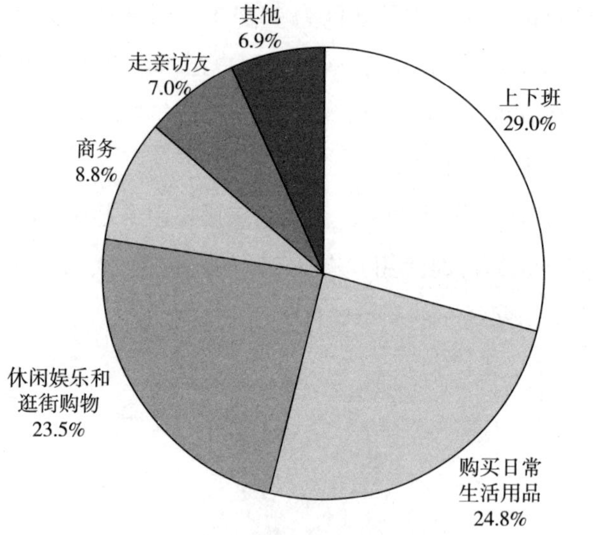

图 3　网约车出行目的分布情况

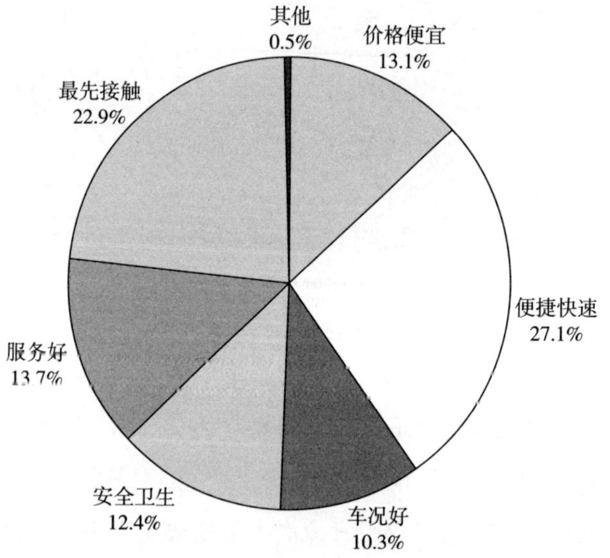

图 4　影响出行平台选择的因素分布情况

调查对象中，认为当前网约车收费偏高的比例为 28.1%，69.6% 的调研者认为收费处于一般水平，2.3% 的认为偏低。

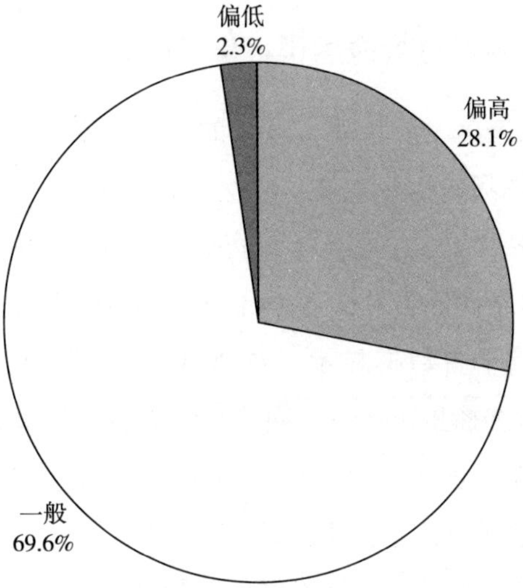

图5　用户对网约车收费水平的态度分布情况

如果不使用网约车，调查对象依次会选择公交/地铁（占48.9%）、私家车（占21.7%）、互联网租赁自行车（占16.9%）、电动自行车/摩托车（占6.4%）、巡游出租车（占4.5%）和步行（占1.7%）。

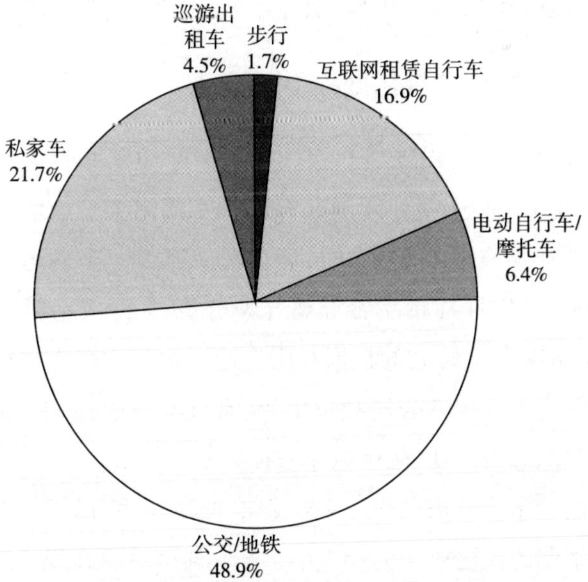

图6　网约车替代的交通出行方式分布情况

（二）网约车服务日趋场景化、专业化

从2020年的发展情况看，除了日常的快车、专车业务外，拼车、旅游用车以及豪华用车的场景也正在被不断挖掘。

拼车渗透率不断提升。《2020年滴滴平台绿色出行白皮书》显示，拼车从上线到2019年底累计使用人次达29亿人次。60%以上的拼车乘客是“90后”“00后”。滴滴平台数据显示，在2020年9月30日“今年最难打车日”，用户叫快车时选择拼车比只呼叫快车的应答率提高23.2%。用户最爱在通勤场景选择拼车，占比达29.5%。拼车也正在成为其他平台的选择。

2020年网约车市场下沉也是重要的一个发展趋势。花小猪是滴滴推出的独立打车品牌，定位为低价、下沉市场，并帮助滴滴分摊风险、分散非合规运力。哈啰出行在2020年也启动了哈啰打车新业务，市场定位为三线以下城市乃至县镇与农村地区市场的用车需求。

高端市场需求场景也正在被深度开发。2020年10月耀出行平台在广州上线，该出行平台由戴姆勒奔驰公司与吉利公司共同投资组建，主要为高端车用户机场接送、预约出行、包车出行、会务用车、儿童用车、代叫服务等提供专业化服务。

（三）网约车行业合规化进程不断推进

网约车行业合规化进程逐步加快。据全国网约车监管信息交互平台统计，截至2020年12月31日，全国共有214家网约车平台取得网约车平台经营许可，各地共发放网约车驾驶员证289.1万本、车辆运输证112.0万本。各网约车平台12月共新注册合规驾驶员28.1万人，新注册合规车辆17.7万辆。与2018年7月底的数据对比，近两年网约车合规化进程加快推进。首先，传输运营数据的公司数量由49家大幅增加到214家；其次，接收到的完整订单信息由1.07亿单急速增长到8.1亿单。

根据全国网约车监管信息交互平台公布的2020年10月、11月和12月数据，大部分平台的新注册车辆合规率、新注册驾驶员合规率、接单车辆合规率、接单驾驶员合规率、合规车辆完成订单率、合规驾驶员完成订单率和

双合规完成订单率均在增长。

从车辆、驾驶员双合规完成订单率来看，享道出行 11 ~ 12 月连续两个月接近 80%，高居第一；东风出行 12 月以 73.6% 的双合规完成订单率排名第 2，T3 出行、曹操出行、如祺出行、首汽约车的双合规完成订单率分别排名第 3 ~ 6 位，均为 50% 左右。

最大网约车平台滴滴出行的合规率依然不高。其新注册车辆合规率长期在 1% ~2% 徘徊，而享道出行 2020 年 11 月的新注册车辆合规率高达 90%；新注册驾驶员合规率从未超过 15%，而万顺叫车的新注册驾驶员合规率接近 90%。滴滴出行的双合规完成订单率较低，连续两个月在 30% 左右徘徊；而滴滴新推出的花小猪的双合规完成订单率不超过 15%，在出行平台中连续几个月垫底。

（四）2020年一、二线城市网约车业务量下降明显

据深圳市交通运输局数据，日均接 10 单以下（不含 10 单）的车辆从 2019 年第二季度的 30694 辆一度上升为 2020 年第二季度的 55658 辆，而日均接 20 单及以上的车辆从 2019 年第二季度的 5976 辆减少到 2020 年第二季度的 2656 辆，除 2020 年第一季度受疫情影响外，接单量整体处于下降态势。

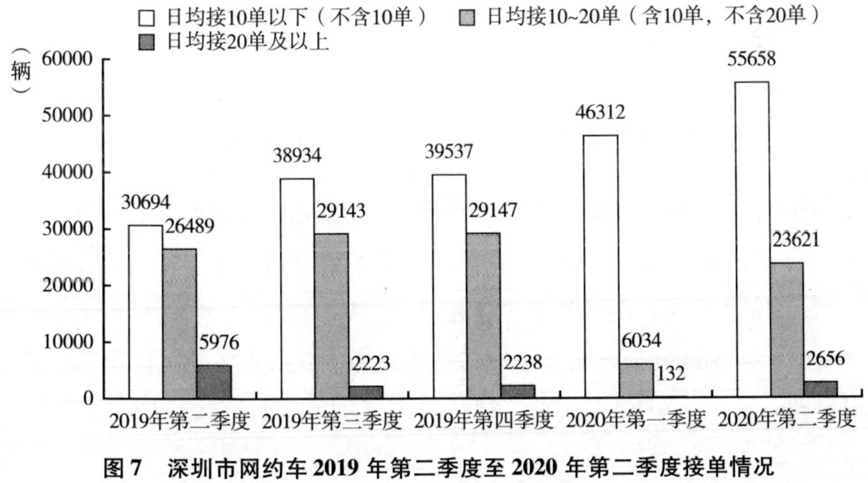

图 7　深圳市网约车 2019 年第二季度至 2020 年第二季度接单情况

资料来源：深圳市交通运输局。

据广州市交通运输局2020年第二季度的数据，广州市网约车日均订单量约9.12单，其中有发生订单且日均订单<10单的网约车约20680辆，日均订单≥10单的网约车约17400辆。日均订单≥10单的网约车中，单车日均运营里程约128.21公里、单车日均营收约507.12元。网约车日均营收略低于巡游出租车。总体而言，较2019年下半年，网约车业务量环比和营收环比均有所下降。

根据东莞市交通运输局数据，2020年以来，疫情的突然暴发，让本来就竞争激烈的网约车行业收入更是锐减。2020年第一季度，东莞市网约车平均上路车辆数较2019年第四季度下降47.92%，平均订单量下降55.74%；约63%的车辆每日接单量不超过10单，其中，日均5单以下的车辆约占50%，日均5~10单的车辆约占13%，日均10~15单的车辆约占11%，日均15~20单的车辆约占9%，日均20单以上的车辆约占17%；营运里程5公里以下的订单占订单总量的52%，营运里程5~10公里的订单约占29%，营运里程10~20公里的订单约占13%，营运里程20公里以上的订单仅约占6%。

由以上可知，深圳、广州和东莞等城市的网约车日均10单以下的车辆占比均超过50%，较2019年呈下降态势；与此同时，网约车司机收入也不可避免地出现下降。

（五）随着高额补贴减少，网约车平台企业开始实现盈利

2020年5月初，[①] 滴滴的核心业务也就是网约车业务开始实现盈利。2019年2月滴滴表示[②]，2012~2018年6年累计亏损390亿元。也有数据显示，截至2019年底，滴滴累计亏损超过了500亿元，其中仅2018年就亏损了110亿元。滴滴亏损的主要原因被认为是为了获得更多的市场份额，对司机补贴投入巨大。2020年滴滴盈利状况改善主要来自其逐步减少甚至停止

---

① 根据滴滴总裁柳青在接受美国全国广播公司财经频道（CNBC）采访时对外披露。

② 数据来自滴滴创始人及董事长程维。

对司机及乘客的补贴，通过裁员①聚焦主业和精细化运营等方式使亏损逐渐减少，开始实现盈利。

2020 年 5 月 6 日，首汽约车 CEO 魏东发布全员内部信，宣布继 2019 年 7 月首汽约车在上海与深圳率先实现盈利后，2020 年 4 月，首汽约车实现了全国整体正毛利，在多个城市的运营实现盈利，公司有望在 2020 年第四季度实现盈利。首汽约车开始实现盈利的转折点在 2019 年，首汽约车对外宣布从追求规模增长转向追求盈利能力与精细化运营。

（六）整车企业网约车平台不断发力

一部分整车企业，如 T3 出行、曹操出行、享道出行等不断拓展业务范围。截至 2020 年底，T3 出行累计业务覆盖 20 个城市，订单规模和月活用户跻身网约车行业前三，重大责任安全事故为零。曹操出行平台蓄力扩大平台规模。2020 年在 B2C 基础上进一步加强对 C2C 车辆的引入，并积极筹备上市。

整车企业在网约车的布局有所分化。如祺出行则选择在一个区域内稳扎稳打，而有的企业开始收缩业务，如欧了出行。

表 2　整车企业出行平台信息

出行平台	T3 出行	曹操出行	享道出行	如祺出行
上线时间	2019 年 3 月	2015 年 11 月	2018 年 1 月	2019 年 6 月
企业背景	一汽集团、东风汽车、长安汽车、苏宁、腾讯、阿里巴巴等	吉利汽车	上汽集团	广汽集团、腾讯等
企业定位	为出行行业提供技术和服务的平台公司	致力于为用户创造和提供一站式的健康、低碳出行生活方式	充分利用全产业链竞争优势，打造品质出行服务平台	提供符合用户预期的差异化服务、城际区域互联、产业生态协同、布局智慧交通与智慧出行
资产模式	平台提供车辆	平台提供车辆 + 带车加盟	平台提供车辆 + 带车加盟	平台提供车辆 + 带车加盟

① 2019 年 2 月，滴滴一次性裁员 15%，规模达 2000 人，还大幅削减了员工福利。

续表

出行平台	T3出行	曹操出行	享道出行	如祺出行
运营绩效	截至2020年12月，入驻20城、投放运营超4万辆车，累计注册用户1400万，峰值日订单85万单，累计服务用户1.2亿次	截至2020年10月31日，曹操出行已经上线全国55个大中小城市，累计投放车辆5万余辆，注册用户近4300万	截至2020年12月，享道出行专车业务注册用户已经突破2000万，覆盖20个城市，完成在长三角地区的“一核五圈”城市布局	截至2020年12月31日，如祺出行平台用户规模超300万，平均日订单量近10万单
发展方向	2021年“4833”战略，即网约车业务落地全国48城，加速和落地“网约车业务+巡网一体超级出租车+自动驾驶生态运营联盟”三大战略板块，并在2021年底实现全业务线日均订单量300万单的目标	探索定制化车型，健康安全将成为未来出行的发展方向与转型方向；不断拓展自身的增值业务与产品线，实现在移动出行生态圈的完整布局。并于2020年8月与国内自动驾驶公司元戎启行联合宣布，在杭州开展自动驾驶车辆测试	加大核心技术投入，为更多城市的用户带来更加多元化的出行产品和服务。将与阿里巴巴、宁德时代在自动驾驶、新能源、数据技术以及差异化模式探索等方面展开深度合作，协助深化“全场景智慧出行综合体”布局	聚焦粤港澳大湾区，以广州为中心向相邻城市扩散，通过复制成熟的运营和服务管控体系来高效占有存量市场，并充分利用城际溢出效应挖掘增量市场潜力。同时探索自动驾驶项目，为广汽集团提供应用场景、运营数据，推进无人驾驶网约车运营落地

（七）网约车电动化趋势不断加强

近年来，全国多个城市陆续出台政策，要求城市新增的出租车包括网约车停止使用燃油车。如《厦门市网络预约出租汽车经营服务管理办法》提出，自2021年2月1日起，厦门网约车将进入“纯电动时代”。

图8将一款电动汽车与燃油车的全生命周期成本进行了对比：以北汽纯电动汽车EU5和绅宝50为例，电动汽车的全生命周期成本为35.01万元，燃油车的全生命周期成本为40.29万元。虽然电动汽车的购车成本高于传统汽车，但能源使用成本明显低于传统汽车。

2019年新能源乘用车上险车辆达到86.12万辆，同期营运车辆上险比例为 28%。2020 年 1 ~5 月受到疫情的影响，营运类新能源乘用车上险车辆比例为 13%，但未来网约车电动化仍是主要趋势。

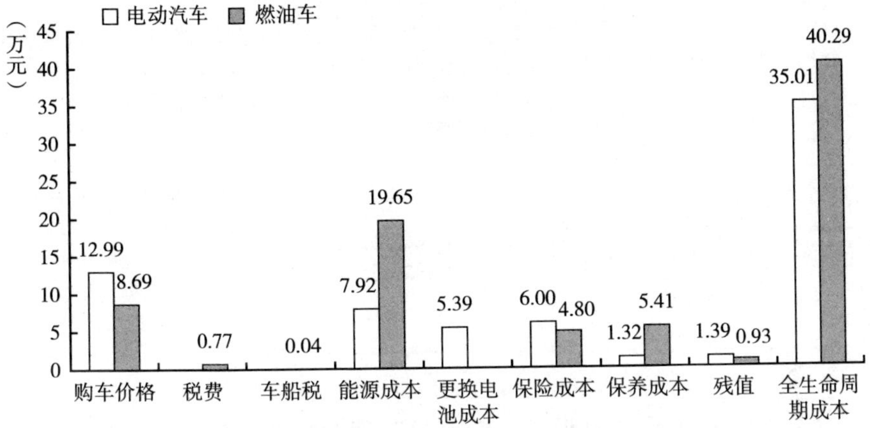

图 8　运营车辆中电动汽车与燃油车的成本比较

（八）网约车平台积极赋能巡游出租车

针对传统巡游出租车暴露出的乘客扬招打车难、网约出租难、驾驶员收入下降、巡游效率低、公众满意度低、行业管理与决策缺抓手等难题，2020 年互联网平台积极赋能巡游出租车，网约化成为未来巡游出租车业务发展的必然趋势。

表 3　互联网平台赋能巡游出租车

网约车企业	上线时间	理念	特点
嘀嗒出行	2017 年 10 月	“出租车　新出行”理念，即“网约化”，“数字智能化”和“线上线下一体化”	上线了“出租车智慧出行”，用户无须输入目的地，云扬招后，平台就会调动 5 公里内最适合的出租车前来接单
美团	2019 年 9 月	“如约打车”，行业监管与治理数字化、服务线上化、服务管控智能化	主要分两步推进巡游出租车网约化，第一步实现基于巡游车车载终端的网约能力，第二步实现线下乘客服务线上化

续表

网约车企业	上线时间	理念	特点
高德	2020 年 11 月	“好的出租”巡网融合数字化升级解决方案，提供三大数字化系统：管理智慧化系统、巡游网约化系统、扬招数字化系统	首创聚合打车模式，并基于地图定位数据、实时交通数据、城市交通大脑等提供服务
滴滴	2020 年 9 月	“让用户打车更快”的理念，即“信息化”“市场化”	一是接驾时间可预期，职业司机，专业服务；二是行程可追溯；三是双重服务管控，“四不”保证安全，即不拒载、不绕路、不议价、不拼车

嘀嗒出行提出了“出租车·新出行”理念，主要包括：一是网约化，满足用户线上化需求，提升网约体验和效率；二是数字智能化，通过物联网、数字化赋能，打造智慧交通；三是线上线下一体化，为巡游、网约等多种用车形式提供综合解决方案。截至 2020 年 6 月，在西安，嘀嗒出行已为约 940 万次出租车出行提供数字化服务，占市内出租车出行总次数的 64%。

滴滴于 2020 年 9 月 1 日推出“快的新出租”，宣布将投入 1 亿元专项补贴，进一步通过信息化、市场化手段提升线上叫车率，帮助司机降低空驶率，提升接单效率，服务于更多的乘客。

高德打车于 2020 年 11 月底宣布启动“好的出租”，计划用一年时间，为 100 万辆出租车进行巡网融合改造，帮助 300 家出租车企业数字化升级，帮助驾驶员收入增长 30%，让出租车空驶率降低 20%。

美团打车为沈阳定制研发了巡游车“车机网约”解决方案，通过手机端应用及车载智能终端应用服务司机，手机端及车载智能终端均已具备独立接单履约、导航定位、安全录音、结算收款等功能。在使用过程中，司乘双端发挥各自的优势并有效形成互补，收车后司机可通过手机端查看扬招订单和线上订单的全量订单及流水详情、活动详情等。

三 2020年国际网约车行业发展情况

（一）“两超多强”市场格局逐渐稳定

主要网约车平台在国际上的竞争格局基本成形，形成了一个国际化超级企业 Uber、一个全球出行市场秩序有力挑战者滴滴出行，以及多个区域性的互联网出行平台的“两超多强”格局，并出现了若干松散的战略联盟。

表4 主要网约车平台情况

网约车平台	上线时间	注册地址	国际化布局区域及主要国家	参股或控股其他网约车平台	市值/估值（截至上轮融资）
Uber	2010年	美国旧金山	北美、西欧、拉丁美洲、澳大利亚以及印度等	参股滴滴出行、Grab、Yandex，收购careem	957亿美元（2021年1月）
滴滴出行	2012年9月	中国北京	巴西、墨西哥、澳大利亚、日本、智利、哥伦比亚、哥斯达黎加、巴拿马、新西兰、俄罗斯等	参股Uber、Grab、Lyft、Ola、Bolt，收购99Taxi	3700亿元人民币（2019年12月）
Lyft	2012年6月	美国旧金山	美国和加拿大		149亿美元（2021年1月）
Ola	2011年	印度	英国、澳大利亚及新西兰		60亿美元（2019年12月）
Grab	2011年	新加坡	柬埔寨、印度尼西亚、马来西亚、缅甸、菲律宾、新加坡、泰国和越南		143亿美元（2020年8月）
Careem	2012年	迪拜	中东和北非地区		31亿美元（2019年3月Uber收购）

续表

网约车平台	上线时间	注册地址	国际化布局区域及主要国家	参股或控股其他网约车平台	市值/估值（截至上轮融资）
Bolt（原名Taxify）	2013年8月	爱沙尼亚	欧洲、非洲、西亚和中美洲等		19亿美元（2020年5月）
NewCo（原Yandex taxi，与Uber部分业务合并）	2011年	俄罗斯莫斯科	俄罗斯、亚美尼亚、阿塞拜疆、白俄罗斯、格鲁吉亚和哈萨克斯坦		37亿美元（2019年1月）

Uber在美国站稳脚跟之后，便开始向全球市场快速扩张。2019年，Uber在北美以外的市场占据了其40%以上的业务量，其在第二大市场拉美地区的营收为20亿美元，在欧洲、中东和非洲地区的营收为17.2亿美元，在亚太地区的营收为10.3亿美元。Uber在西欧、北美、拉丁美洲、澳大利亚均占据了65%以上的市场份额，在印度的市场份额也达到了50%以上。2019年第四季度报告显示，北美地区依旧是Uber最主要的营收地区，同比增长39%，欧洲、中东、非洲地区和亚太地区营收涨幅同比均超过20%。

滴滴出行国际化业务成果显著。滴滴在2020年初已在海外累计服务超过10亿单出行订单①。滴滴几乎投资了Uber在全球主要市场的所有关键对手，成为抗衡Uber的关键力量。滴滴及其主要合作伙伴的业务覆盖了全球60%的人口②。在战略投资以外，滴滴在拉丁美洲市场上直接开展竞争。滴滴全球业务的第一站选择了巴西，全资收购了99Taxi。2019年，滴滴拉美团队拥有约1200名员工，服务用户超过2000万③，滴滴在拉美主要市场的份额接近50%④。

由于网约车业务需要依靠线下的车辆、司机等资源，国际网约车市场出

① https：//new. qq. com/omn/20201120/20201120A0F3DA00. html.

② http：//epaper. oeeee. com/epaper/G/html/2017 - 10/30/content_ 81715. htm.

③ https：//36kr. com/newsflashes/165601.

④ https：//new. qq. com/omn/20201120/20201120A0F3DA00. html.

现了很多地区型网约车平台，如北美的Lyft、印度的Ola、东南亚的Grab、中东的Careem、欧洲的Bolt等。Lyft是美国第二大网约车平台公司，以积极开放的态度营造了良好的投资者和用户关系，在北美市场不断巩固其市场地位。Ola是印度最大的网约车公司，在125个城市提供出租车、三轮车和摩托车等业务。Ola不仅专注于印度市场，也依托其在英联邦国家的地位和资本支持开展国际业务。Grab的业务不仅包括网约车、外卖、物品快送等常规业务，也积极拓展金融业务，并将其打造为面向第三方合作伙伴的开放平台。2021年1月，Grab集团宣布乘车服务业务实现了收支平衡。Careem在中东和北非地区的15个国家80多个城市开展业务。2019年3月Careem被Uber收购，收购后其将保持独立运营。Bolt为欧洲、非洲和其他地区的30个国家提供服务，拥有2500万用户，在欧洲网约车市场排名第二。

Uber和滴滴两家分别领衔各自联盟，又相互持股。软银等国际资本也同时投资多家网约车公司。国际网约车市场形成一种微妙的动态平衡局势，在市场整体偏弱或持平的情况下，发生大规模激烈竞争的可能性很小。

（二）疫情影响下经营难度倍增

1. 网约车出行需求锐减

从总体上看，疫情减少了整体出行需求。公众出于自身安全的考虑，尽可能减少了非必要的出行。各国为了防控疫情，制定了不同的管制政策，包括限制公众出行、鼓励居家办公、缩短商贸娱乐场所营业时间、发布宵禁令等。交通运输领域是疫情防控的重点环节，尤其是城市公共交通领域，人员流动性大、交叉感染风险高，也成为各国实施人流控制的关键领域。

从结构上看，网约车需求被其他出行方式替代。网约车与其他公共交通相比，空间相对狭小和封闭，乘客更换频次高，这些客观存在的特征，可能对疫情蔓延起到助长作用。私家车出行承接了大量原先网约车领域的出行需求。此外，步行、自行车、电动车等空间更开放和自主性更强的绿色出行方式也获得公众青睐。世界卫生组织欧洲分部发布了技术指导文件，鼓励广大居民在新冠肺炎疫情期间骑自行车出行。4月以来，英国自行车制造商布朗普顿线上销售量增长了5倍。西格玛4月入门款自行车销量较上年同期激增677%[①]。2020年第一季度，美国电动自行车的零售总额同比增长90%[②]。

主要网约车平台的订单都出现了断崖式下跌，部分平台单月订单同比下降超过90%。2020年第二季度，Uber平台总出行次数为7.37亿次，同比下滑56%。Lyft 4月的出行订单量同比下降75%，并且订单量恢复速度极其缓慢。印度Ola平台在2月到3月下旬，收入下降了95%。Careem的出行业务收入5月下降了90%。随着人们对科学防控疫情的认识更加充分，网约车平台业务量缓慢回升，但要恢复至疫情前的水平仍需时间。

2. 大幅裁员降薪

随着疫情的暴发，网约车平台收入急剧萎缩，裁员降薪成为主基调。以Uber和Lyft为代表的网约车平台，经营的重心逐渐由“抢占市场”转向“精细化经营”。4月30日，Lyft在监管申报文件中宣布裁员982人，还有288人将暂时休假，此次裁员人数占公司员工总数的17%。Uber也实施了严格的成本削减措施，预计2020年削减10亿美元成本。2020年5月，Uber决定关闭45个办事处，裁员约3000人。不久Uber再度表示裁员约3700人，约占Uber员工总数的1/4。除此之外，各区域平台也受疫情影响纷纷宣布裁员。印度网约车公司Ola在5月表示，将在印度裁员1400人，占印度本土市场员工总数的35%。Grab也在6月宣布将裁员约360人，占员工总数的5%。裁员成为网约车平台应对疫情冲击、削减经营成本的无奈之举。

3. 全面盈利尚需时日

网约车平台的盈利状况已经成为整个社会关注的热点问题。目前主要国际网约车平台都出现了业务流水巨大但并未实现持续、大规模盈利的问题。造成该问题的主要原因在成本端，即网约车平台为保证运力而向司机提供补贴和为了扩大营收而增加营销费用。

---

① https://www.sohu.com/a/402593464_120610196.

② https://www.cn-healthcare.com/articlewm/20200524/content-1116049.html.

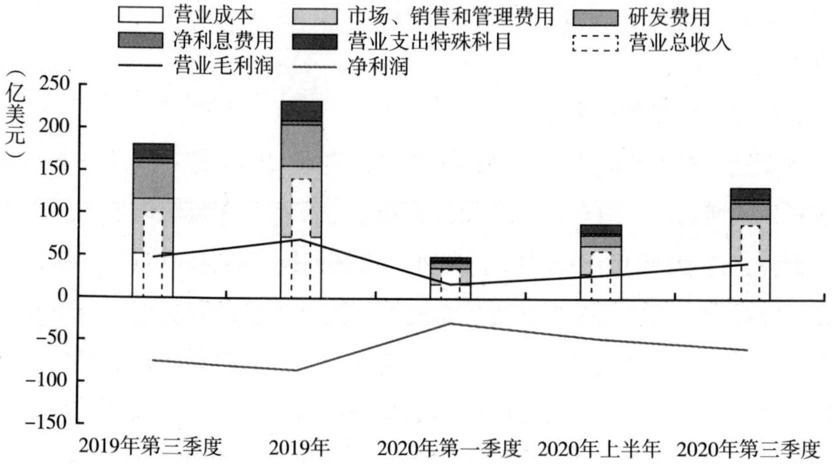

图9　Uber 部分财务数据

2020 年 11 月，Uber 公布了第三季度财报，第三季度调整后净营收为 28.13 亿美元，与上年同期相比下降 20%，不及市场预期。Uber 第三季度归属于普通股股东的净亏损为 10.89 亿美元，每股摊薄亏损为 0.62 美元。预计 2020 年全年，Uber 将继续保持亏损状态，且亏损面可能继续扩大。Lyft 于 11 月 10 日公布了第三季度财报，第三季度实现营收 4.997 亿美元，同比下降 48%。净亏损 4.595 亿美元，与上年同期基本持平。同样，Lyft 的情况也不容乐观。目前虽然有部分网约车平台宣布单季度盈利、小规模盈利等，但整体上看，未来 1～2 年国际上主要网约车平台要实现连续多季度持续盈利的难度仍然较大。

展望未来，以网约车为基础提供综合服务，尤其是轻资产的金融服务、信息服务的平台有望率先实现盈利。此外，深耕局部市场、具有良好成本控制能力的平台也有较好的盈利前景。几大国际化网约车要实现大规模盈利道阻且艰。

（三）业务布局出现大幅调整

网约车业务具有非常强的加载性。此前，全球各大网约车平台在“泛出行”领域开辟了大量新的业务，形成出行、送餐、货运、金融等多元化经营模式。

1. 外卖成为新的业务增长点

受新冠肺炎疫情的影响，网约车的出行需求大幅削减，同期外卖需求却出现爆发式增长。网约车依靠产品创新和金融支撑，在短期内形成了庞大的司机群体，这为网约车平台大举进入外卖市场创造了条件。Uber 早在 2014 年就已经涉足外卖领域，并逐渐将外卖业务列为其重要的发展方向。2020 年第二季度，Uber 的外卖业务营收为 12.11 亿美元，收入占比达到了 68%，而上年同期占比仅有 21%。7 月，Uber 宣布以 26.5 亿美元的价格收购 Postmates，后者是美国第四大外卖提供商。4 月 15 日，Lyft 也宣布推出按需送货服务，为疫情期间有需要的人提供食品杂货、餐饮、医疗用品等生活必需品。此外，Grab 网约车平台也使 18000 名 GrabCar 司机转向 GrabFood 和 GrabExpress 业务。需要注意的是，除少数几家头部企业外，大量网约车平台还处于外卖业务的探索期，对送餐员的补贴较高，短期内贡献利润的难度也比较大。

2. 边缘业务渐次剥离

剥离边缘业务，成为网约车平台在 2020 年不得不采取的防守措施。在发力外卖业务的同时，此前布局的大量实验性项目和短期内无法产生盈利的项目如自动驾驶业务成为此次网约车平台剥离边缘业务的重要领域。2015 年至 2019 年 3 月，Uber 在自动驾驶方面的投入累计超过 9 亿美元。而自动驾驶尚未真正进入大规模的应用阶段，无法贡献收入，更谈不上创造利润。2020 年 12 月，Uber 宣布旗下自动驾驶部门 ATG，将被以换股的方式出售给自动驾驶汽车初创公司 Aurora，Uber 还需继续向 Aurora 投资 4 亿美元。此外，Uber 还调整金融业务布局，出售德国货运业务、飞行汽车项目 Uber Elevate 等。货运、小众出行（如滑板车、平衡车）等出行方式也成为此次网约车平台过冬中实施边缘业务剥离的重点。

3. 业务层次逐渐清晰

目前，网约车平台基本确立了网约车与外卖两大核心业务，其中网约车平台的外卖模式将大规模取代传统外卖、电话外卖等模式，有可能在未来成为外卖市场的主要参与者。在网约车和外卖业务之外，网约车平台积极布局金融业务、货运业务。其中，金融业务方面，依托支付作为基本盘，渐次提供汽车融资租赁、个人贷款、分期消费等业务；货运业务方面，高价值轻量物品的及时递送业务与网约车业务相似性很高，易于开展。部分网约车平台也向物流、电动卡车等企业进行了投资。再向外拓展的业务主要是技术导向型业务，包括自动驾驶、数据服务等新型业务，这些业务需要深厚的前期积累，目前还没有大规模商业化应用，尚未成为重要的营收来源。最外层主要是一些概念性业务，如电动滑板车、医疗服务、空中出行等，这些业务的营销效果更强。

四　2020年网约车行业政策分析

2020 年是“十三五”的收官之年，由于疫情的突如其来，也是极不平凡的一年。疫情暴发后，从国家部委到地方主管部门密集出台各种有效的网约车防疫通知和防疫指引，部分城市及时关停网约车业务、跨城跨区域业务，驾驶员测温和佩戴口罩、车辆消毒成为防疫标准动作，毫无疑问，这些通知的出台和举措的落实，有效抑制了病毒以网约车业态为载体的传播，助力交通运输行业取得疫情防控的阶段性胜利。当然，这一年里不只有疫情，网约车行业在深入推进“放管服”和进一步优化营商环境的指引下稳中有进。

（一）网约车合规化发展的主线没有变

2019 年底，《关于修改〈网络预约出租汽车经营服务管理暂行办法〉的决定》发布，拉开了 2020 年网约车行业合规化发展的序幕。这次修改的内容非常少，主要是删除了《网络预约出租汽车经营服务管理暂行办法》中有关外商投资企业还应当提供外商投资企业批准证书的规定。这一修改主要是为持续优化营商环境，按照商务部等国务院有关部门关于做好与现行开放政策以及《外商投资法》不相符的法规文件清理工作的要求，鉴于国务院已决定取消外商投资道路运输业立项审批，且《外商投资准入特别管理措施（负面清单）》已不包含对外商投资道路运输业的准入限制，外商投资道路运输业已享受“国民待遇”，这次修改废除了规章中有碍优化营商环境、扩大对外开放的规定和做法。除此之外没有做太大修改，只是个别文字做了相应调整，这从另一个角度证明了暂行办法在颁布后的三年多的时间里，与网约车行业发展实际并没有明显的矛盾和冲突，体现了暂行办法发布的前瞻性、科学性，网约车行业合规化发展的方向和决心进一步明确。2020 年，厦门、银川、济南、呼和浩特等多地因地制宜、因城施策，修订了地方细则，针对网约车管理，开放包容特点显著的成都也发布了细则征求意见稿，向社会公开征求意见，但无一例外，都是在网约车暂行办法的大框架下进行修订和完善的。

网约车合规化发展存在不平衡问题。截至 2021 年 1 月底，全国共有 218 家网约车平台公司取得网约车平台经营许可，共发放网约车驾驶员证 308.6 万个、车辆运输证 116.1 万个。从宏观层面看，网约车合规化发展取得了长足进展，但问题在于各城市开放程度还存在较大差异。平台许可方面，开放的城市已经发放超过 100 张城市网约车牌照，充分体现了放管服的精神和治理的信心，相对保守的城市发放城市网约车牌照不超过 10 张，体现了管理思路的谨慎和稳健。同样，在司机和车辆合规方面呈现出同样的特点，部分城市市场合规运力存量充足，平台合规难度小，市场合规化水平高；部分城市因准入条件高、司机办理意愿低等原因，市场合规运力存量不足。

（二）网约车行业法规体系建设迈出重要一步

2020 年 11 月 2 日，为有效提升道路运输管理服务质量和水平、优化营商环境，交通运输部发布关于《道路运输条例（修订草案征求意见稿）》（以下简称《道条》），向社会公开征求意见。此次《道条》修订开始于 2019 年，总体思路是深入贯彻落实党中央和国务院深化“放管服”改革、优化营商环境的决策部署，简政放权、转变职能，充分发挥市场在资源配置中的决定性作用，进一步激发市场活力，强化安全管理，推动新旧业态融合发展，加快行业转型升级。《道条》在保持现行条例基本框架的基础上，新增“安全管理”一章以及“出租汽车经营”和“汽车租赁”各一节。将出租汽车经营纳入条例调整范畴，明确出租汽车经营包括巡游和网络预约出租汽车经营。不难发现，为保持现行制度平稳过渡,《道条》基本平移现行《网络预约出租汽车经营服务管理暂行办法》的有关规定，对网约车经营者、经营车辆、从业人员的准入条件、行为规范等予以明确。

网约车相关内容纳入《道条》还不能说网约车政策法规体系已经建立起来，但至少是在完善法制化的进程中迈出了重要一步。虽然新版《道条》仍然在修改和完善过程中，但几乎可以确定，网约车相关内容必然会被纳入，若新版《道条》正式印发，将促进行业监管有法可依，加快形成以《道条》为龙头，配套规章制度和地方性法规为补充，层级化、立体化的出租汽车行业政策法规体系，从而推动出租汽车行业依法管理和规范发展。

（三）网约车审批流程和准入条件持续简化

出租汽车管理属于地方事权，城市人民政府作为出租汽车行业管理的责任主体，可在国家政策框架下，根据当地经济水平、城市交通状况等具体情况，在车辆条件等方面细化要求。这是为了推动形成新老态差异化发展格局，更好地满足公众高品质、差异化出行需求，但各地在政策制定过程中出现了差异，平台、车辆、驾驶员门槛过高和办理流程长的问题饱受诟病。为促进行业健康规范发展，早在2018年交通运输部就印发了《关于进一步深化改革加快推进出租汽车行业健康发展有关工作的通知》，强调各地交通运输主管部门要认真贯彻落实“放管服”改革的要求，简政放权，优化审批流程，强化服务，消除“玻璃门”“旋转门”等现象，为符合准入条件的网约车平台公司、车辆和驾驶员办理许可证提供便利。从2020年城市层面发布的有关政策看，大部分城市对市场准入条件做出了适度放宽的调整，准入流程也进一步优化。厦门新版《网约车管理办法》取消了对网约车车辆、驾驶员行政许可提交纸质材料等方面的要求，并将非本市驾驶员准入条件中的居住证要求，放宽到在本市已办理居住或暂住登记。车辆方面，除了要求车辆为7座及以下纯电动乘用车外，2650毫米的轴距要求与先前一致，并不再要求车辆的纯电续驶里程必须在250公里以上，进一步放宽了车型的市场化程度。济南进一步简化申请从事网约车经营所需提交的申请材料，在确保一网通办、一次办成的基础上，逐步减少需要申请人自行提交的材料要件，实施容缺受理，压缩办理时限，同时也积极推动巡游车、网约车驾驶员证“两证合一”。银川的管理办法中将原条款“5座三厢小轿车排气量1.8L以上、车辆轴距不小于2700毫米；新能源汽车轴距不小于2650毫米、续航里程不低于250公里且功率不小于100kW；7座乘用车排气量不小于2.0L、轴距不小于3000毫米、车长大于5100毫米；购车价格不低于14万元（以购车发票价格为依据）”修订为“车辆轴距不小于2650毫米，排气量不小于1.6L（1.4T），鼓励推广新能源网络预约出租汽车，新能源车辆纯电驱动状态下续航里程不低于400公里”。东莞的细则中取消了本市户籍或本市有效居住证要求，实行巡游车与网约车驾驶员资格互认，减少不必要的从业限制。湛江明确申请从事网约车经营，不再要求提交投资人和负责人的身份资信证明文件复印件、企业法人营业执照复印件及注册地省级交通运输主管部门出具的线上服务能力认定结果报告复印件；办理网约车运输证，不再要求提供车辆购置税发票。网约车驾驶员不再要求非本市户籍驾驶员在与网约车平台公司签约之日起3日内向居住地公安派出所或者镇流动人口服务管理机构申领居住证。

审批流程优化和审批条件放宽，前者是治标，后者是治本，需要标本兼治，但也需要结合本地特点和市场需求循序渐进。我们看到部分城市逐步放宽审批条件、优化流程、推进落实“放管服”要求，但部分城市仍然相对保守，对平台许可过于审慎，车辆和司机准入门槛依然较高。一些城市出现了一些放宽许可条件的尝试性举措，但暂未体现在政策层面。

（四）网约车事中事后监管进一步加强和规范

2020年9月8日，交通运输部发布《关于加强和规范事中事后监管的指导意见》，立足于持续推进交通运输领域“放管服”改革，大力保护和激发交通运输市场主体活力，切实转变“重审批、轻监管”的观念，着力解决交通运输领域监管方面存在的不会管、不敢管、不愿管等突出问题，推动形成市场自律、政府监管、社会监督互为支撑的协同监管格局，提升企业和群众获得感、满意度。意见明确了新型监管体系，即以“双随机、一公开”监管为基本手段、以重点监管为补充、以信息化监管为支撑、以信用监管为基础。意见对“放管服”的要求非常明确，如“对实施的行政许可事项，部内相关司局按要求编制中央层面设定的行政许可事项清单，逐项明确许可条件、申请材料、审批时限、许可证件等具体要素”，体现了对准入审批流程的优化，“依法依规查处未经审批擅自从事相关活动的行为”，体现了对监管的强化。其中与网约车业态直接相关的内容包括：一是特别强调落实对新业态包容审慎监管。对于网约车等新业态，按照鼓励创新、趋利避害、规范发展、包容审慎原则，分领域量身定制监管规则和标准，积极培植发展新动能，维护公平竞争市场秩序，促进新老业态深度融合发展；二是提出坚守质量和安全发展底线，严禁简单封杀或放任不管，对出现的问题及时引导或处置。对潜在风险大、可能造成严重不良后果的，依法严格监管。济南的细则中明确提出会对违反规定的网约车平台公司采取暂停发布、下架 App 等监管措施。呼和浩特市的细则修订稿中提出，将进一步明确市道路运输管理、网信、通信、公安、人民银行驻呼机构、税务、市场监管等部门要依据相关法律法规和各自职责，对未取得网约车经营许可从事网约车经营、线上线下车辆或人员不一致、信息泄露、不依法纳税、不正当竞争、非法经营资金支付结算等方面违法违规行为进行联合监管。广东省的指导意见中提出强化网约车监管能力。充分利用部级网约车监管交互平台，分析网约车平台订单信息，梳理出未许可的车辆和人员信息，对运营中存在隐患、涉嫌违规的行为进行监测与判定，将无资质网约车辆和人员名单、隐患及违规情况推送各网约车平台并限期整改，将其列为重点查处对象，实现有针对性的精准执法。

对于网约车监管，各地方穷尽管理智慧，北京市人民政府发布关于进一步集中相关领域行政处罚权的决定，在北京重点站区范围内，将市交通部门行使的部分行政处罚权及相关行政强制权划入市城管执法部门集中行使，其中包括对网约车行政执法权力事项。北京、上海等城市的线上执法手段和能力在探索中不断提升。

（五）安全作为网约车发展的永恒主题在政策中不断被强化

2020 年印发的《中共中央关于制定国民经济和社会发展第十四个五年规划和二〇三五年远景目标的建议》中“安全”一词被提及 66 次，提出统筹发展和安全，建设更高水平的平安中国，给“十四五”的安全工作定了调子。网约车作为关系用户生命财产安全的行业，安全会是其永恒的主题，需要将安全与发展统筹考虑、平等看待，不能为了发展而忽略安全。前文提到《道条》新增了“安全管理”章节，明确要求道路运输经营者需依照安全生产法律法规，依法执行相关标准，建立安全生产责任制，保障旅客运输安全。更进一步的要求还包括主要负责人和安全生产管理人员须通过安全生产知识和管理能力考核，加强从业人员培训，强化风险分级管控和事故隐患排查治理等，完善交通事故、自然灾害、突发公共卫生事件以及其他突发事件的应急预案等。成都的意见稿中提出在成都市的服务机构，应当设立专门的安全管理部门，配备安全管理人员，履行企业营运安全管理、内部安全保卫、治安防范、网络安全等主体责任。对服务过程中发生的安全责任事故承担先行赔付责任。同时，网约车平台公司应当依法纳税，并为乘客购买承运人责任险等相关保险，充分保障乘客合法权益，车内人员伤亡保险额度不低于每人每次事故 100 万元。呼和浩特市的细则修订稿中明确网约车经营者承担承运人责任，并进一步细化其经营服务管理责任，要求平台加强安全管理，确保车辆合格和卫星定位数据接入本市政府监管平台，并购买相关保险。广东的指导意见中专门提到安全服务责任落实问题，提出安全生产是红线、底线、生命线，网约车平台公司应当建立安全生产责任制度。

安全的重要性不言而喻，但网约车安全管理和监管确实存在较大难度，各城市对网约车平台安全生产工作的监管存在差异，监管难度体现为，监管过松则没有尽到监管责任，而监管过严可能又不符合网约车行业特点。

（六）价格与信用监管能力进一步提升

2020 年对网约车行业价格和信用方面的监管得到重视，体现在相应的政策层面监管能力提升。价格方面，交通运输部联合国家发展改革委印发《关于深化道路运输价格改革的意见》，提出规范网约车价格行为，要求网约车平台公司主动公开定价机制和动态加价机制，至少提前7日向社会公布调价信息，接受社会监督。2020年地方细则修订中也增加了价格监管的要求。济南的细则中要求网约车平台公司应根据车型档次等运营成本因素合理确定运价，计程计价方式符合国家规定，如有调整须提前7日向社会公示运价体系，保持价格相对稳定；实行明码标价，平台软件不得有恶意加价程序。在乘客发出约车需求时，网约车平台公司应当向约车人提供上车地点周边适宜半径范围内的待约车辆信息、推荐行驶路线和预估费用，在乘客结算时，客户端显著位置应显示计价规则、行驶里程、行驶时间及收费金额等信息，并在服务结束时，向乘客实时提供由税务部门监制的电子发票或本地纸质版出租汽车发票。当发生以低于成本价运营或超过公示运价标准等恶意竞争行为时，相关部门应会同价格主管部门、市场监管部门进行干预，必要时启动政府指导价。成都的细则意见稿中提出，网约车平台公司应主动公开定价机制和动态加价机制，通过公司网站、移动互联网应用程序（App）等方式公布运价结构、计价规则，保持运价标准合理且相对稳定，保障结算账单清晰、规范、透明，并接受社会监督。信用方面，交通运输部通过总结各地运用信用监管手段，规范交通运输新业态发展的典型经验做法，印发《交通运输部办公厅关于学习借鉴加强信用监管推动交通运输新业态规范健康发展有关经验做法的通知》，指导各地交通运输部门结合当地实际，加强信用监管，积极创新监管模式，净化市场环境。济南的细则中要求建立网约车不良记录制度。实施细则规定市、区、县有关部门应当按职责建立网约车平台公司和驾驶员信用记录，并将相关信息纳入国家、省、市信用信息平台和全国企业信用信息公示系统，依法依规开展联合惩戒。成都的细则意见稿中指出交通运输行政主管部门应当定期组织开展网约车服务质量测评，并及时向社会公布本地区网约车平台公司基本信息、服务质量测评结果、乘客投诉处理情况等信息。

对网约车价格的监管，是维护网约车市场秩序、保障消费者权益的必要手段，需要发改、市监、交通等部门有效协同。大多城市对网约车信用的监管主要是通过年度服务质量考核的方式，实现信用监管的落地，还有很大提升空间，可以确定的是信用监管将是未来网约车最重要的监管手段之一，将促进各网约车平台主动提升服务质量和安全管理能力。

（七）新能源车辆推广和应用得到不同程度的鼓励和支持

新能源网约车已成趋势，东莞、大连、昆明、海口、沈阳、广州、太原、郑州等城市都提出新增网约车必须是新能源车辆。2020 年，深圳根据当地管理办法要求，已实现全部网约车车辆新能源化。厦门新版网约车管理办法中明确规定新增和更新的网约车必须采用纯电动车型，车辆轴距需不低于 2650 毫米。同时，规定在办法施行前已在本市办理《网络预约出租汽车运输证》的非纯电动车辆，在经营期限内仍可继续运营，但退出运营后就不能再重新申请办理。济南规定每批次申请许可的车辆中，纯电动车型占比不低于 80%。银川将原条款“新能源电动汽车使用应符合国家、自治区、银川市新能源电动汽车推广应用目录规定的标准；新能源电动汽车在接入平台的车辆中所占比例不低于 50%”修订为“新能源电动汽车使用应符合国家、自治区、银川市新能源电动汽车推广应用目录规定的标准”。银川做出修改的原因是基于新能源汽车作为鼓励推广的车型，认为不应强制设定过高的占比要求。

网约车新能源化的相关政策基本可以实现有效的落地，但仍存在阶段性问题，比如市场上符合网约车运输证申办条件的商务车型可选择的种类并不多，豪华车型存在同样的问题。

五 网约车行业发展政策建议

（一）继续优化网约车平台准入和退出流程

在优化营商环境的大背景下，需要让更多具备许可条件的平台进入市场，而不是限制平台准入。审核方面，审核条件不应增加过多地方层面的特殊要求，同时要明确审批条件和要求并向社会公布，审核过程要严格按照审批条件的规定进行。

退出方面，通过事中事后的监管，让出现违法违规的平台、恶意补贴扰乱市场秩序的平台、长期未投入或中断运营的平台、连续两年服务质量信誉考核等级为B的平台及时退出。从根本上解决“准入难、退出难”的问题，让规范经营、服务质量好、安全能力强、更受用户欢迎的平台可以顺利地获得经营许可，让安全合规意识弱、服务质量差的平台及时退出市场，才能够促进行业健康良性发展。

这里特别要提到《道条》中在强化网约车事中事后监管方面对网约车等网络平台经营者设置了较大额度的罚金，考虑到网约车的规模效应，该条款并无太大问题，但这一举措的落地，需要建立在准入审批畅通优化的基础上。

（二）安全管理与行业发展需求相结合

网约车行业作为新业态具备独有的特点，运营模式多样，重资产轻资产、司机直接加盟、租赁公司代为管理等，体量相差巨大，有的平台订单量千万级，有的平台订单量仅万级，针对不同模式和不同体量，不建议对当地线下服务能力的要求设定统一的标准，如办公人员数量、办公场地的面积等。

网约车安全管理需要目标导向、抓住重点，事前审查驾驶员犯罪背景，对驾驶证、网约车驾驶员信息验真，对车辆的行驶证、网约车运输证验真，关键在于提供给网约车平台企业用于批量审核的渠道，同时加强驾驶员培训；事中需要对基础的安全产品功能进行检查，110报警、紧急联系人、行程分享、号码保护、异常停留、轨迹偏移、行程录音等功能是必备的；事后在出现事故或者其他安全事件后，平台需要承担承运人责任，妥善及时处置应急事件。基于平台模式和体量的不同，抓住事前事中事后的要点，实现管理的精细化，才能真正提升行业的安全治理能力。

（三）通过加强监管提升服务质量

网约车的市场定位是高品质服务、差异化经营。一直以来各网约车平台都在努力提升服务品质，需要基于政策和监管进一步提高网约车的服务质量。比如，用户投诉是否得到妥善处置、计程计价是否准确、司机是否文明服务等是需要进一步规范的。

成都市的细则意见稿中要求提供网约车服务时，提供驾驶员姓名、照片、手机号码和服务评价结果，以及车辆牌照等信息。乘客因乘坐网约车引发矛盾纠纷，可向网约车平台进行投诉。网约车平台接到乘客投诉后，应在24小时内处理，3个工作日内处理完毕，并将处理结果告知乘客。乘客投诉处理率应达到100%。成都市的管理经验为其他地方的网约车行业发展提供了借鉴。

随着监管模式不断创新，法规政策体系建立健全，事中事后监管进一步加强，网约车行业政策将继续遵循“乘客为本、鼓励创新、趋利避害、规范发展、包容审慎”的发展原则，不断向着高质量、法制化的方向加速发展。各级主管部门需要加强对改革政策落地实施情况的跟踪和评估，不断完善政策措施，提升治理能力和水平，营造良好的政策环境，更好地满足人民群众出行需求，打造人民满意交通。

六　网约车行业发展展望

（一）加强网约车反垄断工作，市场垄断格局不会长期存在

在交通运输新业态发展过程中，网约车市场“一家独大”现象突出。这一现象是由行业最大规模的竞争对手合并导致的，在此后的运营中出现了大量使用非合规车辆、对司机的抽成比例和管理非常严苛、要求司机和网约车运力公司“二选一”等涉嫌垄断的情况。

2020年11月10日，国家市场监管总局发布《关于平台经济领域的反

垄断指南》（公开征求意见），预防和防止平台经济领域垄断行为，引导平台经济领域经营者依法合规经营，促进线上经济持续健康发展。2020 年 12 月 11 日，中共中央政治局召开经济工作会议，要求“强化反垄断和防止资本无序扩张”，对行业监管提出了新要求。

交通运输部表示将加强反垄断工作，强化行业监管，优化发展环境。预计 2021 年交通运输部将针对网约车行业的垄断情况，以及企业低价竞争等违规行为加强监督检查。

未来，网约车市场会往更加符合供需、更符合市场规律的方向发展。目前网约车市场仍然存在定价高、抽成高、司机生存状态差以及用户不太满意的情况，这与目前的垄断格局有关，未来新的出行企业和业态会针对行业的痛点，进行新一轮的变革创新，网约车市场仍将充满变数。

（二）网约车与出租车融合趋势不断加强

巡游出租车是一种带有垄断性质的政府监管出行模式，投放数量、司机从业资格、价格以及经营行为等受到相关管理部门的严格监督，网约车企业实施的是经营行为。在网约车的冲击以及互联网公司的参与下，巡游出租车的数字化水平不断提升。

未来线上线下出行体系一体化将是大势所趋，两种业态将打破之前的界限，使得出租车网约化、网约车出租化。出租车加上了网约功能，可进一步提高服务水平与质量，更加便民；网约车也会更加注重安全、信用，让市民出行更加安心。未来将形成出行出租车与网约车共生共赢的格局，共同推进城市公共交通供给侧的改革升级。

（三）主机厂背景的网约车平台将发挥更大作用

丰田、大众、戴姆勒等国际巨头以及上汽、广汽、吉利等国内车企纷纷布局共享出行市场。主机厂涉足出行市场的本质是尝试从硬件制造商向出行服务商转型，未来主机厂的出行服务将带来以下三个变化。

一是车辆本身的价值将被不断提升，“定制化”车型将成为未来出行领域的新趋势。一汽、吉利等车企2021年将推出面向出行的网约车产品；二是将整条产业链的资源优势，如车辆、经销商、售后维修等转移至网约车行业，打通产业链是这些企业的重要目标；三是推动体制变革，通过转变人员结构、激励机制、盈利模式、考核指标等构建用户服务的企业体制。

未来主机厂背景的出行平台将把电动化、智能化和网联化要素加以融合，利用掌握的整车数据、通信协议以及车联网等优势，深入渗透出行服务领域。主机厂也会加强无人驾驶技术的研发，推出真正的自动驾驶智能化车辆。

（四）聚合平台将推动区域性平台和运力公司参与网约车运营

“聚合打车”在近几年快速发展，这一模式既整合了网约车运力资源，丰富了乘客出行选择，也给中小网约车平台带来了更多的流量导入，促进了市场的有效竞争。在聚合平台的订单流量支持下，越来越多的区域性平台公司和运力企业，包括地方客运企业进入网约车运营领域。

网约车平台在与地方运力公司合作的过程中，也会进一步探索合作开发定制客运平台的方式，定制客运所代表的城际出行细分市场将可能会融入网约车平台的出行大生态。

（五）网约车场景将更加细分

未来的网约车服务将不仅仅满足把用户从A点运送到B点，还会针对不同的用户场景提供细分性的服务，如考虑即时出行和预约出行，接送机、多日接送、包车出行、国际接运、无障碍出行、商务接待、短途旅行等不同出行场景，出行地点还会细分成住宅区、办公区、景区、酒店、医院和学校等，网约车企业将根据不同场景下用户的需求特点为用户提供个性化的车型选择，提升差异化服务和高品质的出行体验。

（六）普惠出行将成为网约车发展的重要方向

当前，网约车仍然只是服务了一部分城市人群，而普通工薪阶层、学生和老人等仍然没有充分享受到“互联网 +”出行的红利，主要是因为产品服务价格偏高等。未来，普惠出行将是主要潜力市场，互联网平台企业将会利用科技手段，对出行资源进行集约化利用，以大数据技术降低营销成本，引导用户更多采取预约方式出行，以定时定点的模式与供给端更好地匹配，促使成本降低，为更多消费者提供“安全便捷”的出行。

B.5

2020年中国私人小客车合乘发展形势分析*

沈立军　刘诗萌　赵培昌　郭 煜　纪雪洪**

摘　要： 2016年7月，国务院办公厅发布《关于深化改革推进出租汽车行业健康发展的指导意见》（国办发〔2016〕58号），指出私人小客车合乘（也称为拼车、顺风车），是由合乘服务提供者事先发布出行信息，出行线路相同的人选择乘坐合乘服务提供者的小客车、分摊部分出行成本或免费互助的共享出行方式。顺风车作为共享经济的典型代表，是“创新、协调、绿色、开放、共享”新发展理念在出行领域的具体体现，顺风车有利于缓解交通拥堵和减少空气污染，应鼓励并规范其发展，并制定相关规定，明确合乘服务提供者、合乘者及合乘信息服务平台等的权利和义务。几年来，顺风车发展起起伏伏，备受社会各界关注。

关键词： 顺风车　私人小客车合乘　拼车

* 本报告私人小客车合乘主要采用顺风车称呼。

** 沈立军，城市智行信息技术研究院院长；刘诗萌，城市智行信息技术研究院研究经理；赵培昌，城市智行信息技术研究院战略发展部副主任；郭煜，城市智行信息技术研究院战略发展部副主任；纪雪洪，博士，北方工业大学汽车产业创新研究中心主任。

一　顺风车行业的本质特征与发展过程

（一）顺风车行业的本质特征

顺风车运营平台通常以移动互联网技术为基础，以共享出行为目的，对车辆资源和出行需求进行高效匹配，并通过统一标准和完善的保障体系保证出行的成功率和出行人的满意度。

第一，顺风车提供的是个体服务，针对特定人群，即追求方便与性价比高的人群，以年轻人和城市中产阶层为主，他们接受新事物的能力比较强，愿意与他人分享，乐意与他人沟通。顺风车的本质是一种特殊的出行模式，是一种民事互助行为，它利用了先进的互联网技术，在互联网大数据平台的基础上高效整合市场资源，将出行需求与私家车进行配对，实现共赢。

第二，顺风车利用的车辆来自私家车。只有当顺风车车主有出行需求的时候，遇到顺路车乘车需求，按照共同的时间、路线开始行程，乘客分担此次行程的部分费用。到达后，乘客可以对顺风车车主进行点评，包括驾驶技术、车内环境等，顺风车车主也可以对乘客进行评价，包括是否文明乘车等，通过互相的评价可以为其他顺风车车主或乘客提供参考，出行前对彼此有了解、拒绝不良的体验。顺风车避免了巡游状态下的资源浪费，同时与巡游出租车形成出行体验的差异。

第三，顺风车完全是市场需求的产物，满足不同的出行需求，通过顺风车出行为社会提供运输服务，减少了对公共交通资源的占用，因此在一定程度上属于公共交通的一种补充。

（二）顺风车行业发展的三个阶段

近年来，顺风车行业逐步发展，通过利用私家车的闲置空间，满足共享出行市场的用户需求。截至目前，我国顺风车行业发展基本经历了以下三个阶段。

第一阶段，2014 年至 2018 年上半年，顺风车行业快速发展。

第二阶段，2018 年两起顺风车安全事件发生后，各地政府对顺风车行业实行严格监管，顺风车运营平台受到波及，先后下线夜间业务，甚至下线整体顺风车业务进行整改，顺风车市场整体供给能力被削弱。

第三阶段，2019 年底，滴滴出行恢复顺风车业务。继滴滴、嘀嗒之后，2019 年哈啰出行与曹操出行纷纷试水顺风车业务。

二　2020年顺风车行业发展情况

（一）顺风车行业交易额受疫情影响有所下降

2015 年至 2018 年上半年，顺风车行业快速发展，2018 年全年交易规模达 232 亿元。2019 年，顺风车行业整体进行整改，市场逐步重启，全年交易规模达到 122 亿元。

2020 年，受疫情影响，部分城市分时期叫停市内顺风车服务和跨城顺风车服务，行业发展受到重大冲击。最严重的时候，顺风车订单量下滑七八成。3 月之后订单量开始快速恢复。2020 年第二季度订单量基本达到 2019 年第四季度的水平，第三季度订单量保持增长，第四季度订单量受到疫情影响有所减小。2020 年市场交易额达到 177 亿元，预测到 2022 年顺风车市场交易规模将持续快速增长，达到 458 亿元。

随着人们生活水平的提高，选择传统打车方式的人持续减少。随着智能手机、移动互联网、共享出行等的发展，以及国家针对交通运输新业态相关政策的落实和人们安全意识的提高，顺风车行业准入门槛将会提高。平台的专业化能力和服务品质，以及为用户带来更好的体验和更多的价值，将成为顺风车市场未来的竞争热点。

（二）顺风车行业未来会持续增长

顺风车市场用户规模庞大，考虑到私人载客汽车数量及其行驶距离持续

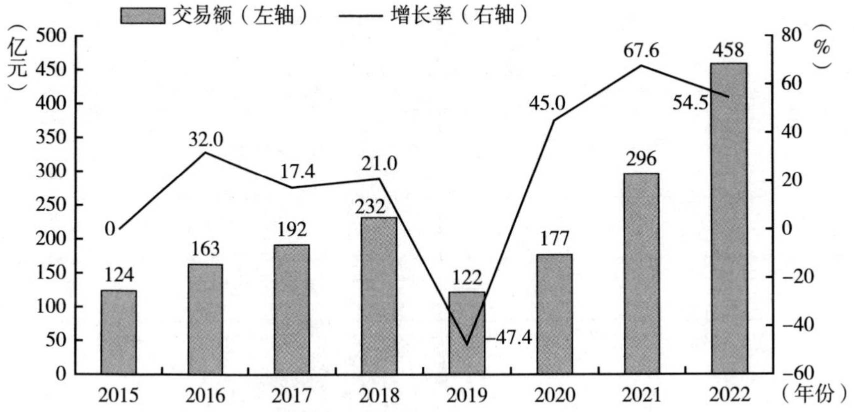

图1　顺风车市场交易额与增长情况

资料来源：《2014～2020年中国顺风车行业发展蓝皮书》，并且基于2020年情况更新。

增加，顺风车市场存在巨大的商机。

到2020年底，全国汽车保有量2.44亿辆，顺风车主端的渗透率约为5%～8%，顺风车乘客端的渗透率为3%～4%。随着越来越多的乘客选择顺路、低价的出行方式，顺风车的市场渗透率将会保持较快的增长速度。

三　2020年顺风车行业发展特点分析

（一）顺风车用户以年轻人为主

嘀嗒平台数据显示，顺风车车主主要为上有老、下有小，已成为社会中坚力量的“80后”人群，占车主总数的48%。顺风车乘客虽仍集中为“80后”“90后”人群，但其存在从“80后”“90后”成功破圈，“00后”逐渐被圈粉的趋势。

从车主的职业划分看，在中国大大小小的城市，这种互助分享的积极能量分布在不同群体，他们是工程师、律师、教师、销售、CEO……虽然车主的社会角色不同，却以同一种方式传递着信任与善意。

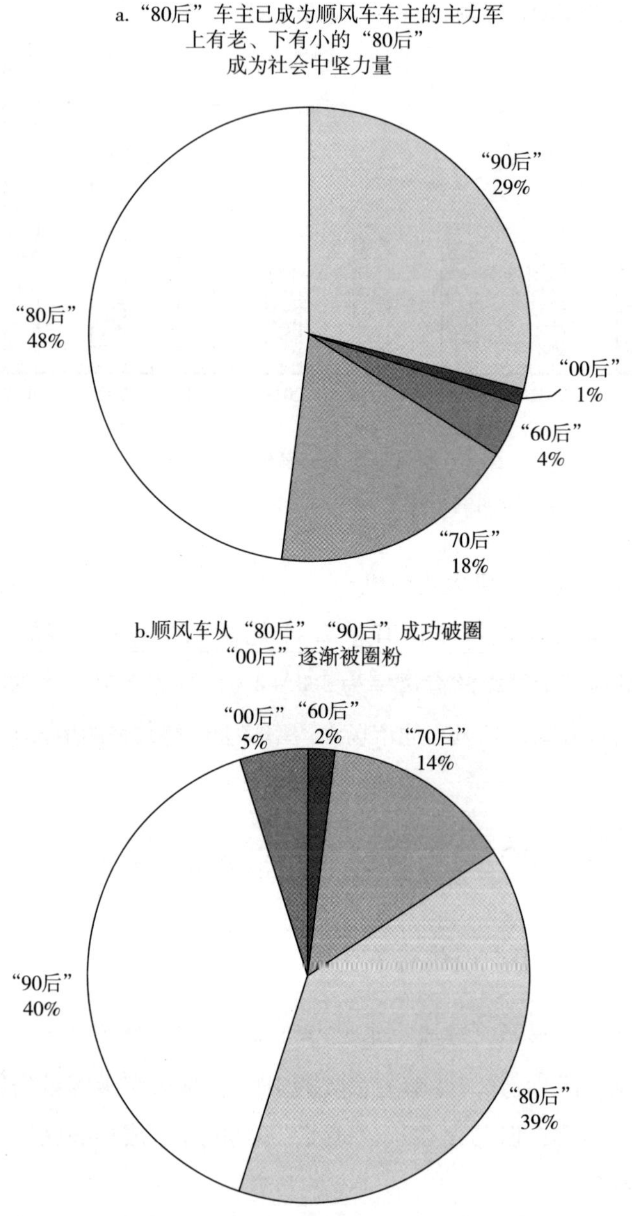

图 2　顺风车车主和乘客年龄分布

资料来源：《2014～2020 年中国顺风车行业发展蓝皮书》。

从乘客的职业划分看，嘀嗒平台数据显示，全国有1.5亿人选择顺风出行。城市“出行力”才是第一生产力，文化传媒、电子通信、IT互联网、金融、地产、教育培训等行业人群选择的日常出行方式不仅代表一种崇尚环保、便捷的生活态度，也影响着整座城市的合乘互助出行文化。

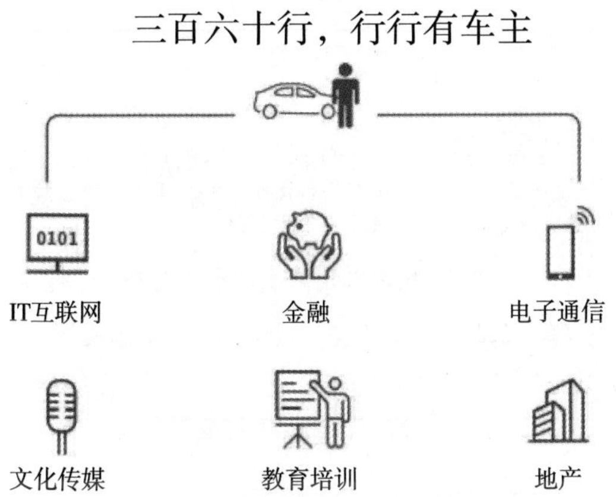

图3　顺风车乘客职业分布

资料来源：《2014～2020年中国顺风车行业发展蓝皮书》。

（二）顺风车需求以通勤出行为主

从合乘需求看，通勤成为全国顺风车主要需求，通勤需求占顺风车合乘总需求的53.1%；其次为周边游和节假日返乡需求，占顺风车合乘总需求的18.2%。其中，“80后”“90后”人群更偏向于搭顺风车去购物中心、电影院、餐厅、艺术展区等场所（见图4）。

（三）顺风车顺路匹配度较高

顺风车的顺路匹配度较高，在所有成行合成订单中，平均顺路匹配程度高达86.3%（见图5）。

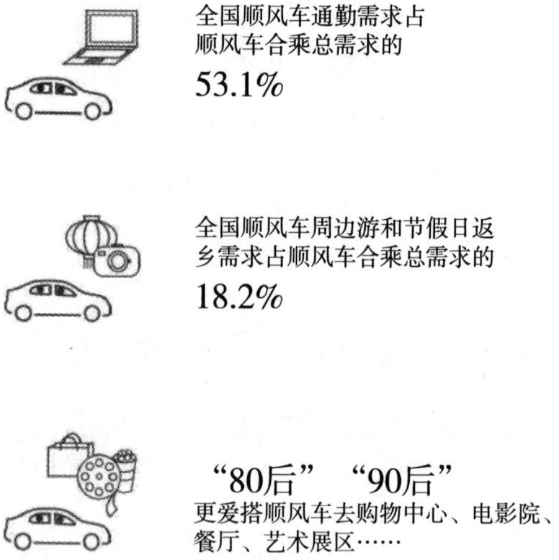

图 4　顺风车用户出行需求分布

资料来源：《2014～2020 年中国顺风车行业发展蓝皮书》。

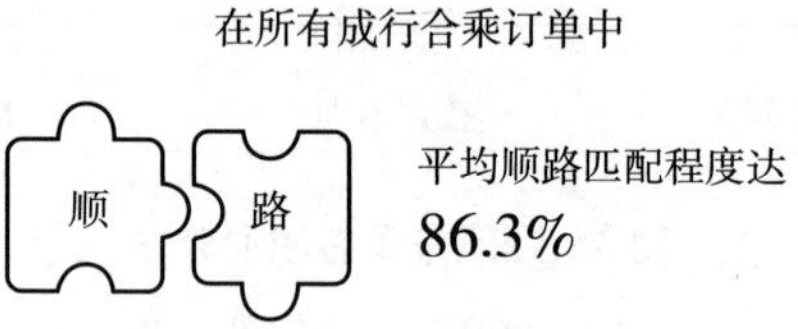

图 5　顺风车顺路匹配度

资料来源：《2014～2020 年中国顺风车行业发展蓝皮书》。

四　顺风车行业发展的相关政策分析

（一）鼓励顺风车行业发展，但要求必须满足“真顺风”条件

目前，我国尚未针对顺风车行业出台专门的管理措施，2016 年出台的《网络预约巡游出租汽车经营服务管理暂行办法》指出，“私人小客车合乘，也称为拼车、顺风车，按城市人民政府有关规定执行”。而在有限的相关规定中，大多是停留在对于顺风车业务是否发生的引导上，该规定未对顺风车服务的合法性做出明确界定与约束。

表1 2014~2020 年中国顺风车相关政策和指导意见汇总

时间	政策和指导意见	主要内容
2016 年 7 月	《关于深化改革推进巡游出租汽车行业健康发展的指导意见》	提出私人小客车合乘有利于缓解交通拥堵和减少空气污染，城市人民政府应鼓励并规范其发展，制定相应规定，明确合乘服务提供者、合乘者及合乘信息服务平台等三方的权利和义务
2016 年 12 月	上海市《关于规范本市私人小客车合乘出行指导意见》	规范私人小客车合乘出行行为，提出合乘行为要求、平台行为规范、合乘出行日常监管相关意见
2019 年 9 月	《交通强国建设纲要》	提出到 2035 年，智能、平安、绿色、共享交通发展水平明显提高。其中第四部分“运输服务便捷舒适、经济高效”中提出，要大力发展共享交通，打造基于移动智能终端技术的服务系统，实现出行即服务
2019 年 11 月	交通运输新业态协同监管部际联席会议约谈主要平台企业指导意见	顺风车要真“顺风”，从事顺风车的平台公司要严格遵守顺风车管理有关规定，主要包括：一是相关平台公司必须严守安全底线；二是建立完善的乘客快速响应处理机制；三是要符合顺风车本质；四是严禁以顺风车名义从事非法营运
2020 年 12 月	交通运输新业态协同监管部际联席会议办公室提醒式约谈	再次重申顺风车的四项合规要求：一是应以车主自身出行需求为前提、事先发布出行信息；二是由出行线路相同的人选择合乘车辆；三是不以盈利为目的，分摊部分出行成本或免费互助；四是每车每日合乘次数应有一定限制

2019 年 11 月 11 日，交通运输部、中央网信办、工业和信息化部、公安部、应急管理部、市场监督管理总局以交通运输新业态协同监管部际联席会议办公室名义，联合约谈 8 家网约车、顺风车平台公司。约谈指出，各主要网约车、顺风车平台对照 2018 年联合安全检查反馈的问题清单和整改清单，细化整改措施，落实整改举措，已取得了阶段性成效，但仍需持续推进。

在约谈中明确提出了顺风车要真“顺风”，从事顺风车的平台公司要严格遵守管理有关规定。

一是相关平台公司必须严守安全底线，做好上线车辆技术性能和驾驶员背景的审核和动态监控，保护好用户个人隐私，从源头上保障安全。

二是建立完善的乘客快速响应处理机制，及时有效处理突发应急事件，特别是涉及安全的突发事件，平台公司承担安全事故先行赔付责任。

三是要符合顺风车本质，必须以驾驶员自身出行需求为前提、事先发布出行信息，由出行线路相同的拟合乘人员选择合乘车辆。顺风车行为必须不以盈利为目的，仅与搭乘人员分摊部分出行成本或免费互助。

四是严禁以顺风车名义从事非法营运，对每车每日的合乘次数要有一定限制，符合所在城市的交通出行管理要求。

2020 年 12 月 7 日，交通运输新业态协同监管部际联席会议办公室组织对两家主要顺风车平台公司进行了提醒式约谈，指出顺风车平台推出的“附近订单”功能涉嫌以顺风车名义从事非法网约车业务，在用户头像上显示性别以及开展长途城际服务等方面还存在诸多安全隐患。约谈要求顺风车业务平台公司不得以顺风车名义提供非法网约车服务，切实消除安全隐患，平台企业要坚守顺风车本质，确保顺风车规范运行，更好地满足群众出行需求。

（二）地方超过30个城市出台了私人小客车合乘指导意见或管理规定

从 2016 年到 2020 年，有 34 个城市出台了顺风车相关的指导意见和管理规定等，主要集中在 2016 年、2017 年和 2018 年。各地对顺风车的管理规定有共性也不同，主要体现如下。

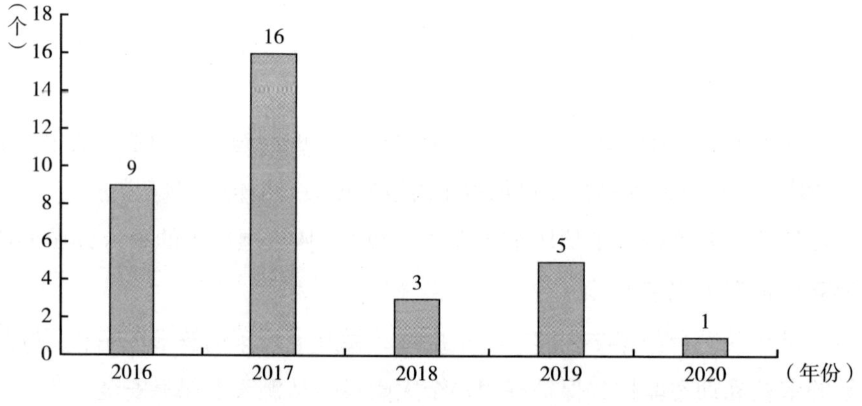

图 6　顺风车政策出台时间对应的城市数

表2　2016～2020年出台政策的城市数量

年份	城市
2016	北京、上海、深圳、合肥、重庆、抚顺、青岛、无锡、徐州
2017	衡阳、葫芦岛、淮北、长春、郴州、南宁、南昌、沈阳、三亚、东营、四平、通化、武汉、哈尔滨、长沙、温州
2018	邵阳、保定、杭州
2019	东莞、平顶山、河池、天津、潮州
2020	洛阳

1. 合乘定性

各地政策与国务院《关于改革推进出租汽车行业发展的指导意见》对私人小客车合乘的定义是相一致的。普遍认为合乘出行作为驾驶员和合乘者各方自愿的民事行为，不属于经营性客运活动或者道路运输经营活动，相关责任、义务按照有关法律、法规的规定由合乘各方自行承担。

2. 主体资格和车辆规制

为了便于管理顺风车，各地对顺风车的司机与车辆都设置了相应的规则。从司机端看，主要包括具有机动车驾驶证、驾龄等要求。如北京要求驾驶员应有1年以上驾龄，身体健康。上海要求：一是应取得相应准驾车型机动车驾驶证并具有1年以上驾驶经历；二是无交通肇事犯罪、危险驾驶犯罪记录，无吸毒记录，无饮酒后驾驶记录；三是自注册之日前1年内无驾驶机动车发生5次以上道路交通安全违法行为。

从驾龄看，部分城市要求具有1年以上驾龄，部分城市要求3年以上驾龄，大多数城市对驾龄不设具体要求。部分要求较为严格的城市，对道路违章情况也有相应要求。如抚顺要求最近连续3个记分周期内没有记满12分的记录。

从车辆看，不同城市对车辆归属、号牌所在地区和车辆保险等有不同的要求，如广州要求使用取得本市公安部门核发的《机动车行驶证》且年检合格的车辆；保定要求提供合乘的车辆须是驾驶员本人所有，具有本市号牌，7座以下非营运性小客车，通过本市环保检测和公安部门的车辆安全检测等。

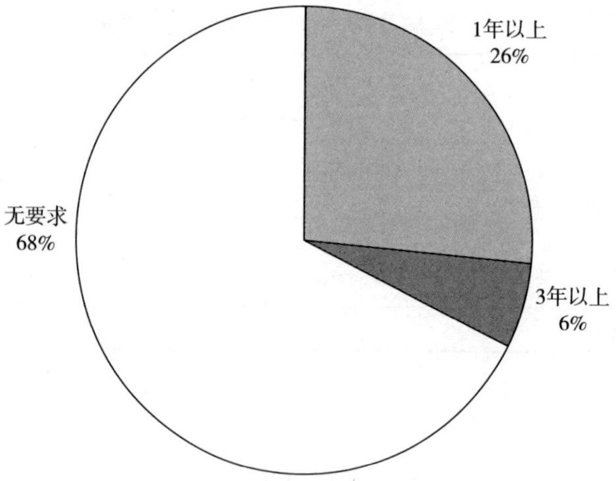

图 7　不同城市对司机驾龄的要求

从图 8 可以看出，部分城市要求是本人所有车辆、具有本市号牌、7 座以下非营运车辆。

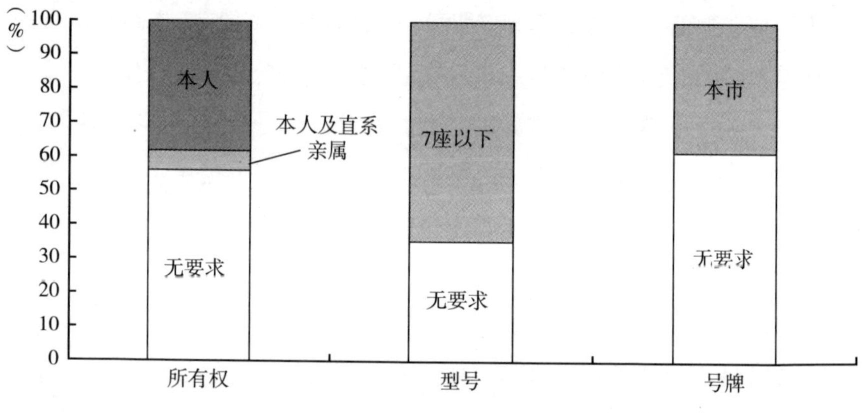

图 8　车辆规制要求

3. 路线规划和合乘次数

为了保证顺风车是真顺风，很多城市要求合乘者的起讫点应在合乘出行提供者经过的路线附近。如葫芦岛规定，合乘平台应当按照时间、线路基本相同的原则，为发布出行需求的合乘人提供信息查询或选择服务；四平市规定，所选择的线路应当符合顺路便行的原则。

在合乘次数上，不同城市规定不尽相同。根据统计，44%的城市要求司机一天提供的合乘次数不能超过2单。如北京规定，驾驶员提供合乘服务每车每日不超过2次。

部分城市要求不超过4次，如淮北、南昌、沈阳、合肥和青岛等城市。广州则有更细的规定，对于分摊部分出行成本的，合乘出行提供者可在全天提供不超过2次合乘出行；免费互助合乘的，合乘出行提供者每日提供合乘出行次数不受限制。平顶山市按照节假日和工作日进行区分，工作日合乘出行次数每日不得超过4次；法定节假日合乘出行次数每日不得超过2次；免费互助合乘的，合乘服务提供者每日提供合乘出行次数不受限制。

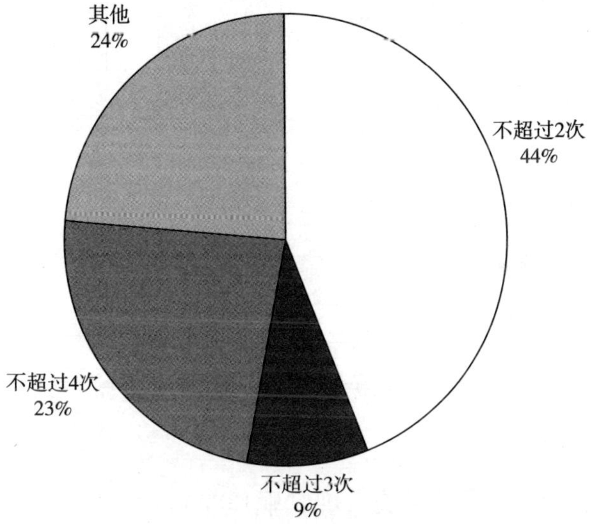

图9　每日提供合乘次数

4. 成本分摊

不同城市对顺风车收费的规定也不一样。有的城市明确规定了收费的最高限额，有的城市则相对模糊一些。很多城市要求合乘双方可以合理分摊合乘里程消耗的油、气、电费用和道路通行费用，如北京、保定、衡阳等。深圳、邵阳、南昌、沈阳、杭州要求分摊的每公里合乘费用总额不得高于巡游出租汽车每公里里程运价的 50%。长春、三亚等城市明确支持平台收取一定比例的信息服务费。

5. 平台责任

当前不同城市对平台责任的规定差异相对较大。除了所有城市都要求平台保证实名注册外，绝大多数城市要求顺风车平台接入政府监管系统，平台需要提供协议文件、保护用户隐私等。但在数据独立、违法违规处理、机构备案、投诉处理制度以及禁止补贴等方面不同城市的要求差异较大。

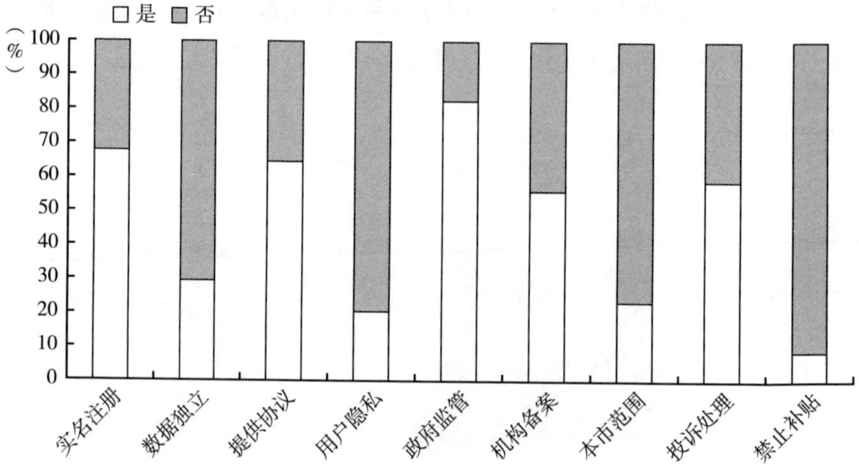

图 10　不同城市对平台责任规定的差异

（三）完善顶层设计，统一规制顺风车行业

1. 顺风车行业管理制度的顶层设计需要进一步完善

《交通强国建设纲要》指出，“大力发展共享交通，打造基于移动智能终端技术的服务系统，实现出行即服务”。2016 年 7 月 28 日，出台的指导意见对顺风车的概念界定中明确了三个要素，即“由合乘服务提供者事先发布出行信息”“出行路线相同”“分摊部分出行成本或免费互助”且提出“城市人民政府应鼓励并规范其发展”。

在部委规章的授权下，各地政府将“顺风车”明确限定为“不以盈利为目的”，且无须获得道路运输经营许可，这也是其与出租车（包括网约出租车）之间的核心差异，各地的规范性文件重点界定了顺风车的“非营利性”，将顺风车分为公益性合乘与互助性合乘两种基本类型，并将后者作为规制的重点。

然而顺风车与出租车、未获得经营许可的“黑车”之间的界限尚未得到清晰的界定。一些地方行政执法、司法实践对顺风车“非法运营”的认定处于模糊状态，这不仅源于顺风车法律概念的逻辑缺陷，更是因为在部委规章的授权下，各地政府的规范性文件从合乘路线与次数、平台备案与数据接入、合乘主体资格限制等方面对合乘认定的因素进行了各自的解读。

在某些地方行政执法中，将顺风车认定为“非法运营”，进行“一刀切式”管理。

2. 一些地方规范性文件规制与鼓励顺风车行业发展的原则不同

在中央顶层设计上，指导意见和暂行办法明确认定顺风车不同于网约车，前者属于私人小客车合乘业务，二者有显著差异。顺风车属于“不以盈利为目的的民事行为”，其不受与出租车管理相关的立法约束。

有的地方通过地方性法规阐释了“私人小客车合乘”概念，但仍授权地方政府或交通运输行政主管部门制定具体办法，更有一些地方至今未出台相应的细则，顺风车在实践中被直接认定为“非法运营”。

依照行政处罚法，下位法可以在上位法规定的给予行政处罚的行为、种类和幅度的范围内作出具体规定，而无权新设定行政处罚。出租车管理的相关立法以及《无证无照经营查处办法》设定了对无证从事客运经营的行政处罚，但这些立法调整的是巡游出租车和网约车的管理，而顺风车作为非营运性质的民事行为，其合法化实际上已经否认了出租车管理法规对其适用性。

目前一些地方规制的规范性文件，将对出租车的管制照搬到顺风车上，其中最为典型的是对于“分摊部分出行成本”的确认。由于指导意见和暂行办法并未明确“部分出行成本”的内涵，一些地方规范性文件对此未能做出有说服力的回应，在实际执法中，有些地方仅依据价格就认定顺风车为“非法运营”。

个别城市将“部分出行成本”理解为“仅限于车辆燃料成本及通行费”，在实际执法中，往往参照工信部综合油耗而非实际燃料消耗进行判定，如有的城市规定，“车辆燃料成本应按照合乘车辆车型在工业和信息化部登记的综合工况百公里油耗、燃油实时价格、合乘里程计算”，导致所有的顺风车都因价格问题存在被认定为“非法运营”的风险，严重制约了顺风车行业发展。

3. 对制定顺风车行业政策的建议

一是完善顺风车的顶层设计。

从当前顺风车行业的管理实践来看，虽然中央层面鼓励顺风车行业发展，但部分政府对其管理极度严苛。

不同地方对指导意见中对顺风车合乘信息发布、合乘路线以及合乘收费三个要素的本质界定存在的不同理解，如限定合乘次数、合乘时间局限于上下班、合乘区域限定于城市行政区域内等，脱离了顺风车的本质要求。

为了避免出现地方的顺风车规制细则对上位法进行阐释，中央政府需要完善顺风车管理制度的顶层设计，出台专门的顺风车行业指导意见。合乘各方的权利与义务，特别是顺风车与客运经营的区别，不具有地方立法调整的特殊性，不应授权地方通过规范性文件来填补立法空间。

二是合理分摊合乘服务费用，适度放开价格管控。

目前国家层面未明确“部分出行成本”的内涵，大多数地方将合乘服务分摊费用限定于出行过程中的能耗成本与路桥通行费用，未包含车辆折旧、车辆维修保养、劳务、计时、起步等费用。更为重要的是，对于能耗成本如何测算，只有少数城市进行了细化，但往往参照工信部的车辆综合能耗，与实际燃料消耗存在较大偏差，此外，对于费用如何分摊也有待进一步细化。建议对“部分出行成本”涵盖范围进行统一和明确，充分考虑实际行驶情况，综合考虑各项合理开支，适当放开顺风车价格管控，明确费用分摊标准，从更贴近顺风车本质的角度进行规制。

三是规范各地执法行为。

建议交通运输部印发指导意见，强调顺风车本质和行政处罚法基本原则，规范各地执法行为，避免行政处罚权被滥用。

五　顺风车行业安全体系建设

2018 年，随着行业恶性事件频发，顺风车的安全体系建设得到前所未有的关注。2018 年 9 月以来随着交通运输新业态协同监管机制的建立，顺风车行业的政府监管力度全面提升，也让顺风车行业的安全难题得以破解——顺风车运营平台的安全需要多方合力共建，方可让公众出行安全得到更加有效和高效的保障。

出行平台应在技术创新、组织保障、应急机制、安全规则制度、用户安全教育等方面做实安全工作，严格履行安全主体责任，同时，还需要来自政府的有力监管和引导，以及与公安、网络安全等外部机构部门的通力合作，让顺风车行业的安全水平真正得到强化。

（一）平台：依照安全生产法十二字方针落实安全主体责任

顺风车运营平台要严格落实《中华人民共和国安全生产法》中的十二字方针“安全第一、预防为主、综合治理”，将保障人民生命财产安全作为最高准则。

依法合规是顺风车运营平台履行安全主体责任的基本要求和根本前提，包括平台合规、车主（均为私家车主）合规且通过背景筛查、车辆合规。

顺风车运营平台应在坚持高度负责原则的基础上，构建全方位、立体化的安全体系流程：落实组织保障、严格审核车主车辆、定期排查隐患、强化安全产品技术升级、完善安全功能、提升投诉处理效率和应急处理能力、强化信息安全、加强用户及员工安全教育。

顺风车运营平台应完善从事前准入、行前预防、事中监控到行后监管的全流程监控机制。

自 2018 年之后，顺风车的安全体系迎来了全面升级，在安全技术手段方面，各顺风车运营平台均具备安全护航、行程分享、安全联系人、录音取证、号码保护、人脸识别等安全功能。以嘀嗒出行为例，目前安全监控体系从订单监控升级为实时监控，对于行程中异常停留、偏航等情形，均会主动提醒用户。

图 11　顺风车安全监控体系

（二）政府监管、外部合作和用户多方合力，共筑出行安全

2019 年 12 月，由城市智行信息技术研究院主办的首届中国顺风车法律论坛上多位专家一致认为，顺风车监管需要政府和平台形成合力，同时充分发挥政府和平台监管各自优势，互相补充。政府的监管要加强，既要审慎，也要与企业合作共治。

从 2018 年 9 月到 2019 年 9 月，为期一年的安全整改工作让整个行业安全体系迎来革命性提升。

这也标志着政府开始全面升级顺风车监管体系，对于整个顺风车行业的安全标准、从业人员以及用户的安全意识提升，均有明显促进作用。

可以说，作为关乎国计民生的行业，政府监管和顶层设计对于行业的安全体系完善至关重要。在 2019 年 12 月的首届中国顺风车法律论坛上，顺风车用户委员会主任方莉便代表广大顺风车用户呼吁：必须确保交通运输新业态协同监管机制在顺风车治理问题上发挥关键性作用，建议交通运输部建立健全新业态合规安全督导检查的常态化工作机制。

2019 年以来，顺风车行业与公安的合作深化，在车主背景筛查、案件调查取证、打击黑产等方面展开了全面深入的合作。

在强化外部安全合作的同时，用户的安全意识提升以及安全责任的界定也至关重要。只有科学合理界定平台、车主和乘客三方的权利和义务，才能彻底保证顺风车行业健康发展。为此，对于用户出行安全的教育引导，落实“三方安全观”也成为各顺风车运营平台的重点工作。

根据《合同法》和《电子商务法》，顺风车运营平台应承担三大安全保障义务，具体包括：对人车的资格审查义务、顺风车业务数据信息接受监管的义务、对合乘车主和乘客个人信息的保护义务。

而车主和乘客也应对出行安全负责，并承担各自的责任和义务，共同遵守合乘行为规范和礼仪，其中车主要保证注册信息真实有效、合乘行为符合规范，乘客则有积极审慎乘坐顺风车的义务，此外还要支付相关费用。

六　顺风车行业管理原则

在相当多的地方，拥有私人小汽车依然是广大民众奔小康的重要标志。在新冠肺炎疫情冲击之下，促进私人小汽车消费升级，是很多地方贯彻中央政府“六稳”“六保”部署、推动经济社会高质量发展的举措之一。因此，在未来一个时期，私人小汽车消费升级与环境资源承载力之间的矛盾必然凸显。按照以疏为主、疏堵结合的辩证法则，鼓励顺风车出行，提高私人小汽车使用效率，是促进经济社会与环境资源协调发展。

为引导顺风车行业发展与国家治理体系和治理能力现代化相适应，建议政府相关部门对顺风车行业的管理把握以下原则。

一是推动政府加快制定顺风车健康发展制度。深入剖析城市在顺风车治理过程中凸显出的法理问题和技术标准问题，促进城市人民政府在制定顺风车行业管理制度的过程中，抓住“以满足车主自身出行需求为前提”这个关键，科学合理设置发单模式。从制度上保障平台充分发挥信息撮合功能，不断优化用户体验，让合规平台做大做强做优“真顺风车”。破解“车主不以盈利为目的”这个难题，改变成本分摊仅限于车辆燃料成本及通行费的陈规，科学界定出行成本，合理制定分摊规则，综合运用成本分摊、公共福利、路权优先、社会褒扬等方式，鼓励有车人群集约通勤、绿色出行。

二是推动有关机构出台社会公认的顺风车团体标准。顺风车作为一项新兴的社会事业，亟须通过建立完善的标准体系引领其走上规范化发展的至简大道。但也要警惕平台利益“标准化”、标准制定“私房化”等不良倾向，抵制利用顺风车团体标准搞利益输送等污染行业生态的做法。

三是为正常的合乘行为提供法律援助。行政法治公平是社会公正的重要标志。要动员组织热心绿色共享出行事业的法律工作者，深入研究顺风车法治建设问题，积极为顺风车运营平台及合乘参与方提供公益性法律服务，维护其正当合理的权益，通过为正常的合乘行为提供坚强有力的法治保障助推城市治理体系和治理能力现代化。

四是构筑反映时代特征的顺风车文化体系。组织动员各方面专家学者进一步深入研究和科学阐释顺风车在生态文明建设中的特殊价值。引导平台企业在恪守安全底线的前提下，通过构建愉悦的出行氛围，提升顺风车的文化品位，发挥顺风车在协调人际关系方面的文化优势。联合宣传文化部门讲好中国顺风车的故事，使其成为我国全面履行《巴黎气候协定》的新亮点、交通供给侧结构性改革的新路径、治理城市拥堵的新抓手。进一步净化顺风车行业健康发展的社会环境，引导顺风车与巡游出租汽车、长途客运等和谐共存，相得益彰。

七 顺风车运营平台的行为准则

对顺风车运营平台来说，应该遵循如下行为准则。

一是坚持合乘本质，恪守事业初心。坚持顺风车“以满足车主自身出行需求为前提，车主不以盈利为目的”的本质特征，反对任何形式的以顺风车名义从事非法营运的活动。顺风车运营平台要恪守绿色出行事业初心，主动维护城市交通生态平衡，积极涵养绿色出行文化，创新商业模式，服务国计民生，实现可持续发展。

二是坚持安全底线，提升治理水平。顺风车运营平台必须肩负社会责任，在任何时候任何情况下都不能牺牲社会公众的安全利益。顺风车运营平台必须坚持总体安全观，以合规经营、源头防控为安全之本，以技术创新、产品迭代为安全之术。

三是坚持标准引领，促进规范发展。顺风车作为一项新兴的社会事业，历经数年曲折发展，亟须通过建立科学完善的标准体系引领其走上规范发展的至简大道。

四是坚持用户第一，实现共治共享。打造共建共治共享的社会治理格局是国家推进社会治理现代化的基本方略。顺风车是一项兼具“利己”与“利他”两重属性的新型社会事业。应当进一步彰显移动互联网开放包容的特质，构建以用户为中心的治理格局，让用户深度参与顺风车行业标准、平台公约的研究和制定工作。

B.6
2020年中国互联网汽车租赁发展形势分析与展望

张一兵　王 静*

摘　要：　互联网汽车租赁特指为客户提供线上租车服务的租车平台，泛指汽车租赁所有经营、服务活动中运用互联网技术的部分。汽车租赁包括融资租赁、长期租赁、短期租赁，其中短期租赁及其衍生形式——分时租赁属于共享出行范畴。随着自动驾驶等技术的应用，汽车租赁特别是短期租赁将与出租汽车等融合,成为共享出行的主要形式。

关键词：　汽车租赁　互联网汽车租赁　分时租赁　租车平台

一　互联网汽车租赁与共享出行的概念

（一）汽车租赁

汽车租赁①包括短期租赁、长期租赁、融资租赁三个业务类别，共同特征是合同双方交易对象是车辆的用益物权而非所有权。在国民经济行业分类上，汽车租赁分属租赁与商务服务业、金融业两个门类。其中短期租赁、长期租赁属于租赁与商务服务业，融资租赁属于金融业。但汽车短期租赁具有

* 张一兵，北方工业大学汽车产业创新研究中心特聘研究员；王静，华夏出行首席品牌运营官。

① 本报告中汽车短期租赁亦称租车。

交通服务功能，所以被当作道路运输相关业务经营活动纳入道路运输行业管理范畴。

1. 汽车短期租赁

汽车短期租赁满足客户中短期的商旅出行用车需求。汽车陈列待租，一般以天为计费单位。国内典型企业包括神州租车、一嗨租车。国外典型企业包括企业号控股（Enterprise Holdings）、安飞士巴基特集团（Avis Budget Group）、赫兹全球控股（Hertz Global Holdings）。

分时租赁是汽车短期租赁的衍生业务，特征是互联网技术应用更充分、自助租还车。分时租赁主要满足客户城市出行用车需求，以小时或分钟为计费单位，自助租车、还车，功能与出租汽车趋同。国内典型企业包括华夏出行旗下的摩范出行、GoFun 出行、联动云。国外典型企业包括 ZIPCAR、Car2GO、DriveNOW 等。

分时租赁原为共享汽车，起源于北欧国家邻里、公司等小团体内成员之间的会员制私家车共享。其后这种模式成为一种为特定客户提供出行服务的经营活动，为了区别于私家车共享，称为分时租赁。分时租赁代表从拥有汽车转向使用汽车的汽车产业发展方式，深受汽车制造企业、互联网企业、资本方关注，近年来发展迅猛。分时租赁的经营模式多数是租赁企业购置运营车辆，同时拥有自己的租车平台，也有部分分时租赁企业对第三方开放分时租赁的租车平台。分时租赁车辆多为电动车，是国家新能源汽车发展政策的重要践行者。

虽然分时租赁从分类上属于汽车短期租赁，但因其上述特殊性，在互联网汽车租赁中成为一个独立的业务形态。

2. 汽车长期租赁

汽车长期租赁是指租赁企业与用户签订长期（一般以年计算）租赁合同，按长期租赁期间发生的费用（通常包括车辆折旧、维修维护费用、各种税费开支、保险费及利息等）扣除预计残值后，按合同月数平均收取租赁费用，并提供汽车功能、税费、保险、维修及配件等综合服务的租赁方式。国内典型企业包括首汽租赁有限责任公司、上海安诺久通汽车租赁有限公司。国外典型企业包括美国罗利兹车轮公司（Rolecz Wheels Inc.）、法国法兴汽车租赁（ALD Automotive）和荷兰租赁计划（Lease Plan）等。

3. 汽车融资租赁

汽车融资租赁满足客户获得车辆所有权及优化财务报表、降低融资门槛的需求。除融资租赁合同外，可能还需出租方与承租方确认的汽车销售方签订车辆销售合同，租期结束后租赁车辆所有权可能转让给承租方。国内典型企业包括平安国际融资租赁公司、大众新动力融资租赁公司。国外典型企业包括通用电气资本车队服务公司（GE Capital Solutions Fleet Services）和全美汽车租赁（Auto Nation）等。

（二）互联网汽车租赁

互联网汽车租赁包括广义和狭义两种划分方式。

1. 广义的互联网汽车租赁

广义的互联网汽车租赁指在运营管理、市场营销、客户服务等过程中使用互联网等信息技术且营业网点有一定覆盖率的汽车短期租赁企业或者这类企业的线上业务。比如，1985 年安飞士将互联网引入其 1972 年就已建立的租赁车辆管理系统，使该系统具有实时信息管理和预定功能，组成了连接欧洲 2000 个租赁站点，并能处理预定信息的网络；1996 年赫兹开通世界第一个具有预订功能的汽车租赁网站；1998 年车轮公司开发世界第一个线上订单系统以及 2010 年第一款用于营运性驾驶员业务联系的手机 App。

互联网汽车租赁由汽车租赁客户、汽车租赁企业（租车站点）、数据中心（租车平台）、互联网（移动互联）四部分组成（见图 1）。其核心是数据中心，负责：①汽车租赁订单处理，即将客户、车辆的时间、空间等信息匹配为订单；②合同、车辆、资金等运营数据、信息管理。互联网是连接数据中心、汽车租赁企业、汽车租赁客户的信息交互系统。

汽车短期租赁的预订需求是互联网技术在汽车租赁行业应用的驱动力。理论上，如果数据中心的客户需求、车辆供应越多，匹配的效率越高，出租率就越高。互联技术在汽车短期租赁的应用相对长期租赁更为深入和普及。

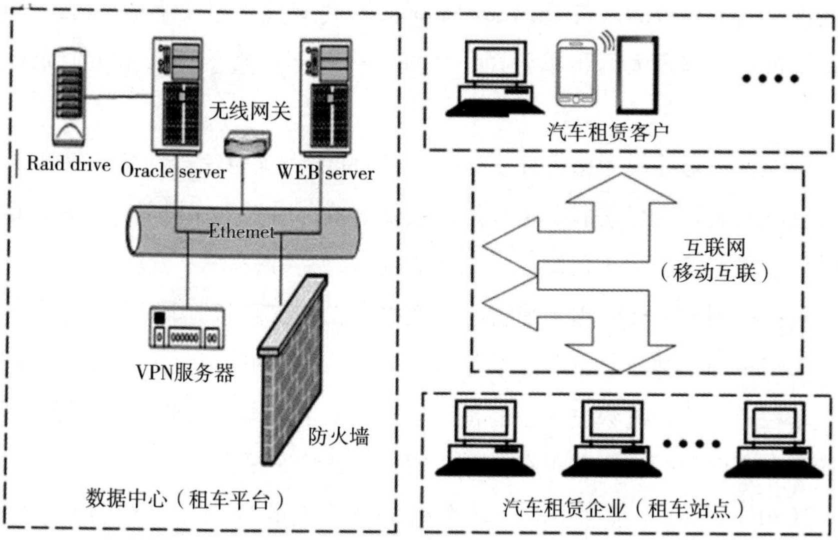

图1 互联网汽车租赁运行原理

2. 狭义的互联网汽车租赁

狭义的互联网汽车租赁主要指租车平台（包括分时租赁的租车平台）。当数据中心作为第三方，为非特定汽车租赁企业提供相关线上服务后，租车平台就诞生了。租车平台将所有接受服务的汽车租赁企业视为统一系统中的租车站点，共同构成覆盖更为广泛的汽车租赁网络，为更多的客户提供出行服务。此外，租车平台以大数据为基础从事车辆预订和调度、承租人信用审核、费用结算、服务质量维护等汽车租赁业务的相关运营管理工作。

信息技术的进步以及汽车租赁的特性，促成了租车平台的出现。Auto Europe 成立于 1954 年，是一家帮助美国人在欧洲探亲时租车的中介公司，在 21 世纪初发展成为一个覆盖全球市场的租车预订平台，可以预订欧洲、亚洲、非洲、澳大利亚、新西兰以及北美和南美等 180 个国家和地区约 24000 个汽车租赁地点的车辆。公司除涉及经济型乘用车外，还包括房车、豪华车、货车的租赁以及拼车业务。世界上租车巨头赫兹（Hertz、Thrifty、Dollar）、安飞士（Avis、Budget）、企业号（Enterprise、National、Alamo）、欧洲汽车（Europcar）都是 Auto Europe 的供应商。对于客户而言，Auto Europe 就是全球最大的租车公司，而且价格并不比直接到汽车租赁企业租车高。

携程、飞猪等线上旅行社（OTA），与百度、支付宝等地图或结算类平台拥有巨大流量，当它们的租车信息被租车平台用于生成租车订单时，这些提供订单流量信息的平台被称为流量平台。

目前我国代表性的租车平台有携程租车、悟空租车、小豆租车、凹凸租车、租租车等。神州、至尊、车速递等互联网汽车租赁企业以加盟形式向其他汽车租赁企业开放数据中心的预订功能，也是一类租车平台。携程虽然是流量平台，但同时也自营租车业务，所以也是租车平台。

2020 年底出台的《小微型客车租赁经营服务管理办法》将租车平台视为提供交易撮合、信息发布等服务的电子商务平台而非汽车租赁经营者①。

（三）共享出行

1. 共享出行的供给侧根据供给方的主观目的和车辆的使用性质，可以划分为生产经营类和生活消费类两个类型

生产经营类是指共享出行的供给方是出行服务经营者，包括企业、个人，将共享出行作为生产经营活动。部分共享出行经营需要获得相应经营许可，使用车辆登记为营运性质，属于这类共享出行的有出租汽车、网络预约出租汽车、汽车短期租赁（包括分时租赁）、公共交通、预约服务（网约车或租车平台）等。

生活消费（协同消费）类共享出行体现为消费者将专属的耐用消费品拿出来与他人分享，通过降低自己的消费享受水准来获得经济利益。属于这类共享出行的有使用私家车的网约车、汽车共享（P2P 租车）、合乘（顺风车）等。车辆为耐用生活消费品，非营运性质。

① 《小微型客车租赁经营服务管理办法》中第十条。

2. 共享出行根据客户出行方式可分为自主使用交通工具和接受客运服务两个类型

自主使用交通工具类的共享出行经营者依照合同约定向客户提供汽车、自行车等交通工具，客户通过自己使用交通工具实现空间位移地并承担相应责任。汽车租赁中的短期租赁、分时租赁、租车平台属于共享出行的这一类型。

接受客运服务类是指客户接受公共客运（公共电汽车、轨道交通、出租汽车）服务实行空间位移，出行服务的经营方作为承运人按照合同约定将客户运送到目的地并承担相应责任。

（四）汽车租赁、互联网汽车租赁和共享出行的关系

汽车租赁中的短期租赁及衍生业务——分时租赁属于共享出行中的生产经营和自主使用交通工具两种类型。汽车短期租赁、分时租赁及其线上业务部分——租车平台的互联网属性突出，属于互联网汽车租赁，如图2所示。

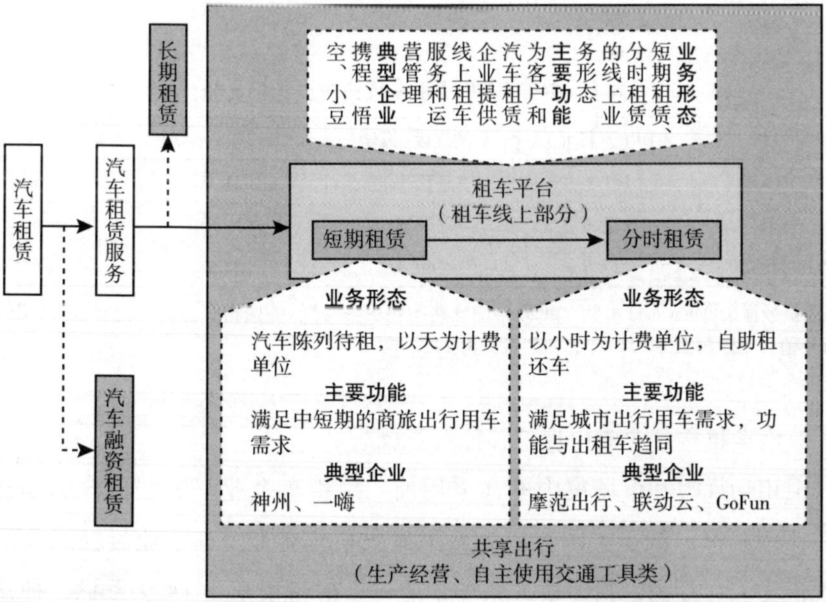

图2　汽车租赁、互联网汽车租赁、共享出行关联分析

二 2020年汽车短期租赁行业发展现状

2020 年虽然受疫情的影响，但汽车租赁行业是为数不多的整体营业规模没有下降的行业之一。多数汽车租赁企业营业收入 2020 年度前期大幅减少，后期大幅增加，全年整体收入较上年略有增加。汽车租赁业内人士对后期疫情时代的汽车租赁行业的发展持乐观态度。

（一）汽车短期租赁行业发展基本情况

1. 汽车租赁数量达到178万辆

2019 年我国租赁汽车数量为 178 万辆，2020 年 12 月末在“企查查”上企业名称和营业范围为“汽车租赁”的查询结果有 224.9 万家（短期租赁企业的数量应远少于此数）。基于中美两国 2020 年 GDP，对照中美两国租车行业发展水平，可以看出，我国汽车短期租赁车辆规模是美国汽车短期租赁车辆规模的 80.4%，与两国汽车产值比例相当。

表 1　中美 GDP 及租车行业主要指标比较

项目	GDP(万亿元)	车辆规模(万辆)	市场规模(亿元)	市场集中度(%)
中国	101.6	178.0	1031.0	17.3
美国	135.6	221.3	1939.7	93.6
中/美对比(%)	74.9	80.4	53.2	18.5

注：数据来自 Fastdata 极数《2020 中国互联网租车报告》、美国租车协会。数据时间：GDP 为 2020 年值，中国数据为 2019 年，美国数据为 2018 年。

2. 汽车租赁行业集中度低，较为分散

但市场规模和市场集中度（采用前三家租车企业车辆数占该国车辆总量的比例）都远低于美国。比如美国最大租车企业——企业号控股公司车辆规模为 120 万辆，我国最大租车企业——神州租车为 14.9 万辆，神州租车规模仅是企业号控股公司的 12.4%。市场集中度低说明我国租车企业数量多而分散，具有规模和标准化管理的大企业相对较少，也影响到了行业的服务质量。

根据北京市汽车租赁行业协会的数据，2020 年北京有汽车租赁企业 620 家，租赁车辆 62000 辆（燃油车 50000 辆，电动车 12000 辆），租赁企业的平均车辆规模为 100 辆。根据河北、甘肃、黑龙江、贵州、云南、山西、四川、海南等省份的汽车租赁行业协会数据，租车企业平均规模为 40 辆，其中 80% 的企业规模小于 10 辆。我国汽车短期租赁行业的发展现状呈现大而不强的格局。

3. 短期租赁市场格局大致分为四个梯队

我国租车企业在规模上基本可分为四个梯队：神州租车、一嗨租车、首汽租车等为超级梯队，企业租赁车辆规模超过 1000 辆；企业租赁车辆规模 200 ~ 1000 辆的属于第一梯队；企业租赁车辆规模 40 ~ 200 辆的属于第二梯队；企业租赁车辆规模在 40 辆以下的属于第三梯队。四个梯队车辆规模分布约占 15%、15%、30%、40%。在企业数量分布方面，超级梯队和第一梯队数量比较少，为企业总数的 5% 左右。

（二）不同规模汽车租赁企业的经营特点分析

1. 超级梯队

超级梯队主要包括一嗨租车、华夏出行和神州租车等企业。上述企业各自具有不同的特点。

一嗨租车专注短租业务和企业用车服务，车辆规模 8.5 万辆，拥有百余款车型，有站点 6000 个，覆盖全国 450 个城市，主要业务类型是汽车短期租赁，以经济型为主。作为最早实现电子商务化管理的租赁平台之一，一嗨租车具有较强的服务创新能力，经营特点是直营，没有加盟门店。围绕主营业务，公司的出行服务业务还涉及企业班车、定制包车、机车接送、商务包车等。2020 年一嗨租车向一家高端网约车平台投资近亿元，并已与滴滴出行、航旅纵横建立流量合作，开始进入高端车接送服务市场。

华夏出行依托北汽集团整车制造与研发的资源后盾，全面覆盖了出行场景与汽车全生命周期的产业闭环。华夏出行旗下包含了满足 C 端用户的长短租、分时租赁业务摩范出行、城市小交通出行、网约车和私人订制出行、越野自驾等特色出行场景，以及面向 B 端客户商旅出行的华夏行达、面向政府公务员通勤出行的北京出行等。此外，还打造了新能源同城物流配送业务摩范速运，满足货物的高效运送需求。依托北汽整车厂背景，华夏出行还打通了从上游车辆个性化订制生产、投入出行服务运营到二手车处置的运营模式等覆盖汽车全生命周期的产业闭环。目前，华夏出行布局全国 57 个城市，投入车辆 4.2 万辆。

神州租车致力于打造租车、造车、销售、金融全产业链，近年来先后建立神州买卖车、神州闪贷、宝沃汽车、神州专车，构筑涵盖租车、买车、造车、金融的全产业链。2020 年上半年，神州租车业务收入 19.8 亿元，为 2019 年全年的 36%，下滑严重。受瑞幸咖啡事件影响，加上疫情因素，神州租车存在被收购的可能。

2. 第一梯队

以一线城市客运业务发展而来的国有企业为主，如北京市出租汽车公司。该公司受命于政府服务于参加北京亚运会的外国人的指示而成立。这类企业具有丰富的资源，受益于快速发展的汽车市场，逐步成长为行业的实力企业。

第一梯队承租方以 B 端客户为主，且多为大型企事业单位等优质客户。业务模式主要是长期租赁，约占 70%，部分闲置车辆用于 C 端客户的短租业务，约占 30%。随着出行服务概念的普及，部分企事业客户逐步将长期租赁的计费方式由按月计费逐步转为按天甚至小时计费。因此，第一梯队的汽车租赁企业正在转变经营模式，增加短期租赁业务能力，向出行服务供应商转变，与大型企事业客户签订年度提供若干车日（如 100 辆 1 年为 36500 车日）的出行服务协议，为客户提供一票结算的包括长期租赁、短期租赁、分时租赁在内的用车服务。

第一梯队的获客方式主要是通过招投标获得 B 端客户，租赁合同期以 3 年左右为主。C 端短期业务主要通过自有网站和 App 获得，目前已开始接入第三方租车平台。

第一梯队企业可以获得银行等金融机构相对低成本的金融支持，能够通过集中采购获得低于市场平均价格的车，但车型比较单一，高档车型占20%左右。由于有稳定和低成本的资金保障、租车企业定期更新车辆，租赁车车况有保障。从购进车辆到退出运营的经营周期分两个阶段：一是租车，租金按照2年内回收主要成本确定，租车环节不产生利润；二是销售退出运营的租赁车，销售收入与二手车的财务残值之差为全部经营周期的利润。

第一梯队所面临的主要经营风险来自两个方面：一是盈利受二手车销售残值波动影响很大，特别是在目前汽车产能过剩导致二手车大幅贬值的情况下；二是由于经营周期比较长，企业无法规避淡、旺季对出租率的影响，淡季平均出租率为60%～70%，甚至达到40%以下，需要企业现金实力雄厚且对现金流变化有较强的耐受力。

部分第一梯队企业向其他汽车租赁企业，特别是第三梯队的小型汽车租赁企业开放自有的C端订单预订系统，成为品牌加盟型租车平台，这类平台又称为有自营门店平台。

3. 第二梯队

第二梯队主要是随着我国汽车租赁市场发展而同步成长起来的民营企业，业务模式、市场构成、面对问题与第一梯队类似，但B端客户质量、获得资金和车辆等资源的能力不如第一梯队，因而它们承受风险的能力相对较弱。

第二梯队企业分化现象比较突出，有些企业通过加强企业管理和市场开发逐步向第一梯队迈进，比如北京世纪平安汽车租赁股份有限公司、广州动感汽车租赁有限公司、成都国信中联投资管理有限公司等，但也有些企业规模逐步萎缩直至退出市场。

4. 第三梯队

第三梯队主要由中小城市的汽车租赁企业构成。部分经营者的企业制度不完善，没有财务报表、税务登记。车辆多为二手车，有些登记在股东等个人名下，租赁车辆规模调整灵活。基本没有成本意识，将租金收入视为利润，客户多为周边熟人短租业务。也有少量是承租人与小企业开展的长租业务。获客方式是熟客口碑相传，线下市场狭窄，对租车平台的依赖度高。第三梯队虽然单个汽车租赁企业的车型单一，但由于企业众多，车辆来源分散，宏观上车型相对丰富。这些企业采取以中高档车和特有车型锁定个性化需求的小众市场的经营策略，避开与其他梯队企业的竞争。

由于没有财务报表和税务登记，这些企业融资和被投资的机会比较少，主要靠自身能力筹集资金购置租赁车辆或租用其他企业、个人的车辆，车况一般，风险控制和资产保全能力比较弱，抗风险能力和发展前景都比较差。但这种类型企业进入和退出汽车租赁市场成本都比较低，所以第三梯队的整体规模比较稳定。

（三）2020年短期租赁企业发展特点分析

1. 休闲用车、商务用车和替换用车是汽车短期租赁市场的主要场景

汽车短期租赁包括休闲用车、商务用车和替换用车三大类型，三种市场租赁车辆所占比例分别约为60%、30%、10%。

休闲用车主要为客户用于旅游出行和社交出行。旅游出行分为长距离旅游租车和短距离旅游租车两类。长距离旅游租车主要集中在云南、贵州、西藏、兰州、甘肃、青海、黑龙江等地区，客户租车比较分散但在一定区域内相对集中的景点进行自主性比较强的旅游，租车客户多为对旅游品质有一点要求的“90后”，租期为1周左右的占比较高。短距离旅游租车主要是客户居住地周边景点旅游用车和与飞机、高铁结合的旅游目的地城市周边景点的旅游用车，租期一般为1~2天。旅游用车以经济型车为主，部分景区对高档车也有一定需求。社交出行主要为满足“95后”聚会、交流需要的短时交通用车需求，一般不超过1天，车型包括部分高档车。婚庆用车也有一定规模，属于社交出行范围。

商务用车以在外地出差时的业务用车需求为主，一般租期为2~4天，车型以经济型轿车为主。也有部分对出行质量要求较高的异地租车需要高档车型。随着分时租赁模式的普及，部分使用出租汽车的商务出行也转为

租车。

替换用车主要是用于替换因故障、事故等意外情况而无法使用的汽车，承租人为汽车维修企业、保险公司，使用者为被替换车的车主。

从城市分布看，一线城市包括休闲用车、商务用车、替换用车三种租车市场。一线城市以外市场以休闲用车，特别是旅游用车为主。

从客户分布看，休闲用车客户以“95后”“90后”为主。商务用车客户以“90后”“80后”为主。

2. 短期租赁、分时租赁和网约车融合为出行服务

2020年，分时租赁EVCARD并入享道出行平台。享道出行旗下有四类业务，包括专车服务平台“享道专车”、企业级出行服务运营商“享道租车”、上海市出租车统一平台“申程出行”、全时共享租车平台“享道时租”。该平台是涵盖了网约车、企业用车、个人租车、出租车的全场景智慧出行综合体。

摩范出行将起初单一的分时租赁服务作为起点，推出了全时段出行产品，时长上涵盖“从1分钟到1年”的用户出行需求。此外，还推出了即时用车和预约用车两个大类产品，从形式上以线上无接触租车为主，辅助线下送车上门并交还钥匙的模式。

联动云也将业务扩充到短期租赁领域，神州租车“自助取还无接触”租车业务、一嗨租车短期租赁的“闪租模式”都与分时租赁类似。未来，可能没有分时租赁、短期租赁、出租车之分，都是出行服务，综合性的出行平台将取代单一的租车平台、分时租赁平台和网约车平台，2020年这一趋势已经开始出现。

3. 地图、结算类互联网平台成为汽车租赁主要流量端口

2020年11月，腾讯地图和微信支付新增了一个名为“出行服务”的板块，其中包括租车，点击租车并设定时间和地点后即可进入租车服务界面下订单。此前支付宝已成为比较重要的租赁车订单流量端。也有相当一部分客户习惯通过百度、高德、腾讯地图的搜索和附近功能下单。从效率、成本等考虑，费用结算与位置匹配这两个租车核心要素将引导越来越多的客户通过

支付、地图平台下单租车。

4. 汽车租赁企业参与汽车产业链分工可更好发挥专业优势

租赁车辆回购是国外残值锁定保险公司、二手车经销商、汽车厂商和汽车租赁公司分工合作的一种模式。通常汽车制造企业将新车交付租车公司使用，10 个月后回收车辆上线整修，达到统一的质量标准后再次销售。这种模式可以发挥各自优势，分散各方经营风险，打通汽车产业链。未来将有不同期限的租赁车回购方案可供汽车租赁企业选择，汽车租赁企业可以专注为客户提供服务。

5. 汽车租赁诈骗仍然是阻碍行业发展的主要因素

2020 年多地发生案值超过千万元的汽车租赁诈骗案件，特点是被骗车辆多是奥迪、宝马等市场保有量比较大的高档汽车和用于租赁的私家车，主要原因在于：一是低档车销账价格低，难以弥补骗车成本；二是由于无行业管理，大量私家车从事汽车租赁经营，加上私家车易于销赃，受到诈骗嫌疑人“青睐”。

6. 租赁龙头企业发展受挫

自 2007 年神州租车成立，神州系先后布局神州买卖车、神州闪贷、宝沃汽车、神州专车等涵盖租车、买车、造车、金融的全产业链，随着瑞幸爆雷及疫情造成营业额下降，神州租车的发展出现倒退。2020 年 12 月，神州租车公告宣布神州优车出售其持有的神州租车股权的交易已完成，神州优车不再持有神州租车股份，这也意味着神州租车放弃全产业链战略。

2020 年 5 月，创立于 1918 年的美国租车巨头赫兹国际控股宣布申请破产保护。该公司表示，疫情导致其商务旅行者和游客客户锐减，公司无法继续偿还贷款，同时，二手车价格大幅下跌降低了其车队价值。根据《汽车租赁新闻》（Auto Rental News）收集的数据，2020 年美国汽车租赁收入为 232.2 亿美元，比 2019 年下降 27.4%。2020 年美国汽车租赁收入是自 2011 年以来的最低值，实际上比大萧条时期（2008～2009 年仅下降 6.7%）的跌幅还大很多。两家上市汽车租赁公司安飞士—巴基特集团和赫兹全球控股报告的第二和第三季度收入累计下降超过 50%。

三　汽车分时租赁行业发展现状

（一）分时租赁基本情况

1. 分时租赁发展规模保持在20万辆左右

根据交通运输部公布的数据，到2020年10月，我国分时租赁领域各地已投入运营的车辆为20万辆左右。这一数据相较于2019年并没有发生明显变化。分时租赁行业在经历前些年的快速增长后，仍在探索之中。

2. 分时租赁服务备受年轻消费者的青睐

分时租赁因具有便捷、环保、出行成本低等特点，逐渐被“80后”“90后”喜欢尝鲜的年轻人所接受。经过多年的市场培育，其在消费者中的接受度正在提升，用户教育成效初步显现。根据头部企业对分时租赁用户的统计，平台使用的月度用户数量超过200万人。分时租赁车辆在一、二线城市中都有一家或者多家企业运营。分时租赁已逐渐受到消费者的认可，并获得了一定的用户基础。

3. 企业发展出现分化

国内分时租赁市场最早起步于2011年，受共享出行风口、资本市场助推、车企消化新能源汽车产品等因素影响，爆发于2014年以后，经过几年的发展，2020年行业发展明显分化。

一方面，很多企业发展并未达到预期。从全国来看，部分规模较小或者经营不善的企业逐步退出市场，2020年包括恒誉、盼达用车等分时租赁等前期进入较早的企业也出现了经营困难，不得不退出市场。很多企业目前经营水平未达到预期。2018年11月，海南省交通运输厅发布《关于鼓励纯电动小客车分时租赁行业健康发展的若干意见（试行）》后，共有18家企业向市县交通运输部门提出备案申请并取得分时租赁资质，累计承诺投放车辆约2.6万辆。截至目前，正常开展业务的企业仅4家、登记投放车辆2880辆，仅占承诺投放车辆数的11%（海口注册2316辆、澄迈注册564辆），其余13家企业申请撤销，海马汽车已将投放的260辆变更营运性质。

另一方面，实力较强、资源整合能力强的企业仍在不断发展。摩范出行、联动云、GoFun和上汽旗下EVCARD等，逐渐成为分时租赁的领先企业。摩范出行、联动云、GoFun等车辆投放规模均超过4万辆，合计占共享汽车总量的80%左右。

表2　国内分时租赁行业主要运营商情况

项目	摩范出行	联动云	GoFun	EVCARD
布局城市(个)	50	300	84	65
车辆规模(万辆)	4	8	4	5
网点个数(个)	4500	30000	—	13000
注册会员(万)	680	2000	千万级	780
总部位置	北京	深圳	北京	上海

（二）分时租赁企业主要经营情况

1. 分时租赁的场景情况

从使用场景看，分时租赁用户使用频次最高的场景包括市内景区游玩、近郊游、办私事、逛街购物聚会、因公外出跑业务、走亲访友、上下班通勤等。

从使用时间段看，周末使用和节假日使用频率相对更高，周末使用频率为44.23%，节假日使用段频率为15.38%。

2. 分时租赁的用户情况分析

分时租赁用户以18~33岁的年轻人为主，其中18~23岁的占38.25%。

从群体上看，分时租赁以学生、个体户、白领、销售咨询等群体为主。

3. 分时租赁车辆的运营水平逐年提升

根据新能源汽车国家监测与管理中心的数据，分时租赁电动汽车在2019年度次均行驶时长为0.66小时，高于2017年的0.58小时和2018年的0.64小时，2019年每次出行在30~45分钟的比例最高，超过40%，其次

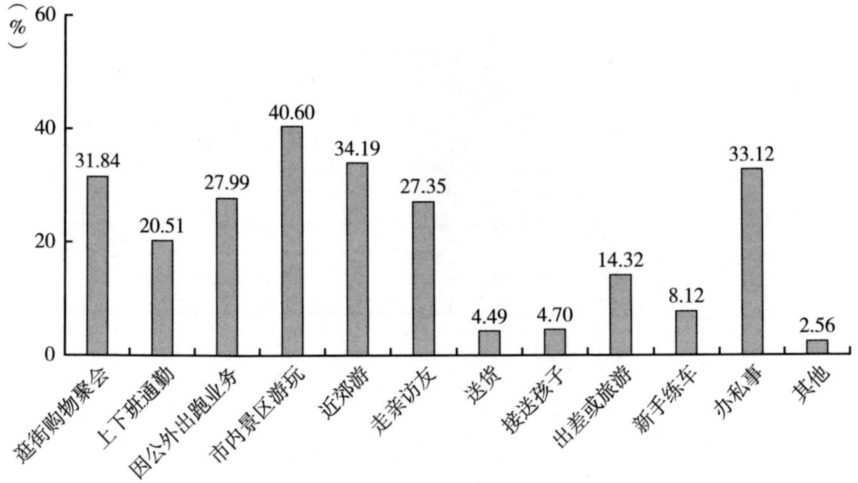

图3　分时租赁用户日常用途占比

资料来源：华夏出行。

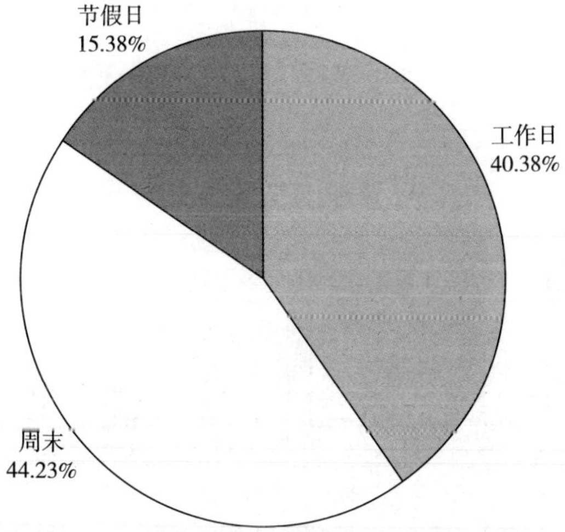

图4　分时租赁用户使用时间段占比

是15～30分钟，比例超过30%。周末出行行驶时间和里程要高于周中出行。

从次均行驶里程看，15公里以下的比例约为39%，15～30公里的比例

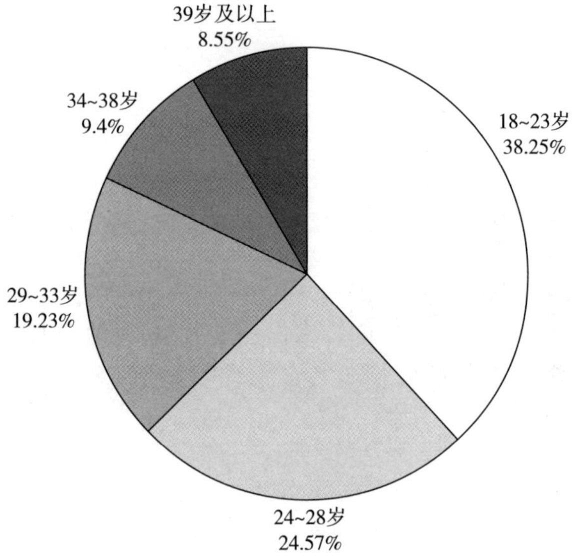

图5　分时租赁用户年龄分布

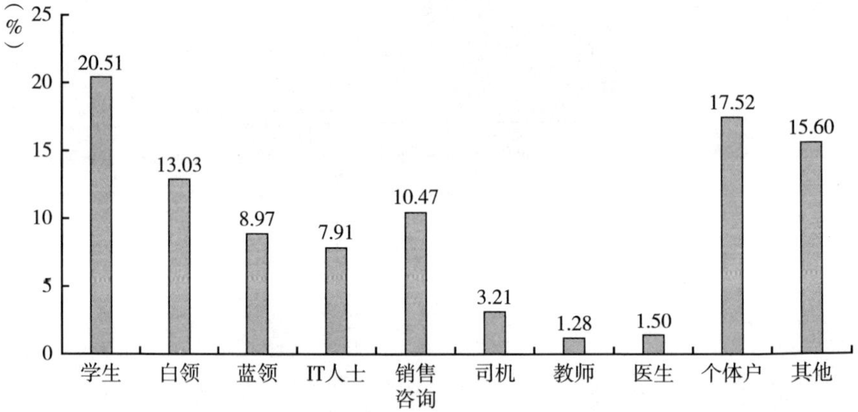

图6　分时租赁用户群体占比

为51%。2019年次均行驶里程为18.3公里，超过2017年的14.8公里和2018年的17.2公里的水平。

从月均行驶里程看，分时租赁车辆月均行驶里程为1583公里，远高于2017年的675公里和2018年的1159公里的水平。其中主要增长来自车辆上线率的提升，2019 年车辆月均行驶天数为 18.6 天，明显高于 2017 年的 10.3 天和 2018 年的 14.8 天的水平。

4. 分时租赁企业积极开展模式创新

目前市场上尚未出现完全实现盈利的企业。正如盈利是创业公司必须跃过的“龙门”，盈利亦是分时租赁行业发展中的核心问题。如何通过深挖用户痛点，创新商业模式、提升核心业务的服务水平成为分时租赁企业尽快实现盈利的关键。为此，企业应不断完善商业模式。

摩范出行运用多元化创新理念，从最初较为单一的分时租赁业务，扩展为覆盖分钟、小时、夜、日、周、月、季、年等全时段用车需求，涵盖预约车型、预约地点、送车上门、预备充电线等业务。摩范出行多次迭代升级平台，设立六级会员积分体系。在运维保障层面，摩范出行采取了运维工单制，将分散在各城市的分时租赁运营车辆向运营效果好的城市集中。

GoFun 推出日租、整租等业务为消费者提供更多元的出行方式，还推出新零售、试乘试驾、C2C、经销商入网和众包车服等。公司也在很多城市进行业务收缩，更多采用与产业链合作伙伴合作的方式来降低亏损、盘活用户端的汽车资产的价值。

5. 企业探索分时租赁与 P2P 结合的业务模式

联动云在原有分时租赁基础上，2020 年开始探索分时租赁与 P2P 业务的结合。联动云的创新在于不从车主和承租人处寻求盈利，而是利用车队的规模优势，降低维修、保险、二手车回收和能源补给等 5% ~10% 的成本，实现效益增加。

相较于重资产运营，P2P 租车通过平台进行“轻模式”运营，不用承担门店、牌照等费用，但实际上这是一个极其偏重运营的模式：一方面是需求端租车业务流程长且环节多而复杂，另一方面是个人供给端的产品具有非标、不锁定的特性，做到资源和效率的精细匹配难度非常大。这不是靠烧钱补贴就能解决的问题。

国内最大的 P2P 企业凹凸租车目前业务覆盖 150 个城市，注册车辆为

25 万辆。与凹凸租车同期成立的 PP 租车、友友租车、cocar 等玩家均已黯然退场。

从国外看，Turo 和 Getaround 两家公司坚持 P2P 业务。2020 年 2 月，Turo 宣布完成 3000 万美元融资。Getaround 于 2020 年 10 月完成 1.4 亿美元 E 轮融资，融资完成后，Getaround 计划进一步发展其车联网技术，增进与战略合作伙伴关系，通过持续的长期增长巩固其全球优势地位，并实现盈利。国外 P2P 企业的成功客观条件也是源于较为完善的社会信用体系的构建。

6. 用户的主要痛点

从用户的改进意见看，用户对分时租赁主要反馈的问题体现在车辆卫生问题、车况太差、价格再优惠些、续航不够以及轮胎问题等。

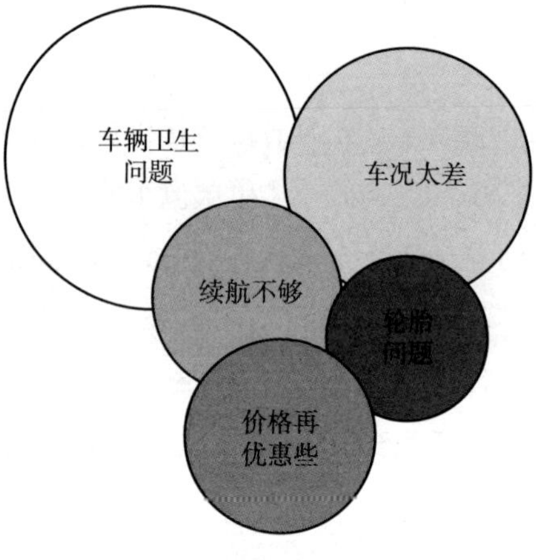

图 7　用户对分时租赁改进意见

四　租车平台行业发展现状

（一）租车平台类型

租车平台目前大致可以分为三个类别：第一类是纯租车预订平台，分为有自营门店和无自营门店两种；第二类是线上旅行社（OTA）类平台包含租车预订业务；第三类是地图、结算类平台。第一类纯租车预订平台中无自营门店的租车平台数量较多，约有 10 家，主要为没有能力对接其他两类平台的小租车公司提供平台服务，如携程和小豆租车。租车平台分类见表 3。

表 3　租车平台类型

项目	纯租车预订平台	OTA 类平台	地图、结算类平台
有自营门店	神州、一嗨、大方		
无自营门店	摩范出行、悟空、小豆、租租车、凹凸	携程、飞猪、同程	腾讯、高德、百度，微信支付、支付宝

（二）租车平台基本情况

2020 年我国租车客户中超过 50% 的使用神州、一嗨和首汽租车企业的自有平台进行预订，另外还有约 30% 的使用携程、飞猪、同程、悟空和小豆等租车平台，其他约 20% 的采取电话预约或到店预约的方式。

超过 50% 的用户关注租车、还车的便捷度和租车平台的信誉度，超过 40% 的用户关注租车的便利度、租后服务、车辆类型的丰富度及门店覆盖率，超过 30% 的用户关注品牌影响力、租前服务及网友评价。租车客户对租车平台还没有形成较高的依赖度，主要原因是租车平台的线下服务多由中小租车企业执行，服务质量一致性还不能完全保证。

（三）平台经营模式

虽然客户通过租车平台下订单、支付租金，但实际是与租车公司签订租车合同、平台替租车公司代收租金。租车公司给客户开具租车发票，租车平台给租车公司开具佣金发票。租车平台一般按照租金的 8% ~20% 向租车公司收取佣金，属于撮合交易、提供信息服务的中介公司。由于该经营模式中有多方参与，流程相对复杂，订单、资金、服务之间的交互会出现延迟，容易出现纠纷。

五　疫情下的互联网汽车租赁行业

（一）逆境给汽车短期租赁带来的机会

2020年疫情初期对互联网汽车租赁行业造成较大冲击，主要原因是各种类型的出行活动大幅减少，汽车租赁业务基本停滞。随着疫情防控常态化，人们对租车出行的需求增加，后期业务量呈现报复性回升，比如十一期间甘肃、青海旅游租车需求旺盛，租金最高是上年同期的4倍。

疫情防控常态化后，65%的用户更加倾向于租车出行，超过40%的人对于交通工具的安全和私密性等较为关注，因此大量“有本无车”族或将释放租车需求，预计此次疫情或给租车市场带来一定的增长，抵消部分消极影响。同时疫情也为租车行业提供了用户培养的新机遇。而在疫情之后逐渐升温的租车旅游也成为短租行业发展的助推器。疫情防控常态化将使租车出行成为民众更安心、更放心的出行方式。租车行业或将是受到负面影响较少且有望获得积极影响的少数领域。同时行业将迎来洗牌，只有实力较强的企业才能在后疫情时代下站稳脚跟。

（二）疫情期间分时租赁行业表现突出

分时租赁企业勇于承担社会责任，积极参与抗击疫情工作。摩范出行第一时间驰援抗疫一线，为沧州、成都等城市无偿提供公益援助及抗疫保障用车。相关企业也加强对车辆进行及时的清洁和消毒工作。摩范出行在全国各地增设57个“抗疫消毒点”，采取“1客1消毒”措施，启动了“零接触用车”模式，快速调整产品结构上线了“专属健康套餐”，推出疾病守护金为用户提供“免费保险福利”。联动云推出2020年“洁净出行”服务，GoFun、EVCARD每日均对运营车辆进行消毒处理。

虽然疫情对分时租赁企业带来较大挑战，但分时租赁相对于公共出行方式，能够减少被病毒感染的机会，因而其受到的冲击相对要小。如摩范出行

“恢复期”非常短，运营车辆在线率从5月开始持续保持在80%以上。10月，摩范出行新增注册会员超20万人。2020年全年直接盈余率达71%，环比提升10个百分点，逆势增长态势显著。

六　互联网汽车租赁行业政策分析

（一）宏观政策推动营造互联网汽车租赁发展的良好环境

早在2009年《政府工作报告》就提出将“加快发展二手车市场和汽车租赁市场，引导和促进汽车合理消费”作为“积极扩大国内需求特别是消费需求，增强内需对经济增长的拉动作用”的措施之一。2012年《国务院关于城市优先发展公共交通的指导意见》提出，“综合运用法律、经济、行政等手段，有效调控、合理引导个体机动化交通需求”，具体措施包括“大力发展汽车租赁、包车客运等交通服务方式”。

2020年《中共中央关于制定国民经济和社会发展第十四个五年规划和二〇三五年远景目标的建议》提出，“推动汽车等消费品由购买管理向使用管理转变”，具体而言就是鼓励人们从拥有汽车向使用汽车转变，即提倡通过获得车辆使用权来解决出行需求，汽车租赁就是为用户提供车辆使用权。国务院印发的《新能源汽车产业发展规划（2021—2035年）》强调，新能源汽车与交通出行一体化发展，发展一体化智慧出行服务，加快新能源汽车在分时租赁、城市公交、出租汽车、场地用车等领域的应用，优化公共服务领域新能源汽车使用环境。引导汽车生产企业和出行服务企业共建“一站式”服务平台，推进自动代客泊车技术发展及应用。

2021年初商务部印发《商务领域促进汽车消费工作指引》，提出壮大汽车租赁市场，发展长租、短租、分时租赁等多种租赁模式，运用信息化手段满足消费者“一点租多点还”“一城租多城还”等多样化、高品质租车消费需求。

国家在宏观产业政策方面，一直鼓励汽车租赁行业发展，在与汽车租赁相关领域中，政策和措施逐步利好汽车租赁行业包括互联网汽车租赁行业的发展，汽车租赁企业所处的宏观环境持续改善。

（二）行业管理政策鼓励企业规范经营

2004 年取消汽车租赁行政许可后各地逐步放开对汽车租赁的行业管理，仅需进行工商注册即可开展汽车租赁经营活动，且工商注册没有资本金限制、无须实缴资本金，基本无准入门槛。由于行业管理缺失，供给侧的服务质量不高，具体表现在经营成本很高，直接导致小企业服务质量较差，发展不可持续。

小企业多使用登记在个人名下车辆开展租赁业务，车辆很容易被倒卖转卖，加上前期的信用审核以及后期车辆被骗以后的资产保全制度不完善，刺激了汽车诈骗行为的产生，2020 年多地发生案值超过千万元的汽车租赁诈骗案件，被骗车辆基本是用于租赁的私家车。

2020 年交通运输部发布《道路运输条例（修订草案征求意见稿）》，将汽车租赁经营纳入条例调整范围。2021 年 4 月《小微型客车租赁经营服务管理办法》实施。上述行政法规、部门规章规定从事汽车租赁经营的应为法人、需要到管理部门备案、经营者应具有经营场所和管理制度等。这对规范汽车租赁企业的经营管理、降低汽车租赁诈骗发生是非常必要的。

（三）地方政府积极鼓励分时租赁业健康发展

在各级地方政府推广新能源汽车的政策文件中，很多地方政府明确提出了鼓励分时租赁企业使用新能源汽车的政策。上海、成都、北京、广州、海南等省份还专门出台了鼓励分时租赁行业发展的政策文件。

2020 年海南省交通运输厅发布了《关于进一步鼓励纯电动小客车分时租赁行业健康发展的补充通知》，对 2018 年 11 月 1 日印发的《关于鼓励纯电动小客车分时租赁行业健康发展的若干意见（试行）》第五条、第八条涉及的企业及车辆备案条件等内容进行了修订，主要包括以下四方面内容：一是考虑企业对市场预期过于乐观，允许企业合理降低备案车辆数量；二是放宽企业承诺投放车辆期限；三是鼓励企业创新服务模式，鼓励分时租赁经营者通过兼并、重组、合作经营等方式整合资源，进一步强化与航空、铁路、轮渡、酒店、景区等相关行业企业的联动；四是要求各级交通、发改、住建、资规、公安等部门，在鼓励分时租赁行业发展的同时，在充电基础设施、停车场地租用、车辆停放收费优惠、信用评价建设等方面给予政策倾斜。

七　互联网汽车租赁行业政策建议

对于交通运输新业态，交通运输部坚持以人民为中心，坚持“乘客为本、鼓励创新、趋利避害、规范发展、包容审慎”的发展原则，提出要量身定制监管方式，尽量避免按照传统的方式来管理。对互联网汽车租赁行业的监管也将秉承上述原则，为互联网汽车租赁行业量身定制监管模式，建立健全适应平台经济特点的监管制度，促进交通运输新业态的健康发展。

（一）加快信用体系建设

要加快信用体系建设，建立小微型客车租赁经营者和承租人信用评价制度，构建跨地区、跨部门、跨领域的联合激励和惩戒机制。第一，建立全国性的共享出行平台，接入各企业信用体系，如芝麻信用、银行信用体系等，实现全行业信用数据共享。第二，交通运输部会同相关部门，完善汽车分时租赁领域信用体系，强化信用管理，推进信用记录共享应用，通过信用体系规范平台经济经营者和参与者的行为。第三，政府、企业、相关机构联动和行业共建。共享汽车信用体系的构建，需要耗费大量时间与人力成本，仅靠一家企业是无法快速获得成效的，只有多方共同参与，才能形成长效有序的信用机制，共同促进行业健康有序发展。

支持租赁企业自行取回被骗车辆。2021 年 1 月 1 日起施行的《中华人民共和国民法典》第一千一百七十七条规定“合法权益受到侵害，情况紧迫且不能及时获得国家机关保护，不立即采取措施将使其合法权益受到难以弥补的损害的，受害人可以在保护自己合法权益的必要范围内采取扣留侵权人的财物等合理措施；但是，应当立即请求有关国家机关处理”。该条款的落实可有效威慑第三方非法占有租赁车辆的行为，打击销赃市场，客观上起到打击汽车租赁诈骗行为的效果。

（二）支持小微型客车租赁企业发展

相关行业管理政策依照2012年商务部、发改委、公安部、环境保护部发布的《机动车强制报废标准规定》，小微型客车按照租赁性质15年报废，这从安全角度来说十分必要。但这种报废标准不利于租车与销售退出租赁车辆共同形成一个经营周期的模式，建议参考采用国家标准《汽车租赁服务规范》中以登记年限保障车辆安全的方式。

相关行业管理政策规定汽车租赁经营者不得提供随车驾驶劳务，这个从行业稳定和分类管理考虑也是必需的。但带司机租赁一直是汽车租赁为高档车租赁客户提供驾驶服务的衍生业务，其实质是有别于出租汽车的包车客运业务。未来可以在道路运输条例中设定包车客运许可，对应于汽车租赁企业的带司机租赁业务。

根据公安部修改后的《道路交通安全违法行为处理程序规定》，对交通技术监控设备记录的交通违法行为信息，能够确定实际驾驶人的，公安交管部门可以将该交通违法记录由机动车名下变更至实际驾驶人名下。这一规定将有利于促使处理租赁汽车交通违法改革措施落地见效。新规定的实施将惠及广大承租驾驶人，预计每年将为租赁企业节约数亿元的运营成本。

（三）对分时租赁行业发展予以政策支持

目前分时租赁行业仍处于发展阶段，各方面都需要政府在政策上予以支持，同时也需要政府对分时租赁行业正常有序发展给予规范和引导。鼓励当地政府根据需要出台扶持政策或优惠政策解决分时租赁企业的定位问题。在不同地方，分时租赁有的被划归为小额纳税，有的被划为信息服务、交通服务、动产租赁等五花八门的分类，行业“身份”尚不明确，需要给予明确的定位。通过划分专属停车位、低息融资贷款等政策鼓励分时租赁行业发展。

八 互联网汽车租赁行业发展趋势

（一）汽车短期租赁行业持续以较高速度发展

近年来，得益于国民经济规模持续增长、居民可支配收入不断提升、宏观政策环境向好，汽车需求持续旺盛。但是，汽车驾驶员数量与汽车保有量仍存在较大缺口，这是互联网汽车租赁行业持续发展的基础。有研究显示，2021 年开始汽车短期租赁行业将持续保持 20% 左右的高速增长趋势。

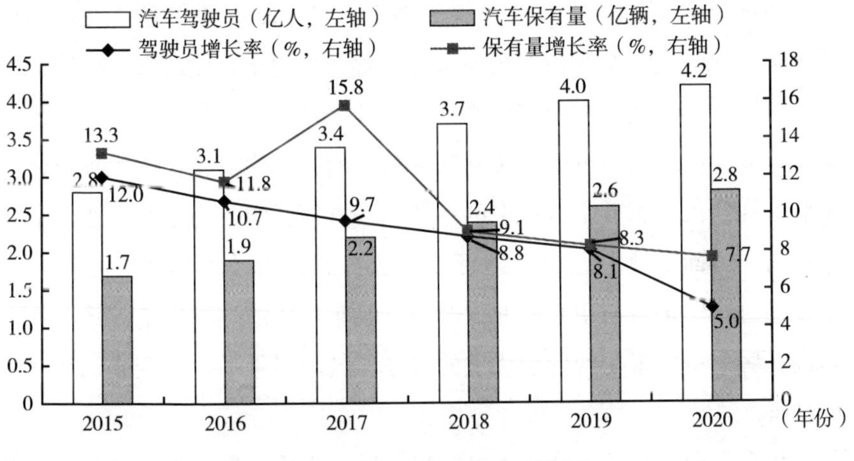

图 8 中国汽车驾驶员、保有量情况

资料来源：公安部。

分时租赁是出行领域的新业态，将长期作为市场主流出行方式的一种补充而存在。分时租赁定位于中短途出行，能够有效弥补 10～50 公里出行的市场缺口，然而在这一应用场景中存在网约车、出租车等出行模式的竞争，无司机的服务特点使其在效率、便利程度和服务质量上都弱于有司机服务的网约车和巡游出租车。

年轻人将是短期租赁和分时租赁的主要消费人群。绝大多数的年轻人有驾驶证却买不起车，但是有着较大的“周末用车、小长假用车”等出行需求。此外，近年来旅游租车的盛行也进一步推动了年轻一族对租车的需求增加。因此，目前我国互联网汽车租赁用户也主要为月收入在5000～10000元的群体，以及25～34岁的“80后”“90后”群体。

（二）租车平台将在互联网汽车租赁行业发展中发挥更大作用

租车平台是互联网汽车租赁行业下一步发展的重要组成部分，有比较大的成长空间。同时，租车平台属于轻资产、高科技，与互联网企业基因相吻合。因此互联类企业逐步以租车平台模式进入互联网汽车租赁行业，目前市场份额达到30%。

我国80%以上的租车企业规模很小，服务质量和获客能力差，业务逐步被边缘化。但租车平台的出现可能缓解中小租车企业的发展困境：租车平台除可以在电子商务方面有所作为外，还可在汽车租赁信息管理系统、汽车租赁物联网技术两个方面发挥互联网公司的技术优势，作为汽车租赁信息技术服务商给汽车租赁企业更多的赋能。一方面开源，为租车企业带来更多订单；另一方面节流，通过管理帮助企业提高经营效率、降低经营成本。未来，通过租车平台与租车企业的合作，汽车租赁的整体成本下降、各方收益提高，客户也可享受到低价优质的服务，这应当是平台、企业、客户都乐见的结果。

租车平台与小企业合作可以实现：导入订单流量，为小企业解决没有市场需求的问题。制订统一服务质量标准，促进小企业管理水平提高。租车平台可以为小企业设立虚拟站点，作为互联网汽车租赁企业网点布局的补充，实现与互联网企业的错位发展。租车平台的出现，可能改变汽车租赁行业规模化发展的路径。

以神州、一嗨、首汽为主的领先者，已经基本完成在全国重要城市的布局，形成了广泛的市场影响力。现阶段，头部互联网汽车租赁企业主要致力于完善自身车队、网点建设，提升用户使用满意度，进而拓展出行服务项目，打造出行生态圈。随着汽车资产功能向工具功能转化、汽车购买管理向消费管理转化，未来汽车制造企业将更多地把产品投入出行服务市场，甚至直接参与运营，目前有汽车制造企业背景的企业已占互联网汽车租赁市场15%左右的份额。

（三）商务用车份额有望上升

疫情对汽车租赁行业的另一个积极影响可能是由休闲用车、商务用车、替换用车构成的租车市场中商务用车需求增加，因为相对于出租汽车，租车人是租赁车内唯一的人，没有因接触他人而被感染的风险。以往很多商务出行都是使用出租汽车，基于减少与公共服务人员接触机会的考虑，商务租车需求将增加。考虑到减少因乘坐高铁、飞机等公共交通工具而被感染的风险，长距离和异地租、还车业务类的商务租车业务也将有一定程度的增加。

人工成本不断增加也是汽车短期租赁中商务租车份额上升的促进因素之一，图9是汽车短期租赁渗透率与出租汽车成本关系的分析，可以看出汽车短期租赁渗透率最高的是日本，因为出租汽车价格最贵，出租车和租车价格比最高。汽车短期租赁渗透率最低的是我国，因为出租汽车价格比较低，出租车和租车价格比最低。目前我国人工成本增加已在出租汽车行业有所体现，基于行业管理的巡游出租汽车价格正在计划上涨，基于市场调节的网络

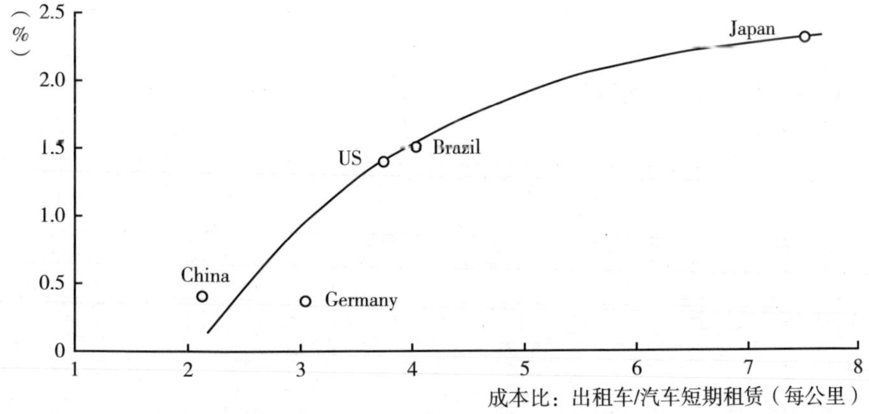

图9　汽车短期租赁渗透率关联因素分析

预约出租汽车的价格已经上涨，我国成因于出租汽车价格上涨的租车渗透率增加是必然趋势，其中以往多使用出租车的商务出行转化为租车是这个趋势的主要反映。

（四）无人驾驶将推动各种共享出行业态融合

技术进步是推动行业发展的重要因素，自动驾驶技术是重构出行格局的核心，将有效解决当前汽车共享模式的诸多瓶颈。无人驾驶落地前，用户体验和运营效率成反比，C 端用户体验越好，则运营成本越高。用户希望得到的服务是 X to X（随借随还），这就令运营企业端的成本变得非常高，盈利难度较大。而自动驾驶技术可以很好地解决这些痛点，自动驾驶共享出行的结构化市场空间非常大。除此以外，无人驾驶技术还可以推动各种出行业态相融合。自动驾驶落地后无论是网约车还是分时租赁站在消费者的角度来讲都是一样的，网约车、分时租赁以及其他形式的共享出行模式都将进一步融合为自动机器人出租车。

B.7

2020年中国互联网租赁自行车发展形势分析与展望

蒋贵凰　许　研　刘　芳*

摘　要：　2020年互联网租赁自行车行业保持平稳发展态势。从市场表现来看，互联网租赁自行车出行市场虽在上半年受疫情影响，但年中很快恢复至疫情前水平，表现出较强的需求刚性。行业主体仍以哈啰出行、美团单车和滴滴青桔三家企业为代表。三家企业分别建立了两轮车产业联盟，带动上下游产业的智能升级；不断探索多种骑行场景，积极推动城市交通出行一体化平台建设（Maas）。整个行业内精准停放专利技术大量涌现，企业盈利状况进一步改善。2020年各地推动互联网租赁自行车进一步融入城市综合交通体系，形成基层网格管理机构与企业的共管共治机制，推行服务质量考核制度和公开招投标制度，多方机构联合发布卫生保障运营规范，互联网租赁自行车政策进一步完善。未来应继续加强互联网租赁自行车与城市交通的一体化建设，创新停放设施服务，优化慢行基础设施，出台行业技术标准指南，完善和改进配额制，营造良性的竞争环境。

关键词：　互联网租赁自行车　慢行交通系统　共享单车

* 蒋贵凰，博士，北方工业大学教授；许研，博士，北方工业大学副教授；刘芳，哈啰出行两轮出行事业部行业研究院院长。

一 2020年互联网租赁自行车行业发展情况分析

（一）互联网租赁自行车行业进入平稳发展阶段

根据交通运输部在2020年10月公布的数据，互联网租赁自行车企业在全国360多个城市投放运营，投入车辆达到1945万辆，日均订单量超过4570万单。而2019年同期，互联网租赁自行车企业覆盖全国360个城市，车辆规模为1950万辆，注册用户数超过3亿，日均订单数达到4700万单。

上述数据表明，我国互联网租赁自行车行业基于前几年的迅猛发展，已经成为城市出行中重要的交通方式。互联网租赁自行车也是非常稳定的出行方式，尽管2020年受疫情影响，但订单数量变化并不明显。

（二）互联网租赁自行车企业三足鼎立，格局相对稳定

2020年，互联网租赁自行车市场仍以哈啰出行、美团单车和滴滴青桔三家企业为主。由于巨大高频流量，三家企业都将互联网租赁自行车业务视作战略业务。哈啰出行基于两轮车高频刚需业务和3亿用户，积极探索综合性生活服务平台。滴滴提出3年内实现全球每天服务1亿单、国内全出行渗透率8%的目标，其单车业务将是冲击这一目标的支撑。美团单车在美团“吃、喝、玩、乐、行”的布局中，是不可或缺的生态组成部分。

（三）互联网租赁自行车行业在疫情期间呈现强韧性

共享两轮车在疫情期间发挥了构建韧性交通的重要作用。疫情期间人们的出行方式发生了一些变化：从互联网租赁自行车的出行方式上看，以接驳公共交通为主的短距离出行更多的转变为独立出行。在可接受范围内，很多人选择直接抵达目的地，而不是选择接驳公共交通。互联网租赁自行车中长距离骑行增多，疫情期间，骑行时长少于15分钟的互联网租

赁自行车出行缩减至40.1%，时长少于30分钟的骑行则增至15.6%，互联网租赁自行车骑行距离小于1公里和3公里的出行比例也分别降至8.8%和59.9%。根据哈啰出行在武汉市的数据统计，疫情暴发以来武汉市内的求医出行单车需求增长5个百分点左右，其他城市相应增幅为1~2个百分点。其中，武汉市内3公里以上的长程骑行订单增长3倍，并持续保持高位①。根据武汉市交通发展战略研究院联合美团发布的《武汉战疫骑行报告》，2020年1月23日至3月12日抗疫期间武汉市公交出行108.5万人次，出租车出行56.8万人次，美团单车出行约230万人次，互联网租赁自行车出行贡献占比过半②。

互联网租赁自行车出行，比公共交通客运的恢复更快。2020年2月10日中国各地阶段性复工开启后，互联网租赁自行车骑行量持续呈上升趋势，而公共交通受疫情影响时间更长，恢复期也更长，互联网租赁自行车出行承载了一部分中短距离的公共交通功能。

互联网租赁自行车企业向全国防疫一线的机构或单位提供免费骑行服务，体现了强烈的社会责任感。在疫情期间，运营企业的网格人员为自行车进行车把、座位等接触部位的消杀工作，每日早晚两次，保障出行安全。

（四）订单量经历先降后升的过程

疫情暴发之初，受停工停产、居家办公等影响，互联网租赁自行车的出行需求和出行目的都有很大变化。在疫情得到有效防控、经济复苏的过程中，由于相较公交、地铁的被传染风险小，互联网租赁自行车出行订单需求较快回升。2020年下半年，互联网租赁自行车出行量基本恢复至疫情前水平。疫情防控常态化还带动了互联网租赁自行车的骑行热潮。

① 焦杨：《共同抗疫！哈啰单车“非常服务”城市出行》，中国交通新闻网，2020年2月13日。

② 武汉市交通发展战略研究院、美团单车：《武汉战疫骑行报告》，2020年3月30日。

根据美团单车2020年1~7月的骑行数据分析①，截至2020年7月中旬，美团单车的订单已经达到并超过2019年同期水平。互联网租赁自行车骑行量相比轨道和公交客流量恢复得更快，截至2020年7月中旬，轨道交通和公交车的使用量占上年同期的比例分别约为57.58%和53.14%，而美团单车的指标已到达103.35%（见图1）。在互联网租赁自行车出行量达到2019年同期水平的时候，地铁和公交车的出行量只有上年同期的一半水平。

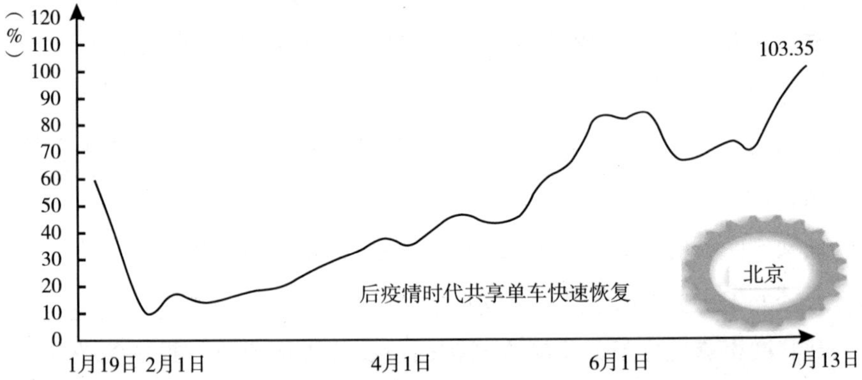

图1 2020年1月19日至7月13日美团单车使用量同比增长状况

资料来源：美团、城市智行信息技术研究院：《2020年绿色出行发展报告——共享两轮车篇》，2021年2月4日。

（五）互联网租赁自行车成为城市绿色出行的重要组成部分

互联网租赁自行车承担着优化城市末端交通的使命。根据世界资源研究所对12个城市8218份样本的调研，54%的用户选择互联网租赁自行车的原因是与其他交通方式便捷连接。当互联网租赁自行车用于“最后一公里”出行时，超过80%的用户使用互联网租赁自行车连接公共交通。互联网租赁自行车已经成为城市交通系统的重要补充。互联网租赁自行车成为城市轨

① 美团单车和北京交通发展研究院：《北京市疫情期间互联网租赁自行车骑行特征报告》，2020年9月3日。

道交通、地面公交和慢行交通三网融合的重要组成部分。一方面，2020 年各互联网租赁自行车企业的技术提升有助于改善城市慢行交通的安全性、连续性、舒适性，并且通过互联网租赁自行车平台收集、分析、利用共享出行大数据优化慢行交通系统。另一方面，城市管理部门逐渐重视对慢行交通系统基础设施的投入，帮助互联网租赁自行车行业良性发展。

互联网租赁自行车是绿色和低碳交通工具。根据世界资源研究所的研究，互联网租赁自行车虽主要替代步行和公交，但其替代私家车从而减少机动车出行是可期的。2016 年以来，共享骑行相关的出行方式转变与二氧化碳减少显著相关；如果所有 2.35 亿互联网租赁自行车用户持续保持该出行方式，每年全国二氧化碳减排量将达 480 万吨。

此外，滴滴青桔、美团单车和哈啰出行等在使用绿色生态环保材料、回收互联网租赁自行车和打造节能生产型供应链等方面做了大量的工作，积极推动供应链闭环生态体系建设。

（六）互联网租赁自行车行业带动上下游产业智能升级

互联网租赁自行车业务自身的发展极大地带动了上游传统两轮车生产制造商、零部件供应商以及互联网平台生态的发展，并反向推动了大数据技术、云计算技术、AI 技术进入这些行业，促进了相关制造业和服务业的产业升级①。

2020 年 8 月，滴滴青桔主导的“桔无限联盟”两轮制造商产业联盟成立，签约的企业有富士达集团、爱玛科技、雅迪科技、上海凤凰、绿源科技、禾苗通信、云伽智能、星恒电源、国轩高科、易事特集团等。联盟内部企业开展设计、研发、运营等全方位合作，共同挖掘、整合资源，推动产品的迭代。哈啰出行自主研发的第五代智能锁，加入了自诊断功能，可以定时检查工作状态，也能够将运行中的问题即时反馈给供应商，更高效地发现生产环节的各种问题并予以改善。

---

① 亿欧智库：《中国两轮共享出行产业科技转型升级研究报告》，2020 年 12 月 25 日。

互联网租赁自行车业务的发展极大地带动了上游传统两轮车生产制造商、零部件供应商以及互联网生态平台的发展。相比其他行业，疫情期间单车出行习惯的改变促进了单车制造企业的订单增加①。2020 年 1 ~9 月中国两轮脚踏自行车累计产量为3220.2 万辆，同比增长 14.23%，2020 年 1 ~11 月，全国两轮脚踏自行车产量同比增长 24.74%，其中自行车产量同比增长 11.52%，电动自行车产量同比增长 34.05%。

二　2020年互联网租赁自行车企业发展特点

（一）互联网租赁自行车出行场景进一步丰富

互联网租赁自行车主要出行场景是日常短途出行。在一、二线城市，互联网租赁自行车是重要的换乘接驳工具，解决最后 1 ~3 公里出行问题；在三、四、五线城市，互联网租赁自行车是“门到门”通勤出行的重要方式②。但随着互联网租赁自行车逐渐深入地影响用户出行习惯，其使用的场景也进一步多样化，包括休闲骑行、夜经济骑行和高校等场景。

1. 休闲骑行场景

近年来互联网租赁自行车行业发展迅猛，成为除汽车、地铁、公交外的第四大出行方式，对以休闲为目的的出行影响巨大。根据对公园游客的实地访谈，大部分城市居民愿意骑互联网租赁自行车前往离自己最近的公园。在武汉市主城区，与步行相比，互联网租赁自行车骑行 5 分钟内可达公园绿地范围占比增加了 17.85%，5 ~15 分钟可达范围增加了 5.54%③。休闲骑行还助推了城市文旅产业的发展。2020 年 10 月由上海市商务委员会主办，哈

---

① 《2020 年 1 ~11 月自行车、助动车及非公路休闲车制造业主要产品产量完成情况》，中国轻工业网，2021。

② 美团、城市智行信息技术研究院：《2020 年绿色出行发展报告——共享两轮车篇》，2021 年 2 月 4 日。

③ 张秋圆、郭亮、祝芸依：《互联网租赁自行车带来的公园绿地慢行可达性变化及规划应对》，澎湃新闻·澎湃号·政务，2020 年 3 月 31 日。

啰出行作为承办单位之一，携手申通地铁共同发起主题板块活动“慢行街区打卡计划”，申通地铁通过 Metro 大都会推出逛马路及小店打卡小程序，哈啰出行推出骑行大礼包和骑行打卡线路，吸引市民周末骑行逛马路①。2020 年 10 月，为了助推上海宝山滨江特色文旅，哈啰出行推出“吴淞滨江·文化四季”特色定制单车，主打“春之樱”“夏之邮”“秋之艺”“冬之阅”文化四季，在单车车身融入了樱花、邮轮、枫叶、图书四种元素②。

2. 夜经济骑行场景

夜经济出行场景助力疫情后城市经济复苏。2020 年暑假期间，哈啰出行携手石家庄市商务局、裕华万达共同倡议用户“体验夜经济美好，嗨购石家庄”。2020 年 8 月 17 ~ 23 日，哈啰单车上线“夜经济”主题倡议语音锁，同时发放价值 6 万元骑行优惠券，助力夜经济出行。2020 年 11 月 23 日，哈啰出行与广州夜间消费联盟主办了 2020 年广州国际美食节活动之一——“Young 城 Yeah·哈啰广州美食”，广州市民广泛参与，并起到促进消费的作用③。

3. 高校场景

高校场景也是互联网租赁自行车企业开展定制服务的重要场景。目前互联网租赁自行车企业与全国近千所高校展开合作，高校作为一个半封闭区域，相比城市企业更容易实现盈利，且是高频骑行区域，企业的附加服务可以创造出更可见的链路效应。比如，哈啰出行重磅推出的 A50 款新车，为高校定制“樱花车”，将交叉折叠的几何转折线作为设计元素，新车配色与产品硬件设计强调女性友好，一是车体跨高更低，二是采用了双侧链罩包裹设计，车链等易脏污部分巧妙遮蔽在内，女性用户着长裙骑行时不易绞入车轮和弄脏衣服。同时也能提升整车的安全性，带给用户轻松惬意的骑行感。

① 《首届上海逛马路节启动哈啰出行开展“慢行街区打卡计划”》，《新民晚报》2020 年 10 月 17 日。

② 《文旅融合与科学管理并行，上海宝山携手哈啰出行打造互联网租赁自行车新业态》，《经济日报》2020 年 10 月 5 日。

③ 蒋臻：《哈啰广州美食活动收官超 9 成美食券被抢光》，《南方都市报》2020 年 11 月 23 日。

2020年10月，美团单车联合B站制作了近千辆弹幕主题车，在清华大学与同济大学等全国17所高校周边投放，并覆盖了北京及上海等7个城市。

此外，为了更好地连接导航和多场景出行服务需求，哈啰单车与高德合作进一步完善平台生态。2020年7月23日，哈啰单车与高德宣布达成合作意向，双方将面向用户输出更多出行场景下的便捷体验和服务产品。双方合作主要包括以下内容：首先，哈啰单车将在高德地图开设骑行服务入口；其次，双方将基于海量用户资源，共同开发一站式服务内容；最后，基于高德位置服务解决方案，哈啰单车将和高德一道探索多种场景的融合应用。双方合作最直接的表现为，189个城市的用户在使用高德地图时产生的骑行需求时，可闭环完成从导航到找车再到出行的全部流程。用户使用高德规划路线时，短距出行只要点选骑行，便可进入哈啰单车用车页面①。

（二）停放管理技术不断升级

2020年，互联网租赁自行车行业进一步深耕精细化运营发展。两轮业务技术虽然涉及规划、投车、骑行、调度、维护、找车、维修、回收等众多环节，但近年的互联网租赁自行车之争越来越集中为智能锁和停放技术。智能锁和停放技术不仅涉及骑行环节，智能锁中搭载的物联网技术还通过控制终端的人工智能（AI）和大数据预测技术，精确调度，控制投放总量，提升调度、维护和找车环节的效率。

哈啰出行运用了曼哈顿技术全面对互联网租赁自行车进行定点停放，单车不在电子围栏内无法手动关锁，并持续计费，通过这种方式引导用户形成新的使用习惯。哈啰出行在105个城市、80所高校应用该技术并不断优化。截至目前，该技术在停车点引导的规范停车率为92%。

滴滴青桔携手武汉导航院发布搭载北斗高精度定位芯片的互联网租赁自行车。基于北斗高精定位技术，车辆的定位由之前的10米级提升至亚米级，定位精度可以精确到厘米甚至毫米。该车型已在武汉、北京、广州、深圳、

① 刘文轩：《哈啰单车与高德合作探索多种场景的融合应用》，搜狐官方号，2020年7月23日。

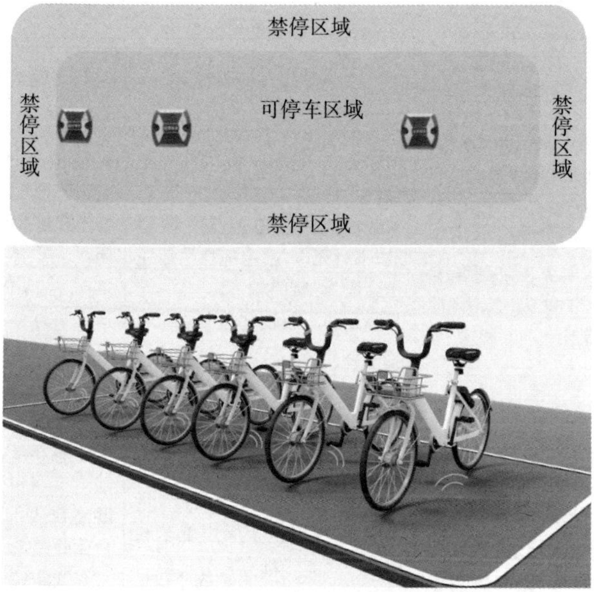

图2 “电子围栏+蓝牙道钉”技术示意

资料来源：张晓鸣：《减少设备、天气、位置等影响，蓝牙道钉获行业首个精准定位算法专利授权》，《文汇报》2020年6月13日。

厦门、杭州等地开展运营，提升了互联网租赁自行车企业的管理水平。同样，美团单车也推出了北斗高精度分体锁和蓝牙信标电子围栏精准定位技术等停车管理设备和系统以提升定位精度。表1以智能锁和停放技术为例展现了互联网租赁自行车相关技术快速更迭发展的过程。

表1 互联网租赁自行车车锁、定点停放相关技术一览

技术/智能硬件名称	技术/智能硬件描述	技术特色(优/劣势)	技术更新背景
机械锁	以密码为开锁方式	互联网租赁自行车是以短信中获取密码作为开锁信号 车锁不含定位装置。平台通过骑行人的手机App进行“伪定位”	单车成本低,有利于规模投放,提升单车易获取性

续表

技术/智能硬件名称	技术/智能硬件描述	技术特色(优/劣势)	技术更新背景
第一代智能锁	内置 GPS 定位功能;实时与服务器通信;智能锁内的 GSM 模块类似于插卡的手机,服务器通过给自行车发短信,响应开锁	传输方式不仅耗费流量,更重要的是耗电 某些品牌内含电池是一次性的,不可充电,在电池耗尽后还是会成为"哑终端" 某些品牌安装较重的发电花鼓	机械锁通过骑行人的手机 App 进行"伪定位",单车本身没有定位装置。无法引导用户定点还车,停放乱象严重;无法精准定位找到单车,运维压力大
第二代智能锁	NB-IOT + 卫星定位,智能锁会每隔数分钟就提供定位信息;改用北斗导航,精度提高和能耗降低;内置蓝牙技术	NB-IoT(Narrow Band Internet of Things,NB-IoT)是基于成熟的蜂窝技术,增加了跳频和抗干扰技术 没电后,可以基于周边单车利用蓝牙技术来确定它的定位 添加蓝牙模块还可以减少开锁等待时间,低功耗,避免减损电池的寿命	第一代智能锁有 GPS 定位,但总有车子没电,车身需要加个又沉又重的发电花鼓,既浪费成本又增加负重,用户体验差 一代智能锁电芯故障率高很多单车出现丢失
电子围栏 + GPS 定位 + App 提示	GPS 信号与电子围栏数据交互,监测互联网租赁自行车停放状态	通过移动通信网络开锁、关锁,确认是否停入画线区域内 2020 年定位精准度由 10 米级提升至亚米级别	电子围栏就如同虚拟的停车区域框线,当车辆停放在指定区域外时,App 提示停放违规并持续计费
电子围栏 + 蓝牙传感器(蓝牙道钉) + App 提示	"蓝牙道钉"内部的蓝牙感应装置;电子围栏是通过蓝牙道钉与蓝牙车锁互认来进行落锁的	智能锁内基本含有蓝牙连接模块。如果单车自身不带蓝牙,就需要配有政府提供带蓝牙模块的车牌 应停区域内放置蓝牙传感器,检测半径 50 米范围内单车状态;蓝牙感应精确度为 1 米左右	蓝牙道钉技术使用车者无须操作,也不用升级 App,像往常一样停放即可。如果互联网租赁自行车停放在这个距离之外,或停放方向有误,将不能锁车结算

(三)互联网租赁自行车企业盈利状况不断改善

互联网租赁自行车市场"三足鼎立"局面形成,企业的竞争从以市场份额为主转向以追求盈利为主,相关企业一方面避免在价格上的直接竞争,另一方面也在探索更多元化的盈利模式。如哈啰单车上线语音广告业务，在开关锁提醒的时候，会播放某电商平台的广告信息。美团单车联合 B 站制作近千辆弹幕主题车。

企业绩效不断改善。2020 年 5 月美团一季度财报显示，经营亏损从 2019 年同期的 26 亿元收窄至 2020 年第一季度的 14 亿元，重要原因是互联网租赁自行车服务相关成本因单车折旧大幅减少而下降。第二季度财报显示以互联网租赁自行车、食杂零售为代表的新业务增长速度最快，第二季度收入为 56 亿元，同比增加 22.1%。第三季度财报显示，包括单车业务在内的新业务共实现营收约 82 亿元，同比上涨 43.5%。第三季度亏损约 20 亿元，这与美团在 2020 年内完成剩余 300 万辆单车置换并计划再投放数 10 万辆电动自行车有关。

互联网租赁自行车的发展也带动了上游生产制造企业的盈利状况改善。上海凤凰 2020 年 1 ~6 月实现营业收入 6.19 亿元，同比增长 56.34%，净利润同比增长 135.16%。中路股份公司 2020 年 1 ~9 月实现营业收入 5.76 亿元，同比增长 27.00%，同比扭亏为盈。信隆健康发布 2020 年度业绩报告，报告期内，预计净利润 1.45 亿 ~1.75 亿元，比上年同期增长 245.74% ~317.28%。业绩提升源于自行车及零配件订单量和出货量大幅增长①。

（四）互联网租赁自行车企业探索交通出行一体化 Maas 平台建设

出行即服务（Mobility as a Service，MaaS）是伴随共享出行和信息技术发展出的全新的城市交通理念。MaaS 将各种交通方式的出行服务进行整合，理想化的 MaaS 平台打通了火车、地铁、公交、出租车、共享汽车、互联网租赁自行车等多种交通方式的壁垒，用一个卡或者手机 App 集成所有交通方式的查询、下单和支付功能，如图 3 所示。

互联网租赁自行车与公共交通接驳出行占比约为 40%，这意味着公交

① 《信隆健康 2020 年净利 1.45 亿元至 1.75 亿元 预增 245.74% 至 317.28%》，中国财经网，2021 年 1 月 13 日。

和互联网租赁自行车天然就有衔接、互通的需求。2020年互联网租赁自行车企业致力于服务“大交通”场景，打通MaaS交通出行一体化壁垒，为用户出行提供更加便捷优质的出行服务。

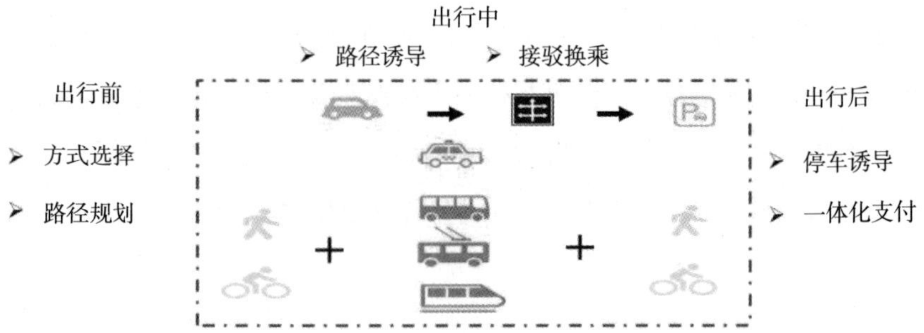

图3 MaaS出行服务示意

资料来源：《2020出行即服务MaaS专辑》，智能交通技术网，2020年12月31日。

2020年，哈啰出行与支付宝打通城市出行领域，在20个城市试点无感支付一体化出行项目，对互联网租赁自行车+地铁/公交的出行方式给予支付优惠，鼓励绿色出行，并在临沂、济南与公交公司合作，试行联名码，基于地理位置推送，打通公交和两轮车的用户体系、支付体系。滴滴青桔和广州羊城通联合发行“绿通票”，实现“公交+互联网租赁自行车”的通骑通乘。预计2021年上半年，国内约有10个城市会落地绿通票。

三 互联网租赁自行车行业政策分析

（一）推动互联网租赁自行车进一步融入城市综合交通体系

2020年互联网租赁自行车作为服务交通强国的重要组成部分，在政策方面首先表现为政府加强顶层设计，系统规划互联网租赁自行车的功能定位，将其融入城市综合交通体系，强化自行车道等城市慢行交通基础设施建设。2020年1月，住房城乡建设部发布《关于开展人行道净化和自行车专用道建设工作的意见》，明确要科学规划和统筹建设自行车专用道。一是依据城市综合交通体系规划，衔接城市轨道交通、公共交通等专项规划，科学编制自行车专用道规划，构建连续、通畅、安全的自行车专用道网络。二是在市政道路红线内设置自行车专用道，有效串联重要商业区、大型居住区、集中办公区、城市公园等，满足群众短途通勤和接驳公共交通的需求。三是因地制宜规划路权专有、封闭隔离、快速通行的独立自行车专用道。四是依托城市绿道，规划以休闲、游憩、健身为主要功能的自行车专用道。

地方政府也纷纷将互联网租赁自行车融入城市综合交通体系。昆明市在轨道交通线路开通后，开始打造“轨道交通＋常规公交＋互联网租赁自行车”“三位一体”的公交综合立体复合系统。厦门市在《厦门市轨道交通一体化衔接规划》中，要求所有轨道站点都应设置一定规模的自行车停放场、设置遮雨棚，且停放场地将尽量靠近站点出入口，距离不宜超过50米。2020年以来，沈阳市围绕地铁、公交等停车需求较大区域，已规划40万个停车位，并配套停车架、指引标志等设施，促进互联网租赁自行车与公共交通的便捷接驳换乘。北京市在部分区域建设了自行车专用路，沿线无红绿灯，并设置了潮汐车道和自发光指路标志，道路交汇处路口铺装彩色沥青，明示路权，提高行车安全。采用振荡标线加突起路标方式，对机动车道与非机动车道进行隔离。对街距较大的路口增设“安全岛”，提升城市慢行交通出行品质。深圳将按照国际通用规则完善自行车路权标识和指引相关标准，进一步明确自行车在交叉口的通行规则，推动自行车信号系统、自行车过街横道、自行车提前等候区等基础设施建设；构建“配建停车场＋立体公共停车场＋路侧停放点”的自行车停放设施供给体系，重点结合西丽枢纽、机场东枢纽等综合交通枢纽配建大型自行车停车场，进一步满足停车需求。

（二）基层网格管理机构与企业建立共管共治机制

截至2020年8月，北京、上海、南京、厦门等76个地级以上城市出台了互联网租赁自行车的实施意见，结合本地实际，细化了指导意见各项政策措施，强化政策实施。天津、厦门、呼和浩特等城市新出台管理办法，将管理经验沉淀，鼓励督促互联网租赁自行车企业与基层网格管理机构建立共管共治机制，引导互联网租赁自行车企业维护人员，与城市网格管理专业队伍开展合作，大部分城市逐步将属地化街镇作为管理互联网租赁自行车停放的主导单位。

为了更好地实现共管共治，交通运输部规范了出行数据的采集和管理，2020 年 8 月发布了交通运输行业标准编制说明和综合交通运行监测客运信息数据交换征求意见稿。在这两个文件中对互联网租赁自行车的数据采集内容和标准进行了阐述，并指出相关企业既为数据需求方，也为数据提供方，即根据相关协议和规定，承担向综合交通运行监测调度中心提供数据的义务，同时享有从综合交通运行监测调度中心获取数据的权利。

同时，地方政府加大执法力度，加强了运营企业的主体责任。长沙、厦门、天津、南京、浙江、上海等地出台了相关法规和管理办法，明确针对企业的执法依据和罚则，如《长沙市文明行为促进条例》中规定："互联网车辆租赁运营企业向社会投放共享交通工具未有效履行管理职责，影响道路交通秩序的，由城市管理综合执法机关责令改正，可以处二千元以上五千元以下罚款行为"。上海市《非机动车安全管理条例（草案）》中规定："互联网租赁自行车运营企业未按规定投放运营、未按要求向互联网租赁自行车行业信息服务平台传输信息数据的，由交通行政管理部门责令改正，处一万元以上三万元以下罚款；情节严重的，处三万元以上十万元以下罚款"。

（三）互联网租赁自行车企业服务质量考核制度逐步完善

2020 年 8 月，交通运输部印发《关于学习借鉴加强信用监管推动交通运输新业态规范健康发展有关经验做法的通知》，总结天津、杭州、成都等 19 个城市制定互联网租赁自行车服务质量考核制度的经验，供各地参考借鉴，定期对运营企业开展服务质量考核，并将考核结果作为运营企业投放车辆数量的重要参考依据。

比如，天津市根据服务质量考核结果，确定当地运营企业下一考核周期的车辆投放量，对考核不合格的运营企业进行投放车辆减量处理，对考核优秀的运营企业根据排名，适当增加车辆投放规模。厦门市在2020年度对互联网租赁自行车运营企业的考核实施方案中提出，从日常考核、综合考核和专项考核三个方面对厦门市行政区域内从事互联网租赁自行车行业的运营企业进行考核。日常考核每月组织一次，内容包括平台监管、制度落实、能力建设、日常检查和企业诚信5个方面13项指标；综合考核每年组织一次，内容包括企业运营状况、综合评价、日常管理、加分项等4个方面12项指标。专项考核作为主管部门为推动某项重要工作、促进重大任务完成设立的考核项目。在2020年为推动互联网租赁自行车电子围栏定点停放，将重点考核指标设置为企业全量更换高精度定位单车，推进单车定点停放的精准度。互联网租赁自行车服务质量考核制度对企业运营管理的规范、自行车投放份额分配机制的完善发挥着重要的作用。

（四）公开招投标机制逐步完善和推广

目前仍有较多城市互联网租赁自行车企业存在恶性竞争，出现为抢占市场无序投放车辆、车辆乱停乱放、热点区域车辆调度转运不及时、企业运维响应不到位、残旧故障车未及时回收等现象。广州市率先探索的公开招投标机制在2020年取得了较好的效果。在这一过程中，广州结合总量评估和实际情况，实施了“四步走”策略。第一步，压减存量车辆，通过暂停任何形式的新车投放，督促现有企业对中心城区车辆进行压减、抽疏；第二步，车辆置换更新，即在完成总量压减目标后，让企业按照“收一换一”方式对老旧车辆进行置换更新；第三步，优化市场竞争，以招投标方式引入新企业进入广州市场运营，初期予以一定的投放规模，在指定区域运营，待企业现场运维体系完善、调度管理能力匹配后逐步引导进入中心城区；第四步，实施动态配额，定期对企业运营服务质量进行考核评价，依据考评结果，实施车辆配额的动态管理。

实施运营商招标管理以后，广州市互联网租赁自行车规范管理取得了一定成效，体现为：一是总量控制后无序投放的现象得到了抑制，企业在现场管理人员、仓储场地、清运货车等运维力量投入方面较以往有了较大提升，现场秩序问题响应处置效率不断提高，市民媒体关于乱停放等问题的投诉反映大大减少。二是逐渐形成了公平竞争的良好市场环境，各企业运营车辆的日均订单数量较无序恶性竞争期间有了较大提升，企业盈利能力和可持续发展能力得到了增强，行业竞争从拼投放数量转向拼服务、拼管理。三是公开招标是一种公平公开的选择机制，既便于选择管理能力强、服务水平高的企业，也能够最大程序减少政策公平性方面的争议。在招投标后实施的协议管理相较于立法管理更为灵活高效，能够在一定程度上替代现有法规作为管理依据，也能够及时根据实际情况进行调整优化。

自广州市探索建立互联网租赁自行车运营招投标制度，选定三家企业进入广州市场运营，并严格按照额度进行投放，建立考核动态调整机制引导适度竞争以来，不少地方政府都沿用了招投标源头准入的管理机制。2020 年，沈阳、黄冈、天津、南通、扬州、洛阳、重庆、湘潭、徐州、驻马店、沧州等超过 20 个城市都用招投标方式对互联网租赁自行车市场进行了准入（重新准入）和份额分配，2021 年预计还将增加长沙、合肥、黑龙江等城市。

（五）发布《互联网租赁自行车卫生保障运营规范》

2020 年疫情让所有人都开始重视卫生保障工作，在疫情期间互联网租赁自行车企业在满足一线防疫工作人员出行需求中发挥了重要作用，也解决了人们出行难的问题。今后当突发公共卫生事件发生时，为能够进一步保障互联网租赁自行车企业的安全卫生运营，中国城市公共交通协会联合企业、政府、NGO 等起草、修订和发布了《互联网租赁自行车卫生保障运营规范》，并于 2020 年 3 月 16 日正式实施。它是全国首个互联网租赁自行车消毒团体标准，推动了互联网租赁自行车消毒常态化和标准化。比如，在遇到突发公共卫生事件时，车把手、车篮、车锁等骑行人易接触的部位，需确保每天清洁、消毒不少于 1 次，其他部位定期清洁，确保干净无污物。当特别重大（Ⅰ级）突发公共卫生事件发生时，要用符合要求的消毒剂或消毒湿巾进行喷洒和擦拭，在消毒用品数量允许的情况下，对热点区域所有互联网租赁自行车实行无差别消毒，并细化消毒流程，要求消毒喷头在消毒区域停留时间不少于5秒钟等。这些对互联网租赁自行车日常卫生维护及突发公共卫生事件应急维护所提出的车辆卫生保障运营要求和运营人员卫生要求，成为相关机构统筹协调车辆消毒等防疫措施的重要参考依据。

四　对互联网租赁自行车行业的政策建议

（一）加强互联网租赁自行车与城市交通一体化建设

互联网租赁自行车出行是解决城市“最后一公里”问题的重要方式，需求具有高频和刚性的特征，对促进城市出行系统微循环具有不可替代的作用。倡导市民利用慢出行系统是近年来解决城市拥堵、优化交通秩序、绿色出行的主流思潮。城市慢出行系统需求日益增加。自行车作为慢行工具，在慢行城市发展中具有重要作用。管理者可以联合互联网租赁自行车企业，运用骑行大数据，确定重点慢行区域，并联动互联网租赁自行车企业在慢行设施、停放设施、出行标识、环境绿化等方面优化慢行交通系统。比如，可以在一些适合骑行的通勤路上开设自行车专业道，设置潮汐车道和自发光指路标志，完善自行车路权标识和指引相关标准，进一步明确自行车在交叉口的通行规则，推动自行车信号系统、自行车过街横道、自行车提前等候区等基础设施建设，加强行车安全。

（二）创新停放设施服务，优化慢行基础设施

互联网租赁自行车行业基本进入理性发展阶段，用户习惯与运营企业都已经形成平衡。停放与潮汐现象成为行业发展中最大的瓶颈。慢行道路的停放基础与标准还都比较欠缺，各地可以创新性地引入一些停放管理工具与系统，在设施、系统、技术上创新思路，借鉴国外哥本哈根等自行车管理经验，如在潮汐区地铁站周边将停放用地最大程度地给予自行车而不是机动车，引入立体停车系统，提升停放密度，不断动态释放慢行工具的停放空间。同时停放区域的选择和停放设计要方便用户完成停放过程。

（三）出台互联网租赁自行车行业技术标准指南

目前，全国大部分城市都出台了互联网租赁自行车规范发展指导意见，但还没有行业协会或政府部门主导的互联网租赁自行车行业技术标准指南。在多年的发展中，互联网租赁自行车头部企业已经孵化出了科学的技术标准，提供了5G技术和物联网技术规模最大的应用场景，代表了大数据管理、线上线下互联先进的技术应用水平。行业协会或政府部门应对相关技术进行评估，出台相关技术标准指南，促进技术的广泛应用。比如，在自行车高精度定点停放技术标准方面，蓝牙道钉技术已可以使规范停放的定位精准度达到亚米（<1米）级别，电子围栏技术也获得了中国专利最高奖，在部分城市推行。

一方面，作为企业社会责任的体现，互联网租赁自行车企业要更多的与政府部门和合作伙伴共同合作、努力、宣传和推广新技术；另一方面政府部门和行业协会要做好技术标准的论证和制定工作，主导先进技术的推广工作。行业管理的经验、停放的创新、总量的计算等都需要科学验证，但及时总结经验，能够为行业发展打好基础。

（四）完善和改进配额制，营造良性竞争环境

互联网租赁自行车行业前期的恶性竞争造成社会资源浪费，很多地方实施单车数量配额发放的方法。个别小的城市以车辆规模制约为理由，采取公开招投标形式给予一定期限的独家经营权。但由于配额的有限性，配额争夺战也在不少地方打响。一些企业针对部分城市政府对投放车辆数量的监控存在困难，实行强投；有些企业在拿不到配额的情况下，想办法将对手的车辆变少，甚至形成一个扣车产业链。

当前互联网租赁自行车行业已经进入理性竞争阶段，企业开始进行精细化管理，不会再盲目投放车辆，因此可以尝试取消配额管理。在满足政府管理要求的情况下，允许平台企业根据自身需求进行动态调整，这样可以让互联网租赁自行车覆盖更多的城市区域，为居民出行提供更便利的条件。

若继续使用配额管理方法，需要科学确定市场需求，只有采用科学的需求预测方法，才能使配额制成为一个真正的管理杠杆，通过配额的动态调配，促使企业精细化运营。

五　发展趋势与展望

（一）与共享电动车的合理配比是精细化发展的互补调整方向

2020 年是互联网租赁电动自行车行业发展元年，互联网租赁电动自行车在各大城市投放后，订单量增长迅速。一些城市热点地区，还出现了只见互联网租赁电动自行车不见互联网租赁自行车的情景。对于整个共享出行平台而言，互联网租赁自行车与互联网租赁电动自行车互补投放也是需要探索的问题。从出行距离角度来看，电动自行车主要是 3 公里出行、单车主要是 1.5 公里出行，两种出行方式相互补充且有叠加。在投放时需要对每个空间位置中两种出行距离的用户量做更细致的预测，进而优化投放。两者的互补投放，对企业精细化运营提出了新的要求。

（二）绿色出行创建将成为行业发展契机

2020 年 7 月，交通运输部联合国家发展改革委印发《绿色出行创建行动方案》，对各地开展绿色出行创建行动作出了部署。其中，要求超过 60% 的创建城市的绿色出行比例达到 70% 以上。交通运输部联合公安部、国管局、中华全国总工会连续多年开展绿色出行宣传月和公交出行宣传周活动，倡导公众优先选择公共交通、自行车和步行等绿色出行方式，加快推动形成绿色生活方式和消费方式，指导各地广泛开展文明骑行互联网租赁自行车活动，如杭州、厦门、衡阳等多地通过发倡议书、组织快闪等方式，开展“互联网租赁自行车文明出行”活动，引导市民文明骑行互联网租赁自行车。

随着绿色出行理念兴起，各地积极申报绿色出行城市，互联网租赁自行车作为绿色出行工具，是城市自行车出行分担率提升的基础。各地建设慢行系统、倡导绿色出行将有利于互联网租赁自行车行业发展。

（三）与其他出行业态和商业业态探索融合

当前互联网租赁自行车市场基本形成了滴滴、美团和阿里三大平台生态体系的竞争格局，互联网租赁自行车企业在自己的生态圈中能否与其他企业形成协同或者闭环成为竞争的关键。

2020 年，互联网租赁自行车出行数据一直在反哺平台生态系统。对于滴滴青桔和哈啰出行，互联网租赁自行车与平台其他出行方式一起配合完善了出行场景闭环，提升了平台的用户流量和用户黏性。哈啰出行拓宽业务维度，上线助力车、顺风车等业务，打造出行平台，借助阿里生态系统，利用支付宝的流量入口，以及芝麻信用免押金骑行的模式，迅速打开了市场。

对于美团单车，互联网租赁自行车是美团点评“吃、喝、玩、乐、行”生活服务中的重要一环，同时也为美团平台吸引了用户流量，完善了线上线下消费的用户画像。2020 年疫情暴发后，各大城市纷纷出现了互联网租赁自行车点燃城市“夜经济”的报道。骑单车确实是体验城市夜间繁华美景的好方法。多地观测到凡是互联网租赁自行车骑行结束点频繁的地区，一般是夜经济中消费热点地区。可见，互联网租赁自行车的出行始末位置可以作为线下消费的先行预测指标，辅助平台进行线下消费需求的分析和预测。这种平台协同发展的模式将继续成为互联网租赁自行车企业未来的发展方向。

2020 年北京交通绿色出行一体化服务平台推出绿色出行碳普惠激励措施，为国内首次以碳普惠方式鼓励市民全方式参与绿色出行。市民采用公交、地铁、自行车、步行等绿色出行方式的，根据《北京市低碳出行碳减排方法学（试行）》，按个人出行方式和出行里程综合计算碳能量，并转化为多样化奖励。“MaaS 出行绿动全城”行动打造了一种全方式、高精度、市场化的绿色出行激励新模式，在全国范围内首次实现了覆盖公交、地铁、自行车、步行全绿色出行方式的低碳出行碳普惠模式。成都 2021 年大运会期间也将针对参赛相关者推出全城 MaaS 出行平台，将出行、游玩、住宿、吃饭、娱乐等融合为一个平台，创新服务新模式。预计一体化出行的联动也将成为互联网租赁自行车与城市公共交通融合发展的新方向。

（四）政府对互联网租赁自行车行业从管控逐渐转向引导

在互联网租赁自行车行业从概念提出、资本追捧、竞相模仿、问题丛生、大起大落到回归理性，逐步走向成熟的过程中，国家和地方层面的政策法规也经历了观察期、规范期、精细化管理期和质量管控期四个阶段。2020年的相关政策显示出多地对互联网租赁自行车企业的服务质量考核制度、公开招投标制度、信用考核制度、配额制等有着极高的热情，争相学习，互相借鉴，不断加强管理。但随着互联网租赁自行车市场竞争格局趋于稳定，互联网租赁自行车企业的盈利状况将不断改善，对自行车的管控技术也将不断提升。企业在智能锁中搭载了物联网技术、先进定位技术，实现了准确预测、精确调度，提升了投放、调度、维护和回收车辆的效率，提升了行业的管理水平。政府的管理政策的功能价值将逐渐减弱，去除僵化的限制条件，适度引导，推动良性竞争，营造更好的市场环境将成为未来的政策取向。

B.8
2020年中国互联网租赁电动自行车发展形势分析与展望

刘 芳*

摘 要: 2020年互联网租赁电动自行车运营总量约为500万辆，分布在400多个城市，总量是2019年的2倍多。哈啰出行、美团、滴滴青桔、小遛、人民出行、喵走、松果等企业积极布局这一领域。互联网租赁电动自行车更高效地满足了人们短距离通勤/辅助通勤、生活娱乐的需求，能高效解决城市3～5公里的出行难题，比共享单车市场更加下沉。共享电动自行车在优化城市出行结构、提高道路资源利用效率、缓解交通拥堵和节能减排、解决疫情常态化期间居民出行难题上具有一定的积极意义。预计未来会有更多中小城市逐步将互联网租赁电动自行车纳入互联网租赁自行车的管理体系，予以统一规范管理。

关键词: 互联网租赁电动自行车 新国标 政策 哈啰出行

一 互联网租赁电动自行车行业发展总体情况

（一）互联网租赁电动自行车行业进入快速发展期

2020 年互联网租赁电动自行车总量约为 500 万辆，是 2019 年的 2 倍多，

* 刘芳，哈啰出行两轮出行事业部行业研究院院长。

分布在400个城市。据易观分析数据预测，2020年互联网租赁电动自行车行业的交易规模约73亿元，比2019年增长31亿元，同时在新国标助推车辆更换、互联网租赁电动自行车消费方式普及、头部企业持续加持的促进作用下，2021年互联网租赁电动自行车行业将突破百亿元交易规模。

（二）互联网租赁电动自行车企业间竞争激烈

互联网租赁电动自行车经过三年多的发展，经历了探索期、验证期，2020年进入细分共享领域的激烈竞争期。2020年，哈啰出行、滴滴青桔、美团在长沙、合肥、呼和浩特和南昌等省会城市展开激烈竞争，同时还加紧布局各个县级城市。

哈啰出行作为该行业早期入局者，2020年用户规模与活跃用户规模App端均居行业第一，具有先发规模化优势，验证了细分共享领域的自我造血能力，为行业奠定了扎实的发展基础。美团全面进入互联网租赁电动自行车领域的热情十分高涨。在疫情期间下单数十亿元采购百万辆规模的电动自行车，合作方包括富士达和新日等知名电动自行车品牌商，在二、三、四线城市快速拓展互联网租赁电动自行车业务，高频消费场景对美团而言具有长远的战略意义。2020年4月，滴滴公布未来三年战略，称互联网租赁电动自行车成为滴滴青桔重点发展业务，并融资10亿美元投资互联网租赁电动自行车行业。两大巨头在外卖、网约车之外与哈啰出行在互联网租赁电动自行车领域展开激烈竞争。

小遛、人民出行、喵走、松果等属于互联网租赁电动自行车的第二梯队，总运营车辆约占互联网租赁电动自行车市场总量的10%，小遛在头部市场上比其他家占优，松果在城市开拓数量上占优，在300多个城市运营车辆40万辆。人民出行已经在南宁、成都、重庆和赣州等百余个城市落地。第二梯队企业2020年迅速开启了代理、加盟等运营模式，开拓的速度很快，小遛在2020年运营城市达100多个，预计2021年将开展更多更快的下沉运营。

（三）互联网租赁电动自行车成为人们出行方式的重要补充

互联网租赁自行车主要满足了1～2公里的短距离出行需求，全国平均出行距离为1.48公里，互联网租赁电动自行车则满足了中短距离出行需求，平均距离约是互联网租赁自行车的2倍（3.3公里）[①]。互联网租赁电动自行车比共享自行车更快、骑行更远，骑行距离更分散。通勤、休闲娱乐、日常生活是电动自行车的主要出行目的。用户使用电动自行车最主要的出行目的是通勤，比例高达60%。通勤出行的用户，使用频率较高，基本能达到每周1次及以上的使用频率。互联网租赁电动自行车在很大程度上满足了人们进行短距离通勤/辅助通勤、餐饮消费的需求，能有效解决城市“最后三公里”问题。

城市公交在天气和长距离使用方面优势明显，互联网租赁电动自行车在出行耗时、时间可靠性方面优势明显，互联网租赁自行车在时间可靠性和出行费用方面优势明显。互联网租赁电动自行车与地铁的接驳率为20%，补充了地铁运力，在公共出行可达性不高的区域提供了可靠的出行补充。

互联网租赁电动自行车业务在大城市、小城市皆有广阔的发展空间，在城市建成相对密集、公共交通服务相对不足的区域，利用率较高。不适合发展该业务的城市很少。相较于一、二线城市，互联网租赁电动自行车的主要市场集中在三、四线城市，在这些城市中主要出行工具就是电动自行车或者摩托车。面对这些下沉地区，互联网租赁电动自行车进驻之后能够更快的提升地区出行率，解决了走路太远、蹬车太累、等（公交）车太久、开（汽）车太近的小城市出行难题，接近公共交通功能。

2020年，超过40%的互联网租赁电动自行车被投放在小镇市场（三线城市以下）。整个行业，特别是小品牌，纷纷采取加盟、联营等运营方式进入县城市场，许多加盟商成为小城市的代理商，接受平台企业的管理，与平台企业进行营业利润分成。

（四）产生上下游产业带动效应，创造了大量的就业岗位

互联网租赁电动自行车不仅促进了互联网行业、大数据行业、电池产业、

① 数据来自哈啰出行大数据平台。

电动自行车生产和销售行业的发展，同时促进了各行业的科技创新。例如，互联网租赁电动自行车的大规模使用，必将催生电池产业的发展，目前，市面上的电动自行车换电柜业务，是指在线下放置一台换电柜，每个换电柜可以放置2~7块电池，而电池充电时间从零到满格需1小时左右，通常情况下用户所换电池在45分钟左右即可充满。按照柜子中的电池24小时运营计算，可以流通220次左右，按照用户2天更换一次电池的频率计算，一个换电柜可以服务近450人次。目前，换电市场的企业逐渐增多，耕耘时间相对较长的有e换电、易骑换电、张飞出行、蜜步换电、永友智行、智租出行、魔动换电等。同时哈啰换电、铁塔能源等企业也在全面布局市场。

互联网租赁电动自行车管理手段的成熟与运营制造成本的降低，将直接或间接的带动经济发展，小到个人的出行便捷、价格实惠，大到企业与衍生行业的收益增加、撬动新的经济增长点。在2020年全国两会期间，全国政协委员、国务院发展研究中心资源与环境政策研究所副所长谷树忠引用数据估计，互联网租赁电动自行车行业的发展将创造60万个运营、维修等岗位。因线下运维等工作属于劳动密集型，对学历、技能等要求不高，可以精准吸纳大量的建档立卡贫困人口就业，增加贫困人口收入，是实现稳定脱贫的有效手段。尤其在疫情后经济恢复阶段，互联网租赁电动自行车业态服务于复产复工，用新的创造力为经济稳定发展提供新思路。

二　2020年互联网租赁电动自行车企业主要经营特点

（一）互联网租赁电动自行车市场状况

互联网租赁电动自行车用户以男性为主；用户年龄主要集中在18~44岁（大城市用户更年轻）；用户受教育程度较高，70%以上的为大专/本科以上学历；家庭年收入属于中等或中低水平，多为公司普通职员。私人出行工具保有量较高，近70%的人拥有小汽车，成为推动绿色出行时面临的挑战，私人电动车保有量大，近半数人都拥有私人电动车。①

互联网租赁电动自行车主要用于满足通勤出行需求。人们使用的主要目的是上班、上学、回家等通勤场景（约67%），这也是高频用户的主要目的。生活场景中，互联网租赁电动自行车也是休闲娱乐和日常办事时的重要工具，低频用户较多。

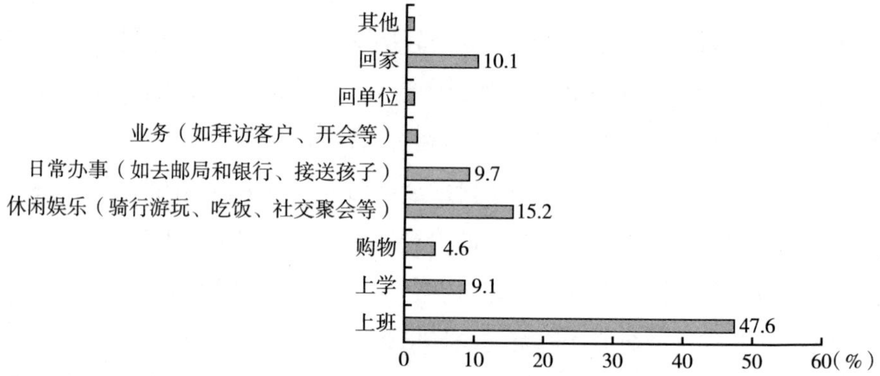

图1 使用互联网租赁电动自行车的目的调研

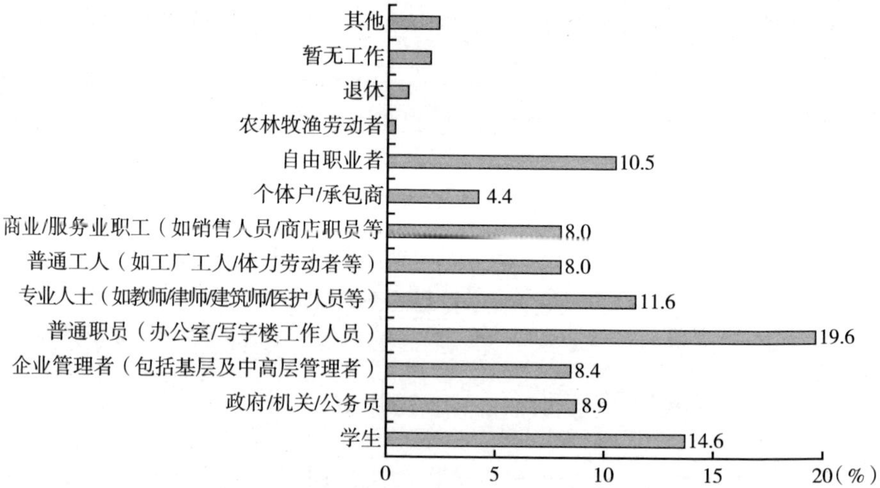

图2　互联网租赁电动自行车用户职业分布

① 数据来自哈啰出行两轮行业研究院调研。

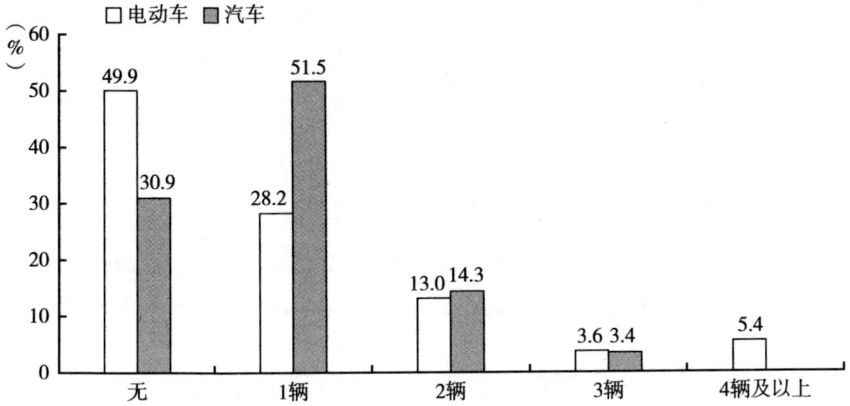

图3　互联网租赁电动自行车私人电动车和小汽车保有量调研

互联网租赁电动自行车需求受气温、降水等影响大，冬季骑行需求明显低于春、夏、秋三季，下雨较非下雨天订单量下降13%，其中，小雨订单量下降12%，中大雨订单量下降66%；通常周末骑行订单量小于工作日，周末订单量下降22%。互联网租赁电动自行车需求与城市建成环境关系密切：公交站点附近吸引力最强，高峰时段居住区和公司企业附近需求量大。

（二）平台企业开启生态化发展战略

2020年随着头部玩家的加持，共享两轮行业的竞争变成生态体系的竞争，通过横向化或纵向化两个赋能纬度，从数据、流量、营销等多方面对两轮业务进行赋能。

以三家企业为例，美团是本地生活的集团主业，两轮作为流量入口，与本地生活的流量、营销进行互相赋能。滴滴青桔作为滴滴旗下独立两轮业务品牌，滴滴青桔与滴滴其他业务实现纵深化联动，补充滴滴城市大出行服务场景，使其生态化协同具有纵深化、双向化特点。一方面，滴滴青桔凭借高用户覆盖、高用户使用频次等特点，打造大出行场景闭环。另一方面，由于具备相同出行基因，滴滴平台可在流量获取、营销联动、底层技术体系、公众出行大数据、线下运力资源规范安全管理等多维度深度赋能两轮车，助力业务快速发展。共享两轮出行仍是哈啰出行的核心业务，支付宝与哈啰出行App互通流量，可以在营销、流量、数据等方面进行生态联动。哈啰出行致力于打造生态体系，基于两轮出行这一国内最高频且用户基础最大的市场，在继续深耕两轮业务的同时，不断拓展换电、闪送等新服务，谋求从工具型App向综合服务型App转型，探索多源发展渠道。

除上述三家行业巨头外，还有很多创业企业如小遛、人民出行、松果、喵走等聚焦电动自行车业务，并希望通过聚焦服务与下沉服务获得发展。

（三）企业优化运营算法，开展全链路数字化管理

电动自行车价格空间有限，企业家难以在此方面形成较大竞争差异。因此，降低车辆损耗率与维修率，提高车辆生命周期，成为企业降低成本的重点。

车辆的维修保养是日常重要的维护工作。以网格为单位，运维人员接受维修工单，按照定位寻找故障车并进行维修处理。车辆故障多发生在刹车、车头、链条、车轮、脚踏等部位。网格运维人员对故障进行判断，可以现场维修的，如链条掉落等会直接处理，而出现较严重故障的车辆将通过调度拉回仓库维修。在不同城市，针对不同车型，将不定期地开展车辆维保，针对篮筐垃圾、车身灰尘、车身广告等进行车辆清洁，进行刹车调节和飞轮链条等车辆关键部位保养操作，保障车辆性能和提升用户骑行体验。

调度工作是共享两轮业务运维的基础工作，如何保证调度的科学性、有效性，最大限度满足用户骑行需求，反映了企业的供需预测能力。调度工作主要分布在小区、商圈、地铁和一些交通枢纽区域。在早晚高峰期间，如果车辆调度不及时，就会发生潮汐拥堵现象，部分站点出现过度停放的问题。行业领先企业都在研究优化供需预测与智能调度的基础算法，这是获得竞争优势的关键。也有一部分企业主要依赖线下管理人员的经验和控制管理能力进行调度管理。

充换电工作提升了对车辆的能源保障水平。当路面车辆电量下降到一定比例时，运维人员会对电池进行换电动作。企业会在早晚高峰期前做好换电

保障工作。电池慢充时间为5～6小时，快充为2～3小时。

2020年哈啰出行推出了智能换电系统。该系统开展实时订单预测，结合各站点车辆电量分布情况，判断各站点产生缺电丢单的概率和量级，从而判定站点优先级，结合运维定位规划最优路径进行换电派单。运营工作目前的优化方向主要是更智能、更可靠的全链路产品化，包括以“任务生成—任务派发—任务执行—数据监控”为核心的搭配基础网格，通过结算系统、运维管理系统等搭建产品体系；不断提升供电能力和供电效率，探索充电柜供电、集中仓库供电等多种供电模式结合；对整体指派任务的人员、范围和时效等进行系统化提升，对车辆、电池的资产的管理也加速向数字化迈进。滴滴青桔的智慧换电系统，前置预估每台车辆后续用户需求和耗电情况，精准生成换电任务，并实时产生工单定价，根据任务价值、运维作业投入一车一定价，引导运维作业。

（四）运营企业不断优化技术，满足城市管理者需求

科技对互联网租赁电动自行车产业的赋能作用开始凸显。借助智能化硬件、大数据计算和人工智能等技术，互联网租赁电动自行车企业针对城市管理的痛点，从技术和智能角度作出引导，助力城市管理。

哈啰出行推出全域管理平台，面向管理者总量管理需求开展研发，综合运用智慧嗅探、蓝牙、视频算法等技术，对投放车辆进行总量监测、停放感知和区域管控，帮助城市管理者实现总量可管、停车秩序可控的目标。

针对非机动车、外卖快递车辆违章行为难以管理，以及违法成本较低等问题，哈啰研发了非机动车安全管理平台，在重点路段建设RFID感应基站和视频抓取AI系统，对监管人群的车辆安装电子号牌，对闯红灯、逆行、不按规定车道行驶的违章行为进行威慑，实现人—车—路的全面监管，保障非机动车骑行环境的安全。这套系统已经在福州、济南试点布设。

“智巡”是哈啰出行创新研发的“SaaS平台＋智能巡逻车”方案，主要服务于公安辅警、城市管理执法队、巡逻网格员、治安巡防队和园区安保人员等一线勤务人员，以哈啰智能两轮电动自行车替代传统巡逻电动自行车，

车辆配备高集成度芯片，能实现涵盖“北斗 + GPS + 基站 + 蓝牙 + 独立WiFi”的五重精确定位，“智巡”SaaS 平台结合云计算、大数据、AI 人工智能等先进技术，实现责任网格巡检警情上报、海量预案主动推送、多源事件精准处置、线上勤务指挥管理、事件处置经验沉淀、机器学习智能排班等功能，为管理者提供了更高效的勤务工具与管理平台。

滴滴青桔“城市脉搏”管理信息平台是一款可以帮助各城市实时掌握互联网租赁自行车、互联网租赁电动自行车业务实况的信息平台。平台包括业务实况展示、区域管理、运维信息管理、政府信息管理和智能数据大盘等功能，通过技术创新，扩展了智能报修、智能停车调度、停车点建议等功能。

三　互联网租赁电动自行车行业政策分析

（一）新国标的出台推动互联网租赁电动自行车行业规范化发展

2019 年 4 月，国家市场监督管理总局、国家标准化管理委员会出台了要求行业强制执行的《电动自行车安全技术规范》，俗称“新国标”。新国标将电动自行车分为电动自行车、电动轻便摩托车和电动摩托车，其中电动自行车划归非机动车，机动车分为电动轻便摩托车和电动摩托车。

新国标颁布前，电动自行车与电摩无法明确区分。新国标确立了电动自行车的骑行特征，将电动自行车划归为非机动车，电动摩托车划归为机动车，对两者分开管理。

新的国家标准对脚踏骑行功能进行了强制性规定，互联网租赁电动自行车生产按照新国标的电动自行车安全标准执行，严格控制速度和重量，具备骑行属性。互联网租赁电动自行车依据现行政策法规，按照“电动自行车”进行管理，属于非机动车。政策实施后，助力车/电踏车（自行车款的电动车）成为最先响应新国标的车型，或改变管理者对电动自行车概念上的细分认知。

1. 中央部委尚未出台专门的互联网租赁电动自行车行业政策或者指导意见

2017 年交通部等十部委联合印发的《关于鼓励和规范互联网租赁自行车发展的指导意见》中提道，“不鼓励发展互联网租赁电动自行车”。当时政策制定的主要背景是新国标没有出台，2017 年，路面电动自行车辆普遍超标，90% 的为轻摩化车型，超标电动自行车不仅容易发生交通事故，而且火灾安全隐患突出，落后的电池技术也对环境造成污染。2019 年新国标出台后，中央主管部委尚未针对互联网租赁电动自行车出台专门的指导意见。

公安部交通管理局从交通安全角度出发，主张禁止发展互联网租赁电动自行车，2020 年 5 月，公安部向交通运输部发出了《关于及时制止违规投放互联网租赁电动自行车问题的建议函》，建议“责令企业停止投放并限期收回”。

2. 地方政府探索互联网租赁电动自行车行业的创新管理方法

由于电动自行车属于非机动车的细分领域，互联网租赁电动自行车也属于共享自行车的产品迭代，地方政府在互联网租赁电动自行车的管理上有两个途径。一是根据互联网租赁自行车的管理办法，提出互联网租赁电动自行车的管理方法；二是参照地方的电动自行车及非机动车法规对互联网租赁电动自行车进行管理。

地方政府在 2017 年指导意见出台后，2017 ~ 2020 年陆续制定（或修改）了互联网租赁自行车的管理办法，在提及互联网租赁电动自行车时，主要采取不鼓励发展的意见。

一线城市多以更加严格的态度对互联网租赁电动自行车进行管控，北京、上海、天津要求“不发展”，广州明确“禁止发展”。省会城市，南京、杭州、郑州、西安和太原也持“不发展”态度。但上述城市中的个别城市态度有松动，如天津滨海新区在制定区级管理办法时，提出因地制宜发展互联网租赁电动自行车。郑州则启动了慢行交通系统建设，明确在科学规划后，招投标引入有桩共享助力车。

也有很多城市，探索针对互联网租赁电动自行车的有效管理方法。昆明经考察调研后，2019 年尝试引入共享助力车，出台《昆明市互联网租赁自行车运营服务管理实施细则（试行）》规定，“共享助力车须符合 GB17761－2018《电动自行车安全技术规范》有关技术要求，并遵守我市电动自行车规范管理的有关要求”。2020 年，昆明市从安全和停放规范考虑，对互联网租赁电动自行车的车型做了更加明确的管理要求，要求用于共享的电动自行车重量不得超过 30kg。此外，石家庄、兰州、包头、渭南和玉林等地倾向于允许助力车作为共享交通工具，但禁止发展重量大、有载人可能的电动轻摩款。

2020 年 6 月，宁波市拟定《互联网租赁非机动车（含电动自行车）停放管理协议》，并与互联网租赁自行车企业签订落实企业主体责任，互联网租赁电动自行车正式纳管。2020 年 8 月，襄阳市五部门印发《关于规范互联网租赁自行车管理的通告》指出，“投放的互联网租赁电动自行车要依法登记上牌”。

一些城市按照新国标要求，创新管理，允许互联网租赁电动自行车上牌。2020 年，长沙、沈阳、南宁、厦门、重庆等超过 60 个城市开启了共享助力车的上牌工作。陕西省交警总队在《关于做好电动自行车登记挂牌工作的通知》中提道，“对于互联网租赁电动自行车，各地可依照法律规定和国家政策，结合本地实际，自行确定登记挂牌工作”。

2020 年，中山、东莞、泉州、杭州等城市，基于车辆停放、道路占用、过度投放和安全担忧等，对互联网租赁电动自行车行业做了更严格的管控，并限期进行了清退整治。

（二）互联网租赁电动自行车系列团体标准陆续发布

2020 年，互联网租赁电动自行车标准体系进一步细化完善。2009 年以来，国家标准委员会先后发布电动自行车国家标准 16 项，各地根据实际需求发布地方标准 9 项，相关主管部门发布行业标准 20 项。2020 年，全国第一批《互联网租赁电动自行车系列团体标准》正式对外发布。该系列标准由中国城市公共交通协会标准化委员会编制，多家相关企业参与编制。该系列标准由四项团体标准组成，分别为《共享电动助力车通用技术规范》《共享电动助力车运营服务规范》《共享电动助力车锂离子电池和电池组规范》《共享电动助力车充换电场站建设规范》。

（三）部分地方政府积极推动针对互联网租赁电动自行车行业的立法

新国标推动了各地修改原有的《非机动车管理办法》《电动自行车管理办法》。2020 年，浙江省、江苏省、上海市、广东省、福建省、湖南省出台了新的电动自行车管理条例，对行业发展具有引领作用。上海、浙江都明确了多方协同、源头治理、加强慢行保障的非机动车管理新格局，不再是公安部门主管的单一方式。在安全管理上，浙江、江苏两省强调必须佩戴头盔，上海突出问题导向、综合治理和违法追究。

浙江明确将互联网租赁电动自行车纳入规范管理，要求“设区的市、县（市、区）人民政府应当组织交通运输、住房城乡建设、公安机关交通管理等部门，根据当地道路交通、公众出行等因素，制定互联网电动自行车的投放政策，明确允许的投放范围、数量和相关管理要求，并向社会公布”，针对互联网租赁电动自行车将管理提升到人民政府的高度，协调各个部门，同时规定，“互联网电动自行车租赁企业应当履行企业主体责任，配备必要管理人员，按照要求设置电子围栏，随车提供安全头盔，加强车辆检测、维护和停放秩序管理，并将车辆投放和租用等信息按照规定接入互联网电动自行车行业监管服务平台”。

这说明地方立法部门针对共享业务的相关管理经验在不断积累，从 2019 年草案中仅关注共享停放问题延展到了更全面的、更客观的技术、运营、安全、信息等各个方面的要求。

（四）更加重视安全管理

政府高度重视互联网租赁电动自行车的安全管理工作。2020 年，公安部发布了“一盔一带”的要求，倡导电动自行车骑行者佩戴头盔，江苏、浙江等地立法支持该倡导，全国交警对不佩戴行为进行了集中治理检查。北京、上海、深圳等地都要求外卖快递员必须佩戴头盔。新国标要求电动摩托车必须佩戴头盔。2019 年，乐清出台的《电动自行车乘员头盔团体标准》规定，头盔由壳体、缓冲层、佩戴装置等组成，采用质地坚韧、耐用的全新 ABS 材料，头盔质量（含附件）不大于 800g 等标准内容。中国电动自行车 40% 以上的头盔是由浙江省温州市所属的乐清市生产的。

各地对电动自行车骑行人的要求多为“鼓励佩戴头盔”，地方管理中提到佩戴头盔的有：湖南省、浙江省、广东省、宁波市、太原市、武汉市、拉萨市、宜昌市。浙江省、江苏省、海南省已经立法规定“驾驶人和乘坐人必须佩戴安全头盔”。

一些地方要求互联网租赁电动自行车必须配备头盔才能投放，但实际操作中面临一些问题，头盔存在丢失风险，且骑行人佩戴意愿较弱。互联网租赁电动自行车运营企业一般在车筐配备头盔，用绳索固定，大部分都是半盔，如贵阳、宁波、徐州等城市。

哈啰出行配备符合 24429－2009 运动头盔标准的共享头盔（半盔），在防尘、防盗方面做了考虑优化，使用寿命为 3 年，并正在研发智能头盔，即对用户用车与用头盔进行一体化软硬件的绑定，在 App 智能端进行交互，并识别佩戴行为，在用车前后加入佩戴头盔的环节才能完成整个用车流程。滴滴青桔智能头盔采取电控锁和机械锁双重锁扣形式，头盔固定在车篮中，用户扫码开锁时，头盔锁和车辆中控 ECU 通信，检测、控制头盔锁关闭和打开动作；骑行结束后，用户还车时，需将头盔放回车篮中，扫码还车时头盔锁和中控 ECU 再次通信，判断头盔归位且无故障，保障下一位用户的骑行体验。

（五）停放管理矛盾突出，急需行业引导

两轮共享出行用户规模庞大、使用分散、短时超量集中，用户行为难以管控，目前在实践中定点停放、用户引导、信用管理及全社会共治等已经取得一定效果，虽然互联网租赁电动自行车必须在规定地点停放，但用户的随机行为缺乏制约，企业的调度能力不足，与城市管理部门对街道整洁有序划

一的高要求还有不少距离。

2020 年是创建文明城市的第三年，各地政府格外重视整齐有序的市容市貌，互联网租赁自行车、电动自行车都是重点整治对象。很多城市为了保障市容市貌，对互联网租赁自行车、电动自行车进行了全面清退或回仓暂存。

当前，大部分城市对互联网租赁自行车、电动自行车有停放管理规定，企业如果做不到及时响应，很可能会被相关部门委托的第三方扣车，企业缴纳一定的费用后才可以取回车辆。共享出行车辆的扣车取车行为，在部分城市有演变成“灰色收入”的趋势。第三方收车公司不受监管，通过反复收车赚取取车费。企业需承担粗暴清理、存放带来的车辆损坏以及运营损失和维修费用。

四　互联网租赁电动自行车行业的政策建议

（一）全面评估发展互联网租赁电动自行车行业的综合影响，制定科学决策

由于车辆安全问题，电动自行车一般不被城市管理者认可。但不可否认的是，互联网租赁电动自行车在优化城市出行结构、提高道路资源利用效率、缓解交通拥堵和节能减排、解决居民出行难题上具有一定的积极意义。

同济大学共享交通研究中心的研究表明，3 公里以内互联网租赁电动自行车是最经济可靠的出行工具，时长与小汽车接近；越是拥堵指数高的城市，使用互联网租赁电动自行车的比例越高；在大城市其与地铁的补充作用突出，有助于公平出行。也有专家认为，互联网租赁电动自行车在小城镇是促进绿色出行、弥补公共交通建设不足的重要出行工具。

互联网租赁电动自行车政策趋紧的态势在短期内仍将持续。但随着新的车辆标准实施、车辆安全隐患等问题的逐渐解决，以及对交通效益的重新认识，一些大城市和中小城市将会对互联网租赁电动自行车持更加友好的态

度，部分特大城市郊区可能会允许适当试点投放。

因此，建议相关政策制定部门全面评估和审视电动自行车及互联网租赁电动自行车的社会效益，综合评判其在便利交通出行、降低出行成本、实现绿色出行与增加交通安全方面的影响，科学制定电动自行车和互联网租赁电动自行车管理政策。

（二）积极构建互联网租赁电动自行车行业的安全管理和兜底保障体系

出行安全是互联网租赁电动自行车行业发展中的关键。电动自行车安全事故与车速、道路和安全意识等诸多因素相关。因此，政府与平台企业应该共同研究完善互联网租赁电动自行车安全体系。

当前的城市道路资源倾向于小汽车，非机动车常常“无路可走”，因此需要城市规划部门和交通管理部门加快构建慢行交通体系；骑行人不遵守交通规则与安全意识不强，也是交通事故发生的重要原因，为此要加强安全意识教育。安全管理是一个全面的工作，不仅包括头盔、充电消防、交通整治，还包括保险制度以及道路改造、安全教育、车型治理等。

目前有研究表明，互联网租赁电动自行车的事故率低于私人电动自行车事故率。互联网租赁电动自行车无论是在车身安全、充电安全方面还是在骑行安全、停放安全方面都全面优于私人电动自行车。

五　互联网租赁电动自行车行业的发展趋势与展望

（一）互联网租赁电动自行车市场规模不断扩大

当前互联网租赁电动自行车用户规模呈现递增趋势，共享出行企业已经具备造血能力，商业模式愈发清晰，行业有望实现可持续发展。新国标规定，到2022年将淘汰路面超标车，这部分车辆需求将释放或转移到共享出行领域。预计互联网租赁电动自行车行业增量将在2021年末显现。从长期发展看，中国是电动自行车使用大国，总量达3亿辆，共享电动自行车仅占整体的2%左右，市场空间巨大。

互联网租赁电动自行车的发展将在产业链上下游产生非常强的带动作用，同时推动上游零部件供应、整车供应、通信服务、定位服务、充换电服务以及下游支付服务、运营服务、维保服务、平台开发合作等的发展。

（二）将与城市公共交通一体化、数字化融合

在互联网租赁电动自行车出行中，有超过25%的出行与地铁、公交等公共交通工具接驳使用，与地铁的关系以补充出行为主、接驳为辅，替代的很少①。互联网租赁电动自行车的使用满足了出行者个性化的出行需求，对其他交通方式起到了补充作用。

多元化、共享化和弹性化是新时代城市交通体系建设的重要特点。互联网租赁电动自行车有助于减少小汽车出行，充当城市交通的毛细血管，一体化的系统建设，数字化的升级，出行即服务平台的建设，包括信息、一体化出行服务、支付等各个环节的流畅，城市已有的有桩车改革，与公交、地铁的接驳优惠，互联网租赁电动自行车与公共交通的融合发展，将是未来绿色交通、绿色城市的重要方向。

（三）互联网租赁电动自行车行业将进一步智能化、定制化

互联网租赁电动自行车是电动自行车与共享交通的细分领域，是互联网租赁自行车的升级版，智能化是其未来的发展方向，主动安全的车辆技术、自适应骑行提醒、电力应用的能源服务等具有广阔的发展空间。同时，融入城市环境的车身，与城市发展融合的交通工具，更受用户和政府欢迎，细分场景和定制服务的车辆具有广泛需求。互联网租赁电动自行车的安全性优于私人电动自行车，对于管理者而言，更易于管理。

---

① 据同济大学共享交通研究中心在上海、沈阳的调研结果。

（四）安全技术将推动互联网租赁电动自行车企业得到各级政府的认可

首先，当前互联网平台企业正在系统研发新技术以快速解决互联网租赁电动自行车的骑行安全痛点，并已经取得多项技术的突破：一是智能头盔技术，可以利用头盔锁和车辆中控 ECU 通信，检测、控制头盔锁关闭和打开动作，解决传统头盔丢失率高、用户体验差等问题；二是骑行监控技术，平台企业可以利用先进技术精准识别骑行中的高危场景及复杂路段，用户经过危险路段时，可实时提醒，当发现夜间骑行摔倒事故时，可以快速采取救助行动；三是人脸识别技术，拦截未成年人使用，降低未成年人因擅自骑行电动自行车而引发的事故率；四是载重传感技术，及时干预超载行为。

其次，在充电安全上，相关企业也全方位构筑安全体系。在场站选址、改造、运营三个重要环节系统布置，主动预防，降低火灾发生率，有效解决私人电动车入楼充电可能造成居民伤亡的问题。

最后，在用户宣教和管理上做好安全维护工作。在用户注册、用户使用和用户骑行过程中进行安全监测和提醒；借助全国消防日、全国交通安全日等活动，开展线上、线下安全宣教活动，提高用户安全意识。对于用户在骑行过程中，经常会出现闯红灯、逆行等高危违规行为，采取基于电子车牌、AI 摄像头、监管平台、用户信用管理等多维度的解决方案。对触发违规行为的用户进行信用分扣除，采取限骑、禁骑等措施，对信用分高的用户推送专属优惠。

以滴滴青桔、哈啰出行和美团为代表的互联网租赁电动自行车企业在上述骑行安全、充电安全以及用户宣传和管理方面的有效做法，将大大降低互联网租赁电动自行车的安全隐患，为政府放开对互联网租赁电动自行车的严格管控创造条件。

（五）互联网租赁电动自行车行业良好的政策环境依赖于平台企业的规范化发展

属地化管理成为常态，目前很多城市将互联网租赁电动自行车与共享自行车统筹管理，统一动态调整份额和总量。政策的不确定性受企业运营的影响，企业规范标准化越高，政府的管理难度越小，将获得更优的发展环境，一旦行业乱象频发，企业的运营将更加困难。

与管理者共管共治已经是行业共识，运营企业需要与政府建立可持续发展的共治合作关系，关注绿色出行、智能管理、有序停放等政府诉求，与政府进行良性互动，共同探索城市发展融合的解决方案。

B.9
2020年中国需求响应公交发展形势分析与展望

靳文舟　巫威眺*

摘　要： 需求响应公交是一种新型的公交运营模式，以满足乘客需求为导向，为乘客提供量身定制的交通服务，乘客参与决定起点、终点、方向和时间，是介于传统公交与出租车之间的公交服务。需求响应公交具有以人为本、灵活便捷、资源利用率高、提供低客流密度下的集约化出行服务等主要特征。2020年6~9月，需求响应公交在国内一些城市先后开展，从目前需求响应公交的运营模式、系统的稳定性以及乘客的接受程度看，需求响应公交具有较大的发展空间。

关键词： 需求响应公交　公交服务　共享出行

一　需求响应公交的特点与实施条件

（一）需求响应公交简介

需求响应公共交通，通常称为电话预约公共交通（dial-a-ride transit）、辅助公共交通（paratransit）等，是一类没有固定的运行线路，并根据出行

---

* 靳文舟，华南理工大学土木与交通学院教授，博士生导师；巫威眺，博士，华南理工大学土木与交通学院副教授。

请求而在特定地点停站上下客的公交模式。美国交通运输研究委员会（Transportation Research Board，TRB）将需求响应公交定义为一种路径可变的公交服务。它可以根据乘客的具体需求进行公交路径的选择，提供乘客合乘的运输服务。顾名思义，需求响应公交是通过响应乘客的出行需求进行运营服务的，其运营以乘客需求为导向，运营方式比较灵活，每次运营都需根据实际的乘客需求制定调度计划，进行车辆路径规划，兼具个人交通与公共交通的特性，可弥补传统公共交通的不足。

需求响应公交是一种新型的公交运营模式，以满足乘客需求为导向，为乘客提供量身定制的交通服务，乘客参与决定起点、终点、方向和时间。它是介于传统公交与出租车之间的公交服务。它的显著特点是公共汽车的运营没有固定的时间、路线和停靠站，其运营时间、路径由响应需求的出行调度中心根据乘客的需要来决定，可以为乘客提供门到门的出行服务。与固定式公共交通系统相比，需求响应公交具有明显的灵活性：允许结合乘客的预约需求，改变车辆运行的路线、停靠的站点，并且车辆服务的时间范围更大，可以更好的满足乘客出行需求的灵活性，同时，提高公共交通服务质量与乘客满意度，并且能够有效降低公交运营费用。

对乘客来说，最具诱惑的就是这种运营模式能实现即时接送、缩短等待时间，以及拥有极为容易理解的运营方式：采取电话或者通信方式就已足够了，然后汽车会在家门口把乘客接走。另外，由于响应需求下的车辆只在有需求的情况下才运行，避免了不必要的车辆空走，减少城市中心地区的噪声污染，节约能源。从经济的角度出发，高质量的服务使其受到人们欢迎，使公交公司能获得比较好的效益。

另外，在出行需求较少的区域，如近郊区域、新兴居民集聚区、新兴商业区与办公区等，由于人口密度较低，采用常规的固定式公共交通运营模式在经济上是不可行的。在低密度出行需求条件下需求响应公交是经济上可行的服务模式。出行者受机动性等条件的制约，包括自身条件制约（如身体残疾）或外界条件制约（如地形制约，缺乏合适的步行设施），而无法抵达常规公交站点时，需求响应公交也是有效的公交模式。

（二）需求响应公交发展背景

1. 社会可持续发展需要大力发展公共交通

私人小汽车的普及极大地便利了人们的出行，但同时给人类社会带来了严重的负面影响。在运送同样数量的乘客情况下，公共交通较小汽车节省土地资源、建筑材料等，而小汽车产生的空气污染大于公共汽车，比公交更容易发生交通事故。为了社会可持续发展，应当减少私家车使用，大力发展公共交通。

2. 传统的公共交通不能满足人们的机动性需求

传统的公共交通有许多天然的缺陷，例如，不能实现门到门的出行服务，在出行低峰时间以及出行需求分散或较少的地区不能经济有效的运营，对于特殊人群（如小孩、老人、残疾人）不能提供令其满意的服务。不理想的传统的公共交通服务，不仅使人们生活不便，而且影响郊区对居民的吸引力，也是造成私家车使用量不断增加的重要原因。

3. 交通市场个性化需求的增长需要新型公共交通

随着社会经济的发展、人们生活水平的提高，像对其他产品和服务的个性化需求日益增长一样，人们也越来越追求出行个性化，这是私家车交通发展的另一动因。要抑制私家车交通的发展，就必须发展新型的公共交通模式，使公共交通也能提供良好的个性化服务，包括实现门到门的出行服务。

4. 信息技术的发展为改进公共交通服务创造了条件

远程通信技术（如电话、移动通信系统、Internet 及其他终端）和计算机技术的发展，以及全球定位系统（GPS）、地理信息系统（GIS）的应用，为改进公共交通服务创造了条件。

需求响应公交的起源最早可以追溯到 20 世纪 60 年代，由于固定型公共交通服务系统缺乏灵活性、便捷性，不能为特殊群体（老、弱、病、残等）提供出行保障服务，不能较好地满足乘客“最后一公里”出行需求，且在城市公交客流稀疏地区存在车辆实载率较低、空驶率较高、供给过剩导致资源浪费、公交运营企业亏损等问题，专家学者开始致力于寻找一种新的公共交通服务系统，以达到兼具固定型公共交通的经济性以及私家车的灵活性的目的。

1976 年，Flusberg 通过在美国威斯康星州进行实例研究发表了一篇论文，首次提出了灵活公交系统这一构想。1990 年，为保障残疾人群体的出行，美国颁布残疾人法案（Americans with Disabilities Act，ADA）规定公共交通系统必须能够为残疾人等特殊群体提供出行服务，这一事件促进了需求响应公交的发展。需求响应公交在欧洲、美国等地区已经积累了 40 年的发展经验，如美国威斯康星州的 Merrill-Go-Round 系统、欧盟的“先进的公共交通运营系统”（System for Advanced Management of Public Transport Operations，SAMPO）以及波兰的“Tele Bus”需求响应公交系统，早期主要是为了满足老、弱、病、残等特殊群体的出行需求或客流稀疏地区的乘客出行需求，后来慢慢扩展到服务于具有特定出行需求的群体，如医院看病、学校上学、机场及火车站出行的群体，乘客一般通过电话或短信的方式提前预约车辆。随着计算机及互联网技术的发展，需求响应公交开始广泛应用于城市外围区、广大农村偏远地区等乘客出行需求密度较低、公共交通服务不完善的区域和无公共交通服务的城市中心区域等。

（三）需求响应公交的特点与其他交通方式的对比

1. 需求响应公交的特点

“十三五”以来，我国在新的公共交通发展政策指导下，需求响应公交作为一种新型的公共交通模式，是整个公共交通系统的一部分，是城市轨道交通、常规公交系统的辅助和补充，是供给侧结构性改革在公共交通领域的体现。同时，作为道路客运的一部分，需求响应公交与快速公交、常规公交、网约车、出租车等在服务定位、运营方式、出行特征、服务质量上均有着很大区别，现将需求响应公交与其他道路客运方式作对比，详见表 1。

表1　需求响应公交与其他道路客运方式特征对比

特征指标		需求响应公交	快速公交(BRT)	常规公交	网约车和出租车
服务定位	服务对象	服务区域内预约出行的乘客（集约化）	站点周边买票进站或中转换乘的乘客	站点周边覆盖区域的乘客	预约出行或城市道路上分散的乘客
	服务区域	客流稀疏地区，对道路条件要求不高	城市主城区主要客流走廊	城市区域	城区人流比较集中的区域
	发挥功能	公共交通的一部分，发挥辅助作用	解决城市不同组团之间的大客流量的出行	城市公共交通系统的主要组成部分	公共交通的补充
	服务能力	较低，运量小	很高，大运量	较高，中等运量	低
运营方式	是否预约	是	否	否	是/均可
	线路是否固定	否	是	是	否
	发车时刻是否确定	否	是	是	—
	是否共乘	是	是	是	否
出行特征	出行距离	不确定	长	较长	不确定
	出行速度	高	较高	低	很高
	出行时间	不确定	较长	长	不确定
	出行费用	较低	低	低	高
服务质量	等待时间	较短	较长	长	短
	舒适性	较好	较差	差	好
	便捷性	较好	较差	差	好

通过以上各个指标的对比，可知需求响应公交具有以下特征。

（1）以人为本

需求响应公交以互联网技术为依托，以乘客需求为导向，根据实际的乘客预约出行需求分布及出行时间要求进行车辆行驶路径的规划，线上预约使乘客可以较好地表达自身的乘车需求，相比于传统公交（包括BRT和常规公交），可以较好地满足乘客个性化的出行需求，为乘客提供定制化的出行服务，同时可以很好地满足特殊群体的出行需求，体现了以人为本的服务宗旨。

（2）灵活便捷，服务水平较高

在车辆选择方面，与传统公交相比，需求响应公交一般车型较小，受道路条件限制较小，可达性较强，车辆运行速度较快，具备较好的灵活性、便捷性，能够较大程度为乘客提供门到门的出行服务；乘车环境良好，安全舒适，让乘客有着较好的乘车体验；乘客可自主选择乘车时间，车辆根据乘客预约上车时间进行运营调度，能够在时间上最大程度的满足乘客的出行需求，准时可靠，减少乘客等车时间。以上特征使得需求响应式公交有着较高的服务水平。

（3）车辆满载率较高，资源利用充分，运营效益有保证

传统的常规公交具有固定线路、固定站点、固定车辆配置以及发车时刻表等，以服务供给带动乘客出行需求，其建设、运营成本较高。而需求响应公交仅仅根据线上预约的乘客出行需求进行车辆调度，灵活确定投入车辆数，一般无固定发车间隔，站点也不固定，无站点建设成本，成本投入较少，并且定制化的出行服务，使得车辆满载率较高，资源利用充分，能够保障一定的运营效益。

（4）定位于提供低客流密度下的集约化出行服务

传统公交提供大容量、集约化的出行服务，经济环保，适合服务于具备高公交出行密度的城市区域；网约车及出租车提供非集约化的灵活出行服务，出行成本高；需求响应公交是两者的结合，兼具经济性和灵活性，适合为低客流密度区域的乘客提供集约化出行服务，如城市新区、城乡结合部、大型居民社区以及无常规公共交通服务的城市区域等。

2. 需求响应公交区别于其他交通方式

需求响应公交与传统公交、传统出租车及定制公交都有很多不同。

传统的公交特点是：定线路、定时间、定站点、定票价（“四定”），完全的集约化模式，乘客之间没有排他性，行车路线不由乘客决定，可描述成“人找车”模式。

传统的出租车特点是：预约或者扬招，完全个性化，点到点，最短路，行车路线由乘客决定。

需求响应公交特点是：Demand Responsive Transit（DRT），介于完全个性化与完全集约化之间：不定点、不定线、不定时、动态票价（都不定），乘客通过平台提出带有时间窗的出行 OD 需求，车公司通过平台派车接送，不是一对一的出租车模式，是一车接送多人的“车找人”模式。

定制公交特点是：在一段时间（如一个月、一周甚至一天）内可以开出相对稳定的线路，为乘客提供定制服务，即所谓的定制公交。不能实时变线。

从运营服务随需求变化的灵活性度看，灵活性最高的是出租车：4 人之内同时乘坐，同起终点；其次是拼出租，包括网上拼车，基本都是 5 座以下车辆；最后是需求响应公交。

以上模式都可以形象的描述为“车找人”，都可以称为需求响应服务。需求响应公交 = 预约式灵活公交，简称灵活公交、动态公交、网约公交①。

需求响应公交与传统定制公交最大的区别即实时性。与传统定制公交至少提前一天收集需求然后发布线路不同，需求响应公交则是按照乘客实时出行需求，及时响应，重点满足提交需求后 1 ~ 15 分钟内的出行需求，实时性极强。当然，需求响应公交也包括提前预约，但确定服务的响应时间可能会很长，需要匹配客流。需求响应公交的灵活性介于出租车和定制公交之间。

（四）需求响应公交实施的主要模块

需求响应公交的实施需要特殊的技术支持和运营组织管理与调度模式，相关的应用基础和平台条件及管理方法包括地理信息系统（GIS）、全球定位系统（GPS）、车辆定位技术（AVL）和调度中心、公交车辆、公交站点和乘客。

调度中心是 DRT 中最重要的组成部分，主要包括预约信息管理模块、车辆信息管理模块以及路径优化模块。

预约信息管理模块主要功能为处理乘客或站点传递的预约信息，主

① 笔者认为网约公交是一种较好的名称。

要功能包括：接收乘客（预约站点）传送的预约信息（预约上车站点、预约下车站点、预约上车时间等），将由路径优化模块得到的是否满足预约服务以及满足预约服务的反馈信息（服务车辆、服务时间等）传递给乘客。

车辆信息管理模块主要功能是接收车辆 GPS 的实时信息，并记录车辆乘客信息（乘客数量以及车辆满载情况），以及可服务车辆的数量等，为调度中心分派不同的车辆接送乘客提供基础数据支撑；将由路径优化模块得到的车辆运行路径、停靠站点以及到达时间等信息传送至车辆移动数据终端，以供驾驶员使用。

路径优化模块方面，首先，地理信息系统提供 DRT 路径优化需要的基础信息，包括道路网信息（道路结构、交叉口位置）、公交站点位置（固定式站点、预约站点）等，为路径优化提供基础信息资料。其次，根据乘客的预约需求，结合车辆运行的固定式站点以及预约站点，确定车辆运行线路、车辆到达各站点时间等信息。调度中心监控 DRT 运营过程中的各种变化，如乘客新的预约/预约取消等。基于目前车辆的运行情况以及车辆响应预约乘客的信息，满足乘客的最新出行需求。一旦发生变化，调度中心将最新的运行路径以及时刻表信息发送至车载移动数据终端（MDTS），以供驾驶员使用。

路径优化调度模块是运用先进的路径优化调度模型与算法针对乘客的预约信息以及车辆运行状况，得出车辆最佳发车时刻和发车频率、接送乘客的最佳数量以及最佳运行路径等。其中，路径优化调度算法需要能够满足对静态数据与动态数据的同时处理，并保证其可靠性与有效性。路径优化调度算法包括两个主要部分：静态数据处理部分与动态数据处理部分，具有相同的功能，目的均是形成车辆运行的最佳发车时刻。唯一不同的是，动态数据处理部分需要结合实时的乘客预约信息、道路状况以及乘客取消预约等信息不断地更新车辆的发车时刻以及到站时间等内容。当实时信息被更新后，此模块会形成新的车辆时刻表与运行路径并及时传送至车辆，供驾驶员使用。

公交车辆主要配备车载 GPS 与车载移动数据终端。车辆基础信息由车载 GPS 获得后向调度中心传输车辆的实时位置信息等，从而满足车辆监控以及调度分配的需要；车载移动数据终端可以接收并更新调度中心发送的车辆运行路径以及时刻表等信息。

DRT 公交站点类型主要包括：固定式公交站点以及预约式公交站点。固定式公交站点与常规固定式运营模式公交站点相同，乘客仅需在站点等候车辆即可。在预约式公交站点，乘客可以通过站点按钮（刷卡）的方式向调度中心传送信息，告知站点等候的人数等信息。此站点有信息反馈系统，可以通过语音或显示的方式告知乘客 DRT 车辆预计到达的时间。另外，预约式公交站点的乘客也可以通过手机的方式向调度中心发送预约申请，并接收反馈的车辆预计到达的站点时间等。因此，预约式公交站点具备向乘客反馈信息的语音或显示设备。

乘客通过电话、短信、网络等预约方式向调度中心提交预约信息，如乘客预约出发地、乘客预约出发时间、乘客预约目的地以及乘客预约到达时间等。调度中心在优化调度后，通过手机、短信或网络等方式向乘客反馈预约车辆到达乘客出发点（固定式站点或预约式站点）时间、预计车辆到达目的地时间等信息。

二　2020年我国需求响应公交发展情况

（一）定制公交和网约拼车是需求响应公交的前奏

2015 年以来，滴滴巴士、嗒嗒巴士、接我云班车、小猪巴士等多家拼大巴服务公司在全国各地接连涌现，美国交通运输创业公司 Leap transit 也在旧金山推出“公交专车服务”。与人们更为熟悉的顺风车、嘀嗒拼车等小客车拼车服务相比，拼大巴的成本更低、费用更低。对比国外，中国的定制巴士未来市场规模非常庞大，据行业预估，每天的出行需求在 4.6 亿人次左右，其中拼车的规模为 3000 万 ~5000 万人次，选择公共交通的将近 2 亿人次，拼大巴有着极其庞大的市场。有业内预计，定制大巴市场潜在规模超过千亿元。

近几年网约车发展迅猛，2020 年日订单超过 2000 万单，成为人们重要的出行方式，也是需求响应型交通的代表。

与网约车类似，定制公交同样需要提前预订，包括班次、座位信息，完成费用支付后，即可凭手机接收到的乘车电子券乘车。定制公交是一种网约公交车的新模式。目前，北京等地已开通网约公交车，流程与小汽车合乘的方式类似。乘客可按自己的临时出行需求预约公交车，凑够一定的人数即可成行。使用的车辆共有 3 种车型，可乘坐 6 名乘客的车型只需有 3 名符合“合乘”条件的乘客在线预约，这一单即可成行；载客数量大的两种车辆需要有 5 人或 10 人下单即可成行。该产品的突出特点是：乘客可按临时出行需求预约公交车，凑够一定的人数即可成行。

（二）2020年是我国需求响应公交落地实施的元年

1. 需求响应公交得以实施的动因

需求响应公交在国外已经运行了好多年，主流运营模式也是提前一天或以上时间预约，实时约车接送运营也是近几年的事情。我国在这方面的理论研究已经开展了多年，各方面的准备条件也是近几年才逐步成熟。

2020 年上半年，受疫情的影响，很多人的实际出行需求被线上功能替代，如网络会议、网络课程、网络交易等，即使是线下的实际出行需求，很多不再完全依赖常规公交的“人找车”模式，而是通过网上预约拼车或者直接使用网约车来满足。线上活动对客流的影响不只是减少了客流量，还把出行的集中程度降低了，使得本来客流不集中的公共交通线路的客流量更少。按常规公交的班次频率开行，公司将因客流稀少而面临严重的亏损。公交公司自然想到的就是有客流需求的时候，就多开班次，客流稀少的时候就少开班次。如果能事先知道乘客的出行时间和 OD，按需开行公交车，符合精准服务的目标。因此，在客流稀少的情况下，考虑需求响应式服务自然成了发展的动力。既然乘客在同一线路上的不同站点不同时间有出行需求，自然也可以考虑在不用换乘的情况下，满足不同站点上的出行需求，不定线、不定点、不定时的公交服务随需求的变化而变化，这就是2020年需求响应公交能够实施的主要原因。

2020年6~9月，国内一些城市先后开展基于现有公交停靠站、公交车或者特定客运车辆提供需求响应公交服务。

2. 需求响应公交的运营

目前，我国已经开展的需求响应公交的运营情况如下。

（1）实施条件准备。信息平台公司和公交公司联合开发需求响应公交的服务平台，比较典型的平台公司是滴滴出行等，与实施区域的公交公司合作。首先，在政府的许可下，确定营运区域，2020年基本可分为两种：一定范围的连通区域和通道型条形区域。根据前面介绍的运营模式，可以分为通道型（或者枢纽型、单起点单终点型运营模式）、接驳型（或者多起终点的区内随机服务型）。在这两种形式中，基本以现有的公交首末站和停靠站作为标记上下客点。通过选定停靠点并在系统上显示，可供乘客选择上下客点。也就是说，乘客与服务平台达成共识，站点是平台公司和公交公司事先设定好的。这样，平台公司利用手机App或者公众号，或者在某个客运服务系统增加一个功能模块“需求响应公交”。遗憾的是，需求响应公交的名字比较长，乘客也不容易记，为此，各地将这样的服务系统重新命名，如滴滴出行参与的需求响应公交服务平台被称为“动态公交”，青岛、西安、杭州、昆明、大理、南通、咸阳、成都双流等地都用动态公交这个说法，而广州大学城的需求响应公交被称为“拼BUS”，也有些城市称为智慧公交、灵活公交等。

（2）乘客端的使用方法和条件。乘客用手机打开需求响应公交的服务平台，只有在有服务的区域才能预约公交。在目前的系统下，只能选择系统提供的站点作为起讫点。乘客希望出行的时间随系统及服务模式的不同而不同。乘客与系统的交互方式一般是：乘客提出需求（带有出发时间段的OD），系统在后台进行拼单或者匹配乘客信息，匹配成功后，就会显示时间、地点、车辆编号、费用等信息，否则，继续等待匹配或者告诉乘客“此次匹配不成功，预约失败”。所以，目前的需求响应公交服务不能保证所有需求均被满足。有时是车满员，有时是距离太远、乘客太少达不到本车次开行条件等等。

（3）司机端主要任务就是按照系统的要求执行，包括时间、路线、乘客识别和上下客、行驶速度和调度计划的执行。司机的主动性主要在于调整行驶速度，以便按时完成调度计划，至于乘客识别可以通过设备自动识别也可以由司机查验预约信息。

（4）运营的关键是后台管理，包括动态信息互动、调度优化等。静态调度方面，根据分时段客流量以及方向分布，还有分时段路况等信息规划运力或者班次投入计划。并且利用智能算法，综合考虑司机工作时长、疲劳驾驶、休息周期、驾驶表现，以及车辆续驶里程、加油充电周期、全程用时等相关信息，智能计算推荐排班，然后人工快速选择和校正，高效制定最优排班计划。动态调度方向，动态生成合乘路线之后，调度引擎会实时为其寻找最优的车辆进行匹配和分配任务。系统会结合规则、车辆状态、车辆位置等一系列因素去评估和计算，如果通过计算判定路线任务可以被响应，就会对行程路线和车辆进行任务绑定，车辆接到任务按顺序接送乘客。

需求响应公交主要由乘客端、司机端、管理后台和引擎几个部分组成。整个系统从用户呼单为起点开始运转，订单经过分析处理后放入订单池，订单池以某个特定的频率向引擎发起拼单请求，引擎分析请求，适配合适的算法，给订单撮合最优的车辆，并给车辆规划出接送人的顺序，然后将结果返回给后台系统进行缓存。司机端和乘客端接收后台的信息进行展示并对信息进行迭代更新，这样，就构成了一个完整的系统闭环。

动态公交拼单和规划引擎主要是解决多车、多单在时间和空间上的匹配问题，在满足各种先决条件下，尽可能多的拼成订单，同时确保司乘体验。公交车辆车型多样，有几座的，也有几十座以上的，相比网约车，动态公交涉及针对每个车辆怎么分配多个订单、多个订单如何组合不同路线等维度，而这种维度的增加带来的是组合式的指数级增长。

3. 需求响应公交的实施案例

2019 年 1 月，青岛黄岛区动态巴士正式开通。乘客只需在滴滴出行 App 选择出发的地点和到达的目的地，平台会根据需求自动安排就近的公交车。

该需求响应公交的服务区域面积约 30 平方公里，乘客可以在黄岛区的服务范围内乘坐动态巴士实现任意站到站的公交直达，不仅少步行、无换乘，而且缩短了服务范围内公交出行的时间、扩展了单位时间的可达范围。

以服务区域内的青岛理工大学为例，在动态公交服务开展前，青岛理工大学新校区内只有 805 路公交车，学生要通过公交从教学楼出发到校外的话，只能乘坐 805 路公交车到达有限区域，若去往非 805 路公交线路站点覆盖的区域，需再换乘其他公交线路。

动态公交服务开通后，青岛理工大学新校区内教学楼至周边约 30 平方公里范围内的公交站点，都可以通过乘坐动态公交直达，扩展了青岛理工大学生的半小时生活圈。

基于乘客意愿调查，乘客选择动态公交的原因有不需要换乘、舒适有座、出行总用时短、价格便宜、等待时间少等。由此可见，动态公交有较好的用户基础。

图 1 是滴滴出行 App 上乘客端截图。

由于目前还处在试验阶段，政府补贴等政策不明确，需求响应公交并不能享受政府补贴，主要由平台公司承担运营维护成本、地方公交公司承担车辆相关工作人员劳务费用。需求响应公交运营，需要规模化，才可能产生经济效益。

平台公司认为，从目前需求响应公交的运营模式和系统的稳定性以及乘客的接受程度看，这种公交运营模式具有较大的发展空间。

（三）需求响应公交存在的问题

黔川在《公交都市》上发表文章，对需求响应公交进行了深入的分析，指出了其存在的五大矛盾，并认为这些矛盾在目前还不能完全解决，具体分

图 1　青岛需求响应公交乘客端截图

析如下。

（1）服务区域越小，潜在的乘客需求就越少。

以需求响应公交在 A 市的服务范围为例，起终点均在固定的不规则区域内。对乘客来说，很容易出现只有出发地或目的地在可服务区域内的情况，进而只能放弃这种服务模式。

（2）需求响应公交服务区域越大，车辆绕远的可能性就越大。

如果扩大服务区域势必会导致车辆绕行的可能性增加。需求响应公交是至少包括 10 个座位的公交服务，像网约车一样处在不断地有人上车、下车的运营状态，直到车上最后一个人下车，并且需要司机停止接单。区域越大，路况的不确定性也随之增加。

（3）乘客希望响应时间越快，需要冗余的运力就越多。

如果服务区域越大，在不增加车辆的情况下，响应时间会因没有顺路的车辆而显著增加。为了保障响应时间，又需要车辆和司机的冗余。与未签订正式劳动合同的网约车司机相比，需求响应公交的司机多为公交公司正式职工，这与网约车运力过剩的情形完全不同。

（4）服务区域道路等级越高，多次掉头的概率就越大。

国内城市规划布局并不太适合这样的模式，高等级道路（如城市快速路、主干道等）经常有中央隔离带，而乘客的上下车站点是确定在路的一边，这样就会出现掉头接乘客的现象。在窄密路网里，可以通过乘客横穿马路上车的方式解决，而在六车道有中央隔离带的道路上，就需要车辆掉头接乘客，这样的乘客多了之后，出行体验就会受到影响。如为了一名对向的乘客，车辆刚出发就需要绕行。

（5）单车想要服务乘客越多，出行时长就越无法确定。

对于一辆需求响应公交来说，座位数往往大于 10 座，而一旦车上同时服务的乘客大于 7 人，整辆车的路线就会变得不可控制。在人数增多的情况下，难以避免中途出现一些因乘客不配合而扯皮等问题。

除了上述车辆、路径、乘客及运营组织调度方面的问题，需求响应公交的服务属性定位、服务范围、服务对象、价格、补贴、与常规公交的关系、与定制公交的关系、与拼网约车的关系等也尚未完全解决。

三　2020年我国需求响应公交相关政策分析

（一）国家和各地有关需求响应公交的相关政策和指导意见

《城市公共交通管理条例》（征求意见稿）中对公交的定义是，在城市人民政府确定的区域内，利用公共汽电车（含有轨电车，下同）、城市轨道交通系统和有关设施，按照核定的线路、站点、时间、票价运营，为公众提供基本出行服务的活动。

本研究讨论的需求响应公交不属于国家规定的城市公交的范围。对于需求响应公交的定位和服务属性会有一系列问题，如需求响应公交的公益性程度是否与普通公交相当？是否应该补贴？是否按照常规公交车的车辆技术水平要求所用车辆？与常规公交的关系是同等普遍性基本出行服务还是高档市场化服务？是否可以利用现有的公交场站及专用道等设施？是否可以按市场调节价进行自主定价？

广东省出台的《广东省公共交通条例》（征求意见稿）中第一章总则阐明，根据服务定位和特征差异，公共交通划分为基本公共交通和多元化公共交通。

基本公共交通是为满足公众基本出行需求提供的公共交通服务，是公共交通的主体，由城市人民政府主导建设和保障，按照核定的线路、时间、班次、站点和票价等方式运营。基本公共交通包含城市轨道交通和基本公共汽电车。

多元化公共交通是为满足社会公众个性化、高品质出行需求提供的公共汽电车服务，是基本公共交通的补充，以市场化运作为主导，实行市场调节价，按照快速、高效、舒适、灵活等特征运营。需求响应公交应该属于多元化公交的范围。

2020 年，我国各地实施的需求响应公交的服务属性大致分为两类：一类还完全属于基本公交的范畴，如广州等城市的预约公交等服务模式。另一类是以南通为代表的市场化做法：就像普通的定制公交线路与常规公交的竞争关系一样，同一个市场不同的服务定位，需求响应公交基本市场化。

但需求响应公交依然和常规公交有很多的联系，如作为经营主体的公交公司同时经营常规公交和需求响应公交，公交场站等设施也基本是通用的等，随之而来的问题就出现了：按常规公交一样补贴需求响应公交，财审的时候没有上位法依据；市场化经营的需求响应公交没有真正市场化，不能与常规公交平等竞争（比如客流集中的区域、通道上是否允许开行需求响应公交），经营主体在交通工具、公交设施、成本效益计算方面如何分得清与常规公交的界限（被补贴的常规公交需要有严格的界限）？需求响应公交企业是否有按照市场化规则自主选择经营区域、定价的权力？

按照需求响应公交的服务范围和开行条件，不难看出，这样的运营模式主要应该服务于客流稀疏地区，一旦有足够的开行定线公交的客流，就应该以开行常规的公交为主，以体现公交优先的基本策略。如果需求响应公交也开到客流集中的通道上，只能在服务水平和乘客群体上体现出差异。而客流稀疏地区开行常规公交很难持续，不给补贴开行需求响应公交也难以提供基本出行保障，需求响应公交也很难市场化。

以上问题都有待于在行业发展中不断摸索解决之道。

（二）需求响应公交运营方面的政策建议

针对2020年已经实施的需求响应公交运营，建议如下。

第一，在客流稀疏地区开需求响应公交，其服务属性应该按照常规公交核定：应该进行成本效益的综合计算，政府给予补贴。

把原来的客流稀疏地区开空车以及公交补贴的成本效益统一计算出来，然后在新模式下，政府的补贴不变，重新统一计算成本利润，再比较新模式的服务水平。

在降低固定班次的空车率，照样拿到原来的补贴情况下，把减少空车所节省的成本以及相应的补贴用于需求响应公交，可以在同等的盈亏状况下，大幅提高服务水平，增加乘客的出行自由度。

第二，给需求响应公交一定的定价权。原则上，它的票价应该高于普通的定线公交，因为服务水平高，满足了个性化出行需求，但应该较出租车、拼车、网约车的票价大幅降低，尤其是享受了补贴，更不能大幅提价。

定价的另一个问题是客流量大的主干线上，一次派车客人比较多，那么，个人的付费额度应该相对少一些。如果出行者在比较偏远的地区，客流又少，那么付出的成本就会更多，相应的票价也会提高，所以票价原则上是动态的。可以在基本票价上有一定的浮动，并且可以事先和乘客交流商量，双方认可后再提供出行服务。

第三，服务质量评价标准。需求响应公交服务模式要想打开市场，就要有一个承诺性保证，当乘客提出需求的时候，在明确经营范围内要有承诺保证，比如十分钟内接到乘客。要比他等普通公交车和走路的时间短得多。这样才能树立起需求响应公交的信誉，让更多的人愿意乘坐需求响应公交。让他觉得预约出行比固定班车要好得多。决不能拿了补贴，减少了固定班次，需求响应公交的服务却不如从前。

第四，对于在已经有很多常规公交的客流通道上以及其他客流密集区域开行需求响应公交，应该开放市场，让需求响应公交与常规公交同线同站竞争，这种情况下的需求响应公交不享受补贴，自主定价，主要服务于既有高端出行需求又有支付能力的乘客。其车辆水平和各种运输服务指标都明显优于普通公交，把选择权留给乘客。

四　需求响应公交发展展望

随着经济社会的快速发展，人民群众对生活质量的要求越来越高，人们更加注重小众化、个性化、高品质的公交服务体验，对公交的准确性、可达性、多样性及舒适性更为关注。此外，随着城市机动化水平的显著提高，个体交通的迅猛增长，我国城市交通拥堵问题持续加剧。而需求响应公交提供的多层次、多样化、精细化的服务正好迎合了大众不断升级的出行需求，另外由于集约性，城市交通拥堵问题得以缓解。这些都给需求响应公交发展提供了机遇。

常规公交基本能满足出行的安全性、经济性与便捷性需求，体现了公益性与公平性，但在舒适性、人性化方面存在不足。相较而言，需求响应公交基本满足了乘客各层次的需求，尤其是高层次的舒适性、个性化需求。而当乘客对便捷性、舒适性和个性化需求高于经济性时，乘客的支付意愿就会相对提高，以弥补经济性需求的损失。一般而言，大城市通勤者在一定程度将舒适性与人性化需求作为出行的首要考量，优于经济性，故需求响应公交应注重挖掘人性化需求的价值。

需求响应公交在发展过程中应注意以下问题。

一是准点问题。相较于传统公交，需求响应公交的准点率高，出行时间相对较短，这也是市民选择需求响应公交的最主要原因。但在实际情况中，需求响应公交也会出现不准点问题。例如，由于无法有效使用公交专用道，无法保障道路行驶优先的权力，准点率受到影响；部分需求响应公交的灵活性还不高，遇到堵车问题时，司机本应通过经验的判断，及时绕开闹市，但在实际操作中很少能如此灵活地进行选择。

二是特色问题。一些需求响应公交路线并不受人青睐，这主要是因为需求响应公交线路与传统公交的线路重合度过高，缺乏不可替代性，虽然这些线路也体现了乘客的出行需求，但考虑到价格问题，很多人宁愿选择价格更为便宜的普通公交。需求响应公交虽然有“定位准、路线活、服务好、效率高”的优势，但如果不能有效发挥这些优势，开拓市场就会变得很困难。

三是价格问题。交通出行中，价格无疑是乘客敏感度最高的。票价较高将会对乘客的吸引力降低，尤其在需求响应公交的优势不明显的情况下，想要争取更多的乘客会变得非常困难。

因此，需求响应公交未来发展中需要考虑解决以上问题，从不同角度、多方合作共同面对。

在发展需求响应公交过程中，应关键把握以下两个度。

一是把握好政府管理与市场的度。相较而言，需求响应公交对市场的灵活性有较高的要求。过去几年，许多互联网公司都想进入“按需出行”服务市场，但没有大规模实现。一些需求响应公交运作机制相对僵化，运营效果并不理想。传统公交公司虽然拥有强大的线下运营能力，但互联网运营能力较弱，交通需求分析和线上运营的部分还有所欠缺。公共交通运营商在车队管控方面有优势，同时可以利用其线路运营方面的经验及车辆、场站配套设施资源；而互联网企业拥有平台和技术优势，可以充分发挥其关注用户、创造价值的优势。两者的合作互补是未来行业的发展趋势。在一些问题上，公交主管部门应该强化管理者和监督者的责任，一方面对已有资源进行整合，避免线路重复和车辆浪费，为需求响应公交市场的良性竞争提供广阔的平台；另一方面需要出台规范需求响应公交的法律法规，创造良好的市场环境，更好地规范市场行为。由于需求响应公交的开通时间较短，居民对其接纳程度相对不高，需要政府加强对需求响应公交的宣传，通过开展系列活动提高居民对需求响应公交的认知度。应充分挖掘公交资源和公共资源，传统公交实体宣传模式与新时代互联网宣传模式相结合，合力宣传推广需求响应公交：一是在主干线公交车、公交站台上进行宣传推介；二是在市区隧桥等地电子屏上滚动播放广告；三是将需求响应公交服务平台嵌入企业、校园等公众号，建立微信服务社群，为精准服务打通便利通道；四是在需求响应公交服务平台推出线上引流活动，如老用户邀新送优惠券、注册新用户送大额优惠券等。

二是把握好公益性和经济性的度。对政府而言，公共交通不仅是解决城市拥堵、减少污染的重要方式，同时也是提高社会效益、解决出行不公平性的一种体现，因此，在实现经济性的同时，也要兼顾公益性。经济性主要体现在对票价的调整上，可通过开源节流的方式，寻求多方资助，需求响应公交在运行时经过城市不同的功能区，串联了地铁站、中心服务商业街以及停车区等客流吸引点。需求响应公交为这些地区带来了客流，可考虑吸引沿线的商家和一些机构联合赞助，从而降低票价。也可以聚拢乘客需求，适当植入符合乘客定位的相关广告，增加广告收入。还可以基于互联网思维，考虑吸引乘客购物，乘客可以通过服务平台，购买早餐、晚餐、饮料、水果或者急需的药品等，上车或下车时领取，在满足乘客多样化需求的同时创造新的增值收入，改善后端制造，和产业链有效结合。公益性的实现则体现在票价不能过高，还应该为城市各类群体设计一些辅助公交，如残疾人预约出行、老龄人就医、中小学及幼儿园校车，以及连接公租房、廉租房小区与市中心的低价公交等服务。

有别于传统公交的普适性、固定性（固定线路、固定站点、固定发班时刻），需求响应公交更灵活、更自主、更能满足乘客的个性需求。在推广运营方面，对比传统公交，需求响应公交的推广、运营依赖于用户之间的口口相传，更关注用户体验感，以较为优质的服务取胜。

因此，从需求响应公交来讲，需要结合移动互联网大数据、5G、云计算、社交网络媒体及出行类 App 等，向多层次类别、高品质服务、精细化和智能化、低能耗、绿色环保的公交模式发展。

按照需求响应的设计理念，其运营需要至少四个方面的信息化系统支持：一是面向乘客的在线预售平台，支持线路信息查询、车票预订、乘车验证、在线咨询等功能；二是面向调度人员的调度端，支持车辆调度发车、监控等管理功能；三是面向驾驶员的司机端，支持实时信息交互、路线规划、车辆导航等功能；四是后台管理系统，涵盖线路产品制作、订单管理、调度管理等功能。

另外，需求响应公交还可以打造特色的公交，如创业班车，在车内提供创业交流；将车厢内部进行装饰，提供雅座、电脑桌、充电插座等办公设施，在车内营造一种完全不同的体验等。

也可对司机赋予一定的自由权限，根据实际路况以及乘客实际需求进行线路的微调整。

需求响应公交可满足人们出行方便与舒适的需求，当用户习惯被培养起来后，其会成为长期的经营模式。

经济社会的快速发展，引发人民群众在出行方面更为多样、更高品质的需求。需求响应公交未来将继续深化“互联网＋公交”的发展理念，以需求驱动创新，以创新成就发展。

对需求响应公交来说，实现城市区域内灵活响应才是其根本的服务特征。

第一阶段是实现一个城市城区内全城 3 人拼车（即现阶段网约车已经实现的状态）。

第二阶段则是真正实现一个城市城区内 10 座以上动态公交车辆的可持续运营。

乘客不是货物，也不是完全受制于平台的外卖小哥，而是一个个鲜活的并非被需求响应公交这一方式绑定的个体，一旦认为这种方式不能满足其需求就会转向其他交通方式。这些个体对于出行服务的需求与需求响应公交最终需要覆盖成本的目标之间，短时间内有着不可逾越的鸿沟。

需求响应公交的未来在何方？目前，一些特殊场景下的动态拼车（如长距离机场/高铁站拼车、跨城拼车）已经在一些地方普及，但这相对于一座城市的出行量来说，仍是远远不够的，而且与机场大巴、地铁、出租车等方式之间存在较强的竞争关系。

由于前往机场/高铁站的时间可靠性要求较高，这类服务双向上座率也有惊人的差异，去交通枢纽方向的空置现象非常普遍。需要注意的是，动态公交常态化车内乘客大于7人才有意义，如果车内长期只有不到6人，本质上还是一种网约车。

未来，与MaaS系统的融合是需求响应公交的根本出路，需求响应公交也将是MaaS的核心阶段和服务模式。适当的选取区域、模式和票价，DRT还是大有前途的，比如通道型需求响应公交。①有两端站点或者中间有几个固定站点，乘客可以预约上下站点，可以中途上下；②主要行驶方向明确，主要客流方向有明确终点；③服务区域是长条形的，有一定的长度，如10公里以上，不能太宽，如线路摆动幅度不超过3公里。

这样的服务区域可以通过市场化定价来提供特色服务，经济上应该是可行的。

有需求就有未来，2020年需求响应公交落地实施这一步已经从管理出发转变为从需求出发。线上实时约，按需开行已经打破了传统公交的服务框架，开了精准服务的先河。

专 题 篇

Special Reports

B.10
新冠肺炎疫情下共享出行的角色与作用

沈立军 刘诗萌 赵培昌 郭 煜*

摘 要： 2020年新年伊始，突如其来的新冠肺炎疫情冲击到各行各业，尤其是交通运输业遭受严重冲击。全国各地采取了不同程度的出行管控措施，多数城市公共交通出行处于停滞或半停滞状态，多地网约车运营暂停，客运总量和营收快速下降，出行市场呈现断崖式下滑。在疫情期间以及复工复产阶段，共享出行因接触面小、出行灵活、风险低等特点成为替代公共交通非常好的出行方式，显示出非常强的发展韧性。中央政府和各地采取一系列措施避免交通出行过程中的疫情传播，也努力降低疫情对共享出行及相关从业者的影响。

关键词： 公共交通 共享出行 交通运输业

* 沈立军，城市智行信息技术研究院院长；刘诗萌，城市智行信息技术研究院研究经理；赵培昌，城市智行信息技术研究院战略发展部副主任；郭煜，城市智行信息技术研究院战略发展部副主任。

2020年，新冠肺炎疫情对出行行业造成巨大冲击，公共汽电车、出租汽车、轨道交通等城市客运模式均受到影响。在此期间，以互联网租赁（电动）自行车、顺风车、汽车分时租赁为代表的共享出行新业态扮演了重要的角色，有效支持了居民出行。

2020年新年伊始，新冠肺炎疫情暴发，这是近百年来人类遭遇的影响范围最广的全球性大流行病，对全世界来说是一次严重危机和严峻考验。交通运输业作为国民经济的基础性、先导性、战略性行业，受疫情冲击更为巨大。在疫情防控期间，全国各地采取了不同程度的出行管控措施，最大限度减少人员流动，降低疫情传播风险，公众出行呈现"非必需不动、急需少动、少公共交通出行"的特点，多数城市公共交通出行处于停滞或半停滞状态，多地网约车运营暂停，客运总量和营收快速下降，出行市场呈断崖式下滑。其间，为了尽可能减少被感染风险，自行车、互联网租赁（电动）自行车、私家车等接触面小、出行灵活、风险低的出行工具成为众多出行人员的首选。

随着全国新冠肺炎疫情防控形势向好，复工复产快速推进，以运力复苏为代表的城市活力开始显现。复工之初，共享出行的客运量回升速度要快于城市公共交通。互联网租赁（电动）自行车、网约车、顺风车等共享出行方式成为众多市民优先选择的方式。

一　疫情对出行行业的影响

（一）疫情对中国出行行业的影响

疫情暴发后，全国多地纷纷启动突发公共卫生事件一级响应，政府鼓励市民居家隔离，减少非必要的出行，城市客运受到严重影响。据调查，2020年1月23日至2月29日，全国共有超400个城市暂停公共汽电车服务，共有超10个城市停运或部分停运轨道交通线路，巡游出租车客运量大幅降低，驾驶员收入锐减，运营企业面临巨大经营压力。

2020年2月，全国35个中心城市（不含武汉）总客运量为上年同期的14.16%，其中，下降幅度最大的是呼和浩特，为上年同期的1.13%，下降幅度最小的是拉萨，为上年同期的30.51%。

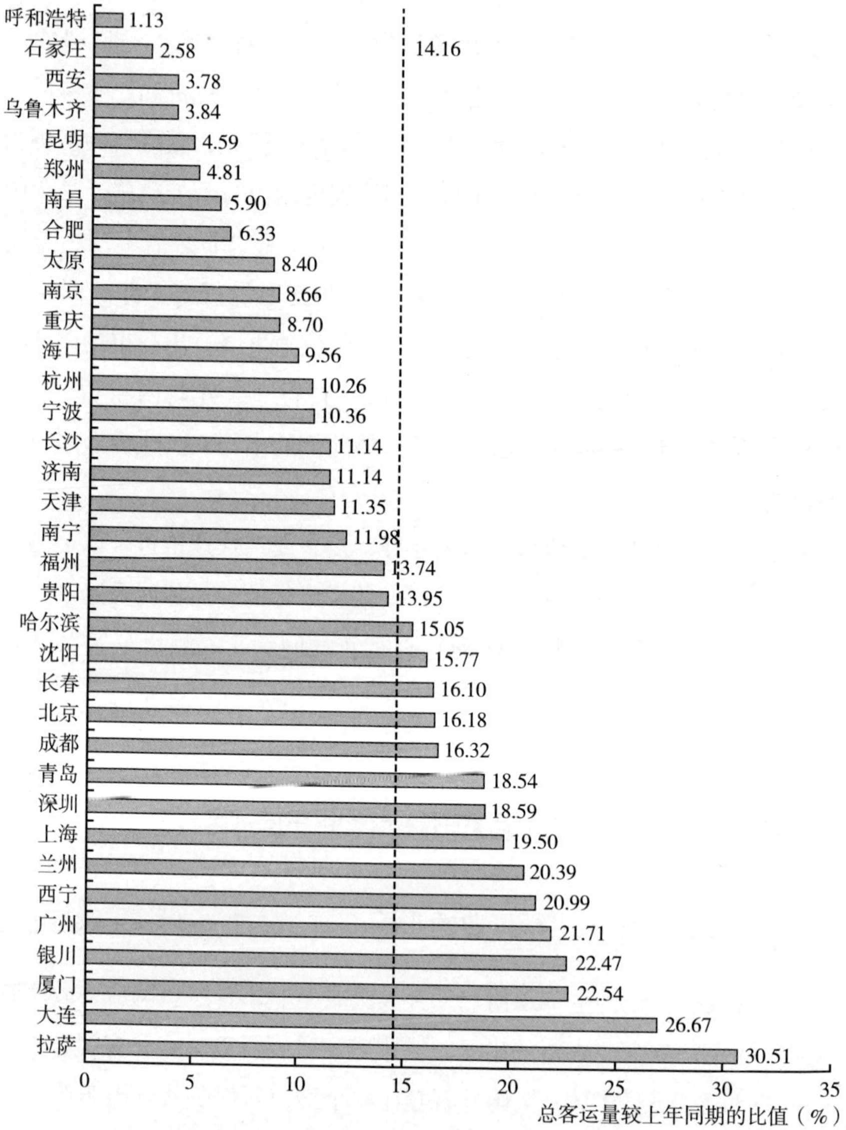

图1　2020年2月城市客运总量与2019年同期对比

资料来源：交通运输部。

2020年2月，全国35个中心城市（不含武汉）公共汽电车客运量为上年同期的12.98%，其中，下降幅度最大的是呼和浩特，为上年同期的0.39%；下降幅度最小的是拉萨，为上年同期的41.02%。

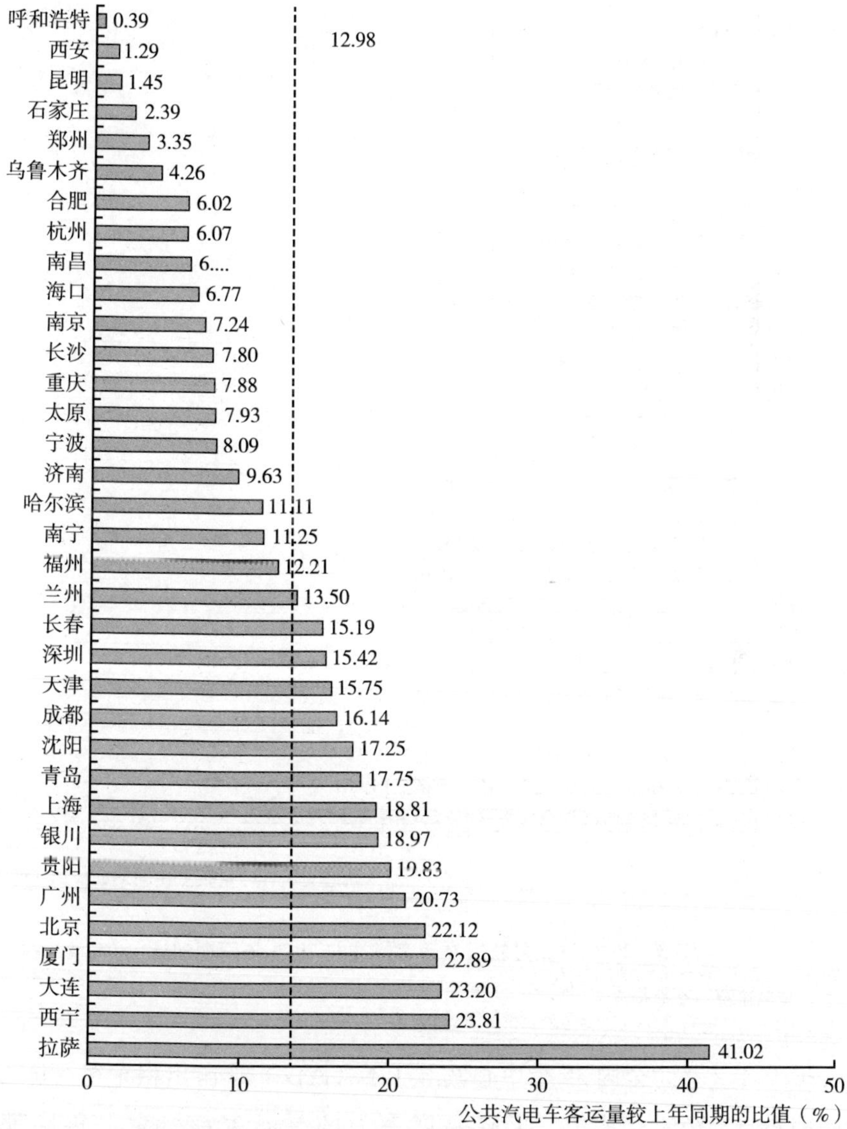

图2　2020年2月公共汽电车客运量与2019年同期对比

资料来源：交通运输部。

2020 年 2 月，全国 27 个中心城市（不含武汉）轨道交通客运量为上年同期的 14.01%，其中，下降幅度最大的是乌鲁木齐，为上年同期的 1.54%；下降幅度最小的是厦门，为上年同期的 37.71%。

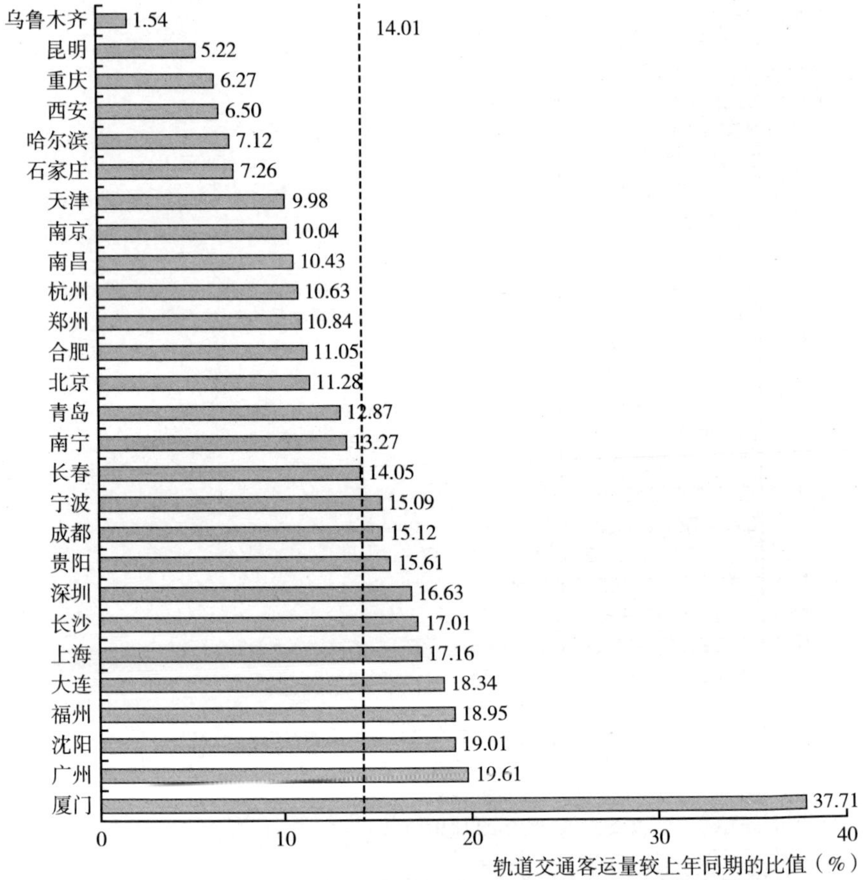

图 3　2020 年 2 月轨道交通客运量与 2019 年同期对比

资料来源：交通运输部。

2020 年 2 月，全国 35 个中心城市（不含武汉）巡游出租车客运量为上年同期的 17.76%，其中，下降幅度最大的是石家庄，为上年同期的 0.82%；下降幅度最小的是大连，为上年同期的 38.84%。

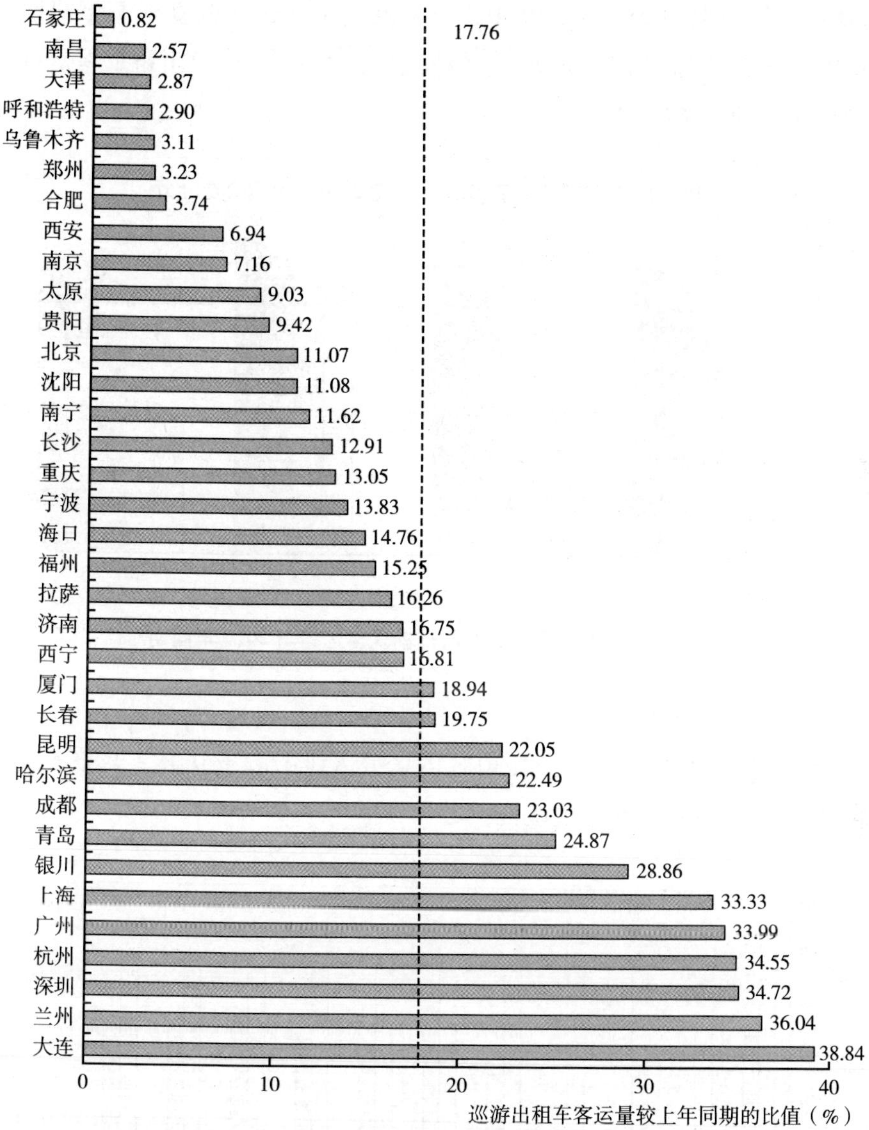

图 4　2020 年 2 月巡游出租车客运量与 2019 年同期对比

资料来源：交通运输部。

2020 年上半年，随着复工复产的进一步推进，公共汽电车、轨道交通、巡游出租车客运量逐步回升，截至 2020 年 6 月底，36 个中心城市客运总量恢复到上年同期的68.1%，其中，公共汽电车客运量恢复到上年同期的64.2%、轨道交通客运量恢复到上年同期的74.6%、巡游出租车客运量恢复到上年同期的67.0%。

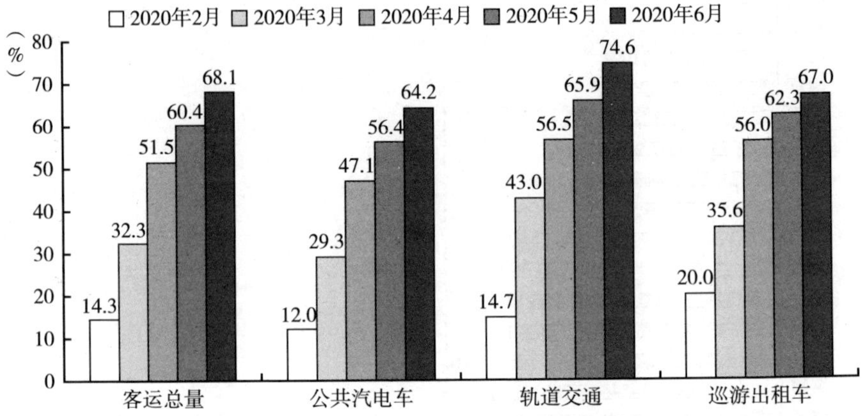

图5　2020年上半年不同类型出行模式客运量与2019年同期对比

资料来源：交通运输部。

截至2020年11月，中心城市客运总量达到47.2亿人次，仅恢复至上年同期的82.1%，回暖速度缓慢。

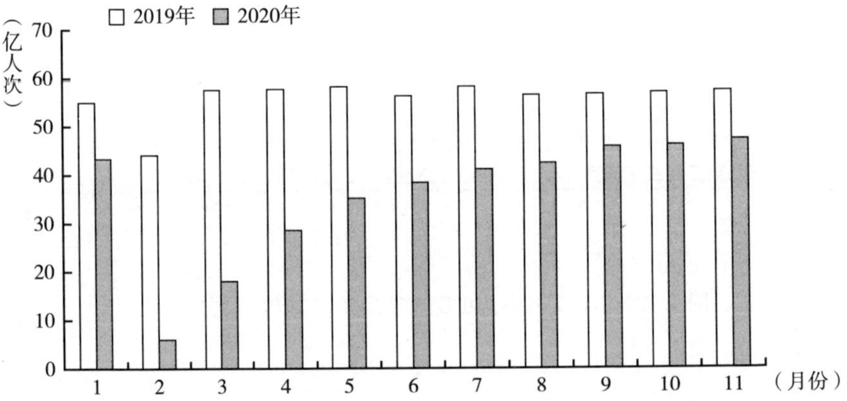

图6　2020年1～11月中心城市客运量与2019年同期对比

资料来源：交通运输部。

截至2020年12月底，36个中心城市全年城市客运总量为441.5亿人次，较2019年下降34.1%，其中，公共汽电车客运量为205.3亿人次，较2019年下降39.1%；轨道交通客运量为170.9亿人次，较2019年下降26.7%；巡游出租车客运量为64.9亿人次，较2019年下降35.1%。

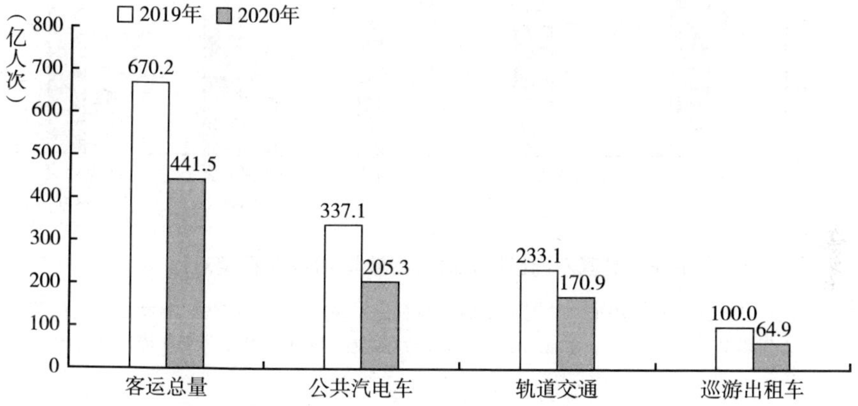

图7　2020年中心城市客运量与2019年同期对比

（二）疫情对英国出行行业的影响①

2020年3月底，英国不同交通出行方式客运量均有所下降，其中铁路运输与伦敦地铁客运量下降尤为严重。2020年8月底，自驾出行人次恢复至疫情暴发前的93%，伦敦地区常规公交客运量恢复至2019年同期的55%。

1. 自驾

2020年3月底，英国自驾出行人次降至2019年同期的36%。随着部分地区疫情得到有效控制，8月底自驾出行人次恢复至2019年同期的93%。

2. 伦敦地铁

2020年3月，伦敦地铁关闭40个站点并取消部分夜间服务，伦敦地铁客运量降至2019年同期的5%。2020年8月底，伦敦地铁客运量仅恢复至

① 注：本部分所有数据均源自英国交通部。

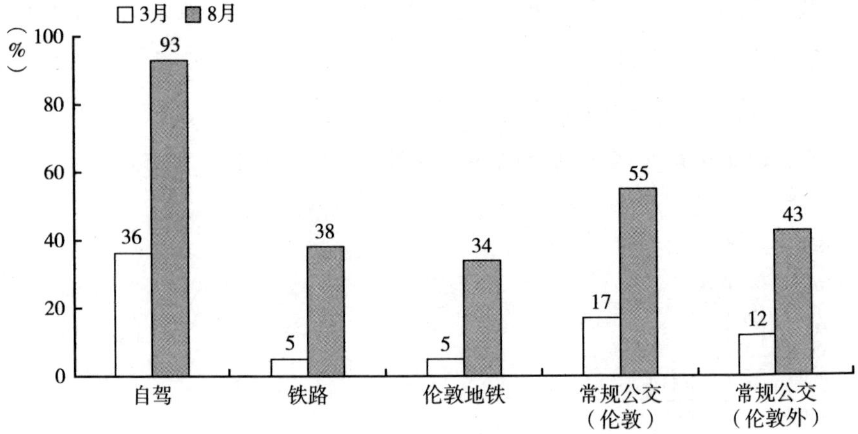

图8　英国不同出行方式客运量与2019年同期对比

注：自驾数据为与2020年2月第1周同期对比；铁路、伦敦地铁、常规公交（伦敦）数据为与2019年同期对比；常规公交（伦敦外）数据为与2020年1月第3周同期对比。

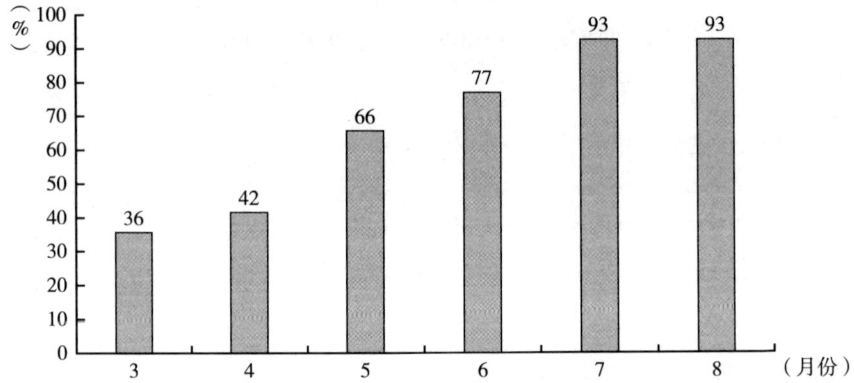

图9　2020年3~8月英国自驾出行与2019年同期分月对比

2019年同期的34%。

3. 常规公交（伦敦）

自“禁足令”下达以来，伦敦常规公交服务班次大幅减少，截至2020年3月底，客运量下降至2019年同期的17%。随着部分地区疫情得到有效控制，8月底，伦敦常规公交客运量恢复至2019年同期的55%。

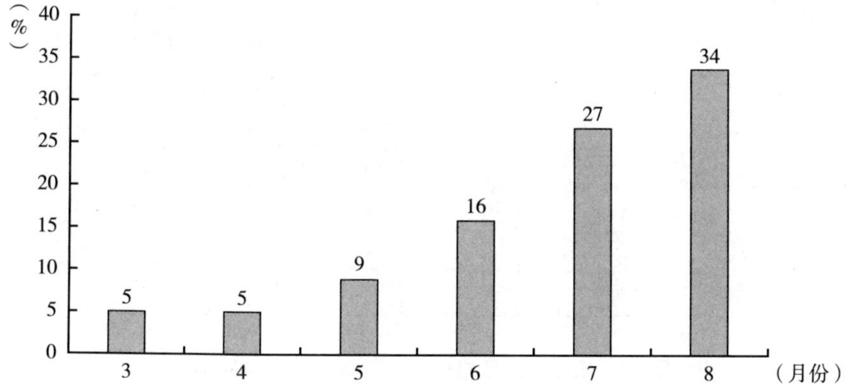

图 10　2020 年 3～8 月伦敦地铁客运量与 2019 年同期对比

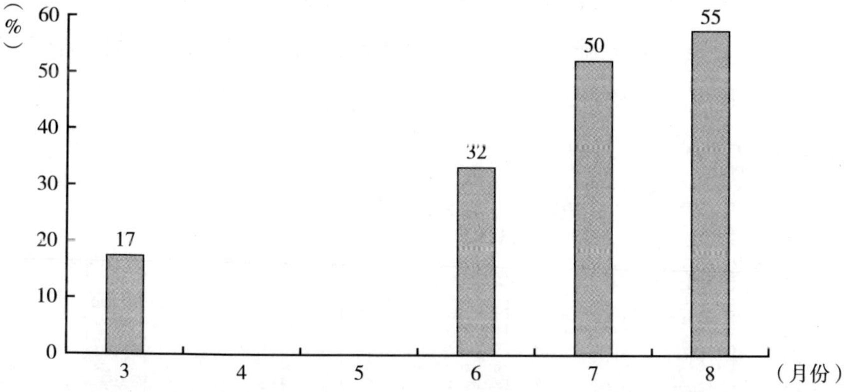

图 11　2020 年 3～8 月伦敦常规公交与 2019 年同期对比

注：受英国相关政策影响，暂无 4～5 月伦敦常规公交客运量数据。

4. 常规公交（伦敦外地区）

在伦敦以外地区，“禁足令”的发布同样对常规公交客运起到了抑制作用。2020 年 3 月底常规公交客运量降至 2019 年同期的 12%，截至 2020 年 8 月，伦敦以外地区常规公交客运量仅恢复至 2019 年同期的 43%。

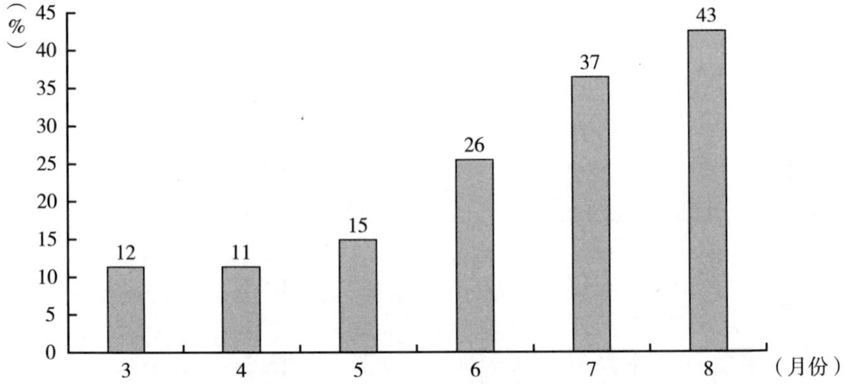

图 12　伦敦外地区常规公交与 2019 年同期对比

（三）　疫情对美国出行行业的影响①

2020 年 1 月和 2 月，美国城市客运总量相较上年同期均有所提升。2020 年 3 月，美国新冠肺炎疫情大面积暴发，当月月底确诊人数累计超 16 万，对比 2 月底增加超过 2000 倍，城市客运总量环比骤降 38.0%，仅为上年同期的 59.3%。

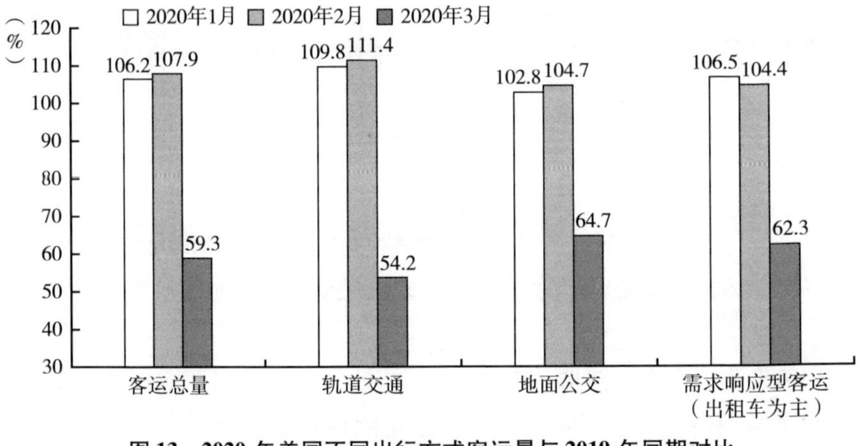

图 13　2020 年美国不同出行方式客运量与 2019 年同期对比

① 本部分数据均源自美国交通运输协会。

1. 轨道交通

2020 年 1 月和 2 月，轨道交通客运量相比上年同期分别增长 9.8%、11.4%。3 月轨道交通客运量环比下降 44.0%，为上年同期的 54.2%。

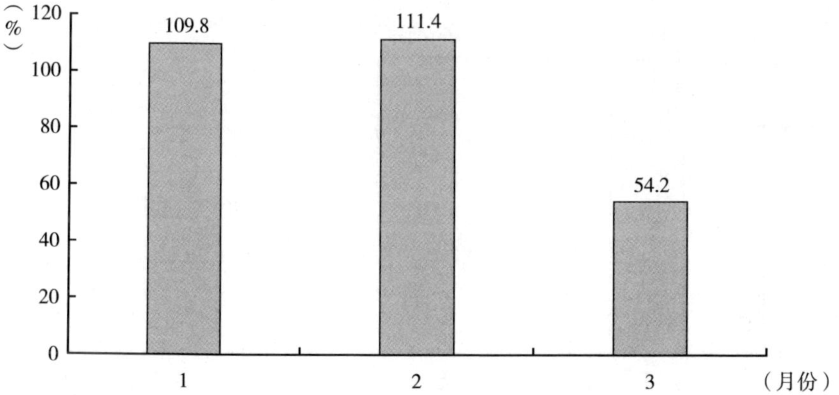

图 14　2020 年美国轨道交通客运量与 2019 年同期对比

2. 地面公交

2020 年 1 月和 2 月，地面公交客运量相比上年同期分别增长 2.8%、4.7%。3 月地面公交客运量环比下降 31.9%，为上年同期的 64.7%。

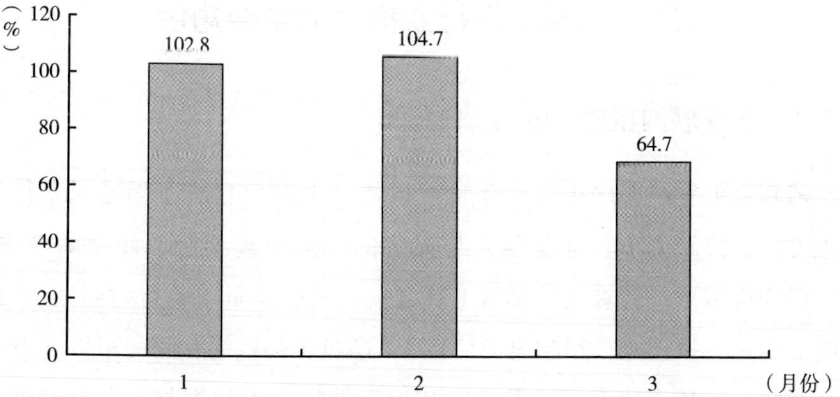

图 15　2020 年美国地面公交客运量与 2019 年同期对比

3. 需求响应型客运（出租车为主）

2020 年 1 月和 2 月，需求响应型客运量相比上年同期分别增长 6.5%、4.4%。3 月需求响应型客运量环比下降 31.0%，为上年同期的 62.3%。

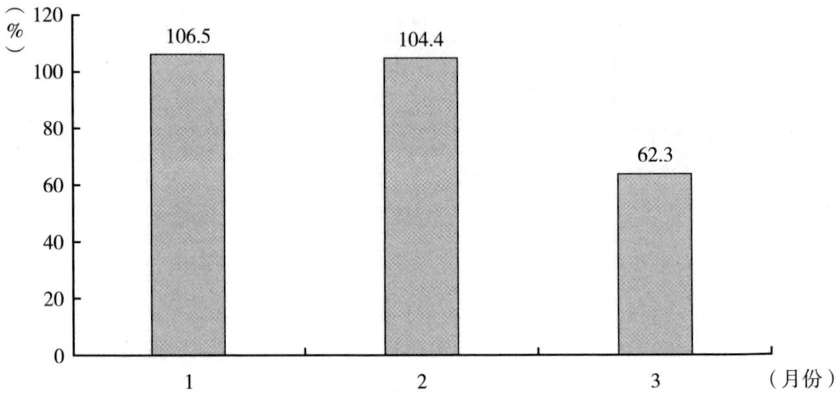

图 16　2020 年美国需求响应型客运量与 2019 年同期对比

总的来看，疫情对各国出行行业的影响都相当巨大。疫情对全球出行行业带来了较大冲击，出行行业的转型升级迫在眉睫。

二　共享出行行业扮演的重要角色

（一）互联网租赁（电动）自行车

随着复工复产有序推进，互联网租赁（电动）自行车因通风条件好、消毒方便、接触面小、可避免人与人之间的近距离接触、便捷高效等优势，成为许多出行者首选的交通工具之一，骑行总量、骑行时间、骑行距离明显增加。据调查，2020 年 2 ~3 月，超过 3 公里的互联网租赁（电动）自行车骑行总量同比翻了一番。哈啰出行披露的大数据显示，疫情期间，超市、农贸市场等地点附近互联网租赁自行车骑行量占比上涨约 5%。

复工之后深圳市的互联网租赁自行车用户平均骑行距离较之前增加

60%，平均骑行时长达到25分钟，这说明互联网租赁自行车成为疫情之下中短途距离的重要出行方式，甚至成为部分用户“门到门”通勤出行的重要方式。北京市互联网租赁自行车的平均骑行速度、骑行时间、骑行距离三项指标均有所提升，其中，平均速度为9.2公里/小时，同比增长17.9%；平均骑行时间12.1分钟，同比增长14.2%；平均骑行距离（除1月）为1.9公里，同比增长26.7%。

以美团为例，疫情期间（2020年1月23日至3月12日），武汉市美团单车出行量约为230万人次，成为居民出行的首选，同期公交集团的公交客运量仅为108.5万人次，出租汽车客运量为56.8万人次。

互联网租赁（电动）自行车作为一种绿色环保的出行方式，对解决出行难题、提高出行效率、缓解城市拥堵、促进节能减排等有着重要作用。

（二）顺风车

在政策引领下，顺风车成为上班族的新选择。2月9日，上海新冠肺炎防控工作指挥部提出，在确认安全无风险的情况下，鼓励同单位、同写字楼、同园区人员，组成固定搭档，拼车上下班。虽然公共交通的防护措施很严格，但毕竟人流量大，避免不了和陌生人接触，交叉感染的风险相对较高。顺风车聚集性小、出行频次低、接触人数有限、良好的可追溯等天然优势在疫情防控期间凸显了出来。

3月，顺风车平台公司要求车主和乘客每日出行前均需进行健康打卡，疫情期间有过湖北往来史或接触过相关人员（疑似或确诊）或当前有发烧、咳嗽等不适症状的用户将暂时无法使用顺风车服务；为避免间接传染，车主、乘客需要佩戴口罩出行，如发现对方未佩戴口罩，可无责取消订单。平台也会通过AI智能识别方式对司乘进行抽查。

哈啰出行旗下的普惠出行事业部还出资5000万元用于春节专项补贴，鼓励司机购买消杀、防疫用品，建立起全方位的防疫消杀、出行安全体系。滴滴顺风车在开通试运营的城市建立线下消毒点，为已注册的顺风车车主免费提供车辆消毒服务。

（三）分时租赁

疫情期间在人与人的近距离接触中存在传染风险，为此，自驾出行更受追捧，对于有本无车人群，分时租赁更是其重要选择之一。同时疫情促进了大众对汽车分时租赁行业的认知，并将进一步培养用户对分时租车的使用习惯。

分时租赁企业积极参与抗疫工作，运用移动出行平台高效智能的调度运算力、实时的用车需求响应力、灵活的车辆取还及用车溯源追踪等功能，为战“疫”前线的交通出行、物资输送提供保障支援。各分时租赁平台发挥自身社群运营能力，助力防疫常识普及，同时建立防疫信息透明制。用户防范意识增强，对分时租赁车辆内部的清洁、消毒等极为关注。多数平台加大优惠力度，针对“复工潮”推出多元计价策略及优惠福利，激发市场需求释放。企业推行零接触上门服务，助力用户足不出户、充分避开人员密集即有车可用。

相关企业也高度重视防疫工作，如华夏出行旗下分时租赁品牌“摩范出行”，疫情期间实施“1 客 1 消毒”的标准，对车辆内部进行封闭式消毒，对用户重点接触区域采取高温蒸汽二次消毒，增加了针对司机与乘客的防护措施，在车内安装前后座隔离膜，打造车内安全舱。

疫情促使分时租赁行业推进精细化管理及提升服务效率。工作人员积极提高防护的全面性、车辆清洁消毒的及时性、车辆运维流程的规范性。运维团队加强人员管理与成本管控，进一步推进节能增效。

此外，汽车分时租赁与长短租边界缩小，企业加快落地长短租模式。其一，受疫情影响，独享车内空间将成为未来用户出行过程中较为关注的内容，长短租模式较分时租赁更能契合当下市场需求侧的变化；其二，疫情阻碍用户外出需求释放，运营企业存在更多闲置车源，长短租模式可有效提高车辆运转效率，增加平台收益，分担车源成本；其三，长短租模式可减少运营方的车辆清洁保养尤其消毒的频次，从而减少防护清洁等物资筹备、提高运维人车比，从根本上降低运营成本。

三　共享出行行业的抗疫举措

疫情期间，在满足居民出行需求、维护交通运输行业稳定发展的同时，为尽量避免人员复杂密集，防止疫情进一步蔓延，中央及各地政府针对城市机动化出行出台了一系列政策。

（一）国家层面

截至2020年4月，适用于共享出行行业的国家政策共涉及13个部委发布的41项政策，相关政策主要集中在网约车、顺风车等的交通保障、防控防疫和资金支持三个方面，以保障行业安全稳定运行。

疫情初期，部分城市执行公共交通停运政策，针对巡游出租车、网约车和顺风车落实的交通保障和防控防疫的政策较为集中。随着全国复工复产的有序推进，为防范疫情反弹，3月防疫防控相关政策持续加码。

（二）地方层面

全国293个地级市中，先后有85个城市为严防疫情蔓延，出台巡游出租车、网约车、顺风车停运限行政策，停运限行时间集中在1月下旬至2月上旬。

巡游出租车、网约车、顺风车的停运限行以湖北及其周边省份为主，这些地区防疫压力较大，对交通的管控措施较严；其他执行停运政策的城市主要为三、四线城市。

为做好服务保障和疫情防控工作，防止病毒通过公共交通工具扩散，全国293个地级市中超6成城市在巡游出租车及网约车出行服务中增设乘客信息追溯功能，主要有二维码实名认证和出行信息登记两种方式。

二维码实名认证方式在一线城市普及率较高，84%的一线城市均有应用。二维码实名认证的推进不仅在疫情期间起到防控作用，而且为今后的司乘安全保障及交通运力的投放提供了精准的信息支持。

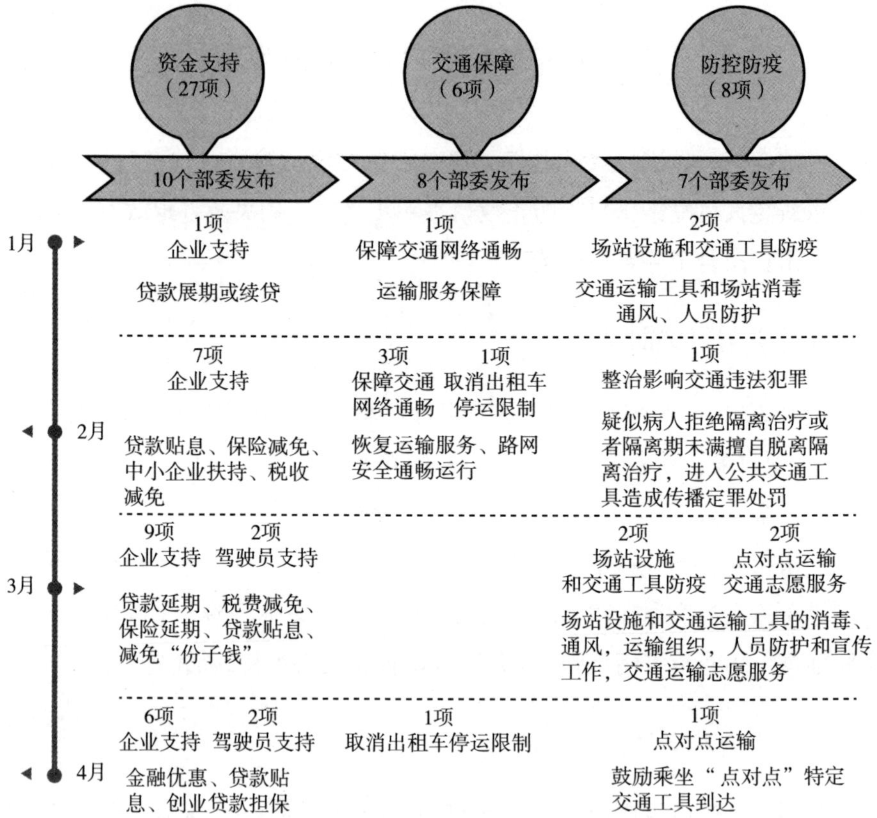

图 17　相关防疫防控政策一览

随着复工潮的来临，居民出行对网约车、出租车的需求逐渐增加，而保障人员运输过程中司乘双方的人身安全，就成为各大网约车平台的首要任务。

（三）企业层面

在疫情防控期间，主要出行平台企业积极主动参与疫情防控工作，做出了巨大贡献。哈啰出行向全国抗疫一线单位累计提供单车及助力车月度无偿骑行卡 37384 份，季度无偿骑行卡 22919 份，保障一线人员的必要工作出行需求。疫情期间，华夏出行的“摩范速运”为重庆、广州、郑州等 10 个城市捐赠 2000 辆物流车辆，用于战疫物资的输送。根据了解，疫情期间，“摩

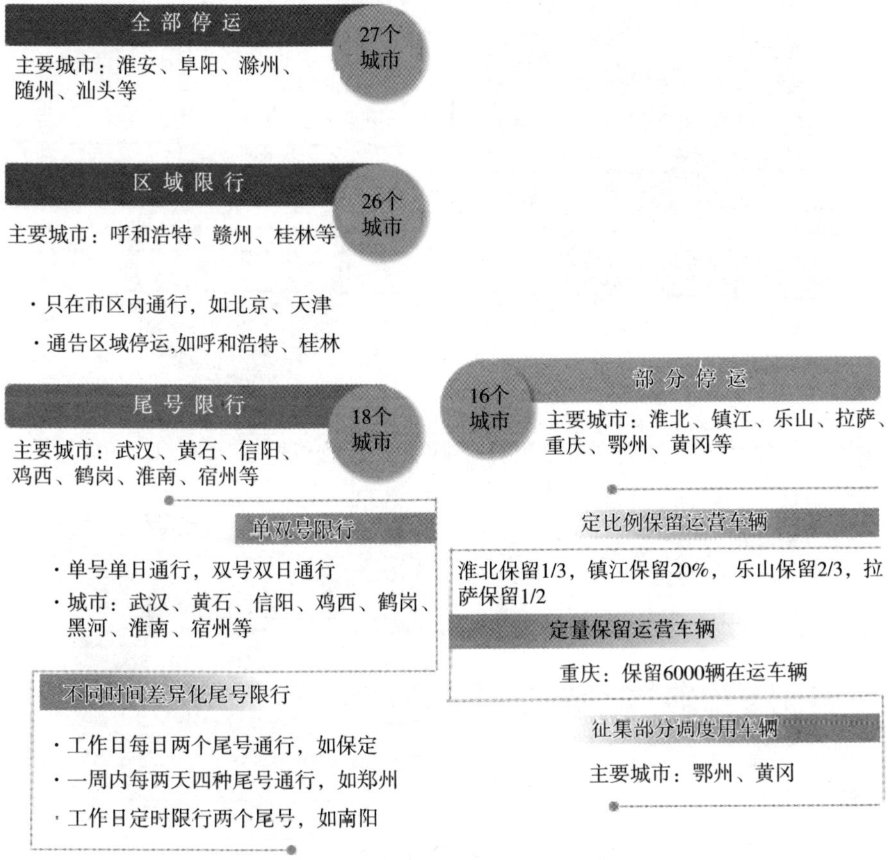

图 18　各地采取不同运行限制政策一览

范速运”为重庆、广州、郑州等 10 个城市捐赠 2000 辆物流车辆，用于战“疫”物资的输送。首汽约车在武汉疫情期间共计近 600 名驾驶员加入社区保障团队，累计提供出行服务 51 万余次。美团单车、哈啰出行和滴滴青桔等行业企业一道发起“无差别消毒”倡议，即运维人员不分品牌，对负责区域内所有互联网租赁自行车进行消毒。曹操出行在十多个运营城市迅速组建了应急保障车队和城市爱心车队，由政府部门或各社区居委会统一调度，为本区域的医务工作者通勤、社区居民救助和应急物资转运等提供支持。T3 出行在全国运营城市上线“健康车”及“司机 + 车辆 + 平台”三大防护

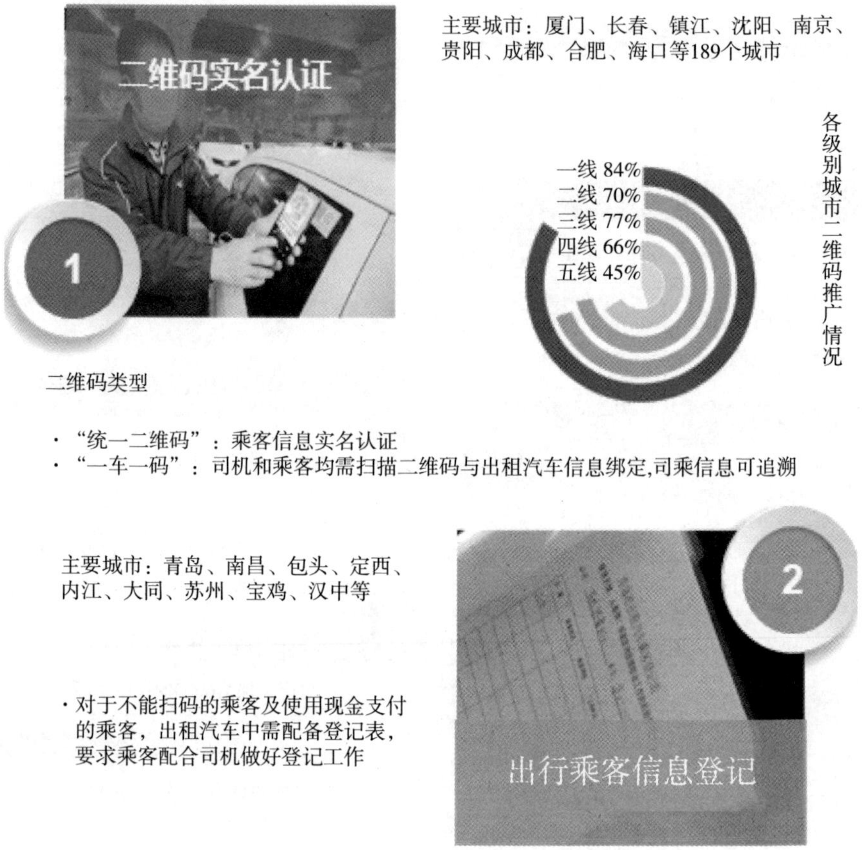

图 19　二维码实名认证推广情况

体系的基础上，新增可溯源的智能防疫体系，通过大数据、车联网等技术，全方位守护司乘安全和健康。

四　共享出行行业的发展方向

（一）网约车供应端洗牌，平台及主机厂等企业加速渗透

疫情下，延期复工开学、网约车司机退车潮等诸多因素导致部分资金实力弱、过度依赖金融机构借贷的区域性中小型汽车租赁公司企业遭受资产停滞的生存打击，从而加速离场。

疫情之后，网约车供应侧将更多地向资金实力强、风险抵御能力大、司机管控能力强的大型企业集中。此外，针对网约车业务的汽车租赁市场具备利润可观、回报周期短等特点。

疫情之后，网约车供应端的准入门槛会逐步提高，头部网约车平台和主机厂在该领域的竞争中将具有优势。

（二）需求响应公交有望成为快速发展的新兴领域

前几年需求响应公交模式就已经出现，从行业巨头到小型互联网初创企业等都在此领域试水，但受限于城市居民新型消费习惯尚在养成中，需求响应公交发展一直处于启动和测试阶段。

疫情期间，部分城市为复工复产推出需求响应公交，这将成为需求响应公交领域市场扫盲、用户培育的良好机会，如深圳、南通市、西咸新区等城市已经开始试点并推广。

（三）政府进一步加大交通产业智慧化投入

疫情之后，交通产业智慧化已被提升至国家安全层面。疫情期间，深圳、南京等10多个城市以率先实行公交、地铁、出租车等实名制方式，实现乘客信息可追溯，有效提高疫情防控效率，降低防控成本。此外，山东、湖南等地利用互联网化手段，将高速公路设卡检查转为在线数据联网查询，提高高速公路通畅性。

预计疫情之后，政府将大力推进包括公交、地铁、传统线下巡游出租车等多种交通方式在内的智慧化进程。

（四）将两轮共享出行工具纳入国家应急资源调配体系

新冠肺炎疫情给经济社会发展带来了前所未有的冲击，也促成全社会协同参与的应急物资采购调配体系初具雏形。针对共享两轮出行工具在疫情期间发挥的巨大作用，建议将两轮共享交通工具纳入应急出行管理体系予以统一调配。

疫情初期，各地医护人员和城管、环卫、基础服务等必须坚守岗位的人群以及各类志愿者，对互联网租赁自行车有迫切的需求。但很多地方由于缺乏统一的指导和规划，应急效率受到影响，供需不平衡情况凸显，两轮交通工具在特殊环境下的作用未能真正发挥。

建议将两轮共享出行工具纳入国家应急资源调配体系，建立健全应急两轮共享出行物资储备保障制度。按照“统一调度、集中使用”的原则，探索建立资源共享和使用效益最大化的应急工作和储备保障机制。同时，鼓励特殊时期流程打通，将共享出行大数据与疫情精准防控结合。

（五）互联网租赁电动自行车可成为推动电动自行车新国标落实的抓手

复工初期，不少城市的居民陆续出门返工，但限于临时管理措施，公交、地铁等集约化出行工具尚未全面恢复，人们在出行选择上出现了一段“真空期”。以昆明为例，3 月，人们的通勤选择并不多，因而该市于 2019 年 11 月刚开放的共享电车成为路面上的“新宠”。

自新的《电动自行车安全技术规范》（俗称“电动自行车新国标”）正式实施以来，互联网租赁电动自行车正在成为“新国标”落地的重要突破口。互联网租赁电动自行车的发展引起了行业的关注。

十部委在 2017 年关于互联网租赁自行车的指导意见中提出“不鼓励发展互联网租赁电动自行车”，是基于当时条件做出的判断，随着新国标的出台和落实，行业发展趋势将发生重大变化。

与私人电动自行车不同，互联网租赁电动自行车的车辆合规合标、管理全流程化，可从源头上解决电动自行车“停放难”“监管难”以及屡见不鲜的安全问题，推动社会共治局面真正形成，助力“新国标”落地。

因此建议在《交通强国建设纲要》指引下，将互联网租赁电动自行车纳入总体交通发展规划，鼓励、规范行业发展，相关立法部门、管理部门须提前介入，根据互联网租赁电动自行车行业发展趋势，提前规制、引导。可参考互联网租赁自行车行业的发展，从国家部委到各地政府提前介入，引入相关企业、用户、专家学者参与立法或规定制定过程，有前瞻性地规范、引导行业发展。

B.11
聚合打车平台的商业模式及法律分析

刘 明*

摘 要： 聚合打车平台一端连接广大乘客群体，另一端连接与其建立合作关系的各家网约车公司和巡游车公司。聚合打车平台为用户（包括乘客和网约车公司）提供的是信息中介服务，是区别于网约车公司向乘客提供交通运输服务的新模式。聚合打车平台与网约车公司、乘客之间的法律关系，与电商平台、平台内经营者和消费者的关系较为类似。根据2019年《国务院办公厅关于促进平台经济规范健康发展的指导意见》中对于新业态应“分类量身定制适当的监管模式，避免用老办法管理新业态”的相关精神，更为合理的做法是，将聚合打车平台界定为一种新型平台，在适当参考《电子商务法》中关于平台治理的通用性规则基础上，探索制定与聚合打车平台商业模式更相契合的监管规则。

关键词： 聚合打车平台 监管模式 平台治理 网约车公司

在数字经济领域中，技术和商业模式的创新往往会给原本看似已十分稳固的市场格局带来翻天覆地的改变，“换道超车”的戏码不断上演。2015 年，滴滴快车的上线正式拉开了我国网约车行业快速发展的大幕，短短数年，就使出租车行业的原有格局和经营模式发生了翻天覆地的变化。如今，网约车

---

* 刘明，博士，高德地图共享出行研究专家。

行业则成为新一轮模式创新“整合与颠覆”的对象，而有能力带来此种影响的正是聚合打车平台。

2017 年 5 月，高德地图在全国首创“聚合打车模式”，借助高德地图既有的丰富用户资源，以及“一键呼叫”多家网约车公司所带来的便利用户体验，上线以来迅速获得了用户的认可，并通过跨领域的流量导入，对网约车行业的既有竞争格局带来了新的变化。在高德打车上线不久，美团、百度、腾讯等企业也纷纷采用该模式，基于各自的优势应用推出聚合打车平台业务，滴滴出行也在自己的平台之上推出了类似业务。

相较于已基本步入成熟期的网约车行业，聚合打车平台的商业模式还处在持续发展阶段，而如何妥善地为其制定监管规则，则还有更多值得讨论和探索的空间，鉴于此，本报告拟对聚合打车平台的商业模式进行剖析，并对其法律定位和监管规则提出建议。

一　聚合打车平台的商业模式及其行业影响

（一）聚合打车平台的商业模式

聚合打车平台是平台经济在出租车行业的又一次模式创新，平台一端连接广大乘客群体，另一端则连接与其建立合作关系的各家网约车公司和巡游车公司。

当乘客使用聚合打车平台时，可以根据自己的需求与偏好，在平台内不同品牌、不同类型的出租车服务中自由选择。当乘客发出用车需求后，聚合打车平台会将该需求同时发送至其选择的网约车公司，并由后者根据自身的派单规则和运力情况反馈是否接单，聚合打车平台通常会将最先反馈接单的网约车公司及其派遣的驾驶员信息告知乘客，并由该网约车公司为乘客提供运输服务。在结束服务后，乘客可通过聚合打车平台上集成的第三方支付通道，将车费直接支付给为其提供服务的网约车公司；同时，聚合打车平台也会将乘客对司机的评价实时反馈给其所在的网约车公司。

在聚合打车平台业态发展初期，平台聚合的运力资源大多来自网约车公司，然而这两种“平台”在商业模式上存在本质区别，网约车公司是以向乘客提供交通运输服务为业，因此需承担承运人责任，而聚合打车平台为用户（包括乘客和网约车公司）提供的是信息中介服务。具体来说，二者在商业模式上主要存在以下区别。

第一，对于司机和车辆的控制力不同。聚合打车平台不直接招募驾驶员和车辆，乘客通过聚合打车平台叫到的所有车辆及驾驶员，均隶属于特定的网约车公司或巡游车公司，而与聚合平台之间没有直接法律关系。相较之下，网约车公司直接招募网约车驾驶员，因此可基于双方签订的劳动合同或其他合同，对驾驶员及其车辆的资质进行审查，并对其运营活动进行监督管理。此种差异的另一个直观体现在，聚合打车平台不会向驾驶员提供专用 App，而此类 App 恰好是网约车公司对其驾驶员进行管理的主要工具。

第二，对于运输服务的介入程度不同。聚合打车平台为用户提供的服务，主要是通过在乘客与网约车公司之间的信息传递来撮合双方交易，至于运输服务的价格、服务的规范与质量标准、驾驶员的派单机制以及路径规划等具体事项，则均由实际接单的网约车公司决定，聚合打车平台不作直接干预，亦不会向网约车公司强制派单。换句话说，聚合打车平台只是为乘客提供了一个新的叫车入口，其实际效果与乘客通过网约车公司的自营客户端叫车并无本质区别。

第三，收益模式不同。聚合打车平台的收益主要来源于平台内网约车公司向其缴纳的服务费，而非与网约车驾驶员进行直接分成。进一步说，聚合打车平台赚取的，主要是为网约车公司提供用户资源（即导流）和相关配套服务的报酬，而不从乘客与网约车公司的运输服务价款中抽成。

总而言之，通过上述对比可以清晰地看出，聚合打车平台与网约车公司虽然在业务上存在较为紧密的合作关系，但二者在商业模式上存在本质区别，而此种差异将直接反映在对其法律属性的界定，以及相关法律监管规则的适用之上，对此将在下文予以详述。

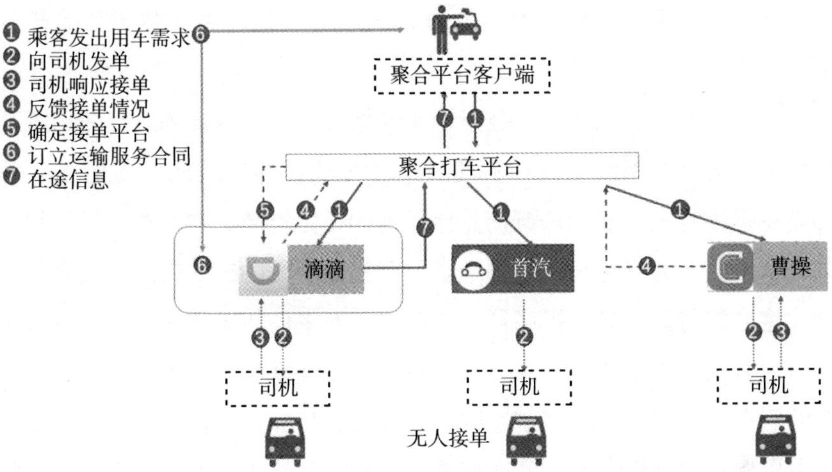

图 1　聚合打车平台商业模式示意

（二）聚合打车平台的行业影响

聚合打车平台的商业模式创新，与共享经济中立、普惠、促进资源高效利用的核心价值高度契合，通过打通各家网约车公司之间的信息壁垒，扩大乘客用车需求的触达范围，使原本呈碎片化分布的运力资源得以有效整合，从而在显著提高供需双方资源匹配效率的同时，为整个出租车（特别是网约车）行业的既有市场格局带来了变革的契机。

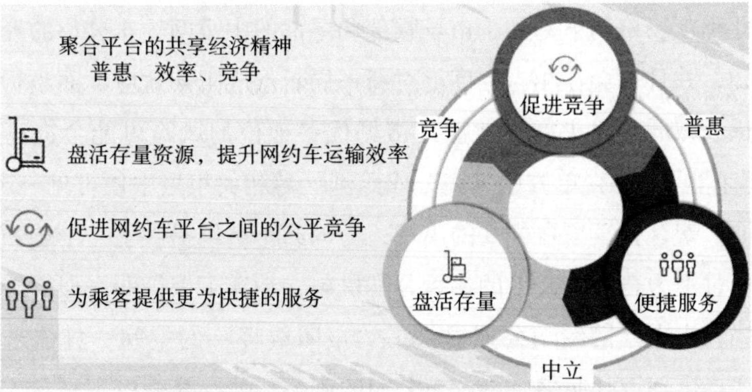

图 2　聚合打车平台的共享经济精神

1. 聚合打车平台有助于盘活存量运力资源，优化乘客体验，提升运力效率

近年来，随着网约车公司数量的快速增加，运力资源碎片化的现象开始显现。由于乘客在网约车公司自建 App 中发送的用车需求，只能在其平台内部进行资源匹配，而无法调动其他平台的运力资源，在实践中，经常会出现某平台内的运力资源长期供不应求，而其他平台的运力资源却大量闲置的情况。这显然与共享经济提高社会资源配置效率的初衷相违背。聚合打车平台的出现有助于缓解这一现象，通过建立信息共享机制，聚合打车平台可将乘客的用车需求同时发送至多家网约车公司，从而通过在更大范围内整合存量运力资源，提高供需双方的匹配效率，在有效缩短乘客打车等待时间的同时，降低网约车司机的整体空驶率，提升城市运力资源的利用效率。

2. 聚合打车平台通过“流量普惠”扰动网约车市场竞争格局，促进企业间良性竞争

目前，全国共有 200 余家网约车公司取得了运营许可，但平台经济的规模效应决定了头部企业对乘客和运力资源的“虹吸效应”十分明显，我国网约车行业基本形成了“一超多强”的市场格局。根据全国网约车监管信息交互平台的统计，2020 年 10 月，当月订单总量超过 100 万单的网约车公司只有 8 家，而排名第一的滴滴出行的月订单量则是排名其后 7 家平台（包括滴滴旗下花小猪出行）订单总和的 9 倍之多。

在此种市场格局下，处于市场腰部和尾部的中小网约车公司的经营压力可想而知，并且也会在相当程度上对新入局者形成阻却效应，而当行业内部的竞争逐渐减弱时，头部企业滥用市场优势地位的风险可能会提高，这从“大数据杀熟”“平台单方面提高分成比例”等相关报道中便可见一斑。

然而，聚合打车平台模式的出现，为网约车市场提供了一个全新的流量入口，通过更为普惠和公平的流量分配机制，动摇了该行业看似已经固化的市场格局，为中小网约车公司提供了“报团取暖”的空间。具体来说，通过为乘客提供一键呼叫多个网约车公司的服务功能，聚合打车平台大幅降低了乘客在不同网约车公司之间的切换成本，从而使得那些中小网约车公司有

机会与头部企业分享乘客订单。更为重要的是，流量资源的普惠将在相当程度上削弱头部企业单纯凭借市场份额所获得的竞争优势，让各家网约车公司无论大小，均回到同一起跑线上，主要凭借更为优质的服务进行竞争。此种竞争格局无论是对于消费者福利的提升还是对于整个行业的健康持续发展都是有所助益的。

3. 聚合打车平台助力巡网融合发展

虽然近年来网约车行业发展迅速，但巡游车仍然占据整个出租车行业的大半江山，是百姓生活工作的重要交通工具，特别是对外籍和外地游客、老年人、残疾人等特殊群体，更是发挥着不可替代的作用，并在相当程度上代表着一个城市的形象。根据交通部《2019 年交通运输行业发展统计公报》的数据，截至 2019 年底，全国共拥有巡游出租车 139.16 万辆，巡游车驾驶员约 278 万人，全年完成客运量 347.89 亿人次，约占全国出租车订单额的 70%。

然而，相较于天然带有数字化基因的网约车行业，传统巡游出租车的数字化转型升级尚未全面展开，巡游车公司对运力资源的把控和调度能力相对较弱，导致在高峰时段、重点地区经常出现运力不足的情况，而车辆整体空驶率却始终居高不下。与此同时，僵化的定价机制也严重影响了巡游车司机群体收入的增加，使其在与网约车的竞争中长期处于劣势地位。

为了推进出租车行业的整体转型升级，交通部提出了推进巡游车、网约车新老业态融合发展的改革方向，提倡两种出行的驾驶员一体化，推进出租车运价走向市场化，而聚合打车平台的商业模式特点无疑有助于推动上述目标的实现。一方面，全新的流量入口以及普惠化的流量分配机制，使得接入平台的巡游车公司能够与其他网约车公司共享乘客资源，在实现订单增量的同时，可凭自身在车辆和驾驶员管理上的优势积累，与网约车公司展开有效竞争；另一方面，交通主管部门和巡游车公司也可借助接入聚合打车平台这一契机，推动巡游车行业管理和运营的数字化升级。

以深圳为例，2020 年 5 月，深圳市交通局发布了“深圳出租”App。该 App 由深圳交通局统筹协调、统一监管，高德地图提供技术支持和后续的运营维护服务。通过该款 App，深圳的巡游车司机可以实时接收乘客通过聚合打车平台发送的用车需求，并实现订单信息线上化、计价云同步、移动支付、线上开票等功能，从而让乘客获得与网约车相同的用户体验。自“深圳出租”App 上线以来，深圳市巡游车的订单总量呈现稳步上升趋势，在降低司机空驶率的同时，缩短乘客叫车等待时间。与此同时，通过该套系统产生的大量数据，对于交通主管部门更为准确和全面的了解城市交通运行情况，进而将出租车纳入城市 MaaS（出行即服务）系统，以乘客出行需求为中心统筹调配多种交通运输资源，提升城市交通运转的整体效率，也具有十分重要的价值。可以说，在深圳市巡网融合改革的试点工作中，聚合平台起到了重要的催化剂作用。

值得说明的是，巡游车公司通过接入聚合打车平台实现线上接单，并不会使巡游车在法律性质上变为网约车。事实上，乘客通过聚合打车平台预约巡游车，与通过电召预约并无本质区别，只不过信息传递方式从电话改为互联网，而早在 2016 年《巡游出租汽车经营服务管理规定》第 52 条中，就已明确将通过互联网预约纳入巡游车电召服务的范畴。因此，行业主管部门不应将巡游车线上接单行为纳入《网约车管理办法》的适用范围，从而要求巡游车公司只能通过获得网约车经营许可的网约车公司线上接单。

二　聚合打车平台的法律定位与平台治理规则

（一）聚合打车平台的法律属性分析

作为一种全新业态，准确界定聚合打车平台的法律属性，对于公平安排其与网约车平台、乘客及其他相关主体间的权利义务关系，以及合理设置聚合打车平台应承担的相关法定义务，均具有基础性和导向性的作用。

需要注意的是，对于聚合打车平台法律属性的分析，不应受从事该项业务的市场主体的身份影响，而应回归其商业模式的本源进行分析。结合前文对于聚合打车平台商业模式的分析，聚合打车平台在法律关系上主要涉及四方主体，分别是乘客、聚合打车平台、网约车公司及网约车司机，通过对这四类主体相互之间的法律关系进行分析，有助于厘清聚合打车平台的应然法律定位。

1. 乘客与聚合打车平台之间的平台服务关系

在此种法律关系中，聚合打车平台主要向乘客提供以下服务：第一，准确展示平台上可供选择的网约车公司、网约车服务类型以及预估价格等信息；第二，在乘客发出用车需求后，及时将其转发给各家网约车公司，并将接单网约车公司及其车辆和驾驶员的相关信息反馈给乘客；第三，通过聚合打车平台的终端 App，实时提供网约车行进路线和运费价格计算的相关信息，并提供第三方支付渠道用于向网约车公司支付价款；第四，接受乘客投诉，协助乘客处理其与网约车公司之间发生的各类纠纷，采取合理的安全保障措施，保护乘客出行安全。

2. 聚合打车平台与网约车公司之间的平台服务关系

聚合打车平台向网约车公司提供的服务主要包括：第一，在聚合打车平台上向乘客展示提供服务的网约车公司名称列表及其提供的服务类型和预估价格，供乘客从中进行选择；第二，将乘客在聚合打车平台上发出的用车需求，及时发送至乘客选中的各家网约车公司，在根据反馈情况确定最终接单的网约车公司后，在必要范围内向其提供乘客的相关信息；第三，通过设置和执行平台规则，为平台上各家网约车平台公司创造良好的经营环境，网约车公司则基于对上述服务的使用，向聚合打车平台支付服务费用。

3. 乘客与网约车公司之间的运输服务关系

在乘客通过聚合打车平台发出的用车需求被某家网约车公司成功接单后，乘客即与该家网约车公司形成了运输服务合同关系，而运输服务合同的具体内容，包括运费价格、服务标准、提供运输服务的司机和车型等，均由网约车公司与乘客双方协商确定，聚合打车平台并不介入其中。换句话说，乘客通过聚合打车平台叫车，不会影响其与接单网约车公司之间形成运输服务合同关系，聚合打车平台不会成为该合同的一方当事人。

4. 网约车公司与网约车司机之间的劳动或劳务关系

根据《网络预约出租汽车经营服务管理暂行办法》（以下简称《网约车管理办法》）第18条的规定，网约车公司应根据工作时长、服务频次等特点，与网约车司机签订多种形式的劳动合同或者协议，明确双方的权利和义务，此种合同关系也是网约车公司对网约车司机进行资质审核和运营管理的权利基础。与之不同，聚合打车平台与网约车司机之间并无任何合同关系，因此既无权利也无能力对网约车司机进行直接管理。

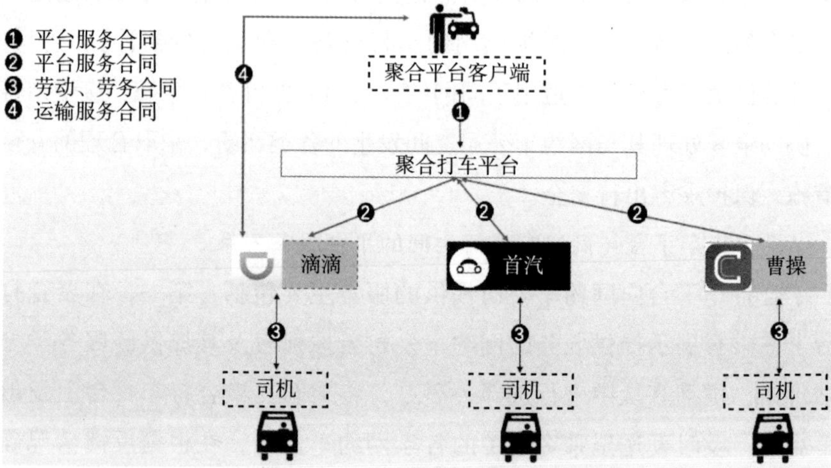

图3　聚合打车平台相关法律关系分析

综上所述，聚合打车平台与网约车公司、乘客之间的法律关系，与电商平台、平台内经营者和消费者的关系较为类似。其中，聚合打车平台与电商平台经营者相对应，而网约车公司则成为聚合打车平台上的“平台内经营者”，乘客则是聚合打车平台与网约车公司共同的客户，但二者提供的服务内容存在本质差异。

然而，考虑到制定《电子商务法》时，立法者主要是以淘宝、京东等商品销售类电商平台为原型创设相关规则的，因此不能将该法对于电商平台经营者的所有规定按图索骥式地套用到聚合打车平台。根据2019年《国务院办公厅关于促进平台经济规范健康发展的指导意见》中对于新业态应

“分类量身定制适当的监管模式，避免用老办法管理新业态”的相关精神，更为合理的做法是，将聚合打车平台界定为一种新型平台，在适当参考《电子商务法》中关于平台治理的通用性规则基础上，探索制定与聚合打车平台商业模式更相契合的监管规则。

（二）聚合打车平台的监管模式与注意义务

1. 聚合打车平台的市场准入规则

根据现行法律规范，聚合打车平台在市场准入方面并无特别限制，平台经营者无须专门申请行政许可即可开展此项业务，未来亦无必要对该项业务增设行政许可。

第一，聚合打车平台在商业模式和法律属性上与网约车公司均存在本质差异，因此在法律适用上，不应将其纳入以网约车公司为主要规制对象的《网约车管理办法》的管辖范围。《网约车管理办法》中关于网约车公司必须获得行政许可方可开展经营活动的规定，自然也就不应适用于聚合打车平台经营者。

第二，根据《国务院办公厅关于促进平台经济规范健康发展的指导意见》中对于“合理设置行业准入规定和许可”的要求，对于以提供信息中介和交易撮合为主要服务内容的聚合打车平台来说，亦无专门设置行政许可的必要。进一步说，虽然聚合打车平台撮合的交通运输服务本身，与人身健康、公共安全等存在较为紧密的关联，但考虑到聚合打车平台本身并不直接提供交通运输服务，且《网约车管理办法》已经对实际提供交通运输服务的网约车公司设置了相应的行政许可标准，以确保后者提供的服务符合安全保障标准，因此在聚合打车平台的行业准入规则上无须创设新的行政许可要求。

2. 聚合打车平台经营者的注意义务

聚合打车平台虽然不直接提供交通运输服务，但为了更好的保障乘客人身财产安全、维护出租车市场正常经营秩序，聚合打车平台经营者有必要承担相应的注意义务，通过综合运用技术与规则等手段，督促网约车公司提升自身合规能力与服务水平，为乘客提供更为优质和安全的服务，并在平台内部为各家网约车公司构建一个公平、开放的市场竞争环境。

第一，对乘客和网约车公司的主体身份和经营资质进行审查。通过对用户主体身份进行审核以保障平台内交易的真实性和安全性，是平台经营者最为基本的注意义务，聚合打车平台亦不例外。特别是对于网约车公司来说，开展经营活动需要获得相关主管部门颁发的行政许可，因此聚合打车平台经营者应重点加强对其经营资质的审核，避免未取得合法营运资质的网约车公司通过聚合平台开展经营活动。

关于聚合打车平台是否有义务对网约车驾驶员及其车辆的运营资质承担审核义务，在理论和实务中存在一定争议。其实，此种要求既无必要也不现实。首先，根据《网约车管理办法》第 17、18 条的规定，网约车公司作为交通运输服务的经营者，应依法承担对于网约车司机及车辆的合规审查义务，并对其运营活动进行监督和管理。在此种情况下，若再要求聚合打车平台承担相同的审核义务，可能造成社会资源的浪费。在这方面，《电子商务法》第 27 条规定可以作为参照，该条只要求电商平台经营者对申请在平台内开展经营活动的主体身份进行审核，而未将审核义务的范围扩张至与平台内经营者存在劳动或劳务关系的主体。其次，聚合打车平台与网约车司机之间并无任何法律关系的现实情况，也决定了前者难以对后者实施有效管控。此外，由于司机和车辆是各家网约车公司开展经营的核心资源，在实践中，为了避免核心资源外流，绝大多数网约车公司也不愿向聚合打车平台提供司机和车辆的详细信息。

第二，对乘客与网约车平台承担信息公示与准确传递义务。聚合打车平台一方面，应将乘客的用车需求，根据其选择及时、准确地发送至对应的网约车平台，未经乘客允许，不应擅自改变其选择范围；另一方面，应将网约车平台根据用车需求反馈的相关信息（包括但不限于提供服务的网约车公司主体身份、车辆和驾驶员信息、路径规划信息、服务价格信息等），实时、准确地向乘客展示，确保乘客的知情权不受影响。

第三，采取安全保障措施保护乘客人身财产安全，并协助解决消费纠纷。

虽然聚合打车平台不直接提供交通运输服务，但其在乘客端实质性替代了网约车公司的自营 App，因此有必要要求其参照网约车公司的注意义务标准，为乘客提供必要的安全保障措施，包括紧急报警、行程分享、安全提示等相关功能。平台还应就行后安全管理和安全事件处置制定应急预案，随时根据安全事件类型和程度，采取相应的安全事件处置措施，并积极与行业主管部门、公安部门建立信息上报和协同机制，确保第一时间处置。此外，作为乘客与网约车公司之间的纽带，聚合打车平台应提供完善的客户投诉服务，在接到乘客对于服务质量等问题的投诉后，及时转交相应的网约车公司，并督促网约车公司妥善处理投诉，协助乘客维护合法权益，化解纠纷。

第四，聚合打车平台应建立平台规则，通过明确的奖惩规则，引导和督促平台上的各家网约车公司采取措施不断提高服务质量，包括加强对司机和运营车辆的合规审查，清退信用评价较低的司机，鼓励在司机客户端上采用人脸识别、全程录音等技术手段以保障司乘人员安全等。

（三）乘客遭受损害时的法律责任分配规则

自网约车行业诞生以来，如何在发生交通事故后合理分配各方主体之间的法律责任，因直接牵涉乘客及其他相关主体的人身和财产权益，始终是理论与实践讨论的焦点，甚至在《网约车管理办法》中已经明确网约车公司应承担承运人责任后，依然在部分司法判决中存在不同观点。对于聚合打车平台而言，该问题同样值得分析。

需要明确的是，由于向乘客提供交通运输服务的是网约车公司，当乘客因交通事故或司机的其他侵权行为遭受损害时，网约车公司理应首先承担承运人责任，对乘客遭受的损害承担赔偿责任。至于作为提供信息中介服务的聚合打车平台，是否也需要对乘客遭受的损害承担赔偿责任，则应根据《民法典》中关于侵权责任和违约责任的相关规定进行判断。

第一，若聚合打车平台已经采取必要合理措施，充分履行了对网约车公司经营资质的审核等相关注意义务，那么聚合打车平台对于损害结果的发生可谓并无过错，再加之其与乘客之间并无运输合同关系，因此无论是乘客还是车外第三人，均无要求聚合打车平台承担损害赔偿责任的请求权基础。

第二，如果聚合打车平台没有合理履行资质审核义务，让没有运营资质的网约车公司通过聚合打车平台接单，进而在运营过程中造成乘客或第三人损害，那么参照《民法典》第1198条以及《电子商务法》第38条的规定，聚合打车平台应当依法承担相应的责任，而所谓“相应”的责任，指的是与聚合打车平台的过错相适应的责任。

第三，当聚合打车平台知道或者应当知道网约车公司提供的某次特定运输服务不符合安全标准，而没有采取必要措施，并最终导致乘客遭受损害时，则需要与网约车公司承担连带责任。需要注意的是，若聚合打车平台仅仅是知道或应当知道网约车平台没有经营资质，则并不属于此种情况，因为并非所有的无证运营行为都会造成乘客人身财产损害。

三 聚合打车平台业态的未来发展

（一）充分发挥企业和行业组织的自律机制，逐步探索聚合打车平台监管规则

虽然目前中央和地方均尚未出台专门针对聚合打车平台的管理规范，但从保障整个行业长期健康发展的角度，行业头部企业和行业协会应积极发挥主观能动性，结合行业发展过程中遇到的各类问题，总结相关经验，凝聚行业共识，探索建立与聚合打车平台业态发展规律相契合的监管规则，为行业主管部门决策提供有益参考。

2020年11月6日，中国出租汽车暨汽车租赁协会牵头组织了高德、美团、滴滴、携程、哈啰等业内头部企业共同发布了《聚合平台联合倡议书》，希望通过加强行业自律，更好维护乘客权益，共同构建和维护聚合打车平台的良好市场秩序。此举在进一步推进行业自律方面具有十分积极的意义，倡议内容如下。

一是守法合规，严格经营资质审核。聚合打车平台将加强对接入服务的

网约车平台公司的资质审核，确保具备网约车经营许可；督促指导接入服务的网约车平台公司加强对网约车车辆和驾驶员的合规审查，不以任何形式从事非法网约车经营行为。聚合打车平台若发现有不合规车辆及人员，将通知并督促网约车平台对该车辆及人员进行清退处理。

二是首问负责，保障司乘人员权益。聚合打车平台将与接入服务的网约车平台公司协商并明确建立首问负责和先行赔付制度，及时受理并妥善处理乘客和司机投诉以及安全责任事故，对乘客人身安全事故和财产损失承担相应责任，决不敷衍推诿，积极保障司乘人员合法权益。严格遵守相关法律法规，保护用户个人信息安全。

三是诚实守信，维护公平竞争环境。聚合打车平台将严格遵守商业道德，坚持诚实守信，开展公平竞争。始终坚持信息发布、交易撮合等服务平台定位，不利用服务协议、交易规则以及技术等手段对接入服务的网约车平台公司交易经营行为进行不合理限制；不以盈利为目的对网约车平台公司派单进行干涉和介入。

四是共商共治，积极参与行业治理。聚合平台将积极履行社会责任，参与出租汽车行业治理，加强行业自律，共同维护良好市场秩序。协会将更好发挥桥梁纽带作用，促进各方良性互动，推动行业规范健康发展。

（二）进一步开发平台治理效能，助力出租车行业整体转型升级

平台经济的一大特点在于，平台经营者虽然不直接参与消费者与平台内经营者之间的交易活动，但可以通过平台规则的设立和执行，对交易双方的行为进行合理约束，进而营造和维护公平、安全、透明、诚信的交易环境，达到降低交易成本、提高交易效率的效果。电商平台如是，聚合打车平台亦如是，而通过进一步开发聚合打车平台的治理效能，将有助于包括网约车和巡游车在内的整个出租车行业在服务质量和服务效率上实现新的提升。

第一，通过平台治理规则的完善与执行，促进中小网约车公司服务质量的整体提升。相较于头部企业，大多数中小网约车公司的合规与运营能力还存在较大差距，服务质量参差不齐的现象更属常态。聚合打车平台在为中小

网约车公司带来流量资源的同时，应主动承担更多的社会责任，通过平台规则的落实和技术赋能，协助中小网约车公司以相对统一的标准提升服务水平，最终实现乘车体验和安全水平的提升。

例如，为保障平台内网约车公司的服务质量和安全能力，高德聚合打车平台制定了《聚合平台服务商管理制度》，在司乘体验、服务标准、商业准则、违规行为惩戒等多个方面，对网约车公司提出具体要求，并定期对各家网约车公司的客诉率、无车改派率、应答后完单率、司机取消率、司机诱导乘客取消率、服务商取消率等关键指标进行持续跟踪考察。对考核不达标的网约车公司，高德会根据情节严重程度采取限期整改、限流、下线等处罚措施。与此同时，高德还建立了与网约车公司之间制度化的沟通与巡查机制，督促各家网约车公司对其司机和车辆的经营资质进行审核，并通过“共享大学”等方式，不断加强与合作伙伴的交流，重视对服务质量和客诉情况的及时通报和重点宣传，对于末位服务商予以单独的沟通和整改建议，通过商务沟通方式努力改善合作方的服务质量。

第二，未雨绸缪，防止行业垄断破坏市场竞争秩序。目前，聚合打车平台业态中尚未形成“一家独大”的格局，但平台经济的规模效应决定了少数几家平台占据大部分市场的“寡头”格局必将出现，在此发展趋势下，行业协会及监管部门应积极引导聚合平台之间形成良性竞争秩序，让更优质服务、更低廉的价格、更充裕的流量资源成为竞争的重点，从新业态发展初期即避免平台以“二选一”“强制搭售”等方式限制竞争，损害同业及接入平台的选择权。

B.12

共享化对汽车产业的影响

吴钊　梁少芳*

摘　要：　以网约车为典型代表的移动出行革命进入下半场，整车企业和移动出行平台竞合关系将进一步深化，以流量为核心优势的出行服务平台试图主导产业生态，场景化自动驾驶加持下的分时租赁业务蓬勃发展，以及为出行服务平台提供管理运营解决方案的独立第三方服务兴起。从远期市场格局来看，自动驾驶技术将对移动出行产生根本性影响，而汽车移动出行市场的发展也对汽车产业链的价值分布、汽车销售、后市场服务等上下游企业带来不同程度的改变。

关键词：　汽车共享　价值链　场景化　自动驾驶

2020年中国移动出行革命正式进入下半场，各个细分领域不断出现行业洗牌，豪华网约车市场企业不断涌入，中型网约车企业发力顺风车市场并采取可盈利模式，长短租头部企业推进业务组合与战略方向优化。与此同时，共享出行定制车辆开始投入运营，移动出行服务提供商逐步向定制化战略转型。2021年，中国移动出行产业将进入发展新纪元，网约车、长短租与分时租赁等各细分市场企业迎合后疫情时代消费者对出行的场景与诉求演变，进一步创新升级，整车企业与移动出行服务供应商将围绕智能出行与定制化差异化服务开展更多合作探索与博弈，行业集中度与头部企业竞争格局也将发生更多变化。

---

* 吴钊，罗兰贝格合伙人；梁少芳，罗兰贝格高级咨询顾问。

一　汽车产业共享化特点和趋势

综观全球，共享经济的高速演进引人侧目。虽然各领域的学术权威对共享经济的定义不尽相同，然而究其本质，共享经济是以分散的社会闲置资源为基础、以提升资源利用率为核心的服务式经济。近年来，共享经济在全球范围内呈现出井喷式的发展态势，促进了分散的供需匹配，释放了经济活力。各个领域涌现出大量从事共享经济的企业，在新的经济浪潮下快速成长。

在全球经济发展、消费需求逐步升级的今天，以服务为核心的共享经济发展恰恰顺应了世界的变革趋势，成为经济社会发展到一定阶段的必然产物。随着时间的推进与民众消费观念的改变，共享经济逐渐从物质共享向以优化生活体验的服务共享转变。共享经济发展至目前，已渗透共享出行、共享空间、共享金融等领域，并凭借其强大的生命力正在向更多的传统行业和细分领域渗透。

共享经济在不增加总体资源消耗的前提下，利用技术革新的手段释放了大量的闲置资源，推动资源驱动型经济转为服务驱动型经济，顺应了未来中国经济与社会发展低碳化、高效化、服务化的重要趋势。在中国，汽车共享出行作为需求最迫切、行业成熟度最高的领域，成为中国发展共享经济的率先切入点。汽车共享出行顺应了共享经济发展的浪潮，很大程度上缓解了日益尖锐的城市出行矛盾，并凭借其初步展现出的巨大经济社会价值潜力，迅速积累了深厚的群众基础，受到了资本和企业的大力追捧。

汽车共享出行催生的移动互联技术革新，亦可以为中国带来关联行业升级更新、整体移动出行市场腾飞等多重附加值。中国市场移动互联网渗透率高、消费者对新生事物接受度高、产业支持政策丰富、创新商业模式涌现且资本活跃，自 2013 年我国首次大规模出现汽车共享出行至今，这个创新业态已经蓬勃发展了八年。以网约车和分时租赁为代表的移动出行业快速发展，改变了消费者的出行习惯。

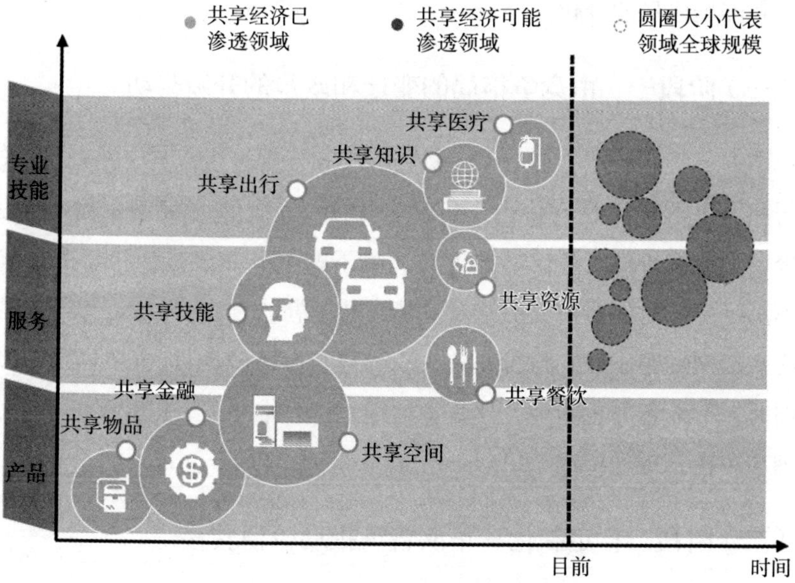

图1　共享经济行业渗透趋势

资料来源：罗兰贝格。

二　共享出行对汽车产业的影响

在整车销量层面，共享出行将带来直接的变化。根据对各类共享出行服务用车需求的测算，到2025年，应用于新型出行服务的新车销量比例预计将显著提高，主要原因在于：汽车所有权模式变化、城市化的推进、技术与出行服务商业模式的变化。与全球其他成熟汽车市场相比，中国汽车平均拥有量更低（中国平均每7人拥有一辆车，欧盟平均每2人拥有一辆车，美国平均每1.25人拥有一辆车），颠覆性潜力更大。随着自动驾驶技术的不断发展，无人驾驶出租车的商业化将在未来极大提升应用于出行服务领域的新车销量比例。

同时，共享出行也将推动汽车价值链变革加速。

从价值构成的变革来看，未来出行市场的价值重心将逐步从车队的拥有和运营向定制化车辆的产销和管理、核心出行科技系统的研发和需求调配转移，带来市场格局的变化。

（一）阶段一：由竞争格局的变迁和政策的升级驱动

短期内，行业的重心仍然以车辆的拥有和运营为主，其中拥有车队的租赁公司和司机本身的收入将占出行服务 GMV 价值的近 65%，而出行运营商、聚合平台的价值贡献仅不到 20%，剩下的 15% 由主机厂和经销商瓜分。

不满足于分时租赁市场的绝对优势，戴姆勒、吉利、上汽、奥迪等主机厂纷纷入局网约车领域，与行业寡头滴滴抢夺市场份额及核心的司机供给资源。同时，行业各方也在地方性政策的细化管理推动下，提升服务质量、司机管理和车辆管理等标准要求。

（二）阶段二：定制化 + 车队管理推动价值转移

到 2025 年，随着移动出行服务运营商与主机厂的合作进一步深化，定制化出行服务将成为趋势，同时车队内新能源车的占比将随政策和汽车消费市场驱动进一步提升，车辆也将高度网联化，多种举措结合提升车队运营效率。车队的升级和集中化也将为充电桩运营商、二手车平台、车队管理系统科技公司等出行赋能生态企业带来机会。

（三）阶段三：自动驾驶系统推动产业融合

长期来看，到 2030 年，随着 L4/L5 级别自动驾驶的实现，价值链各方的竞争界限将变得模糊。自动驾驶科技公司希望介入出行服务领域，寻求技术落地变现的机会；出行服务运营商则结合自研及投资合作，希望控制关键科技系统，保障未来发展和成本下降。两者间的界限变得模糊，价值链上可能出现整合通吃型企业。

未来，在以无人驾驶出租车为代表的移动出行服务商冲击下传统主机厂的收入和利润份额将在很大程度上被削弱。以车联网、数据服务、移动出行等服务为主的企业将受益。对于主机厂而言，从销售产品的盈利方式向按使

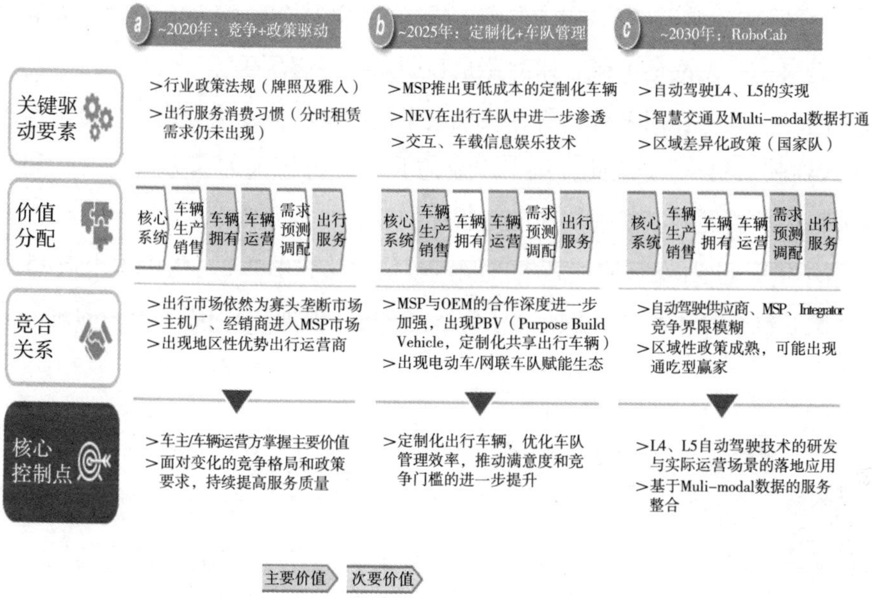

图 2　中国移动出行价值构成变革趋势

资料来源：罗兰贝格。

用服务收费的方式转变是一种挑战，但必须积极应对。

在汽车产业链价值分布变化趋势下，产业链上下游的各类企业也在以不同方式提升产业链整合能力。主机厂从制造向后端服务延伸，出行服务商由末端向前端拓展，供应商以不同方式向两端扩展，各方均将成为生态圈的核心主导力量。

三　未来汽车产业链价值高地的发展趋势

（一）新技术叠加下的无人驾驶出租车的加速落地

共享出行汽车概念的优化需要从根本上转变关注重点，从驾驶体验转为乘坐体验。这意味着需要通过灵活的车内设计来满足不同的使用情景，重点关注耐用性和适用性，并为车辆添加更多的新功能。随着消费者越来越重视

“高品质乘车体验”，很快就会期望能够通过定制车辆的内饰和设施来满足自身需求——无论是工作、休憩还是和朋友们一起玩乐。

同时，从中长期来看，所有共享汽车最终都将演变为全自动驾驶汽车或“无人驾驶出租车”。因此，汽车产业的共享化将极大加速无人驾驶出租车相关新技术的发展，如智能座舱、智能网联、自动驾驶等。

2020 年 11 月发布的《智能网联汽车技术路线图 2.0》为中国未来 15 年智能网联汽车技术路线与发展顶层设计定调，规划“中国方案”的进一步超车。

图 3　智能网联汽车技术路线图 2.0 关键节点

资料来源：罗兰贝格。

座舱则是实现汽车空间塑造的核心载体，是汽车产业共享化驱动下的首要技术重点。未来智能座舱功能与产品特征将从交互、环境、控制、空间和数据五大维度进行智能化变革，提升乘车体验。用户场景需求与硬软件技术等关键因素将共同决定智能座舱的发展。

从 2014 年启动“百度无人驾驶汽车”研发计划开始，百度成为中国最早进入自动驾驶领域的互联网企业之一，其后腾讯在 2016 年成立了自动驾驶业务中心，阿里在 2018 启动自动驾驶技术研发。百度作为中国无人驾驶汽车先锋，最引人注目的是其 2017 年发布的“Apollo（阿波罗）”计划，历

图4　座舱的智能化与数字化

资料来源：罗兰贝格。

经三年，在2020年12月于广州举行的百度Apollo生态大会上，Apollo提出了全套汽车智能化解决方案，包含智驾、智舱、智图、智云四大产品系列，带来多屏互动和高流转性能的人机交互模式、智能座舱、L4级纯视觉自动驾驶技术Apollo Lite等解决方案，极大提升了乘坐体验。除此之外，百度无人驾驶汽车也进入了出租车行业，2020年9月，百度Apollo宣布正式开放北京自动驾驶出租车服务Apollo Go并投放40辆Robotaxi，这有助于推动出租车行业资源高效利用，运用智能规划缓解城市交通拥堵问题，实现高效出行。百度无人驾驶汽车的进步，意味着其向为全行业提供开放、完整、安全的软硬件和服务系统，并建立强大、公开、高速创新的新生态系统的宏大目标又前进了一大步。

（二）基于共享出行新概念的出行服务模式创新

1. 场景细分化

通用场景出行需求以休闲为主，但未来商务出行增量更为明显，且潜在利润空间大，而通勤需求从长期来看面临替代交通方式竞争。通用场景下，头部企业竞争激烈，但整体定位思路也有差异；同时，各类平台积极拓展新服务形式。

通用场景下，领先企业布局已较为完善，且不断进行延伸。头部企业竞争激烈，差异化定位思路涌现。后入局者可先深耕特点场景，再进行延伸。专车类企业强调服务，更注重商务场景覆盖。

与此同时，各类平台均在积极拓展新服务模式，以满足细分场景下的出行需求。疫情影响下，“安全乘车”的理念可能带来专人专车需求。同时，可进一步挖掘休闲旅游需求，开发包车业务，以线上 OTA 平台合作为主，配套覆盖商务场景。

2. 汽车产品与服务定制化差异化发展

未来十年内汽车市场将逐渐从私有汽车向新型共享出行转变——按需出行和出行即服务（MaaS）将成为新的发展趋势。由此导致的汽车销量的减少虽然会对行业构成挑战，但同时也带来了新的机遇——为共享出行概念服务的新一代定制汽车。2020 年，共享出行定制车辆开始投入运营，移动出行服务提供商逐步向定制化战略转型。

从 2020 年至 2025 年，出行服务车辆定制化的趋势将愈发明显，其可满足运营中成本下降、场景细化和体验提升等要求，预计到 2025 年中国市场定制化车队规模将达到 176 万辆。

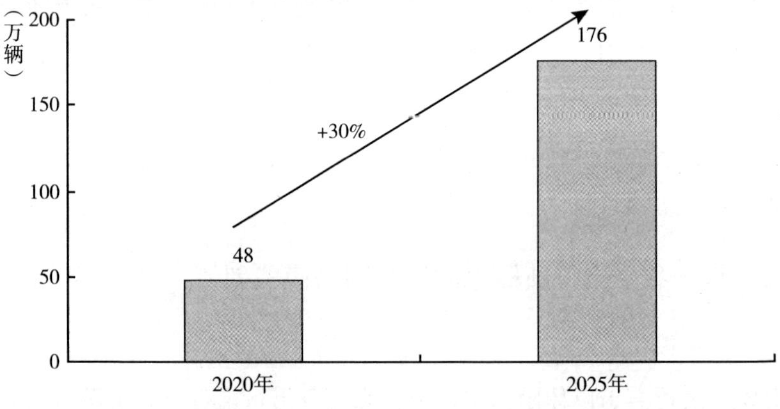

图 5　中国出行服务车辆定制化规模增长预测

资料来源：罗兰贝格。

首先，定制化车辆可以更好地满足低成本运营需求，控制服务价格。运营车辆日常行驶里程和强度远高于私家车，需保证低故障率、易清洗维保，从而提升运营效率。这就要求整车企业从研发生产阶段开始介入，引入经济性高、经久耐用、易清洗的材料。例如，前后保险杠使用可快拆的塑料保护件，碰撞后方便维修替换，减少运营时长损失；内饰/座椅采用一体化复合材料，避免使用不易拆卸和清洗的皮革/织物等，经济实用同时方便清洁；针对车载系统、多媒体功能等软硬件配置，则根据消费者出行诉求而剔除不必要的功能。

同时考虑到生产制造、零部件采购和研发的流程管理，深度定制化更有利于整体成本的节降——开发全新平台相比基于 OEM 现有车型改造而言，预计车辆本身成本可降低 50% 。

	基于OEM现有车型改造	出行企业主导按需定制	创新性开发全新平台
生产制造	>需要充足的产能作为支持 ●	>需要一定的产能支持 ◑	>通过专属的定制生产方案，实现批量的中小规模生产 ◔
零部件	>针对城市道路出行服务的车辆，外形尺寸普遍过大 ◕	>针对性的减少车辆配置与规格 ◑	>从应用场景出发，充分考虑成本优化的车辆特征定制 ◔
工程研发	>在大型组织内部，进行内饰的重新定义与开发 ◕	>重新设计整个内饰与部分外观部件 ◑	>全流程的整车开发，但团队规模较小，部分流程能够适当简化 ◔

● 复杂度高 ○ 复杂度低

图 6　定制化车辆复杂性对比

资料来源：罗兰贝格。

其次，定制化车辆有利于更好地满足细分场景需求，提升消费体验。车内乘坐体验是未来出行服务的核心要素，同时出行车辆将不再是交通工具，而应成为为消费者提供独特体验的中间媒介。汽车制造商需将关注重点从驾驶员转向乘客，定制不同功能的车辆以满足细分体验需求，如从座次、多媒体功能等角度入手。

最后，定制化车辆有利于更好地适配自动驾驶套件。自动驾驶技术有助于网约车服务降低司机成本，并有利于满足分时租赁服务的网点和停车需求。定制化车辆有利于更好地加载自动驾驶功能，全面应用自动驾驶技术。

行业领先企业滴滴已开始尝试定制化车辆，与比亚迪合作的“D1”作为首款定制网约车车型，已于2021年在长沙大规模落地运营，同时与北汽、麦格纳、理想汽车等亦开展合作。其车辆定制的原则首要关注司机与乘客的安全，其次是更高效的车队管理和运营效率、更优质的司机/乘客体验，从而增加盈利水平。

3. 客户结构与需求变化下的新零售模式与后市场服务模式创新

移动出行服务商不断崛起，将引起汽车销售和后市场的客户结构变化。B端客户在车辆批量处理能力、时效性等方面的需求将给现有经销商体系和后市场服务体系带来挑战，需要相关行业参与者灵活调整商业模式和产品、服务能力。

在销售结构和渠道功能转化方面，移动出行服务商的崛起将影响经销商经营模式与角色。随着移动出行市场成熟，个人新车购买需求比例下降，经销商网络发展速度放缓；同时租赁公司/移动出行服务平台成为重要的类型，直销/代销成为可能，授权经销商模式或被颠覆。同时，渠道功能向对公转化，线下网点功能或集约化发展，如产生专门面向车队用户的展示/体验中心、各地统一的车辆交付点或专门负责移动出行业务售后服务的维修保养中心等。

B.13
共享出行产品与服务设计*

杨 浩 于新鹏**

摘 要： 以优化用户体验和提升品牌价值为目标，本报告面向共享出行领域中的网约车产品与分时租赁汽车产品，从服务设计、界面交互设计、产品设计三部分，系统梳理了工业设计在共享出行领域的应用。首先，整理了网约车与分时租赁汽车使用流程中的体验触点，探讨了服务设计在共享出行领域的应用，并从用户端、司机端和特殊用户的角度列举了网约车的基本需求。第二，整理了界面交互设计的方法与界面设计对于网约车平台建设与品牌识别的重要价值，以曹操出行和滴滴出行为例，讨论了相关理念。第三，从整车设计、内饰设计与差异性设计三个方面，探讨了分时租赁汽车领域产品设计的机遇与相关案例。通过对目前的网约车与分时租赁汽车的整理与研究，反映当前中国背景下的共享出行产品限制性因素，分析用户在整个用车服务系统中的体验感，力求为优化用户模型和服务流程、打造线上线下全链路设计提供参考依据，让共享出行更好的本土化。

关键词： 网约车 用户体验 产品设计 服务设计

* 本成果受中国工程科技发展战略广东研究院咨询项目“粤港澳大湾区智能汽车与智慧出行发展战略研究”资助。

** 杨浩，北方工业大学讲师；于新鹏，北方工业大学硕士研究生。

本报告梳理了网约车产品与分时租赁汽车产品的设计理念与实施方法。随着共享出行与互联网信息技术的发展，网约车与分时租赁模式逐渐在国内得到推广使用，对人们的出行方式产生巨大的影响。本报告结合共享出行的发展现状，梳理相关设计理念与方法，使其更好地满足智能时代下共享出行模式的需求。

对于企业而言，用户规模是共享经济市场效率驱动力之一，体验营销的开展对共享汽车行业的发展具有重要意义。以用户为导向，本报告从三个部分展开。一是，针对当前分时租赁系统中用户体验和企业内部出现的问题，从服务设计的角度探寻应对策略，便于为用户提供更为人性化的体验服务和租车流程，同时也为企业提供整体性的服务解决方案。产品服务系统设计通过系统化的思想将产品生产和服务联系起来，既是企业模式创新的选择，也是实现用户体验可持续提升、达到各利益相关者共赢的途径。二是，用户在使用网约车时经常会面临界面信息混乱、逻辑架构不清晰的问题，影响用车体验。根据可用性设计理念，通过订车 App 界面设计来拓展业务功能、提高订车销量、强化品牌认知，有利于合理解释用户操作行为习惯，从而更好地提升用户体验。三是，网约车与汽车分时租赁的出现为汽车造型设计提供了新的思路。在汽车外观造型设计中突破现有观念，融入智能、共享、新能源等新技术和新理念，有助于推动共享出行平台的创新。汽车的造型风格随着理念的发展而不断变化，用户对汽车造型个性化的追求也随之发展，这一规律同样适用于分时租赁汽车。车辆造型向用户传达了平台的设计情感。准确把握丰富多样的汽车造型风格是体现产品美感、优化用户体验、实现平台价值的关键。

一　服务设计在共享出行领域的应用

（一）服务设计在共享出行领域的应用概述

1. 服务设计在网约车领域的应用

近年来，服务设计在网约车领域发挥着重要作用。服务设计是有效地计划和组织一项服务中所涉及的人、基础设施、通信交流以及物料等相关因素，从而提高用户体验和服务质量的设计活动。在不同研究阶段，会用到利益相关者图、系统图、服务蓝图、触点矩阵等方法和工具。

网约车的商业模式是在传统出租车的基础上进一步优化而成的创新模式，项目中包括不同利益相关者的整合、地区整合、融资模式的整合和汽车全产业链的整合。因此在网约车领域，运用服务设计有助于形成系统的解决方案。如吉利集团旗下的曹操出行，将全球领先的互联网、车联网、自动驾驶技术以及新能源科技创新应用于共享出行领域，致力于为用户创造和提供一站式的安全、低碳、共享出行生活方式①。曹操出行运用服务设计方法，通过体验地图来挖掘用户深度需求，以便重新定义设计需求和找到设计切入方向。在用车体验地图中，可系统记录用户行为、接触点、目标要素与机会等信息（见图1）。

2. 服务设计在分时租赁汽车领域的应用

在分时租赁汽车领域，由于整个服务链环节非常多，应用复杂度较高，用户所能接触到的体验点也需要加强。服务设计基于以人为本的理念，关注用户的需要②。从服务设计的角度来审视汽车分时租赁，体验接触点主要包括如下方面。

（1）App使用体验，包括查询、预订、开关车门、还车、支付等全流程操作体验，容易面临无法还车、无法开关门、车辆定位漂移等问题。

（2）车辆使用体验方面，用户在使用过程中可能面临车辆电瓶亏电、电量不稳定的里程焦虑或抛锚现象，车内脏乱差和异味等不文明行为，车身或部件损坏缺失等情况。

（3）取还车站点体验方向，取还车时，在周围站点可能遇到导引标识不清、找不到车位或车位被社会车辆侵占无法还车等情况，以及充电设施损坏或无法充电等问题。

---

① https：//www. uisdc. com/caocao－travel－4－0－redesign.

② 陈施桦、吴明：《产品服务系统设计研究——以城市电动汽车共享租赁服务设计为例》，《设计》2017年第6期。

阶段	确认用车	等待应答	等待接驾	行程中	费用结算	服务评价
行为	设定调整起终点 查看车型体格信息 选择车型呼叫专车	取消用车 等待应答	确认车辆位置 对号上车 行到定位点	查看行程线路价格 行车中	确认里程价格 支付结算 寻找优惠活动查看优惠券	评价司机
接触点	确认用车页面 起终点搜索页面 价格预估详情	呼叫专车页面	等待接驾页面 线下接触场景	行程中页面 线下接触场景	费用结算页面 优惠券选择 支付方式选择	评价页面
目标要素	便捷确定起始点位置 ·表单满足多种用车需求 ·车辆的远近程度 ·价格能否有优惠	快速派单 ·快速叫到车 ·车辆的远近程度 ·价格能否有优惠	方便寻找车辆，快速上车 ·司机能及时联系我 ·定位点和实际位置的精准度 ·能快速确认接驾车辆	安全舒适行驶至目的地 ·行程的可控程度 ·路线规划的准确性 ·行程中的服务体验 ·提供便利物料	便捷支付 ·多种支付方式 ·方便开具发票 ·司机送别服务	意见反馈 ·投诉、建议渠道是否通畅 ·是否有优惠券等福利
机会	①提升当前定位的精度及智能推荐上车点 ②原价、折扣价格、优惠活动的更优展示，增强用户打车意愿	①派单策略优化 ②预估信息展示 ③以有奖调研、商城换购等方式疏导用户焦虑心理	①除电话沟通外，在平台内实现乘客、司机、客服的实时沟通 ②司机卡片信息化，突出车牌号信息 ③使用push消息，反馈用车信息	①行程路线的实时可视化展示，增强信任感 ②行程中添加目的地，满足用户行程变化相关需求	①额外费用产生提示 ②支付方式选择上对新用户增加新手引导以及老用户默认支付方式选择 ③添加行程批量开发票功能	①对司机的认可程度 ②投诉内容可编辑

图1　“曹操出行”用车体验地图

（4）套餐产品设置体验方面，套餐产品是否符合市场需要、是否受到用户欢迎是产品套餐设计的焦点，用户对价格的敏感度和其他出行方式之间的成本比较也是重要因素。

（5）线上客诉服务体验方面，能否及时回复用户咨询、解决用车技巧问题和投诉解决率成为关键。

另外，针对用户经常投诉的车辆问题，平台必须与主机厂紧密合作，强化车辆自检技术。特别是对胎压预警、电池电量和安全性提示、电控正常运行反馈、空调净化装置及异味报警、车内环境自动拍照技术、车辆碰擦感应技术等都需要及时落实。运用触点地图进行梳理，有助于发现设计方面的问题。

服务设计可以与 SWOT 分析结合。SWOT 基于内外部竞争环境和竞争条件进行态势分析，将与研究对象密切相关的各种内部优势、劣势和外部的机会和威胁等，通过调查列举出来。可以对研究对象所处的情景进行全面、系统、准确的研究，从而根据研究结果制定相应的发展战略、计划及对策等。对分时租赁汽车进行 SWOT 分析，结果如表 1 所示。

表 1　共享汽车 SWOT 分析

S（优势）	W（劣势）
车辆数量多，具有一定规模 覆盖核心城市 有一定品牌影响力 有刚性需求的场景化用车需求用户群	车型相对少，用户个性化车辆需求多 个别一、二线城市存在地方保护主义 品牌和使用覆盖人群还不足 客单价利润偏低，刚性投入和运营成本高
O（机会）	**T（挑战）**
多元化出行服务的延伸 共享便携驾车出行的需求 智能驾驶技术的前端实践 来自用户出行需求对汽车制造的反馈 与汽车“新四化”共同发展的契机	城市公共交通和其他出行方式的替代性强 距无人驾驶技术成熟需要很长的过程 智能化待加强，产品客户体验欠佳 环节过多的服务链要求更高效的协同和管理体系

资料来源：http：//auto. people. com. cn/n1/2019/0624/c1005 – 31176031. html。

（二）共享汽车的用户需求与行为流程

在运用服务设计方法解决问题的过程中，需要考虑用户的行为流程。行为流程的完整度决定了触点地图是否足够全面。本部分同样从分时租赁汽车和网约车两个层面进行梳理。

1. 分时租赁汽车的行为流程

分时租赁汽车的兴起，不仅使运营企业的服务、App 等有提升空间，市民也有一些用车习惯需要改变。用户在使用分时租赁汽车的整个过程中，与 App 的接触行为最为复杂，容易产生多种误操作而影响用户体验。在驾驶车辆的过程中，用户与 App 的接触变少，与汽车的交互紧密。分时租赁汽车的业务流程大同小异，包括注册（手机号注册、身份认证、驾驶证认证、缴纳押金）、预约、提车、用车、还车等，基本使用流程如图 2 所示。

2. 网约车的用户需求

网约车以互联网技术为依托构建服务平台，接入符合条件的车辆和驾驶员，通过整合供需信息，提供非巡游的预约出租汽车服务。具体到用户端、司机端、特殊人群上，网约车产品主要满足以下一些需求。

（1）用户端

①多样化打车模式。[①] 出租车、快车、顺风车、拼车、同城送货等，覆盖更多市场需求，让更广的用户群获得更大的方便。

②LBS 定位功能。使用优化算法让用户的定位更加精准，方便司机寻路与接送。

③车辆准确识别。网约车多以私家车进行接单，用户难以迅速识别车辆。采用独特标识或车型设计，以避免多名乘客候车时上错车以及找不到车辆的尴尬。

④地图导航，包括以下功能：选择上车地点、地图精准定位、附近司机位置实时显示、接单后司机位置实时更新、司机距离显示、司机预计到达时间显示。

① http://www.woshipm.com/it/3358321.html.

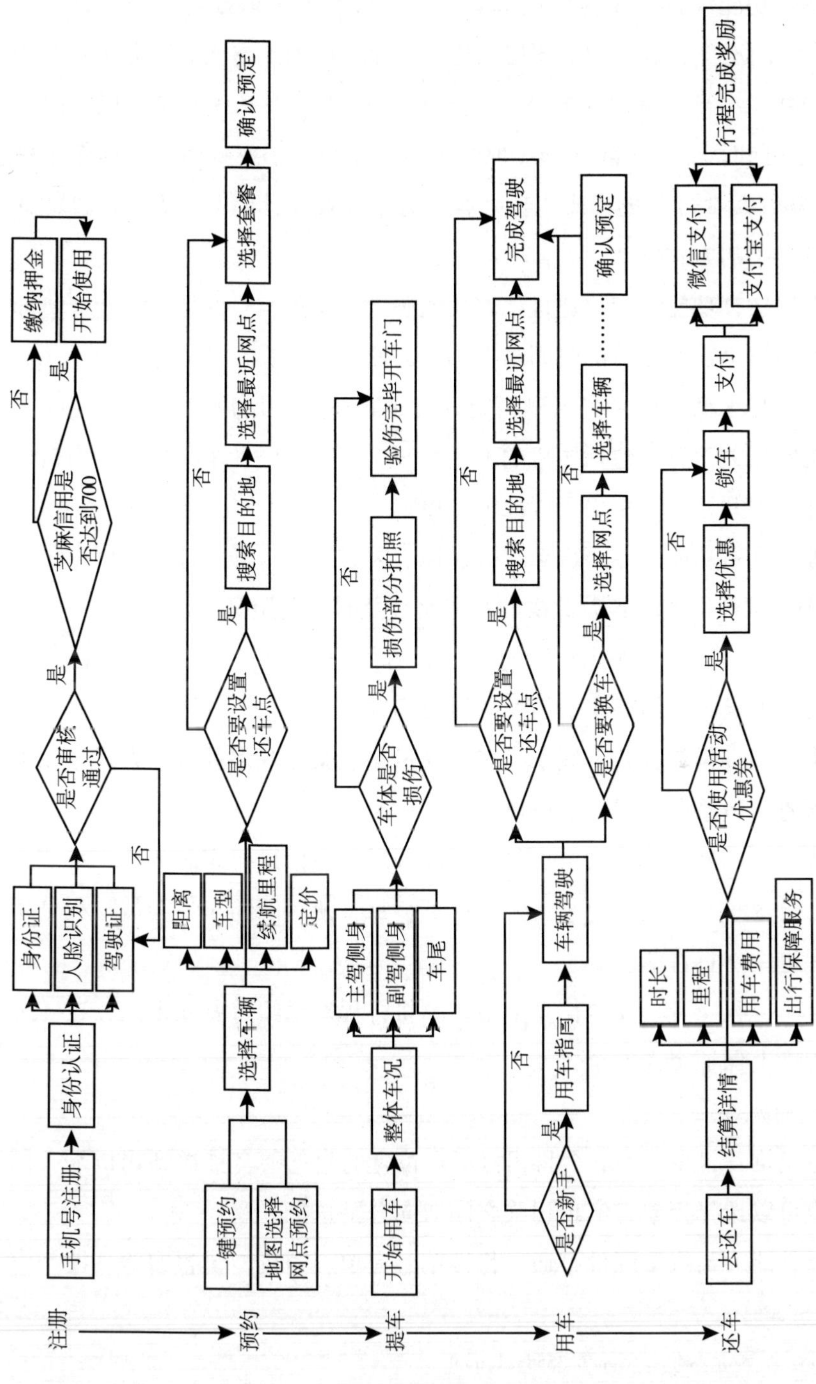

图 2　分时租赁用车服务流程后台逻辑图

资料来源：林丹《基于行为观导的共享电动汽车服务设计研究》，江南大学学位论文，2019。

⑤物理功能设置。在司机接单后，乘客可在上车前或行程中通过手机App设定车内温度，以在智能化层面进行优化。如滴滴与比亚迪合作开发的专门面向共享出行的电动汽车D1，用户可通过App对车内空调、风量提前进行设定。同时，当乘客呼叫D1时，平台会派发一个彩虹颜色与迎驾车辆匹配，“彩虹接驾灯”的出现也让乘客更方便地找车，而不再需要通过仔细核查车牌号码的方式确认。

⑥费用估算功能。用户通过定位功能确定上车点与目的地后，叫车App应能大概估算出需要花费的时间与费用，方便司机与乘客。

⑦司机与车辆信息。在用户确定好接送司机后，用户应可以在App上看到司机的相关信息，包括司机的电话号码、车牌号码、车辆型号、司机评价等，在行程开始前，用户可以取消订单。

⑧即时计费功能。在司机到达接送地、乘客上车后开始计费，用户可以在打车App软件上实时查看此次的行车路线及时间费用等。

⑨一键呼叫功能。遇到危险时，乘客可以通过App一键求救，各个地区后台管理人员定位前往了解情况并解决问题。

⑩推行多种付款方式。线下支付、支付宝、微信等多种付款方式，以关照老年人等不熟悉科技产品的群体。

⑪优惠券、鼓励金等营销工具。可以刺激用户使用打车服务。

⑫会员及积分功能。由于人们往往不会每日使用网约车，会员与积分功能可以促进用户日常活跃。

⑬上车行程录音、安全信息上报以及将行程发送给重要联系人，这样可以一定程度上保证个人安全。

（2）司机端[①]

①系统推荐订单。App会将司机所在位置的附近乘客推送到司机端，同时司机也可以选择拒单，实现司乘之间双向公平选择。

②软件能力与汽车硬件打通。将接单、完单、司机一键报警等功能与汽

① http：//www. woshipm. com/it/3358321. html.

车硬件连接，为司机提供便利的同时亦可避免驾驶中频繁操作手机，保证乘客的安全。

③接受订单。司机选择接单后，能够看到叫车 App 用户注册的联系方式，司机联系用户后，根据导航位置出发去接乘客。

④智能行车导航。根据出发点和目的地进行路线的精准导航，以免耽误乘客的时间。

⑤专用车机系统。通过集成司机接单、语音交互、人脸识别功能的全新车机系统助力司机工作。

⑥司机评分系统。司机的评分是通过用户的评分数据优化得来，评分高的司机更能获得系统推送的优质客户。

⑦计费系统。乘客付款后，司机端会收到提示。

⑧收入查询。司机可以在“我的钱包”里看到载客所收到的报酬，通过绑定银行卡，在打车软件平台提现对应的金额。

（3）特殊人群

①儿童用车产品案例

2017 年 5 月，滴滴专车宣布上线“宝贝专车”，是针对儿童定制的专车服务[①]。用户可通过滴滴手机客户端预约配备 Cybex 儿童安全座椅的“宝贝专车”。未来，“宝贝专车”也将逐步在更多城市落地。

滴滴方面介绍，“用户导向”和“数据驱动”是滴滴专车的关键策略，通过大量的用户调研发现，专车的核心用户年龄集中在 25～39 岁，当中有不少年轻的父母希望专车能提供儿童座椅的服务，以方便带孩子出行。此外，平台数据也显示，前往幼儿园、儿童乐园、儿童医院的订单占比持续走高。

每辆“宝贝专车”均配备了德国高端品牌 Cybex 的儿童安全座椅，该座椅经过欧洲 ECE 和中国 3C 认证，可以为 9 个月至 12 岁的小乘客提供出行保障和舒适的体验。

---

① http：//www. xinhuanet. com/local/2017－05/23/c_ 129614456. htm.

对于家长们关心的车辆和司机问题，滴滴方面介绍，专车的准入门槛本身就比较高，要求车价在15万元以上、司机驾龄3年以上，都需经过三证验真以及严格的背景筛查。而此次的“宝贝专车”司机则是进一步通过认证分、服务态度、敬业度等全方面考核，筛选出的一批最优质的全职司机，并且都经过了专业培训。

目前，滴滴专车首批在北京、上海、广州、深圳、杭州、成都、重庆、西安等投入了数千辆“宝贝专车”，未来还会进一步增加车辆并推广到更多城市。

②老人用车产品案例

2019年发布的网约车行业首个特殊人群服务规范中，有专门针对高龄、失能老人的暖心服务规范。规范提到要为老年人提供便捷的上车服务。2020年12月28日，首汽约车回应交通运输部建议增设老年人“一键叫车”功能时表示，成立专门的“老年人用车产品”开发小组，开发适合老年人使用习惯的一系列产品，如加大字体、简化流程、为老年人优先派车等①。2021年1月22日，首汽约车发布了全国首个“助老模式”用车产品。

具体来说，首汽约车“助老模式”运用极简化操作设置，可以实现一键叫车功能；优化亲情账户，子女可绑定老人账号，为其设置常用目的地，关联账号结算车费，对于老人普遍的价格敏感问题，子女选择车费是否对老人可见；老人行程可与子女实时同步，车上配备音视频监控，确保老年人安全无忧；推进95128约车服务号码的对接工作，切实解决老人出行难题。

此前，首汽约车也曾推出过“无障碍用车”，是专门针对老年人、残障人士推出的无障碍公益产品（见图3）。“无障碍用车”拥有环抱式座舱，车箱内第三排座椅拥有多变功能，车尾配备了自动升降及翻折斜坡装置，使用轮椅的乘客可以直接乘坐轮椅上车，无须折叠。当乘客上车之后，轮椅可以被有效固定，同时还配有安全带及扶手，保证乘客更安全、更舒适，非常适合行动不便的老人、残障人士使用。

① https：//new. qq. com/rain/a/20201228A0GI4L00.

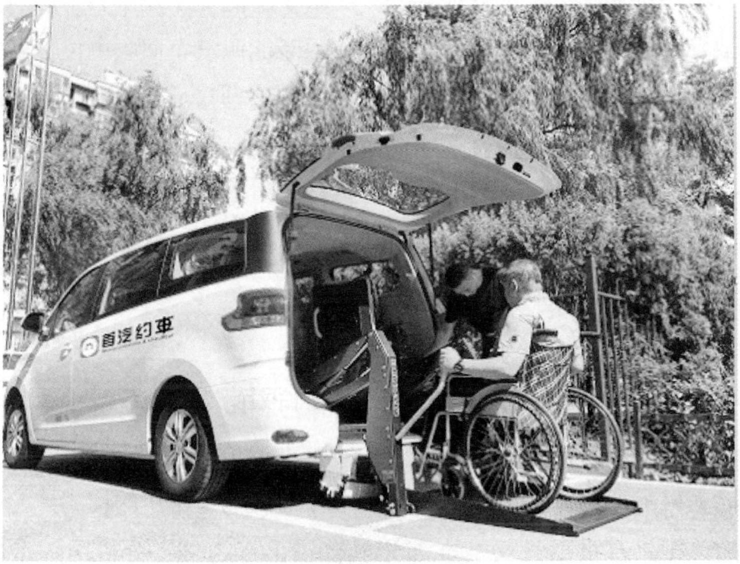

图 3　首汽约车的“无障碍用车”

（三）新能源网约车的充电问题

随着各省份对于网约车车型的要求呈现纯电动、新能源汽车的趋势，新能源网约车充电问题日益突出。针对新能源网约车，在充电方面主要面临四个问题：一是续航里程问题，二是充电方便问题，三是电池寿命问题，四是新能源车使用后的残值问题。

在续航里程问题上，通过将车辆电池信息与派单系统打通，利用大数据功能，系统有针对性地进行派单，以实现派单系统不会派送行驶距离远于剩余续航的订单，为司机解决因为汽车续航里程问题引发的订单纠纷。对于充电难的问题，由于网约车司机大多在城市行驶，充电桩的位置对司机而言关注度没有那么高。司机关注的往往不是位置在哪里，而是哪一个位置的充电价格低。在电池寿命方面，新能源汽车正在积极研发有更长的生命周期的汽车电池，其中磷酸铁锂的长循环寿命得到关注，比亚迪“刀片电池”就是基于此研发生产的。至于新能源车使用后的残值问题是用户无法解决的，应从建立行业标准和提升产品性能入手解决二手新能源车残值利用的问题。在建立行业标准的同时，还可以考虑给予二手新能源汽车回收单位更多的优惠税收政策，推动更多车企以外的第三方机构积极参与。现阶段二手新能源汽车市场供需关系还没建立，没有明显的利润点来支持专业公司运转。在现阶段，仍然需要国家政策支持。通过服务设计，组织网约车充电服务中所涉及的人、基础设施、通信交流以及物料等相关因素，搭建前端与后台的结构关系，是提高充电服务体验和服务质量的有效手段。

二　网约车订车 App 的界面交互设计

智能手机界面的设计影响着交互效率并进而影响用户的使用体验。对于网约车的使用具有重要意义。本部分以曹操出行为例，分析网约车的订车 App 界面设计，并与滴滴出行的 App 进行对比，探讨了信息架构与用户流程。

（一）曹操出行

曹操出行从 2015 年 5 月成立至今，产品经历了多次的迭代优化，强调 App 的交互设计，最新版本为 5.0.1（截至 2021 年 1 月 25 日）。在更新迭代过程中，其 App 4.0 版本除了打造平台化体系之外，也是一次整体品牌升级。网约车市场竞争日趋激烈，面对用户固有习惯和同质化产品，如何通过设计去发挥优势、提升产品的用户体验，这是共享汽车企业面临的挑战之一。曹操出行设计团队所推进的出行平台生态体验创新中，界面的交互设计是一个关键过程，具体体现如下①。

1. 通过界面设计提高拓展业务的能力

首页架构分为上中下布局，由头部 title bar 展示业务线、中间地图显示位置及车辆信息的信息区和底部用车功能操作区组成（见图 4）。为了增加

① https：//www. uisdc. com/caocao – travel – 4 – 0 – redesign.

更多功能及运营资源，需要在固有及有序的结构中寻求差异化的表现方式，通过系列位置效应理论的应用，最大化匹配用户浏览路径。用活卡片并对其解耦，设计人员在原来的用车卡片上通过上滑展示更多的方式来扩展浏览空间。承载内容多样性的同时运营内容可后台配置，不需要 App 推送更新，保障了灵活性及时效性，更好地提升了模块效率，也为后续拓展提供了更多的可能。

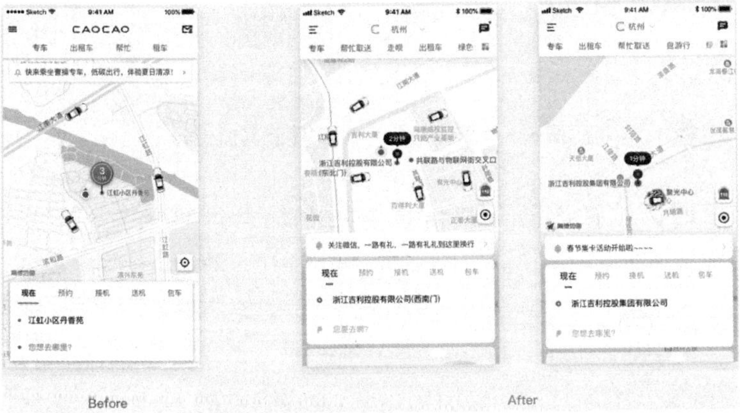

图 4　“曹操出行”App 首页界面设计

（1）拓展更多功能入口

功能列表本身支持上下滑动，为了打破一屏可展示内容的局限，以及赋予各功能更多亲和力，采用了宫格的布局方式（见图 5），向上推动可滑动功能区域，折叠头部头像区域的显示，展示更多的功能入口，方便用户选择和满足不同业务的更优展示。

（2）适应更多用车场景

用车场景方面增加了多终点用车功能，拓宽用户用车场景，不再依赖于线下和司机沟通指路，解决用户一接多送的需求的同时有效避免对于路线相关费用的投诉。

底部卡片信息重组，调整了卡片信息的展示优先层级，使用 tab 切换的形式将多车型和价格优惠信息展示出来（见图 6），以多场景增强用户

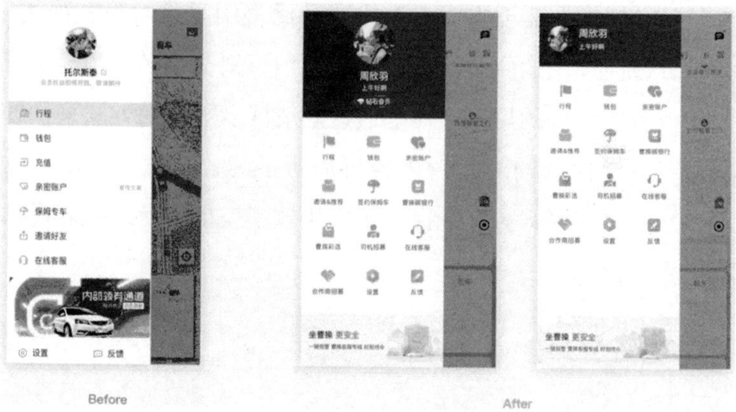

图5　“曹操出行”App界面导航设计

的打车意愿，另将活动营销信息与用车信息区别放置，信息分区更明确。

图6　“曹操出行”App选项卡设计

2. 通过界面设计提升用车效率，优化服务体验

优化信息结构，提升支付效率。在排队无法满足运力的情况下，提供服务升级远程调度，给用户更多用车方式的选择，满足用户时效性的同时提高平台的成单率，合理调度平台有效运力。运用界面设计合理呈现这一内容的信息架构，优化服务体验（见图7）。

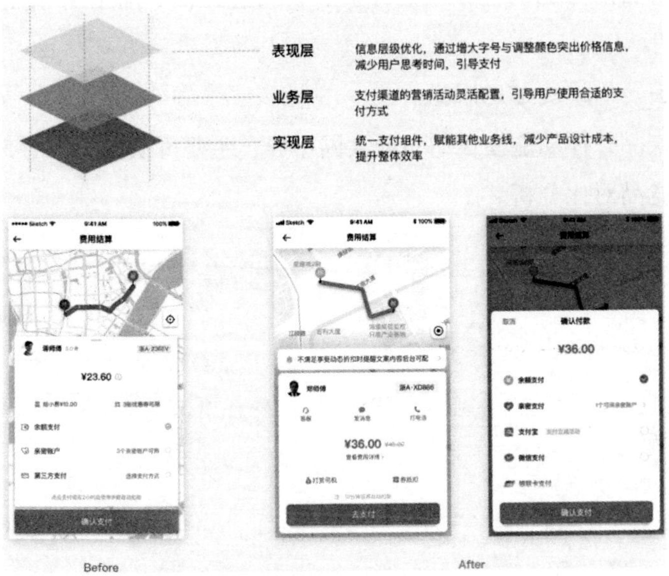

图 7　信息层级设计与使用体验优化

3. 通过界面设计强化品牌，塑造可靠性与亲和力

结合曹操出行新能源、环保节能的产品特点，沿用了“品牌绿”，对字体、色彩、图标进行了规范化设计，并通过情感化插图、动效等方式来强化用户认知（见图 8）。

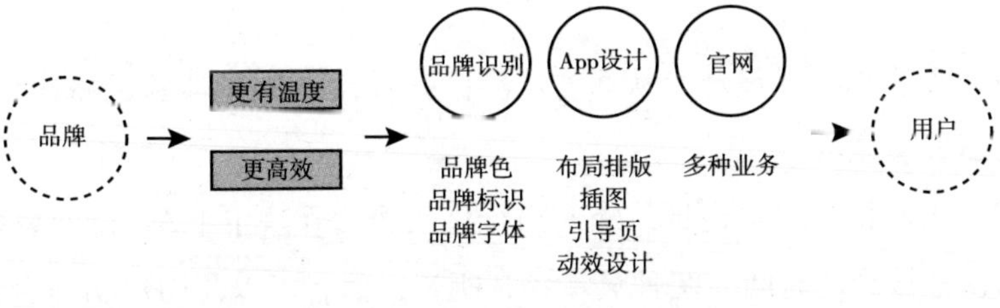

图 8　通过界面设计强化品牌识别

（二）曹操出行与滴滴出行的 App 界面设计的比较分析

系统梳理了曹操出行 App 界面设计的理念与思路后，可进一步通过对

两个平台各自产品的功能模块的体验，探讨各产品 App 在体验上的优势与不足之处①。

1. 页面功能模块布局体验

两款产品整体功能模块的布局大同小异，主要可从图 9 中的 5 个界面细节点进行竞品对比分析。

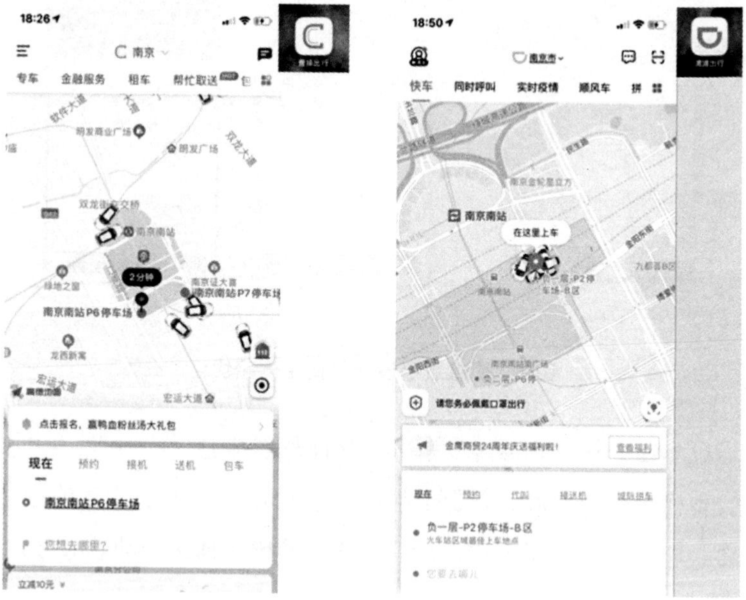

图 9　两款产品 App 界面的功能模块布局

（1）所在地显示设计。从两款产品比较看，UI 视觉体验风格比较相近，均与地图分层显示。

（2）上车信息显示设计。滴滴出行显示为“在这里上车”，而曹操出行则显示预计接到的时间。两种显示各有所长，前者可以让用户明确看到自己的位置，视觉体验更好，但是不知道具体距离；后者用数字代替视觉呈现，直接告诉用户与最近的车的距离，更直接，但是视觉体验稍差。

① https://blog.csdn.net/zhicheng_xu/article/details/105566503.

（3）信息推送显示设计。曹操出行与滴滴出行都有活动消息的滚动推送，便于用户看到目前的公司优惠与活动内容，又不会抢占界面视觉重心。

（4）功能模块设计。两款产品都有共同的现在、预约、接机、送机服务等模块，差异化服务内容较多。在选项卡显示设计上，曹操出行使用了下划线显示选中状态的方式，而滴滴出行还为选中状态下的标签设计了图形，更为突出。

（5）一级菜单设计。曹操出行与滴滴出行的一级菜单功能都集中在上半部分，符合“Z”形浏览规律，用户使用起来相对来说更顺手。

2. 专车模块功能体验

本部分选取相同的出发点、终点，分别呈现两款产品的基础叫车服务，梳理两款产品之间的用户体验差别。两款产品的显示界面如图 10 所示。

图 10　两款产品 App 的信息显示

（1）路程信息显示设计。选择完出发点和目的地后，滴滴出行会提示上车时间、到达时间、里程数、行程时间、行程路线等信息，而曹操出行仅提示上车时间与到达时间，产品体验相对而言稍弱。

（2）容错性设计。如果地址输入错误想要重新输入的话，曹操出行的体验更好，可直接点击出发点或目的地旁边的箭头，即可修改地址；而滴滴出行需要点击左上角返回箭头重新输入地址才能修改，行为路径更为复杂。

（3）服务场景设计。曹操出行可以选择不同车型，以满足用户的差异化需求；滴滴出行除可以选择车型之外，还新增了同时呼叫功能，既可以满足用户的时效性需求，也可以满足用户的经济性需求。

（三）总结

综上可见，网约车订车 App 界面设计中，比较重要的因素包括布局、导航栏、选项卡、色彩等。通过视觉结构、视觉层次、视觉元素等达到设计的统一整体，减少用户认知成本，加深对平台品牌的认识，提升用户的品牌好感度。从体验优化的角度，今后的设计中，有必要协调好各个控件的比例关系，避免造成视觉结构的混淆，让用户在叫车时，能在较短时间内适应 App 的界面布局，捕捉界面信息与品牌特征。

三　从产品设计出发优化共享汽车

（一）面向共享出行的整车设计案例与设计理念

2016 年 12 月，大众集团宣布新增第 13 个品牌 MOIA（见图 11）。该品牌专为共享出行服务而生。MOIA 很快推出旗下第一款产品，并首先在德国柏林试运营，拉开了车企专为共享出行定制汽车的序幕。

2020 年 11 月，滴滴出行和比亚迪共同设计开发了 D1（见图 12）。D1 是一款划时代的产品，因为其是有史以来第一款专门为共享出行打造的电动汽车，代表了共享汽车未来的一个发展方向。D1 汽车是滴滴和比亚迪花费

图 11　专为共享出行服务的车辆设计 MOIA

三年时间打造的定制版网约车，设计初衷是更多地照顾到乘客的体验。滴滴根据出行场景和出行大数据了解用户对空间优越感和舒适度方面的期待，因此其设计理念是由内而外的，优先考虑车内乘坐体验①。只有右边一侧采用了侧滑门结构，左侧为常规的拉关式车门，提升了用户上车的便捷性。超长的轴距，也是为提升车内乘客的舒适性体验而设计。D1 重新定义、开发了车身尺寸和内饰布局，车长为 A 级尺寸，但轴距为 B 级车水平，扩大了乘客的活动空间，甚至考虑到了行李箱的尺寸和位置，以满足人们对出行乘坐空间的需要。

D1 也启用了新的设计语言，没有使用比亚迪最新的“龙颜”外观。细长的进气格栅，搭配扁平化大灯，整体造型较为时尚运动，也提升了车辆在道路上的识别度。从车身侧面观察，尾部较为修长。不过，与其他车型不同的是，新车侧滑门的滑轨，被设在了后轮轮眉处，不是其他车辆常用的车窗下沿处，满足功能的同时又最大限度地保留了美观度。值得注意的是，D1 是一款针对共享出行设计的汽车，只供滴滴运营司机使用。这款产品不按整车收费，而是按公里数收费。

① https：//www. sohu. com/a/349538837_ 118021.

图 12　D1 车辆外观情况

亚马逊所收购的 Zoox 公司推出的无人驾驶出租车（见图 13），将汽车产品的设计进行了全面的革新。该车辆取消了方向盘，能够支持双向行驶和四轮转向，一次充电可以工作 16 小时。汽车正在发生自诞生以来最大的设计变革和功能创新。

图 13　Zoox 无人驾驶出租汽车

目前整车厂商大多从辅助驾驶出发，逐步实验并过渡到自动驾驶；互联网厂商则结合高精度地图和激光雷达技术，直接从人工智能切入，实现自动驾驶。随着人工智能技术在智能驾驶汽车技术中的应用，自动驾驶甚至无人驾驶将在未来智能共享汽车中逐渐得到普及①。实现无人驾驶主要使用的技术是激光雷达和摄像头+测距雷达两种模式。运用激光雷达技术模式研发的无人驾驶汽车有很多，如Uber将这种技术与图像识别技术搭配使用，进行无人驾驶汽车的研发。

（二）车内硬件配置与差异化设计

车企拥有自己的车辆优势，因此可以对车辆进行网约车的定制生产，打造更多元化的乘车体验。现在提供手机充电、使用车载WiFi、提供矿泉水等都是基本的用户服务。如能打造更多差异化的服务，为用户提供更多与众不同的服务，将带给用户耳目一新的感觉。有鹏出行的用户乘车过程中，可以接入车载音响，听自己喜欢的歌。所以对网约车进行高度定制，也将是车企出行板块的核心竞争力之一。

车内硬件支持的标准化，要求车企在提供服务为主的车辆设计上，考虑给予具有一定标准化的辅助性电器配置。这里的辅助性电器是指与车辆性能无关的车内硬件。标准化体现为基础车内在电器配置上需考虑通用性，如点烟器、电动刮水器、空调器、摄像头等基础的通用硬件（见图14）。提供体验价值相关的辅助性电器的设计，如支持娱乐体验的声音影像系统（见图15），需要在强调体验的同时，注重配置的通用以及基于通用设备体现的标准性能。

差异化服务创新要求车辆适应多样化场景需求，是共享出行的趋势之一。车企基于不同的出行场景，提供功能细化并具有差异体验价值的服务性车辆。这类服务性车辆可能具有一定的空间优势，适宜单人使用或二孩家庭需求；可能有一定的性能优势，适宜市郊远游或体验驾驶操作；可满足一定

① 张文兵：《智能共享汽车外观造型设计研究》，长春工业大学学位论文，2019。

图 14　特斯拉 Model 3 为共享出行预留的车内摄像头

图 15　D1 桔视设备（包括车外行车记录仪 + 车内摄像头）及后排娱乐系统

的商业场景需求。需要重视车辆的外形特征设计，在外型上通过符号化设计强调应用的功能场景，传达产品功能以及个性差异。差异化服务车辆创新要求适应体验内容的变化。车企基于不同的体验内容，考虑不同服务车辆的性格以及体验价值赋予。在内部空间的设计上强调其载体服务，围绕核心体验内容强化内部空间的设计差异，如娱乐性格的车辆与商务性格的车辆内部体验差异。

以前文所述的 D1 汽车为例，该产品关注用户体验，强调由内而外的设计①。在乘客端，乘客上车前就可以通过 App 调节车内空调温度和风量等；当乘客呼叫 D1 时，平台会派发一个彩虹色“接驾灯”与迎驾车辆匹配，便于乘客找车，而不再需要通过仔细核查车牌号码的方式确认；车体装有单侧电滑门方便乘客上下车；D1 提出了“乘客移动头等舱”的概念，在座椅背板配置了影音娱乐屏幕、USB 接口、纸巾、挂钩和杯托等设备。在司机端，D1 加强了座椅的舒适性设计，最大化缓解司机长期驾驶的疲劳度；在中央扶手处，放有司机专属公文包；开发了集成司机接单、大屏语音交互等功能的全新车机系统；方向盘上集成了接单、完单、司机一键报警等功能；D1 还配备了 L2 级别的智能驾驶解决方案。

（三）面向共享出行的内饰设计机遇与难点

1. 将共享汽车的多模态交互数据转化为界面系统设计

多模态人机交互（MMHCI）位于多个研究领域的交叉点，在共享汽车中进行应用，可更为全面地分析用户信息。但多模态数据存在“同步性”的问题，为成果转化带来了一定的困难。为解决这一问题，可考虑采集主观与客观数据，协同分析交互行为，输出符合共享语境的系统设计方案。如滴滴根据出行场景和出行大数据，了解到用户所关心的空间优越感和舒适度等期待。前文所述的 D1，重新定义、开发了车身尺寸和内饰布局，甚至考虑到了行李箱的尺寸和位置，以满足人们对出行乘坐空间的需要。在车内，也有着很多专属于网约车的配置。如为了提升司机的驾驶感受，D1 采用了高度定制的超级座椅、移动公文包等，让司机在长时间驾驶工作中减缓疲劳。

2. “减法”有效性②

该理念在共享汽车内饰设计中主要体现为两方面。首先，减少共享环境中非必需的物理空间。考虑到使用者驾驶以市内短途为主，行李相对较少，

---

① https：//www. sohu. com/a/349538837_ 118021.

② 赵颖、柳冠中：《基于 B2C 型共享汽车服务系统的车内空间限定性设计研究》，《装饰》2018年第5期。

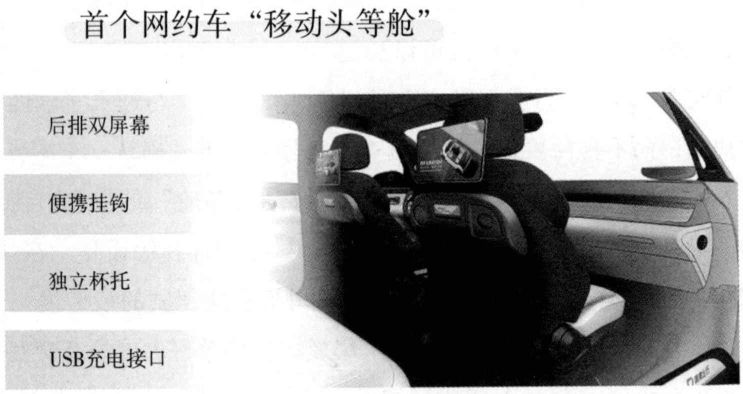

图 16　D1“移动头等舱”

因此家用车需要的储物空间可适当减少，仅留有效的驾驶必备空间，同时也减少了垃圾的放置空间。其次，减少共享不常用的功能。目前用户出现的误操作问题中，很大一部分是源于并列选择项过多或常用功能键隐藏于较深层的菜单之中，造成很多共享汽车用户在有限的操作时间内频繁出现误操作，从而导致时间浪费和设备损坏，在设计中需要降低环境带来的各种干扰，用最必要的单一功能代替使用不平均的多功能设置。值得参考的是法国巴黎的共享汽车品牌 AUTOLIB（见图 17），由法国博洛雷集团专门为共享而设计的电动车，全车内饰十分简洁平整，不留过多的储物空间，常用的挂挡等仅设计最常用的三个档位。D1 汽车则巧妙地将中控扶手箱设计为便携式，滴滴司机的随身物品可以放置在该箱之中，便于随时携带（见图 18）。

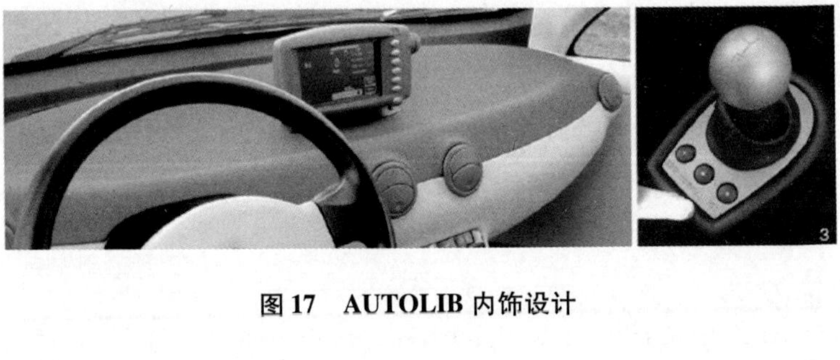

图 17　AUTOLIB 内饰设计

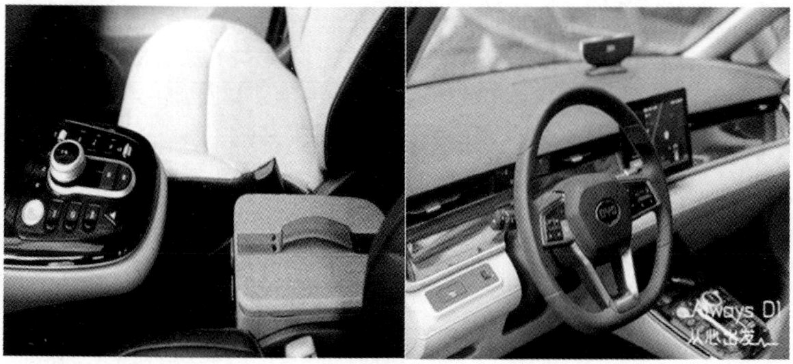

图 18　D1 内饰设计

四　结语

本报告针对网约车和分时租赁汽车的产品与服务设计，以优化用户体验和提升品牌价值为原则，结合市场趋势，对二者的服务系统设计、界面交互设计、整车产品设计的相关理念、方法、案例进行了梳理。智能共享汽车设计是未来发展必经之路。汽车行业的发展会促进用户导向的共享汽车的发展，结合近年来国内共享经济的市场热度、人文环境及法律法规等因素，区别于私家车的造型设计、车内空间布局设计、用车服务系统设计、App 界面交互设计将会是我国各类车企以及共享出行服务商的重点发展方向。本报告为未来的智能共享汽车发展提供了理论依据与实践参考。

B.14 互联网租赁自行车对环境与公共健康的影响*

蒋 慧 宋 苏 鹿 璐 邹 萱**

摘 要： 互联网租赁自行车自2016年以来在全球数百个城市推广，服务范围在中国扩展到360多个城市。作为短距离出行的新型出行方式，互联网租赁自行车系统不仅满足了城市巨大的出行需求，而且增强了与公共交通的连通性、取代短途机动车出行，还可以改善城市环境与公共健康，是解决“最后一公里”出行的多赢方案。本报告通过对12个不同经济和社会发展水平城市的调研，以居民的互联网租赁自行车出行特征数据为基础，从公共健康、碳排放、道路安全和城市管理四个维度，评估了互联网租赁自行车给中国城市带来的影响。报告还回顾了多项互联网租赁自行车管理的相关政策法规和案例，总结了有益的实施经验，为城市管理提供可借鉴的治理思路和政策建议。为进一步规范管理互联网租赁自行车市场，城市应在市场准入管理与总量控制、规范停车、提升自行车设施安全等方面加强治理，积极采取创新政策，并细化考核指标，从而让居民更安全、便捷与有序地使用互联网租赁自行车。

* 本文节选自世界资源研究所英文报告，报告全文链接：https：//www. wri. org/publication/how-dockless-bike-sharing-changes-lives-analysis-chinese-cities。

** 蒋慧，世界资源研究所副研究员；宋苏，世界资源研究所研究员；鹿璐，世界资源研究所副研究员；邹萱，康奈尔大学研究生。

关键词： 互联网租赁自行车 环境 公共健康

一 研究背景

在不到五年的时间里，互联网租赁自行车在中国经历了指数级增长，服务范围扩展到360多个城市，平均每日出行里程达到4700万公里。与此同时，单车的调度不善和过度投放给城市管理带来了混乱，阻塞了许多公共空间，影响人们的日常出行。为了更好地改善这些问题，应对互联网租赁自行车在全国范围内的综合影响做进一步调查和分析，尤其是在出行行为、公共健康、碳排放、道路安全和城市管理等方面。

（一）互联网租赁自行车市场

城市“最后一公里”的共享出行方式成为快速增长且受到市场青睐的服务方式，包括共享自行车、电动自行车和电动滑板车等。这些共享出行方式在改变全球的交通系统、满足人们“最后一公里”出行需求的同时，也满足了人们对个性化和便捷的追求。这些系统在不同地区的应用是多样化的。自2018年起，美国和欧洲迅速将电动滑板车作为首选交通工具。

而在中国，互联网租赁自行车自2016年起，已在大多数城市投放并使用。在全球范围内，37%的互联网租赁自行车项目来自中国。尽管互联网租赁电动自行车的需求很大，但出于安全和管理方面的考虑，许多地方政策限制了此项目的发展。

互联网租赁自行车公司在中国市场采用了无桩式的理念。通过其提供的应用程序，用户可以便捷地寻找、解锁单车，并在任何地方停放。与有桩的互联网租赁自行车系统不同，无桩式互联网租赁自行车的畅通无阻和随意停放的特性满足了中国城市对短途出行的巨大需求。2017年，互联网租赁自行车已在200多个中国城市投放，数量最高时达2300万辆。尽管在2019年底，数量降至1950万辆，但互联网租赁自行车系统已成功在360个中国城市运营。中国仍被公认为全球最大的互联网租赁自行车市场。

（二）互联网租赁自行车的效益与挑战

互联网租赁自行车改变了城市交通生态系统，在满足了人们“最后一公里”出行需求的同时，也满足了人们对个性化和便捷的追求。然而互联网租赁自行车在城市过度投放、无序停放、与调度不及时等问题导致单车阻塞公共空间，影响人们的日常出行。这些问题在互联网租赁自行车投放在其他城市时，引发了一系列争论。此外，暂无权威的研究和分析表明互联网租赁自行车对出行行为、公共卫生、碳排放、道路安全和城市环境等的影响。根据上海市政府的数据，2018年12月，该市上报的月度活跃单车只有56万辆，但互联网租赁自行车总量为115万辆，这也是中国其他城市面临的问题。

一些在2017年进入市场的互联网租赁自行车公司到2018年年中就面临倒闭或破产。在很多城市，大量未使用或破损的互联网租赁自行车被丢弃在街道上或被停放在空地上，造成资源浪费。

出现这种市场失效情况的原因是早期激烈的市场和资本竞争，以及相关法规标准不完善。高效的停车和车队管理已经被列为城市管理的优先事项，与此同时，无桩互联网租赁自行车在中国仍很受欢迎，使用率正在以合理的速率增长。城市可以利用这一机遇，了解人们对短途出行替代机动车出行的需求，并制定明智的、有目标导向的法规来促进互联网租赁自行车行业的发展。

（三）现有研究的不足

自从中国城市引入互联网租赁自行车系统，骑行量迅猛增长。以北京为例，2016～2018年，北京市日常骑行人次从240万人次增加到450万人次，出行占比从10.3%增加到11.5%。国际研究发现，提倡骑行可以让城市在很多方面获益。例如，节能减排、有益于健康、提高道路安全，以及综合的正面影响。然而，骑行也有相应的风险，例如，经常骑自行车可能会增加吸入大气污染物的风险和增加道路交通事故的风险，导致对健康的负面影响。

许多关于互联网租赁自行车的研究主要关注互联网租赁自行车的商业模式、行为特征和有限的影响。为了更好地改善这些问题，应进一步调查和分析互联网租赁自行车在全国范围内的综合影响，包括出行行为、公共健康、碳排放、道路安全和城市管理等方面。

（四）研究目的

为了了解互联网租赁自行车对城市产生的影响，本研究回答了三个问题：问题1，互联网租赁自行车改变了人们的出行行为吗？它是如何吸引人们从其他交通方式转向单车出行的？问题2，互联网租赁自行车对公共健康、碳排放和出行安全的影响（正面和负面）是什么？问题3，城市可以如何改进针对互联网租赁自行车管理的法规？

根据研究结果，本研究将指标与建议联系起来。这些结果将对目标受众提供一系列帮助：城市决策者能够基于研究结果和建议，了解定量的互联网租赁自行车影响，同时也可以了解如何控制骑行风险并出台地方性法规；公众可根据研究建议，选择适当的日均骑行时间和强度，以达到最大的净健康效益；研究人员将利用这些研究结果来丰富和对比全球的类似研究结果，特别是在影响评估和监管方面。

二　研究方法与数据

为了从不同角度研究互联网租赁自行车的影响，本研究涉及各个领域的多种方法。调查内容包括但不限于调研分析、健康影响评估与排放评估。

（一）研究方法概述

由于互联网租赁自行车是一种新型交通方式，许多城市的出行数据尚未向公众开放。为了回答前文的问题，评估互联网租赁自行车带来的影响，本报告采用将调查研究与其他文献相结合的方法来收集必要的数据。

表1先列出了用于回答每个研究问题的研究方法，后文将分别讨论调研和影响评估的详细方法。

表1 研究方法概述

影响	相关指标/证据	方法	资料来源
出行行为变化	·互联网租赁自行车出行行为特征 ·互联网租赁自行车替代其他出行方式 ·出行目的	·线上互联网租赁自行车用户问卷调查及其分析	·世界资源研究所中国办公室进行的问卷调查
体力运动（骑行）的健康收益	·互联网租赁自行车骑行运动促使死亡率降低	·比较风险评估 ·现有荟萃分析研究中的剂量反应函数(DRFs)	·相关文献 ·世界资源研究所中国办公室进行的问卷调查 ·样本城市的交通数据
空气污染的健康风险	·吸入大气污染物所导致的死亡率增加	·比较风险评估 ·现有荟萃分析研究中的剂量反应函数(DRFs)	·相关文献 ·世界资源研究所中国办公室进行的问卷调查 ·样本城市的空气质量数据 ·世界卫生组织数据库（例如GBD）
减少碳排放	·互联网租赁自行车替代私人机动车产生的碳排减量	·世界资源研究所的TESCA方法	·相关文献 ·世界资源研究所中国办公室进行的问卷调查 ·样本城市的交通数据

注：表2中展开描述了互联网租赁自行车用户调查问卷的数据是如何评估影响的。
资料来源：由笔者整理。

（二）问卷设计与取样

1. 问卷设计

为了回答本报告的研究问题，我们设计了问卷来量化关键指标。表2列出了影响结果的调查数据。

表 2　用来评估不同影响指标的问卷问题

指标	问卷中的针对性问题
出行行为变化	·互联网租赁自行车出行行为特征:出行距离、频率、时间长度等 ·互联网租赁自行车替代其他出行方式 ·互联网租赁自行车作为出行链中的一环 ·出行目的 ·喜欢或不喜欢互联网租赁自行车的理由
体力运动(骑行)的健康收益	·互联网租赁自行车出行行为特征,如出行距离、频率、时间长度等 ·人们对于互联网租赁自行车骑行带来的健康影响的态度
空气污染的健康风险	·人们对于使用互联网租赁自行车所受到的空气污染风险的态度
减少碳排	·互联网租赁自行车出行行为特征,如出行距离、频率、时间长度等 ·互联网租赁自行车替代其他出行方式 ·私家机动车出行(包括私家车、出租/网约车、摩托车)的里程数

资料来源：由笔者整理。

2. 城市样本选择

本研究调查了 168 个城市的社会经济和交通出行信息，从中选取了 12 个城市：上海、北京、广州、深圳、成都、武汉、杭州、南京、西安、济南、厦门、兰州。选择标准包括：城市互联网租赁自行车市场是否发展良好，即城市需要有至少两个互联网租赁自行车运营商，且最好设有有桩的公共自行车系统，以及社会经济状况、交通方式的多样性（包含有地铁的城市和没有地铁的城市）、有完善的出行和空气质量数据等。

3. 数据采集及抽样

问卷调查针对在样本城市中居住了半年以上且年龄在 12 岁以上的互联网租赁自行车用户以及非用户群体。出于时间和预算的考虑，调查是在网上进行的。本研究选择了线上调查平台“问卷星”（WJX），其样本库在中国拥有 260 多万个活跃样本，并且可以通过电子邮件、手机应用、微信等多种渠道联系到用户。这份问卷从 2018 年 9 月 17 日开始发放至 10 月 8 日结束，这段时间的天气温度适宜，是自行车出行的高峰季，也是学生们返校的时间段。

城市	常住人口（人）	人均GDP（美元）	地铁	骑行发展水平较好	$PM_{2.5}$浓度（微克/立方米）	共享单车投放总量（万辆）
上海	24183300	17801	√	√	36.0	50.0
北京	21707000	18427	√	√	51.0	90.0
成都	15908000	12473	√	√	51.0	70.0
广州	14498400	21188	√	√	35.0	40.0
深圳	12528300	25586	√	√	26.0	48.0
武汉	10914000	17553	√	√	49.0	75.0
杭州	9468000	18945	√	√	40.0	39.0
西安	9450000	10893	√	√	61.0	45.0
南京	8335000	20079	√	√	43.0	31.7
济南	70600000	14573		√	52.0	18.0
厦门	4000000	15357	√	√	25.0	15.0
兰州	3729600	8673		√	47.0	29.0

图1　研究城市的基本信息

在调查中，本研究根据人口规模将城市分为四个抽样组。作为人口最多的城市，北京和上海的目标是1000份有效问卷；广州、深圳、成都和武汉的目标是800份有效问卷；杭州、南京、西安和济南的目标是500份有效问卷；厦门和兰州的目标是300份有效问卷。共回收8218份有效问卷，包括84%的互联网租赁自行车用户和16%的非用户（见图2）。抽样数据用于评估互联网租赁自行车系统的环境及健康影响，这方面分析将在下文展开。

除了互联网租赁自行车用户外，本研究还收集了一定数量的非用户样本，并进行合并分析，研究人们对道路安全、公共健康以及在污染天气中骑行的态度。

与全国用户人口结构相比，在本研究收集的有效互联网租赁自行车用户样本中（$n = 6902$），取样的互联网租赁自行车用户呈现了性别平衡的特征。但同时，样本中年轻人和中低收入群体比例较高，这是因为样本池中年轻的活跃用户较多（见图3）。这种情况下，需要做进一步调查以更准确地表示人口分布。

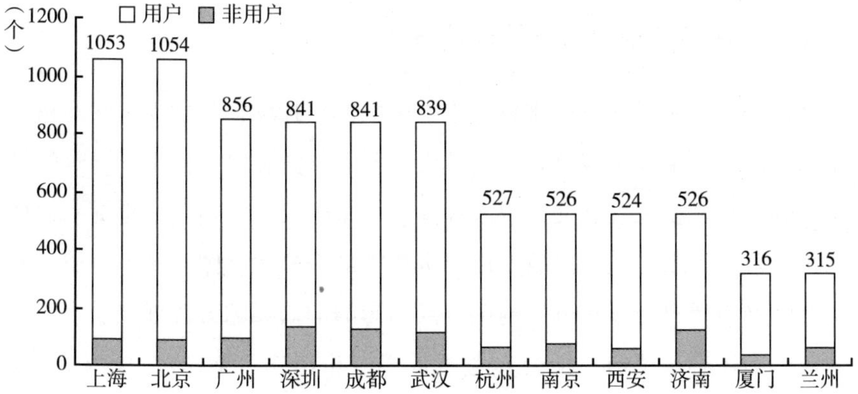

图 2 研究城市的样本量

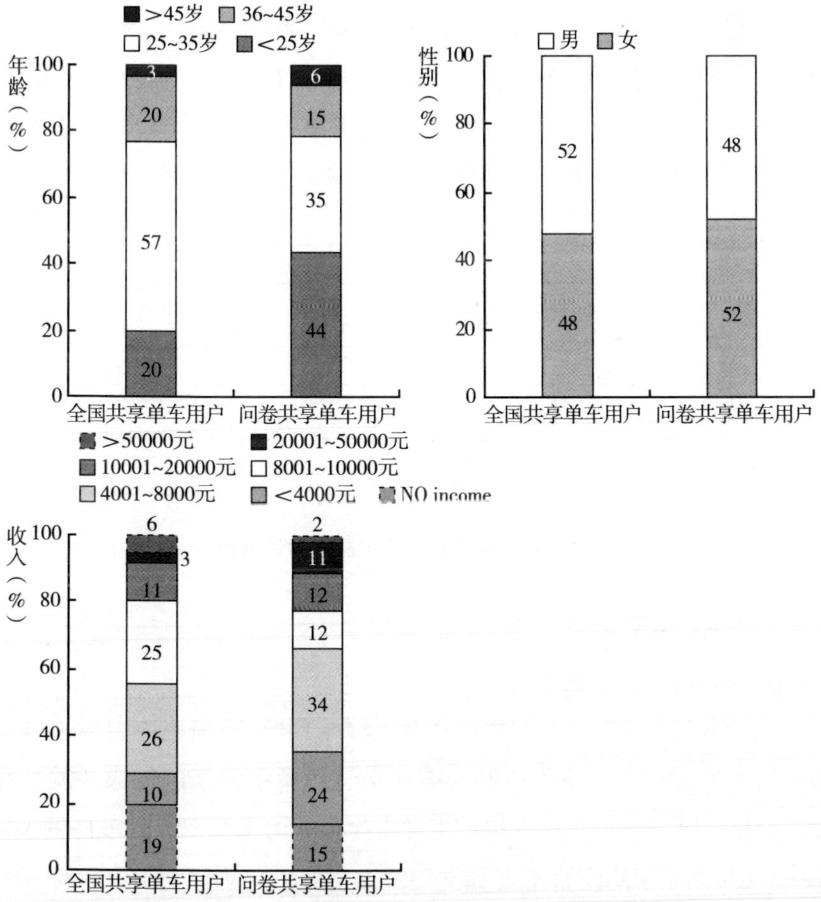

图 3 互联网租赁自行车调查样本分布

（三）环境及健康影响的评估方法

我们采用了不同的方法来量化表 1 中的四个指标，分别为互联网租赁自行车用户的骑行活动给身体带来的健康收益、暴露在空气污染下导致的健康风险、碳排放减少程度和交通事故风险。本报告仅结合前三个指标来评估互联网租赁自行车对健康的净收益以及碳排放的净减少。图 4 显示了用于评估研究互联网租赁自行车对健康与碳排放的影响的简要的方法框架。

对于上述影响评估，主要参考了世界卫生组织（WHO）指南“Health Economic Assessment Tool for Walking and for Cycling：Methods and User Guide on Physical Activity，Air Pollution，Injuries and Carbon Impact Assessment”步行和骑行的健康经济评估方法及用户指南中的方法，世界资源研究所（WRI）“交通排放和社会成本评估：方法指南”（TESCA 1.0），以及一些研究综述提及的方法。下文简要介绍了研究方法和相关计算。

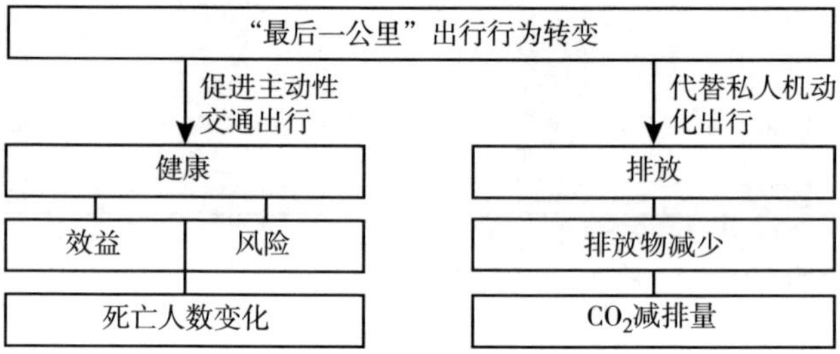

图 4　互联网租赁自行车影响评估框架

1. 对健康产生的影响

（1）骑行及空气质量对健康的影响

在健康影响评估中，我们使用相对风险（RR）来描述体力运动（骑自行车）所产生的潜在健康收益和暴露在空气污染中带来的健康风险。相对风险，也称风险比率，是暴露组的事件发生概率与未暴露组的事件发生概率的比率。RR 刻画了暴露水平（如空气污染、体力运动）与结果事件（如发病）之间的关系。这里，我们使用全因死亡（ACM）作为健康结果事件，因为有证据表明该变量与长期体力运动和长期 $PM_{2.5}$暴露有相关性。

（2）骑行运动的健康效益

全因死亡（ACM）的相对风险（RR）随着骑行运动（PA）的增加而降低。将骑车活动（以 MET - hour/week 表示）代入剂量—反应关系函数（DRFs），以此来评估骑行对健康风险的影响。在剂量—反应关系函数中，RR 表现为 PA（以 MET hours/week 为单位）的函数。研究中，我们采用指数为0.5 的非线性剂量—反应关系函数。骑行活动水平的数据可以从问卷调查中获得。

（3）空气污染的健康风险

我们选择 $PM_{2.5}$作为关键的大气污染物，因为它对全球公共健康造成了显著负担。我们采用国际研究中常用的方法来量化骑行所面临的空气污染对健康的影响。随着骑行运动量的增加、空气流通的增强，$PM_{2.5}$的吸入量会增加。基于 Tainio 等研究中使用的方法，将背景 $PM_{2.5}$浓度值转换为特定出行模式（即骑行）的 $PM_{2.5}$暴露浓度，并考虑骑行时的通风率来估算 $PM_{2.5}$造成的健康风险。本研究借鉴了 Tainio 和 Kahlmeier 研究中的若干基本假设，用于本研究的空气污染健康评估。

将城市的背景 $PM_{2.5}$浓度值和骑行活动数据（即骑行时长）纳入大气污染的剂量—反应关系函数中，可以估算出暴露在不同 $PM_{2.5}$下的、不同骑行时长所带来的相对健康风险。骑行时长资料来源于互联网租赁自行车的调查，城市级 $PM_{2.5}$背景浓度值来源于世界卫生组织、中国生态环境部（MEE）等数据库。

（4）健康影响的评估

本研究使用净死亡数来表示互联网租赁自行车系统对健康的影响。采用比较风险评估法（CRA）估算因骑行运动和暴露在空气污染下而引起的综合疾病负担变化。CRA 在国际研究中广泛应用，因此在本报告中不详细阐述。基于这种方法，用死亡人数来衡量的疾病负担表示为公式（1）：

$$\Delta Mortality_a = PAF_a \times MR_{oa} \times POP_a = \left(\frac{RR_a - 1}{RR_a}\right) \times MR_{oa} \times POP_a \quad (1)$$

其中，$\Delta Mortality_a$ 为骑行运动和 $PM_{2.5}$ 综合影响下的死亡人数变化；PAF_a为人群归因率（或归因分值），可通过 RR_a计算得出；RR_a为骑行

与 $PM_{2.5}$的综合相对风险，根据 Tainio 等的研究，它是由骑行的 RR 乘以 $PM_{2.5}$的 RR 得到的；MR_{oa}是全因死亡的基线死亡率；POP_a是暴露人群的规模；a 代表具体的年龄（在本研究中没有细分年龄亚组）。

MR_{oa}的数据参考联合国《2019 年世界人口展望》、世界卫生组织全球卫生观察站（GHO）的数据库、IHME 的《2017 年全球疾病负担研究数据源》和《全球疾病负担比较》。本研究使用中国 15 ~64 岁年龄段的 MR_{oa}值，以便与调查样本的年龄范围一致。根据联合国的数据，中国的基线死亡率 MR_{oa}为 2.528 人/千人，即 0.2528%。POP_a的数据也是从互联网租赁自行车用户调查中得到的，其中 POP_a是样本用户数量。为了估算全国互联网租赁自行车用户中规避的死亡总人数，粗略假设在 2018 年约有 2.35 亿互联网租赁自行车用户。

2. 减排评估方法

本研究只计算从私人机动车出行模式（即私家车、出租车、网约车、摩托车）转变到互联网租赁自行车出行模式的二氧化碳（CO_2）减排量。虽然可以通过方程式（2）估算出三种类型的温室气体（GHGs）（CO_2、CH_4、N_2O）和六种空气污染物（NO_x、SO_x、PM_{10}、$PM_{2.5}$、CO、HC），但只估算了 CO_2 排放的减少量，因为其他空气污染物的减少并不明显，所以决定不在这份报告中呈现这些结果：

$$Emissions = \sum_{ij}(D_{ij} \times FE_{ij} \times EF_{ij})\ or \sum_{ij}(D_{ij} \times EF_{ij}) \qquad (2)$$

其中，i、j 分别代表不同交通方式和燃料，D_{ij}为互联网租赁自行车替代的私家车出行的距离；FE_{ij}为私家车的燃油效率（单位为升/公里或吨/公里，取决于不同的燃料类型）；EF_{ij}为不同温室气体或大气污染物的排放因子（单位为克/升或克/公里，取决于不同的排放类型）。

D_{ij}的数据可以从互联网租赁自行车用户调查中获得。EF_{ij}和 FE_{ij}可以从各种官方来源获得，如中国生态环境部、交通运输部、当地市政府部门和研究机构、国际组织（如联合国政府间气候变化专门委员会等），以及研究论文。在某些情况下，D_{ij}可以从出行分担率间接计算出来。不同交通方式的分担率数据可以从多种来源获得，如城市交通部门和居民出行调查等。

三　对出行行为、健康与碳排放的影响评估

人们在中短距离出行时，倾向于放弃步行或公共汽车，转而使用互联网租赁自行车来节省时间。调查结果表明，互联网租赁自行车不仅是短距离出行的代步工具，还有增强与公共交通系统联系的功能，在城市中替代个体机动化出行方面具有巨大潜力。

本部分对收集到的互联网租赁自行车用户数据（$n=6902$）进行了初步分析，回答了互联网租赁自行车如何改变人们出行习惯的问题。调查结果显示了人们与互联网租赁自行车系统互动的方式，以及互联网租赁自行车如何通过鼓励使用可持续交通方式来影响人们的出行习惯。此外，调查分析的重点是互联网租赁自行车如何介入现有的城市交通系统，尤其是在接驳公共交通和取代私家车出行两方面。

另外，骑行对城市有诸多益处。它将机动车出行转变为零排放出行，同时增加了人们的体育锻炼机会。值得一提的是，在中国城市中，互联网租赁自行车骑行给人们带来的健康益处远远超过了人们暴露在污染空气中的健康风险。本部分探究了与互联网租赁自行车相关的影响。按照前文提到的研究方法，量化了以下收益与风险：体力运动（骑行）带来的健康收益（避免的死亡人数）、空气污染风险（暴露在 $PM_{2.5}$ 下导致的死亡人数增加）与温室气体减少（减少 CO_2 的吨数）。此外，还估算了骑行运动与骑行过程中暴露在 $PM_{2.5}$ 下产生的综合健康影响。

（一）互联网租赁自行车对出行行为的影响

根据问卷调查结果，从基本出行特征来看：77%的互联网租赁自行车用户每周骑行小于5次，然而仍有18%左右的用户每周骑行大于6次；从骑行距离来看，92%的出行距离小于5公里，其中57%的骑行是介于1~3公里之间。骑行时长的结果与距离呈现相同趋势，约93%的骑行时间在40分钟之内。

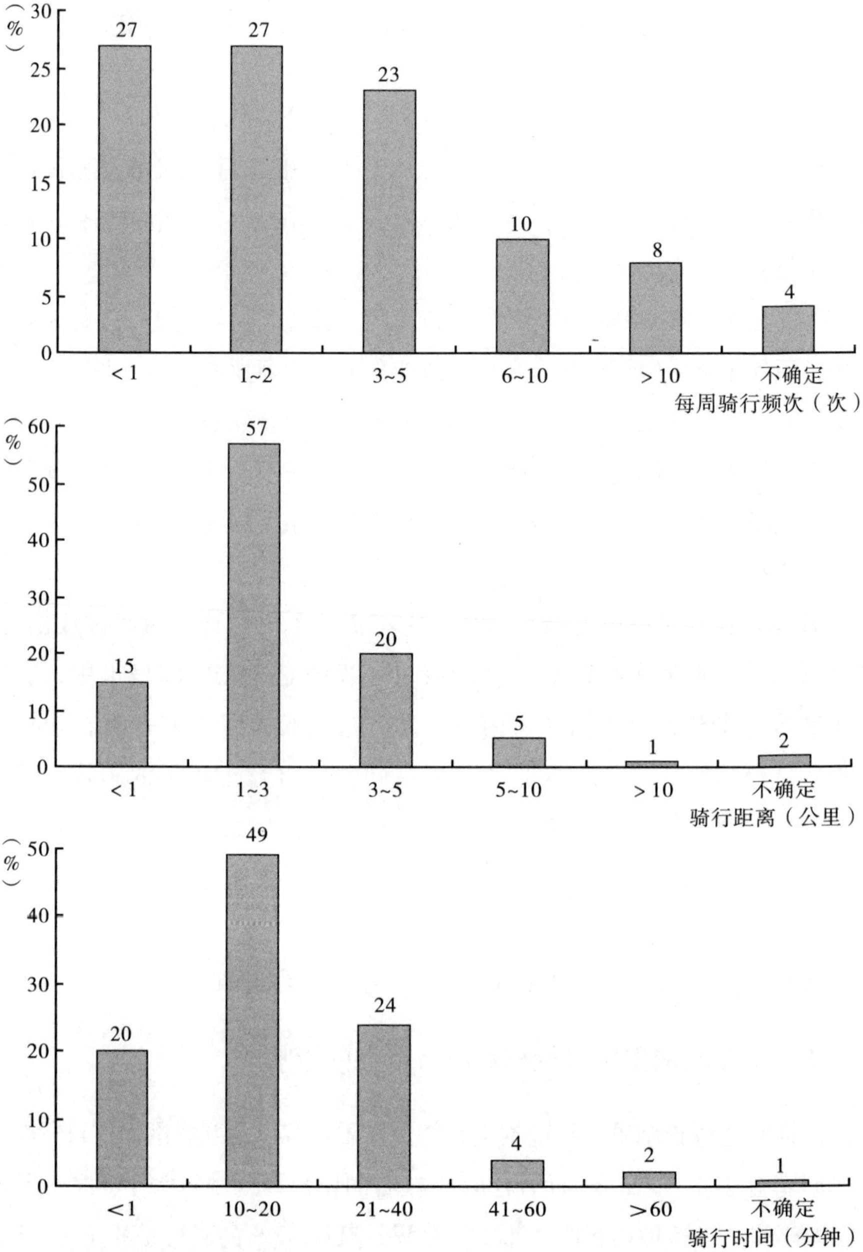

图5　互联网租赁自行车调查骑行频次、距离与时间分布

调查结果显示，互联网租赁自行车为城市“最后一公里”出行提供了解决方案，并增强了城市公交系统的吸引力：54%的用户选择互联网租赁自行车是因为与其他交通方式接驳方便，其中81%的用户的出行距离小于5公里；36%的用户在日常工作通勤中使用。互联网租赁自行车作为一种新兴的出行方式，在通勤中得到了广泛的应用，可以完成部分或整个行程。此外，30%的互联网租赁自行车用户每周骑车5次以上，远超其他出行目的。互联网租赁自行车还被用于距离较长的工作通勤，32.2%的用户每次骑车距离超过3公里。

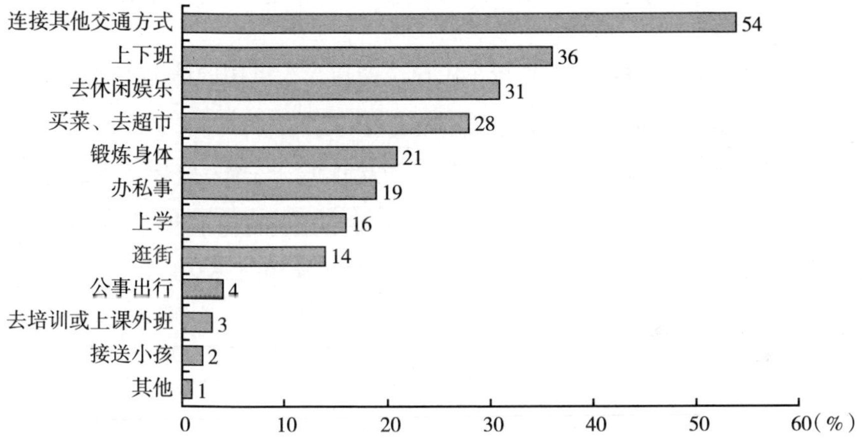

图6　除步行外，您通常用互联网租赁自行车衔接哪一种交通方式？

当互联网租赁自行车用于“最后一公里”出行时，超过80%的人使用其衔接公共交通，这意味着互联网租赁自行车已经成为城市公共交通系统的主要补充，其中，50.2%的用户出行是为了衔接地铁或轻轨；32.3%的互联网租赁自行车用户用于衔接常规公交车；8.2%的用户使用互联网租赁自行车完成整个出行。

问卷调查了在互联网租赁自行车出现之前，用户一般采用哪种交通方式完成这段路程。结果显示，互联网租赁自行车主要替代了5公里以内步行与常规公交出行；在无车可用的情况下，约70%的互联网租赁自行车用户会选择步行完

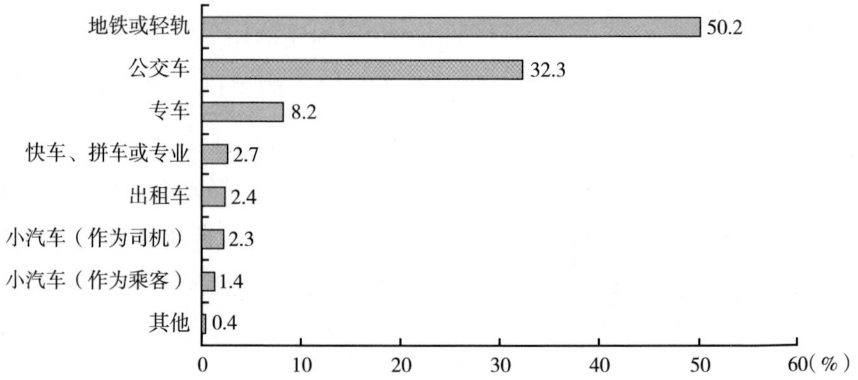

图7　除步行外，您通常用互联网租赁自行车衔接哪一种交通方式？

成出行；近59%的互联网租赁自行车用户选择在无车可用的情况下选择用公交车出行；16%和12%的用户之前分别选择出租车与网约车出行，另外约有8%和4%的用户分别由之前的驾车（私家车，作为司机）与乘车（私家车，作为乘客）出行方式转移而来；约有3%的用户在互联网租赁自行车出现后形成了新的出行路径，互联网租赁自行车的出现改变了人们以往的出行习惯。

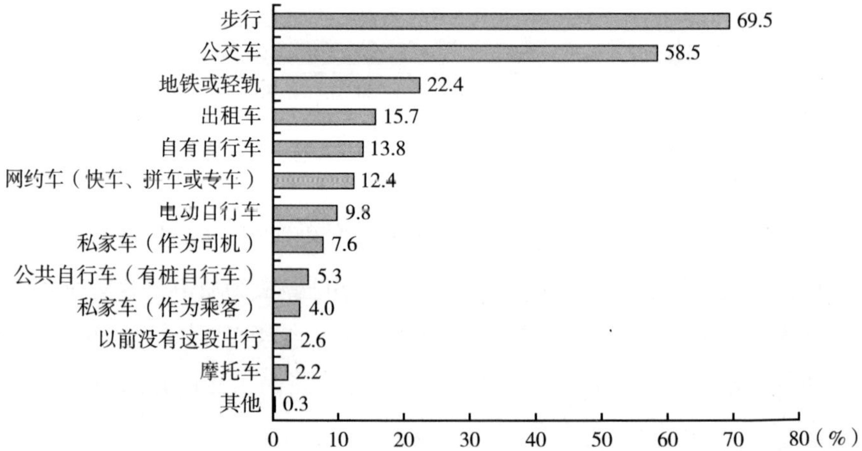

图8　您经常采用互联网租赁自行车出行的这段路程，在其出现之前，一般采用哪三种交通方式出行？

从结果来看，受访者喜欢使用互联网租赁自行车的原因是：单车随处可见，取车/停车便捷（占55.0%）；环保（占51.1%）；锻炼身体（占43.8%）。受访者不喜欢使用互联网租赁自行车的原因是：单车质量不好、维修不及时（占41.1%）；找车困难（占31.3%）；押金及费用贵（占26.1%）。其中，单车无桩特性是一把双刃剑，这一尖锐矛盾体现在平时互联网租赁自行车随处可见，但是在用车高峰时段，用户却找不到可用车辆。

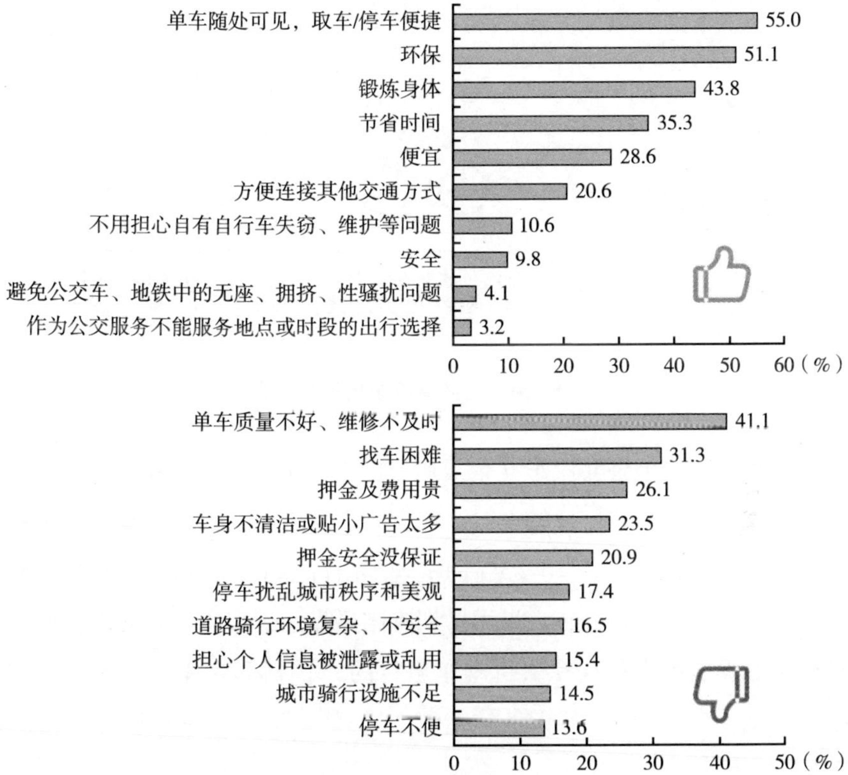

图9　用户喜欢、不喜欢使用互联网租赁自行车的原因

出于对效率的考虑，公共交通无法提供点对点服务。大多数城市首先考虑的是改善互联网租赁自行车与公共交通的衔接，以及建立多模式交通系统。通过对问卷的交叉表分析，结果发现尽管在很大程度上互联网租赁自行车能够直接取代步行和乘坐公共汽车的短途出行，但大多数人仍考虑通过互联网租赁自行车衔接公共交通。互联网租赁自行车系统成为增强公共交通系统可达性的主要方案。

调查显示，54%（$n=3727$）的受访者使用互联网租赁自行车以衔接其他交通工具，其中，91%的骑行至公共交通系统，包括常规巴士（31%）和地铁（60%）；78%的人原先选择步行与公共交通连接，57%的人原先乘坐普通公共汽车与公共交通连接，33%的人原先乘坐私人机动车与公共交通连接。

图 10　用户对共享单车出行的考虑

比起步行和乘坐公共汽车（依靠固定时刻表），人们更喜欢在中短途行程中选择骑行，因为骑行比较省时。在大多数城市中，短途行程过度依赖机动车出行。例如，在北京，39.3%的机动车出行小于5公里。这意味着骑行有取代城市私家车出行的较大潜力。调查结果显示，17%～45%的互联网租赁自行车行程是用来替代私人机动车出行的（包括私家车、出租车、代驾和摩托车）。

表 3　被互联网租赁自行车取代的出行里程

城市	共享单车里程（公里/周）	被共享单车取代的出行里程（公里/周）			共享单车代替私人机动车出行比例（%）
		私家车	出租/网约车	摩托车	
北京	6688	793	348	—	17.1
上海	5346	772	465	—	23.1
广州	4105	200	720	252	28.6
成都	6039	549	1111	350	33.3

续表

城市	共享单车里程(公里/周)	被共享单车取代的出行里程(公里/周)			共享单车代替私人机动车出行比例(%)
		私家车	出租/网约车	摩托车	
武汉	4394	344	615	407	31.1
深圳	2413	443	91	131	27.6
南京	2979	494	555	241	43.3
济南	2623	375	468	316	44.1
杭州	3468	376	600	425	40.4
西安	2273	204	592	226	44.9
兰州	2559	241	438	59	28.8
厦门	1693	73	270	251	35.1

此外，“骑—乘—骑”出行模式也有可能取代长途的机动车出行。这方面，尤其是取代长途私家车出行所产生的效益，可能会被低估，因为问卷设计没有研究整个出行链，而仅关注由互联网租赁自行车完成的部分行程。

（二）互联网租赁自行车对健康的影响

1. 骑行的体力运动产生的健康效益

调查结果显示，大多数人（互联网租赁自行车用户和非用户）认为骑自行车有益于健康：80%的人认为骑自行车有益于身体健康，67%的人认为骑行可以改善心理健康，50%的人认为骑行能让他们感觉更加自信。在所有用户中，年轻人倾向于强烈认同自行车使他们更健康。年长的受访者更倾向于认为骑自行车有助于增强自信心——45岁以上的人中有31%强烈认同骑行能让他们更自信。体育锻炼在治疗轻、中度精神疾病中起着重要作用，尤其是对于抑郁和焦虑。

本研究采用已有的剂量—反应关系函数计算了增加骑行时间的相对风险。同时通过上文提到的方法量化了骑行所规避的早亡人数。假设中国所有城市的骑行强度和持续时间相似，且不考虑其他影响因素，中国2.35亿互联网租赁自行车用户中，通过骑行这种体力运动，可以规避71184人的早亡人数（95%置信区间为47317～97130人）。需要注意的是，如果人们在实际空气质量较差的日子骑行，骑行的健康收益并不一定能达到预期估算。

2. 暴露在空气污染下产生的健康风险

积极的骑行活动会增加大气污染物的吸入量，尤其是$PM_{2.5}$的吸入，可以导致一些严重的健康风险，如慢性阻塞性肺疾病（COPD）、缺血性心脏病（IHD）、中风和肺癌，并导致过早死亡。

调查结果显示，大部分互联网租赁自行车用户都意识到了在中国城市中普遍存在的空气质量问题，并且在污染日避免或减少骑行。人们对在污染日骑行的看法如下：85.8%的人意识到空气污染的严重性，45.8%的人认为空气污染对健康构成威胁，84.6%的人会在空气不好的日子减少或者停止骑行。

我们采用上文提到的方法，计算了骑行过程中暴露在$PM_{2.5}$下所增加的健康风险和早亡人数。假设中国2.35亿互联网租赁自行车用户都暴露在类似的$PM_{2.5}$浓度下，且不考虑其他影响因素，空气污染影响下增加的早亡人数约为10293人（95%置信区间为5991～13076人）。骑行中面临的空气污染所导致的健康风险，仍然要远低于骑行作为一种体力运动所带来的健康收益。然而，这种情况要在一定的低浓度$PM_{2.5}$污染下，并同时进行一定强度的骑行才会发生。

3. 骑行运动和空气污染的综合健康影响

我们使用上文介绍的方法和假设，对12个城市的骑行用户的运动收益和$PM_{2.5}$污染风险这两个因素进行了综合健康影响评估。之后，我们应用了比较风险评估方法，将这种综合健康风险率转换成净早亡人数。此外，我们引入了骑行时长的“临界点”（tipping point）和“平衡点”（break-even point）的概念，给出在适当$PM_{2.5}$浓度下各城市中的骑行时长的建议。在“临界点”，能达到最大的健康收益；超过临界点，增加骑行时间将不会带来额外收益；继续增加骑行时间，净健康收益会趋向零（即向“平衡点”靠近）；超过平衡点，空气污染的风险将开始大于骑行的收益，额外的骑行时间会损害健康。

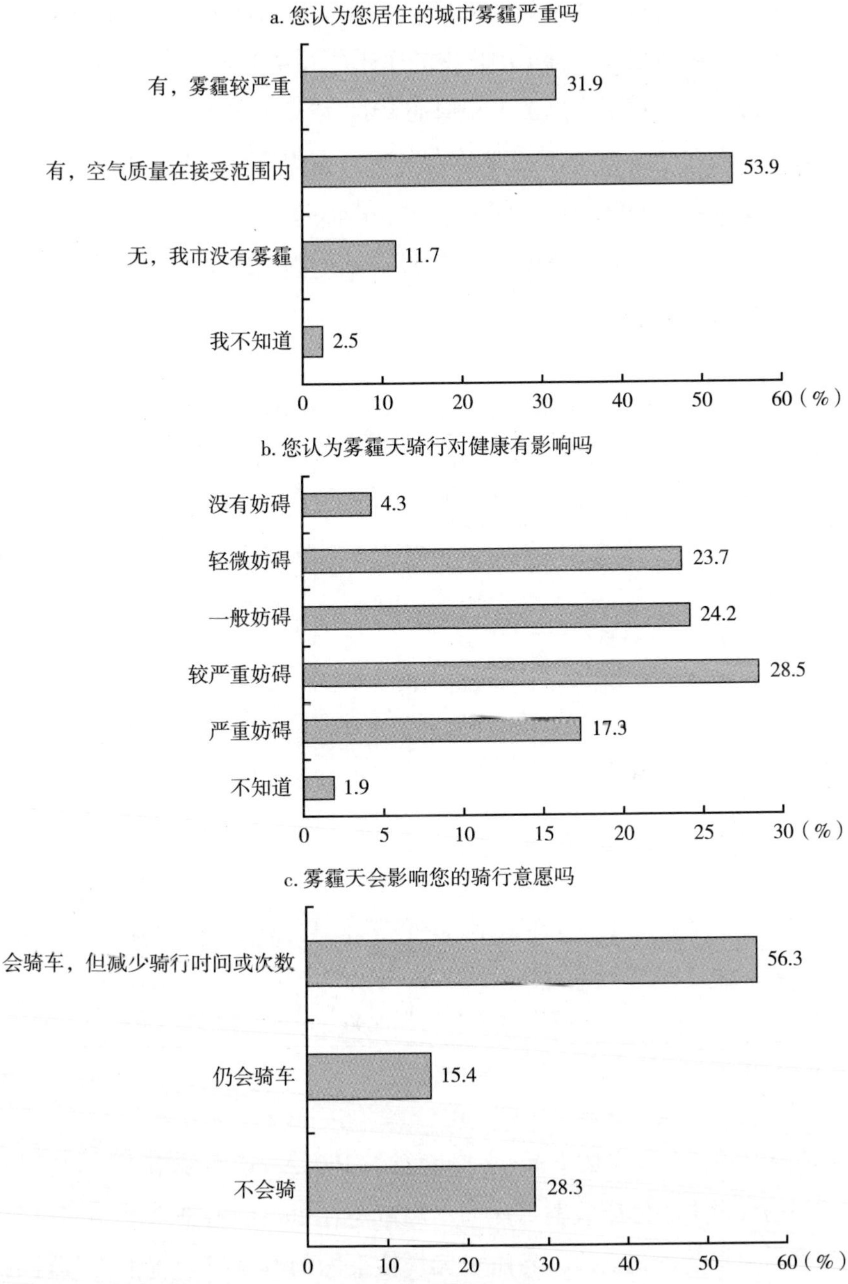

图 11　问卷调查骑行偏好

表4显示了骑行运动与暴露在$PM_{2.5}$污染下的综合作用对健康的净影响。净影响通过互联网租赁自行车用户中的净死亡人数变化来表示。对于全国用户来说，假设大多数用户暴露于相似的$PM_{2.5}$浓度水平下，并具有相似的骑行时长，那么在全国2.35亿互联网租赁自行车用户中，避免的净死亡人数将达到59635人（95%置信区间为33181～90142人）。对于大多数$PM_{2.5}$平均浓度为50～60 ug/m^{3}的城市，如果没有其他影响因素，每天骑行一小时可以带来最大的健康收益。

表4　骑行活动与空气污染的综合健康影响评价

项目	骑行时长（小时/周）	平均$PM_{2.5}$浓度（微克/立方米）	互联网租赁自行车样本用户数量(个)	相对风险	样本中避免的早亡人数（例/年）	理论上的骑行临界点（分钟/日）	理论上的骑行平衡点（分钟/日）
上海	0.99	36	942	0.91	0.24	150	615
北京	1.23	51	943	0.91	0.24	75	300
成都	1.38	51	697	0.90	0.19	75	300
广州	0.93	35	738	0.91	0.18	150	615
深圳	0.94	26	683	0.91	0.17	300	—
武汉	1.06	49	706	0.91	0.17	75	300
杭州	1.13	40	441	0.91	0.12	120	465
西安	1.07	61	445	0.92	0.10	60	195
南京	1.04	43	427	0.91	0.11	90	375
济南	1.08	52	386	0.91	0.09	75	300
厦门	1.04	25	261	0.90	0.07	300	—
兰州	1.39	47	233	0.90	0.06	75	300

注：样本数为6902位互联网租赁自行车用户。

理论上讲，在大多数$PM_{2.5}$平均值低于160μg/m^{3}的城市中，每天骑车30分钟仍会带来净健康收益。然而，应避免在更高的污染水平中骑行超过30分钟，因为超过此阈值，暴露于大气污染物的健康风险将抵消额外骑行运动所带来的健康收益。理论上，我们提倡在满足世卫组织（10ug/m^3）或中国空气质量标准（15μg/m^3）的城市中积极进行体育活动。

（三）互联网租赁自行车对碳排放的影响

基于上文的方法，我们估算了互联网租赁自行车用户将私人机动化出行转换为骑行所减少的 CO_2 排放量。尽管 12 个城市中的大多数用户倾向于使用互联网租赁自行车替代步行和公交出行，但其取代私家车从而减少的机动车行驶里程仍然是可观的。由于私人机动车（尤其是私家车）是城市交通的主要排放源，任何机动出行公里数的减少都可以有效减少碳排放量并改善空气质量。

表 5　互联网租赁自行车贡献的 CO_2 减排量

项目	私家车被骑行取代的里程（公里/周）	出租/网约车被骑行取代的里程（公里/周）	摩托车被骑行取代的里程（公里/周）	样本中的 CO_2 减排量（吨/周）	样本中的 CO_2 减排量（吨/年）
上海	772	465	0	0.26	13
北京	793	348	0	0.24	12
成都	549	1111	350	0.41	22
广州	200	720	252	0.26	14
深圳	443	91	131	0.13	7
武汉	344	615	407	0.25	13
杭州	376	600	425	0.24	12
西安	204	592	226	0.20	11
南京	494	555	241	0.25	13
济南	375	468	316	0.22	11
厦门	73	270	251	0.11	6
兰州	241	438	59	0.16	9

注：样本为 6902 位互联网租赁自行车用户。

研究结果表明，互联网租赁自行车引起的出行方式转换所产生的减排效果，均不如预期的那样显著，这主要是因为大多数人喜欢将互联网租赁自行车取代之前的步行和公交车出行。本研究计算显示大气污染物（如 $PM_{2.5}$）的减少远未达到显著水平，这是由于互联网租赁自行车取代的私家车行程过短，以及私家车不是一次 $PM_{2.5}$ 的最大排放源，本研究选择不显示这些结果。互联网租赁自行车的使用仅与 CO_2 的减少有显著相关，值得关注。根据扩算，如果所有2.35亿中国互联网租赁自行车用户持续样本分析中所描述的出行方式转变的势头，那么全国CO_2减排量将达到每年480万吨。

四 小结与展望

（一）互联网租赁自行车的影响

为了调查互联网租赁自行车服务推出后对城市的影响，本研究分析了互联网租赁自行车对中国城市居民的出行行为、碳排放、公共健康及道路安全等方面的影响。研究发现互联网租赁自行车系统不仅可以增强与公共交通的连通性、取代短途机动车出行，还可以改善城市环境与公共健康，是解决城市“最后一公里”出行的多赢方案。

1. 出行行为转变

尽管地理和社会经济属性差异很大，但结果表明互联网租赁自行车对12个样本城市单车用户的出行行为变化具有同质性。

调查显示，54%的用户使用互联网租赁自行车连接其他交通方式，其中91%的骑行用于接驳公共交通。

在12个城市中，有17%～45%的用户使用互联网租赁自行车出行代替了原本的私人机动车（包括小汽车、出租车、网约车和摩托车）出行。

2. 改善公共健康

适当的骑行时间和强度所带来的健康效益，远超骑行时暴露于空气污染所造成的健康风险。相对于不运动带来的健康风险，共享骑行作为一种积极的活动方式，在全国2.35亿互联网租赁自行车用户中每年可以避免约6万人的早亡风险。

即便在一些空气质量不太理想的地区，只要在一定的污染物浓度水平下，互联网租赁自行车骑行仍能带来健康效益。对于$PM_{2.5}$平均浓度在50～60微克/立方米以下的城市，每天骑行一小时可以产生最大的健康效益；对于$PM_{2.5}$浓度超过160微克/立方米的城市，不推荐每日骑行超过30分钟。

3. 减少碳排放

虽然互联网租赁自行车替代的大多是步行和公共交通的短距离出行，但是通过取代私人机动车出行，互联网租赁自行车每年仍可减少约 480 万吨 CO_2 排放量，相当于 680 万英亩森林一年对 CO_2 的吸收。

（二）未来的研究

下一阶段，WRI 研究团队将通过更多的调查和政策梳理来持续更新、完善报告结论。在此基础上，还将选择一些试点城市进行深入研究，比如，货币化互联网租赁自行车系统对健康、气候和社会经济的影响；从避免早亡风险和疾病风险两方面，综合评估互联网租赁自行车的健康效益；用社会公平性、公共服务可达性等指标来评估互联网租赁自行车的社会影响，并对用户年龄和性别进行细分；基于试点城市的具体情况，制定政策建议与解决方案。

B.15

网络货运的发展状况与政策研究

董 娜　张改平　王学成*

摘　要：网络货运是数字交通发展中的重要形态，近年来也成为共享出行企业拓展业务布局的重要方向。目前，网络货运业态趋于稳定，市场格局基本明朗，管理政策日趋完善，形成多种典型模式。2020年网络货运运单量超过2000万单，完成货运量约5亿吨，运费交易额突破600亿元大关。网络货运在合规经营的基础上，积极服务地方经济发展、推广先进技术、增加司机收入、降低流通成本。未来网络货运企业应继续提高资源配置效率、拓展盈利渠道、完善服务体系，积极应对外部挑战、提高自身核心竞争力。同时，相关部门应不断提高监管能力，促进行业长期、稳定、健康发展。

关键词：网络货运　合规经营　无车承运　政策

一　网络货运业态的形成

网络货运经营是指经营者依托互联网平台整合配置运输资源，以承运人身份与托运人签订运输合同，委托实际承运人完成道路货物运输，承担承运人责任的道路货物运输经营活动。

---

* 董娜，交通运输部科学研究院副研究员；张改平，博士，交通运输部科学研究院助理研究员；王学成，博士，北方工业大学讲师。

网络货运源于传统的道路货物运输，尤其是信息化背景下的无车承运人制度，而无车承运人制度又与物流专线联盟化、互联网发展有密切的联系。网络货运的发展更具渐进式创新、迭代式增长的特点。整体上看，网络货运经历了“萌芽探索”“市场混战”“规范发展”三个发展阶段。

（一）萌芽探索阶段：货运联盟逐渐形成

长期以来，我国道路货运市场以个体运输户为主体，结构相对分散，市场集中度较低。全国道路货运市场平均每户拥有车辆不足 2 辆，拥有 10 辆车以上的经营户数占比不足 2%，个体运输户占比高达 90% 以上。这种经营局面产生的直接后果就是，运输主体的专业化程度低、运输线路的网络化程度低、运输服务的经济效益较低，表现为车辆闲置率高、返程空跑问题突出。提高车货匹配效率，成为行业持续稳定发展的关键。

2000 年以后，随着互联网技术、交通运输技术和能源技术的进步，公路货运领域大量新的经营模式应运而生，联盟模式成为典型的模式。大量专线物流通过联盟的模式，统一品牌、统一管理、统一服务，实现资源共用、利益共享、风险共担，扩展经营网络，促进资源集约利用。

货运联盟在取得巨大成就的同时，也暴露出了不少的缺点。一是，不少联盟局限于本地、本行业，存在规模天花板；联盟在逐步扩张的同时，遇到经营管理困境。二是，许多联盟并没有明确的、稳定的经济契约关系，造成股权关系复杂、经营秩序混乱等问题。三是，由于存在信息不对称等问题，联盟过度压价削减专线利润，或者个体经营者越过联盟跳票等情况出现。上述种种原因导致大量联盟面临盈利前景不明朗、利益分配不公平、存续时间短等问题。

专线网络、货运联盟等的发展，为网络货运确定了基本的经营模式，提供了实践经验。

（二）市场混战阶段：互联网新模式间的激烈竞争

2012 年以后，随着移动互联网与交通运输业的融合，移动互联网平台逐步成为物流运输行业转型发展的重要手段。在物流运输行业平台化发展的大背景下，货运市场也迈入平台经济发展阶段。移动互联网平台运营方也逐步由单一的工具和手段演变成配置资源的平台。平台虽然没有站场、车辆、线路等资源的所有权，但是通过平台的整合力，将各类资源集聚在一起进行集中运营，实现资源的集约高效配置，如卡行天下、安能物流、一米滴答等是这一时期的代表性企业。

同期，以 Uber、滴滴出行等为代表的打车、约车平台在资本的助推下，迅速进入公众视野，并带动交通运输、餐饮住宿、教育文化等领域的发展。该阶段网络货运市场出现三种模式的横向正面竞争。第一种是传统物流公司的转型派，一般具有一定的车辆、司机、场站等资源，具有丰富的管理经验，擅长以货源带动市场。第二种是物流信息系统服务商，具有丰富的信息化经验，或直接服务物流企业，既懂互联网又懂物流业。第三种是纯互联网派，对互联网产品及消费者有深入的了解，擅长开发适用性产品，并通过线上营销快速获取市场。无论哪一种模式，都依托移动互联网，极大地拓展了经营空间，对公路货运市场产生了深远的影响。

2014～2015 年，在资本的助推下，互联网货运市场出现“百团大战”局面。高峰期，车货匹配 App 数量达到 300 多家，大量平台获得千万级以上的融资。通过大量派发优惠券、提供司机补贴等形式，市场竞争进入白热化阶段，“抢人”“抢车”“抢货”等现象屡见不鲜。最终，在干线运输上，货车帮、运满满等一批企业逐渐占据市场头部位置；在城市区域配送上，以云鸟科技、蓝犀牛、58 速运等为代表的企业也取得了成功，在促进行业快速成长的同时，也不可避免地产生了不少问题。

在车货匹配 App 竞争的过程中，很多影响行业发展的不利因素出现了。大量新创平台实行完全的“轻资产”运营，与货主和司机之间缺乏稳定的经济契约关系，造成服务质量不佳的现象。市场无序竞争不仅造成了资源的浪费，也产生了不少违规问题，造成了不良的社会效应。

（三）规范发展阶段：以无车承运人试点规范行业发展

2016 年 8 月，交通运输部办公厅印发《关于推进改革试点加快无车承运物流创新发展的意见》，以无车承运人试点为标志，行业进入规范有序的发展阶段。

无车承运人是指自身不拥有运输车辆，以承运人身份与托运人签订运输合同，承担承运人的责任和义务，通过委托实际承运人完成运输任务的道路货物运输经营者。无车承运人具有承运人的法律地位，承担全程运输的责任和义务，为行业发展奠定了良好的管理基础。无车承运人具有轻资产的运作特征，能够灵活应对市场变化和竞争，有助于面向市场促进车货匹配，提高综合服务能力。无车承运人具有与经营业务相适应的赔付能力，有利于化解行业经营风险，保障货主、司机等的合法权益。无车承运人具有较强的资源整合能力，能够有效提高运输组织化、集约化水平，带动行业整体效益的提升。

无车承运人试点的开展，为网络货运平台的合法经营奠定了基础，带动了业务规模的持续扩大、零散运力不断整合，促进服务领域不断延伸、安全管控和风险防范能力不断提高。

2019 年 9 月，交通运输部会同国家税务总局印发《网络平台道路货物运输经营管理暂行办法》，无车承运人试点工作于 2019 年底正式结束，无车承运人正式更名为网络平台道路货物运输经营者（简称“网络货运”），且被界定为道路货物运输业态。2020 年被道路货运行业认定为网络货运元年。网络货运企业具有双重身份，对于上游货主而言为托运人，对于下游货主而言是承运人。网络货运与信息平台不同，要承担全程运输责任，且有一定的抗运输风险能力，不断提升服务价值。

二　网络货运的典型模式

网络货运平台的核心功能在于组织分布式的供给和需求，因各个平台的发展历史、组织形式、优势资源、利润来源不同，形成了不同的运营模式，比较典型的如下。

（一）货运转型模式

传统道路货运企业拥有稳定的货源和成熟的运营模式，随着业务规模的扩大，传统道路货运行业开始利用互联网平台整合干线运输、城市配送等环节社会运力资源，组建“品牌统一、标准统一、规则统一”的运输团队，拓展服务领域，延伸服务链条，为客户提供“门到门”的一站式物流运输服务。该模式具有显著优势，由于拥有一定的自有车辆且实践经验丰富，借助互联网手段，可以整合更多的社会运力资源，实现对车辆的动态管理、技术管理，对注册的实际承运人开展安全培训教育，制定明确的运营规则和服务规范，为货主提供全程运输过程的动态跟踪服务，可以提高该模式下网络货运企业的市场竞争力。

（二）电商物流模式

随着电商市场的扩大，电商物流呈现快速发展势头。为进一步提高市场竞争力，切实改善客户服务体验，实现线上电子商务与线下物流运作的高效匹配，一些电商龙头企业利用现代信息技术搭建物流公共服务平台，采取网络货运模式，凭借自身所持有的货源优势，整合社会零散运力资源，同时为社会提供公共第三方物流服务，不断完善商业与物流并行的流通体系。该模式拥有强大的货源优势，并且在资金、技术、人才方面实力雄厚。同时，该模式涉及信息、仓储设施、运载工具等多种要素，强调全链条物流资源的匹配。运输特征上呈现出多频次、小批量、多品类的特点，强调及时响应客户需求的个性化定制物流服务。

（三）场站基地模式

场站基地模式是指货运枢纽、物流园区、物流基地等经营人，采取在主要物流节点城市建设实体节点网络，或与其他物流园区联盟合作的形式在全国进行网络化布局，各园区之间通过搭建物流信息服务平台进行高效互联，实现不同物流基地之间物流资源在线上的集聚整合和优化重组，能够根据上游企业物流需求，统筹进行组织调度，为社会提供一站式、系统化物流解决方式并承担运输组织调度工作。该模式以自建或联盟合作的方式在重点区域或全国布局基地设施，搭建物流信息服务平台联通线下实体，呈现网络化经营特点，能够更好地整合社会物流资源。该模式可以顺利地延伸服务链条，提供流通加工、财务管理、运费结算、融资贷款、物流保险及汽车后市场服务等物流增值服务。

（四）多式联运模式

近年来，随着我国综合交通网络的完善，发展多式联运成为企业提高运输效率、降低物流成本的重要方式。多式联运模式是指网络货运平台依据各种运输方式的比较优势和特点，对铁路、公路、水路、航空等物流资源进行优化整合，为货主提供综合运输解决方案和一体化联运服务，在更大范围、更广空间进行业务拓展和服务创新。该模式下，平台能够组织跨运输方式的信息互通，提供全时全域的追踪监控。协助货主完成各种运输方式的运输单证、技术标准、安全管理、保险理赔、费用结算等环节。

（五）物流技术模式

物流技术服务平台通过移动互联网、云计算、车联网、物联网、跟踪定位等信息技术，为货主和运输企业提供运输管理、仓储管理、运力跟踪等应用服务的信息化、智能化解决方案和系统集成，实现企业经营业务的数字化、在线化、透明化管理，提高企业信息化水平。线下也提供车载终端等各种技术服务产品。其核心是针对货运物流车辆、托盘、仓储、货物等相关要素的管理和服务，定位为物流技术服务商，盈利点是相应的物流技术服务费和系统维护费用等。物流技术模式下，平台具有强大的信息服务和技术研发能力，具有物流信息资源汇集的良好基础，既可以面向货主企业，为其提供一站式货运物流解决方案并负责实施，也可以组织社会运力资源，为第三方物流企业提供实际承运服务，并承担相应的运输责任。

三　网络货运行业整体情况

2020年，网络货运业务覆盖全国31个省级行政区划单位、333个地级市，区县网络覆盖率接近90%。全国共有740家网络货运企业，共整合社会零散运力115万辆，约占全社会营运货车保有量的10.6%。全年运单量超过2000万单，完成货运量约5亿吨，运费交易额突破600亿元大关。网络货运平台货运量占全社会公路货运量的1%～2%。

网络货运市场的发展给道路货运行业带来了巨大的影响，尤其是市场结构的变化。以往公路货运市场存在主体数量多、规模小、组织化程度低的问题，网络货运平台的产生有效组织了市场资源，头部效应逐步显现，探索出了“互联网+”推动传统货运行业规模化、集约化发展的可行路径。据不完全统计，网络货运企业中货运量排前十的企业，占全国网络货运企业完成货运总量的60%以上，且互联网平台在跨边网络外部性的影响下，还将继续维持这种集中趋势。

（一）地域分布

网络货运业务发展情况与地区经济发展情况基本一致，主要集中在东部地区，并自东向西业务数量递减。东部地区运单量占全部单量的71.4%，中部地区运单量占全部单量的25%，西部和东北地区运单量合计占比不足4%。运单排名前10位的省份中，东部地区有6个省份，中部地区有4个省份。从市场集中度看。道路货运经营的头部效应逐步显现，改变了多年来行业“多、小、散”的发展格局，有效推动了传统货运行业的规模化、集约化发展。排名前十位的网络货运企业整合运力规模89.7万辆，占总运力规模的78%；完成运单量1147.2万单，占完成运单总量的59.3%；完成交易额344.7亿元，占完成运费交易的57.5%。

（二）运输特征

甩挂运输得到推广应用，牵引车和挂车数量占整合运力规模的76.3%，其中牵引车与挂车数量比为1:1.6。网络货运企业完成多式联运单量2.7万单，运输组织模式由公路运输向多式联运延伸。网络货运覆盖的商品品类较为全面，其中以大宗物资和快速消费品为主，两者均占45%左右的份额。网络货运企业逐渐开展城市配送和农村物流业务，运单量合计占比约13%，网络货运向城乡物流配送领域延伸。

（三）社会经济效益

网络货运企业通过互联网平台最大限度地降低车辆空驶率、缩短司机等待配货时间。据统计，长途线路运输方面，运费降幅在2%～4%；短途线路方面，运费降幅在1.5%～3.5%；有效降低空驶率2%～5%。有效提高了司机收入水平。司机依托平台，充分利用返程运力资源，找货、等货等不产生收益的时间大幅削减。网络货运企业整合货车司机月均收入约1.1万元，高于行业平均水平30%～40%。网络货运企业拓展增值服务，提高市场竞争力。部分网络货运企业将单一运输服务拓展为供应链综合服务，创新集运输、运费保理、责任保险、车辆养护维修等于一体的多元化经营模式，增强企业可持续发展能力。

（四）合规经营

网络货运企业制定经营服务标准体系，提高网络货运服务品质，规范实际承运人运输行为，减小经营风险，不断降低货损货差和投诉率。利用先进信息技术进行运输过程可视化管理、全程可视化动态跟踪管理，确保货物全流程监控，保证货物安全。部分企业采用区块链技术，真实记录物流各环节交易数据，确保运输单证真实可靠，信息安全管理水平显著提升。

四　网络货运企业发展趋势

网络货运平台发展日趋正规化、网络化、系统化。平台应该继续提高服务能力，优化业务体验；提高资源匹配效率，培育新的利润增长点；不断完善产业链，营造良好的货运生态。

（一）继续提高资源整合能力

网络货运平台是典型的双边市场，存在明显的跨边网络外部性。相较而言，运输需求方比较集中，有明显的需求规律；而运输供给方多为个体司机和小型公司，分布较为分散。因此，能否将大量司机集聚到平台，并与之建立密切的联系，是事关网络货运平台生存和发展的重要问题。具体而言，可以通过以下举措提高资源匹配能力。

1. 提高智能化匹配水平

为会员提供准确的货源信息，平台成立专门的业务小组，进行业务拓展与推广，确保加入平台的货源需求真实、可靠。提高智能匹配水平，整合交叉线路、三角线路及往返货线路等资源，确保司机往返满载运输，无需等待配货，智能选取线路最优的司机完成运输。同时平台启动多种接单模式，运用大数据分析，形成自己的运输指导价格，通过成本测算，确保平台运价在市场价格范围内，确保司机有货运输、有钱可赚。开发多种接单模式和渠道，如线上排队、智能推送、常跑线路推送、围栏推送等，确保司机不漏单、开车不分心。

2. 加强司机和车辆管理

制定卡车司机评价机制，对客户交付驾驶员运输的货物进行定期抽检，确保出厂货物无明显磨损和短量，包装良好，避免运输中产生不必要的纠纷；同时平台还会对线上客户进行信用评级，对于信誉度高的客户，优先推送该客户的运力需求，对于信誉度低或者拖欠运费的客户及时取消合作，确保驾驶员配货舒心、运输安心。按照车型进行分类管理，对注册的车辆车型进行整理分析，对品类以及特殊需求作出明确划分，实现精准配货，确保第一时间捕捉精准运力。

3. 提供全面保障服务

为平台车辆提供车辆资格证管理服务，覆盖违章查询与代办、车辆年检代办、车辆信息（号牌、类型、使用性质、机动车状态）查询、线下服务（备案、抵押、解押、上下牌、过户业务）等服务。提供在线服务，对于接单车辆的货物装卸、运输、结算等全流程进行实时跟进，对于用户反馈问题第一时间进行处理，随时提供上门服务，随时处理发生的异常紧急情况。对于偏远线路的运输以及装卸有特殊要求的货物，实时跟进运输过程，了解路况和司机的运行困难。对于装卸要求比较严格的企业，到装货现场实际了解装货需求，对司机进行装卸以及运输过程中注意事项培训，确保货物安全顺利送达。

目前国内大量网络货运平台基于运输服务业务，不断提高供需双方使用体验，丰富货源和车源，依托大数据等技术提高匹配效率，取得了很好的实践效果。

（二）全链条服务不断完善

网络货运平台以货物运输为核心业务，不断向上游的生产销售、中游的能源服务、下游的维修保养等环节延伸，提高了货运各环节的可靠性，实现了全链条的效率提升。

1. 能源服务

燃油支出是货运过程中比较大的开支，以个体司机为主体的零散运输，缺乏系统化能源管理的动机以及实施具体能源管理的方法。未来优惠便捷的加油加气服务、科学化的节能管理都是网络货运平台发展的重要趋势。部分网络货运平台已经与中石化、中石油等合作，为平台会员提供加油、加气服务。如中储智运公司平台向司机会员提供线上加油、加气服务，司机可通过中储智运 App 合作油气站点进行加油、加气，操作方便快捷，油站可选性多，让司机在承运的同时便可享受油气服务。司机可在承运的运单中选择将部分运费以油款的形式进行结算。目前，中储智运平台可提供 2800 多家油气站，包括中石化、中石油、壳牌等知名企业。

2. 税票服务

票据及税务的无纸化、自动化以及大数据管理是道路货运行业税票服务的重要发展趋势。西安货达平台基于货车全国承运业务运输途中高速通行场景，推出多省份 ETC 记账卡，一方面可以为用户提供数据授信、通行费垫付、应收账款保理等服务，另一方面，通过与行云数据收费公路发票开具平台对接，为其他物流企业开具可抵扣的增值税专用发票。据了解，行云数据平台每条行驶记录开票费用 1.5 元，如与行云数据签订合作协议，则费用约为 1 元，一些网络货运企业利用平台汇集大量运力的优势，通过打通收费公路发票开具的通道赚取一部分利润。

3. 维修服务

汽车后市场是汽车全生命周期服务的重要领域，也是实现运输环节增值的重要内容。网络货运平台之间开展合作，如诺德物流与北奔重型汽车集团有限公司开展深度合作，将终端用户平台与车联网平台进行对接，通过标准化的 API 接口实现物流业务和维修业务撮合功能，为终端用户提供免费货源、汽车维修/保养、零部件更换等服务，打通双方在货源、车辆、服务站等领域资源的融合汇聚，构建完善的汽车后市场服务体系。

4. 定制车辆

网络货运平台建立了庞大的车辆池，因此可以根据运输需求，总结运输活动对车辆的差异化需求，摸索一般性规律。通过与整车和零部件企业合作，优化车辆性能，提高产业链价值。如西安货达通过与商用车制造企业合作，定制研发嵌入辅助车辆实现智能承运的相关硬件设备的专用车型，具体有车辆车载定位设备、自主识别设备、发动机系统、刹车制动系统，可分别关联网络货运平台实际承运业务中货物在途运输监管、货物收发交付数据不落地直接传输共享、车辆智能化燃油成本管理、车辆安全驾驶等环节作业需求，助力商用车车前市场同步适应智能物流运输市场需求。

（三）金融服务成为新的赢利焦点

传统货运企业在货源优势较强的情况下，提取运费差价作为企业利润，但这种模式在道路货运市场白热化竞争的趋势下将面临巨大挑战，金融服务成为网络货运平台盈利的重要方向之一。由于网络货运企业与货主签订合同大多采用招投标的方式，货主定期支付运费，而网络货运企业委托完成运输任务的个体运输业户则需要实时结账。据交通运输部网络货运监测系统的统计数据，70%以上的运费网络货运企业都在24小时内与个体司机结清。这就造成了网络货运企业对流动资金有较高的诉求。实践中，实力较强的网络货运企业通过与银行合作获得较高的贷款信用额度，从而开展运费保理、小额信贷服务。

1. 贷款服务

贷款服务主要由网络货运平台牵头，与银行开展合作，设计定制化的贷款解决方案，简化贷款审批程序，降低贷款平均利率。如惠龙易通公司，与中国建设银行合作，为平台会员制定“惠车贷”。中国建设银行针对惠龙易通购车会员（个人）购买陕重汽和福田戴姆勒为惠龙易通定制的惠龙专车，给予其贷款融资购车支持。在惠龙平台购车的个人会员为借款人，其归口管理的会员管理单位为共同借款人，车辆担保方式为车辆抵押加惠龙易通的阶段性保证，建设银行在属地市分（支）行负责为购车司机（借款人）及会员管理单位（共同借款人）办理惠车贷的相关手续和具体业务。西安货达平台与商用车制造及经销企业合作，由车企提供企业适用专用物流运输的车辆，并为网络货运平台提供司机流量引入，作为平台上物流公司、车队、司机的车辆购置金融担保方，为其提供全面的车辆贷后管理服务，车辆上户、资质审核、车险办理及管理等服务，以及必要的收车手段及渠道等服务。

2. 融资租赁业务

网络货运平台企业为货主提供更高效的运力支持，积极开展重卡融资租赁业务。如中储智运与中国重汽、陕西重汽等商用车主机厂签订战略合作协议，利用平台的货源组织能力及资源优势，通过组织起一批车队，积极打造形成对流路线，能够为平台货主提供更高效的运力支持。

3. 保险服务

网络货运平台通过积淀数据进行数据分析，与保险公司对接，设计保险产品。部分网络货运平台与保险公司合作，基于平台积累的大数据建立了征信风控数据，通过建模开发了适用于货车司机的个性化保险种类，如鸽子险（货运放空险）、货运险等，取得了很好的市场效果。

五　新业态面临新挑战

网络货运作为“互联网+交通”的重要业态，充分发挥了数字交通促进运输业发展的重要作用。从业态的融合创新与发展上看，网络货运仍然面临很多挑战。传统道路运输企业、物流企业转型使网络货运平台的步伐加快。城市配送市场既是网络货运的新战场，也为行业监管带来不少棘手的问题。此外，共享出行领域的跨界发展，也为网络货运的发展带来了新的挑战。

2020年，疫情催生的社区团购这一新业态，实现了对线下便利店和商超的数字化升级，为线上和线下融合提供了行之有效的新思路。货运作为交易中不可或缺的一环，承担着提高服务水平、满足用户需求的重要角色。对于社区团购业务主体而言，能否快速匹配货运质量可靠的持续合作伙伴，是抢夺市场红利、实现快速发展的一个重要因素。2020年快狗打车利用在网络货运积累的基础，形成了服务范围广、服务车型全、配送服务专业化的优势，在社区团购业务发展中占得先机。8月7日，美菜商城发布消息，正式获得由天津交通委员会颁发的网络货运平台道路货物运输经营许可证，这标志着专注于生活服务供应链的企业进入网络货运市场。哈啰物流业务“哈啰快送”在东莞和佛山两个城市上线测试，业务聚焦中短途货运。

2020年，网络同城货运行业出现了众多强有力的竞争对手。2020年6月23日，“滴滴货运”宣布正式进军同城配送市场。在三个月内，订单量突破10万单大关。经过八年的发展，滴滴已打造了高效智能的运输服务网络，在此基础上将网约车、两轮车、代驾、跑腿等优势产品中积累的先进模式、平台和算法移植到同城货运领域。除了强势进军的“滴滴货运”，专注长途货运的满帮集团进军同城货运。满帮集团集交易、自营、车后、金融、物流地产、能源、智能驾驶和国际业务为一体的全产业链布局，和基于物流大数据的全国性智慧物流生态系统，也将成为其强有力的竞争优势。

这些新入者在资本、市场、模式和技术等方面具备各自的优势，有可能成为新的重量级选手。在网络货运行业，各大巨头之间正酝酿着新一轮的激烈交锋。

六　网络货运领域政策梳理

2016 年 8 月，交通运输部办公厅印发《关于推进改革试点加快无车承运物流创新发展的意见》，在全国启动无车承运人试点工作，鼓励引导各地积极探索“互联网 +”物流新业态、新模式、新服务。该文件界定了网络货运的性质和功能定位，说明了试点的范围、条件和内容，制定了详细的组织管理流程。在文件指导下各省级交通运输主管部门纷纷选择规模较大、管理规范、物流信息平台应用较为充分、拥有稳定货源、社会信誉好的企业参加试点。

2017 年 3 月，交通运输部办公厅印发《关于做好无车承运试点运行监测工作的通知》，公布了 283 家试点企业名单，明确了运行监测的主要内容，包括运输业务监测、运输资质比对、服务质量及信用监测和运行绩效监测，以及运行监测的具体组织安排和工作要求等，同时发布了无车承运试点企业运行检测平台接入指南和无车承运试点运行监测分析报告编写指南。交通运输部运输服务司组织相关单位开发建设了无车承运人试点运行监测系统（目前已升级为“交通运输部网络货运信息交互系统”），建立电子单证报送机制，利用信息化手段加强试点运行监测，有效规范了试点企业经营行为，防控试点风险，为推动试点工作顺利开展起到重要的支撑保障作用。

2017 年 11 月，《交通运输部办公厅关于进一步做好无车承运人试点工作的通知》明确了 2017 年底对首批无车承运人试点企业进行考核的具体办法，从定量考核和定性考核两个层面明确了试点企业的退出条件，不满足考核条件的将取消试点资格。

2018 年 2 月，《交通运输部办公厅关于公布无车承运人试点考核合格企业名单的通知》公布了经过考核的 229 家试点企业名单，并为其延续一年试点资格到 2019 年 2 月底。同时提出要进一步完善试点监测平台功能，提高数据报送质量，做好异常单证处理和数据保密工作。文件中要求试点企业增补资金流水单，于 2018 年 4 月前完成联调测试正式上传。这项文件进一步加强了业务真实性的风险防范。

2018 年 4 月，《交通运输部办公厅关于深入推进无车承运人试点工作的通知》主要从加强试点运行监测评估、优化试点企业发展的外部环境、推动完善相关税收保险政策、强化运输安全管理及加强技术创新和经验推广等方面进一步细化试点工作要求。

2018 年 10 月，《交通运输部办公厅关于无车承运人试点综合监测评估情况的通报》要求，对 2018 年上半年试点企业的表现进行了综合评估，公布了各省无车承运试点企业综合监测评估排名，以及无车承运试点企业综合监测评估前 30 位和后 20 位的排名状况，旨在通过综合评估，在行业内树标杆、找典型，同时督促排名靠后的省份和企业加强试点工作整改，确保达到试点预期效果。

2019 年 5 月，《国务院办公厅转发交通运输部等部门关于加快道路货运行业转型升级促进高质量发展意见的通知》明确提出，要“大力发展无车承运人等道路货运新业态”，“加快制定出台网络平台道路货物运输经营管理办法”，规范“互联网 +”物流新业态发展。

2019 年 9 月，《交通运输部　国家税务总局关于印发〈网络平台道路货物运输经营管理暂行办法〉的通知》发布，为期三年多的无车承运人试点正式宣告结束。该办法在系统总结无车承运人试点工作的基础上形成。对符合相关条件要求的试点企业，可换发道路运输经营许可证。未纳入交通运输部无车承运人试点范围的经营者，可按照该办法申请经营许可，依法依规从事网络货运经营。“网络货运”这一新业态正式获得交通新业态的官方认证，成为引领带动货运物流行业转型升级的重要力量。同期发布的《网络平台道路货物运输经营服务指南》《省级网络货运信息监测系统建设指南》《部网络货运信息交互系统接入指南》三个指南，对网络货运平台申请资质、上线运营、数据接入做出了明确要求。

2020 年 1 月，《网络平台道路货物运输经营管理暂行办法》正式实施，有效期 2 年，企业可申请经营范围为“网络货运”的道路运输经营许可。

七　网络货运发展建议

网络货运是“互联网 +”在交通运输领域创新应用的典范，体现了数字经济平台化、共享化、价值化等特征。到 2020 年，网络货运已从最初专注于解决物流信息不对称的车货匹配平台发展为以客户需求为中心、数字科技重构全流程服务的一站式体验平台；以信息为核心节点，延伸至相关业态的物流生态圈服务模式。通过互联网平台集约高整合物流资源，可以降低全社会物流成本、激发市场主体潜力，对推动道路货运行业转型升级高质量发展具有重要作用，为推进交通强国建设、畅通国内大循环提供新的发展动能。为推动网络货运高质量发展，提出以下建议。

（一）网络货运企业应不断拓展服务模式

建议网络货运企业以道路货物运输为基础，不断拓展多式联运、城乡配送、冷链物流等服务模式，充分利用好大数据、物联网等技术，进一步增强资源整合能力、提高物流资源配置效率，切实降低物流成本，推动国民经济循环和现代流通体系建设。

（二）网络货运企业应不断延伸服务链条

建议网络货运企业依托互联网平台，拓展保险金融、供应链管理、车后市场等服务链条，为上游货主及下游实际承运人提供多种产品服务，增强平台黏性，不断创造新的、附加值较高的生态模式。

（三）网络货运企业应规模化发展

网络货运企业与传统道路运输企业不同，借助互联网、大数据技术，可以实现对更多的货源、运力资源的整合、配置，且随着整合资源的规模增加，网络化、规模化效益越突出，对行业的引领作用就越强。

（四）应依托网络货运系统建立应急调度制度

网络货运整合众多社会运力资源，信息化、组织化、灵活性程度较高，在应对重大公共卫生事件、重大自然灾害等方面，具有运输组织上的先进性。目前，我国已经建立了部级交互系统、省级监测系统、网络货运平台三级网络货运系统体系，建议依托网络货运系统，研究建立应急物流协调机制，满足应急保障物资运输的需要。

2020 年是不平凡的一年，在欣喜于网络货运发展的同时，企业仍需切实了解并满足客户的需求，改善整体服务流程，加强信息之间的整合，有效控制成本和效率，积极面对未来的机遇与挑战。展望未来，网络货运将不断规范、健康、有序发展，资源整合效率不断提升，降本增效成效更加显著，集约化、规模化程度逐渐提高，为现代流通体系构建、国民经济和社会发展提供更加坚实有力的运输保障。

B.16 自动驾驶出租车的发展状况与展望

张 翔　纪雪洪*

摘　要：自动驾驶已经成为全球车企和科技公司争相攀登的技术高峰，到2025年高度自动驾驶汽车将实现限定区域和特定场景商业化应用，到2035年高度自动驾驶汽车将实现规模化应用。自动驾驶出租车（RoboTaxi）是自动驾驶技术应用的重要场景，2020年底中国约有432辆自动驾驶出租车在做运营测试。当前自动驾驶技术的安全性有待提高，整车制造成本和全保障人员的人力成本过高，关键的传感器感知系统没有达到车规级标准。有更多的私家车用户选择 RoboTaxi 的出行方式。可以预测，未来共享汽车保有量的占比会超过私家车，RoboTaxi 会成为主要的出行方式。

关键词：自动驾驶出租车　运营测试　商业化

一　自动驾驶技术发展情况

（一）自动驾驶技术发展与应用情况

自动驾驶汽车的发展只有短短 30 余年历史，但是进展很快。随着高精地图、5G 通信技术及物联网的发展，自动驾驶已经成为全球车企和科技公

* 张翔，博士，北方工业大学汽车产业创新研究中心研究员；纪雪洪，博士，北方工业大学汽车产业创新研究中心主任。

司争相攀登的技术高峰。无论是车企、Tier 1（一级制造供应商）、系统解决方案公司、互联网科技公司，抑或是高校、科研机构，纷纷加入自动驾驶这波浪潮之中，资本与人才亦迅速涌入。

Google 是世界上第一家推行无人车上路测试的公司。早在 2009 年 Google 就启动了无人驾驶汽车项目，2012 年，首获由美国内华达州颁发的第一张牌照。2016 年 12 月，Google 拆分无人驾驶业务成立了 Waymo 实体公司，加速了无人驾驶车辆商业化进程。

在国内，2017 年 7 月，百度发布了 Apollo 计划，即开源自动驾驶平台计划。2018 年 8 月，百度与金龙客车联合研制的无人驾驶小型巴士实现了小规模量产。该款无人小巴革新了传统驾驶舱设计，没有开放方向盘、刹车等操控装置，主要适用于园区、景区、码头等相对封闭的道路通勤。到 2020 年底，Apollo 自动驾驶测试车队规模已超过 500 辆，测试里程总计超过 700 万公里。

当前自动驾驶技术在自动驾驶出租车、自动驾驶重卡以及自动驾驶物流配送等领域得到了广泛应用，吸引了众多投资。其中自动驾驶出租车 RoboTaxi 是在自动驾驶汽车领域技术水平最高的分支，发展规模最大，获得的投资也最多，很多互联网公司和车企都巨资投入研发。

2020 年 11 月，代表中国自动驾驶汽车发展规划的《智能网联汽车技术路线图 2.0》发布，提出 2025 年 PA（部分自动驾驶）、CA（有条件自动驾驶）级智能网联汽车渗透率达 50%，2030 年超过 70%，2025 年 C－V2X 终端的新车装配率达 50%，2030 年基本普及，但是没有提出 HA/FA（高度/完全自动驾驶）的时间表。

2020 年 11 月，国务院发布《新能源汽车产业发展规划（2021～2035 年）》，指出 2025 年高度自动驾驶汽车实现限定区域和特定场景商业化应用，2035 年高度自动驾驶汽车实现规模化应用。

（二）主要技术路线

1. 以互联网公司为代表的 L4技术路线

目前以谷歌、百度、优步和滴滴为代表的互联网公司都选择以激光雷达传感器为主的技术路线，所研发的自动驾驶汽车可以在公开道路和市区运营行驶。2012 年，谷歌成为全球第一家在公开道路开展自动驾驶汽车研究的公司。内华达也成为第一个允许自动驾驶汽车上路的州。谷歌自动驾驶汽车是在丰田普锐斯混合动力汽车基础上改装，车顶安装的旋转激光雷达，成为这类自动驾驶汽车的明显标志。

这种在 L4 基础上研发自动驾驶汽车的技术路线最大的问题是激光雷达传感器成本太高，早期 64 线的激光雷达的价格超过 10 万美元，几乎占自动驾驶汽车整车成本的一半以上。另外，量产的激光雷达主要是机械式激光雷达，不能满足车规级标准，因此不能安装在大规模量产的自动驾驶汽车上，技术可靠性还需要进一步提高。

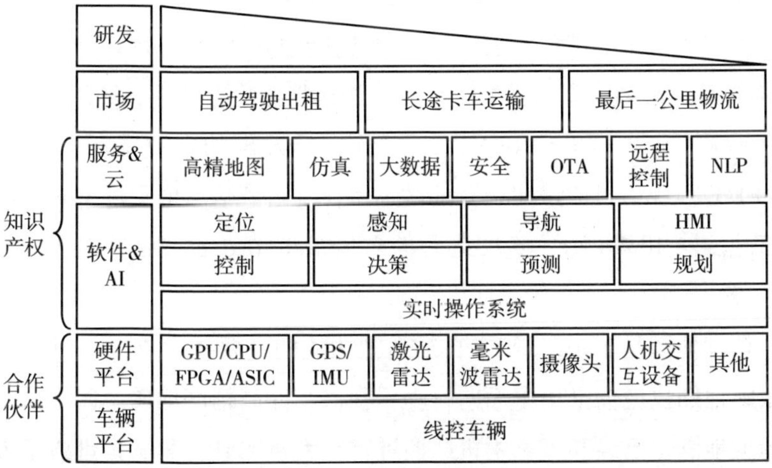

图 1　L4 级自动技术关键技术

资料来源：文远知行。

2. 以传统车企为代表的 ADAS——L2——L3 循序渐进技术路线

目前传统车企和大部分造车新势力公司主要选择以 ADAS 驾驶辅助技术为主的技术方案。这种方案的特点是只选用毫米波雷达、超声波雷达和摄像头，放弃选择价格昂贵的激光雷达。随着市场规模的扩大，L2 自动驾驶功能已经出现在经济型乘用车的配置中。

2020年，中国汽车市场L2级自动驾驶汽车已经进入大规模量产阶段。2020年1～11月中国乘用车上险量1613.6万辆，其中配备L2级自动驾驶功能的乘用车上险量260.0万辆，同比增长118.9%；装配率16.1%，比上年同期增加9.3%①。

从L2自动驾驶技术升级到L3水平的技术路线上，很多车企选择了C－V2X＋高精度地图的技术方案。C－V2X是建立在5G通信网联基础上的车路协同技术。随着中国C－V2X产业的快速发展，美国联邦通信委员会于2020年12月，正式投票决定将5.9GHz频段划拨给WiFi和C－V2X使用，这标志着车路协同标准的发起国美国宣布，放弃建立在专用网络基础上的DSRC车联网标准，而正式转向C－V2X标准。目前中国市场推出的为数不多的几款L3自动驾驶汽车都毫无例外地采用了C－V2X技术方案，如2020年4月上市的自主品牌广汽埃安Aion V新能源SUV和小鹏P7纯电动轿车，2020年6月上市的长安福特的全新第六代福特探险者SUV，2020年12月上市的红旗E－HS9纯电动SUV，2021年2月推出的上汽乘用车高端品牌MARVEL R SUV。目前广州运营的文远执行、长沙运营的百度RoboTaxi、上海运营的滴滴RoboTaxi、武汉运营的东风RoboTaxi都安装了C－V2X车载终端。

高精度地图是车企实现L3自动驾驶功能的重要技术支撑。目前国内已经有多家地图供应商推出了面向自动驾驶汽车的高精度地图。四维图新生产的高精度地图，已经和多家主机厂商进行了大量的联合测试，进入了大规模量产阶段，并完成了对全国高速30万公里的里程覆盖。百度高精地图已采集公路里程达百万公里，其中覆盖全国高速公路、城市快速路、停车场里程超过30万公里，并且已获得国内多家车企OEM测试，通过率100%，相对精度为0.1～0.2米，冗余率/遗漏率仅为0.01%，定位精度可达8cm，自动化生产程度90%以上、准确识别率达到95%以上。高德高精度地图实现了全国高速公路100%的数据覆盖。

① 据佐思汽研发布的《2020年中国L2级自动驾驶市场研究报告》。

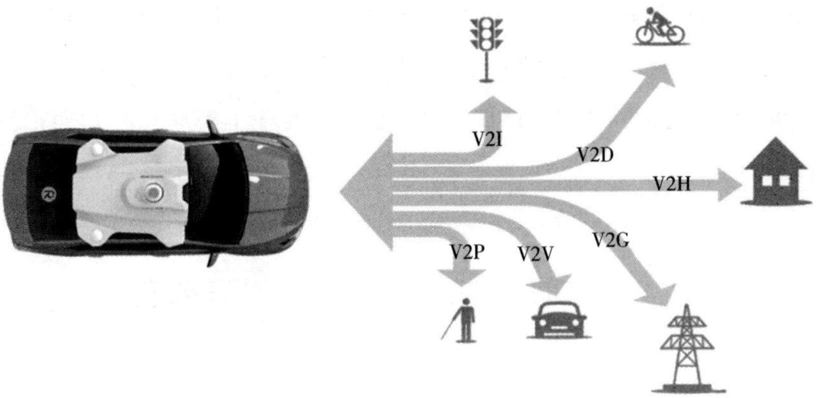

图 2　单车智能 + 车路协同技术

资料来源：文远知行。

L3 自动驾驶功能还需要高精度定位技术的支持。2020 年 6 月，中国自主知识产权的北斗全球卫星导航系统宣告建成，为自动驾驶汽车的高精度定位服务奠定了基础。目前国内已经形成了一些提供高精度服务的运营商。例如，千寻位置在全国已建设 2600 多个北斗地基增强站，形成国家北斗地基增强系统“全国一张网”。截至 2020 年 7 月，千寻位置的高精度定位服务已实现国家高速公路网同步全覆盖，包括刚开通的连接北京和新疆的 G7 高速公路。2020 年 6 月，广汽新能源埃安 V 新车搭载千寻位置的高精度定位服务，其定位精度可以达到厘米级。

3. 完全无人自动泊车技术

目前基于 AVP 的第四代自动泊车技术已经开始在量产车上搭载。这种技术可以帮助汽车自动在小区和商场停车场范围内自动寻找车位和停车，并且自动开到车主身边，整个过程都是在车内完全无人的情况下完成的。目前获得成功的案例有：特斯拉于 2016 年初推出的自动泊车功能，被命名为召唤（Summon），这个功能是升级自动驾驶软件 Autopilot 7.1 版本后的一部分，最开始是对 Model S 和 Model X 车型开放使用。一年以后 Model 3 量产，特斯拉同时推出 Autopilot FSD（Full Self – Driving）系统，其中包括召唤功能，至此特斯拉旗下的三款车型全部搭载自动泊车功能。2021 年 1 月，威马汽车发布 W6 新能源汽车，其云端智能无人泊车系统搭载了百度阿波罗自动驾驶平台，是中国首款量产落地 AVP 自动泊车技术的车型。2021 年 3 月威马 W6 新车开始预售，预计于 2021 年 4 月上海车展期间开始向消费者交付。

二　2020年 RoboTaxi 的发展情况

（一）美国 RoboTaxi 的发展

1. 美国政府对 RoboTaxi 管理法规

美国加州是第一个对 RoboTaxi 立法的州。2014 年加州政府组织自动驾驶汽车公司举办研讨会，讨论如何管理自动驾驶汽车路试问题；2015 年，Department of Motor Vehicles（DMV，加州机动车管理局）发布自动驾驶汽车管理意见稿；2018 年 3 月，加州行政法办公室 Office of Administrative Law（OAL）发布了正式的自动驾驶汽车管理办法。加州政府要求参加自动驾驶汽车路试的企业向 DMV 交 500 万美元保证金，确保出现事故后具有赔偿能力。此外，还需满足加州 DMV 对技术、公司资质等方面的审核，企业要具备成熟的自动驾驶汽车技术框架和安全系统，并按要求定期向 DMV 提交测试数据及失控情况报告。

2017 年，美国有 22 个州通过了自动驾驶相关法律，或颁布自动驾驶相关行政命令；包括内华达州、纽约州、密歇根州在内的美国多个地区允许无人驾驶汽车上路测试。其中最有代表性的当属加利福尼亚州。

2021 年 2 月 9 日，加州交通管理局 DMV 发布 2020 年自动驾驶汽车路测数据显示，有 29 家公司的 650 辆自动驾驶汽车上路测试，其中 Waymo 公司有 239 辆，CRUISE 公司有 137 辆，苹果公司有 69 辆，小马智行 Pony. ai 公司有 29 辆，滴滴出行有 13 辆，文远知行有 9 辆，AutoX 公司有 8 辆。两家中国自动驾驶公司 AutoX 与小马智行 Pony. ai 的 MPI（Miles per Intervention，平均每次接管的行驶里程间隔）指标进入前五名，紧随

Waymo、Cruise 之后。2020 年加州路测排前五名的自动驾驶汽车公司的 MPI 平均每次接管的行驶里程间隔都超过了 1 万英里。2020 年的路测数据方面，总计 63 家的加州自动驾驶测试牌照持有者中，包括现代汽车和多家中国企业在内的 34 家企业停止在加州的测试，或未上报路测数据，剩余的 29 家公司汇报了全年路测数据。这 29 家公司总计进行了 195.52 万英里的测试。受疫情影响，大部分自动驾驶汽车公司的总测试里程与 2019 年相比有所下降。Waymo 和 Cruise 公司是 2020 年度加州测试里程数最高的公司。

2. 美国 RoboTaxi 车队运营情况

美国是全球第一个大规模运营 RoboTaxi 的国家。美国第一家 RoboTaxi 公司优步，于 2016 年 9 月在匹兹堡市组建了一支拥有 14 辆福特 Fusions 改装车的 RoboTaxi 车队。2017 年初，Waymo 公司在凤凰城组建了一支由 100 辆菲亚特克莱斯勒公司的 Pacifica 混合动力商务车组成的车队，后来车队规模扩充到 500 辆，Waymo 每辆汽车内都安装有儿童汽车座椅。2017 年 8 月，Cruise Automation 公司在旧金山建立了一支由 46 辆雪佛兰 Bolt EVs 组成的电动汽车车队，为通用的内部员工提供 Beta 版本的服务。这家公司于 2016 年 3 月被通用汽车公司收购。2016 年 1 月通用汽车公司还向 Lyft 网约车公司投资 5 亿美元，双方合作开发无人驾驶汽车。2018 年通用与 Lyft 合作开展小规模的 RoboTaxi 运营。2017 年福特也与 Lyft 合作，将自动驾驶汽车加入 Lyft 的网约车。福特向 Argo AI 公司投资 10 亿美元用于开发自动驾驶汽车和 RoboTaxi。

目前 Waymo 是全球 RoboTaxi 行业的“领头羊”，2015 年 10 月 Waymo 的第一代自动驾驶司机被称为 Firefly，目前 Waymo 已经开发出第四代自动驾驶司机。2020 年 1 月，Waymo 自动驾驶汽车已经在公共道路上行驶了 2000 万英里（3220 万公里）。Waymo 完成最初的 1000 万英里（1610 公里）花费了十年时间，但第二个 1000 万英里（1610 公里）仅仅花了不到一年的时间。另外，2019 年 7 月，Waymo 自动驾驶模拟测试里程达到了 100 亿英里（约合 161 亿公里）。Waymo 已经接送客超过了 10 万人次，现阶段每个月有 1500 人次的稳定用户，并且推出了完全无人驾驶出租车，并开始在亚利桑那州投入运营。目前每辆 Waymo 的整车成本高达 20 万美元，其中摄像头成本高达 7500 美元。2018 年 12 月，Waymo 在美国亚利桑那州凤凰城推出自动驾驶出租车服务 Waymo One。乘客在 Waymo 应用输入起点和终点后，Waymo 应用就会显示估算的价格，收费跟其他网约车类似。Waymo 还推出了安卓版和 iOS 版本的打车软件。

2020 年 10 月 8 日，Waymo 宣布重启自动驾驶出租车服务，但与往日不同的是，这一次是真的无人驾驶出租车，没有配备安全员。此次无人驾驶出租车服务只向亚利桑那州凤凰城地区的公众开放，包括钱德勒、坦佩、梅萨和吉尔伯特的部分地区。但是，随着业务能力越来越成熟，Waymo 将向更广阔的区域开放无人驾驶服务。

Cruise 计划 2020 年底前就将全自动驾驶测试车派上路，不再配备安全驾驶员。在 Cruise 之前，Waymo、Nuro、Zoox 和 AutoX 等四家公司也拿到了该执照。据悉，共有 60 家公司主动向加州车管所申请全自动驾驶测试执照。加州车管所规定，Cruise 只可以在旧金山特定街道测试全自动驾驶汽车，总数不超过 5 辆。同时，车辆运行时还有限速，不能超过 30 英里/小时（约合 48 千米/小时）。此外，遇到大雾和大雨天气，测试必须暂停。

（二）中国发展情况

1. 中国政府对 RoboTaxi 管理法规

中国关于自动驾驶汽车管理办法最早是北京市政府于 2017 年 12 月发布的《北京市关于加快推进自动驾驶车辆道路测试有关工作的指导意见（试行）》和《北京市自动驾驶车辆道路测试管理实施细则（试行）》，明确在中国境内注册的独立法人单位，可申请自动驾驶车辆临时上路行驶。测试单位必须购买每车不低于 500 万元人民币的交通事故责任保险或提供不少于 500 万元人民币的自动驾驶道路测试事故赔偿保函。2018 年 2 月，上海市政府发布了《上海市智能网联汽车道路测试管理办法》。2018 年 4 月，工信部、公安部、交通运输部联合发布了《智能网联汽车道路测试管理规范》。需要路测的车企或公司首先要提交申请，申请文件应包含交通事故责任强制险凭证，以及每车不低于 500 万元人民币的交通事故责任保险凭证或不少于

500 万元人民币的自动驾驶道路测试事故赔偿保函。

2021 年 1 月，RoboTaxi 技术要求团体标准正式发布，这是由百度牵头，联合交通运输部公路科学研究院、湖南湘江智能、上海淞泓、信通院、威马、东风等机构共同起草。该标准将规范 RoboTaxi 在安全、体验、运营、测试等关键领域的执行要求，进一步加快 RoboTaxi 的规模化应用，加速高级别自动驾驶技术迈向商业化。该标准为全球首个根据 RoboTaxi 载人商业化运营阶段实际场景制定的标准，包括《自动驾驶出租车第 1 部分：车辆运营技术要求》和《自动驾驶出租车第 2 部分：自动驾驶功能测试方法及要求》，两部分标准均为中国智能交通产业联盟团体标准，用以规范 RoboTaxi 在安全、体验、运营、测试等关键领域的执行要求。

2021 年 2 月，《北京市自动驾驶车辆道路测试报告（2020）》正式发布。该报告是目前中国官方唯一的自动驾驶路测报告，已经连续三年发布。2020 年度报告主要对过去一年 14 家企业在京开展自动驾驶路测的情况进行总结，并全面介绍了北京在自动驾驶产业化方面的最新进展。北京已累计开放 4 个区县的自动驾驶测试道路共计 200 条、699.58 公里，开放了亦庄和海淀 2 个自动驾驶测试区域，面积约 140 平方公里，自动驾驶测试道路覆盖范围全国领先。北京市累计为 14 家自动驾驶企业 87 辆车发放一般性道路测试牌照，自 2018 年起，北京市自动驾驶车辆道路测试安全行驶里程累计已超过 221.34 万公里，平均每月测试里程 9.8 万公里，道路测试总里程全国领先。截至 2020 年底，有 15006 人次通过手机 App 呼叫百度自动驾驶出租车，九成以上的用户表示未来愿意继续使用该服务。

2. 中国 RoboTaxi 车队运营情况分析

中国的第一辆 RoboTaxi 于 2018 年 11 月 1 日在广州发布，在大学城核心区域投入试运营，每天 14：00～16：00 安排 2 小时的自动驾驶出租车试运营。这辆 RoboTaxi 是在广汽新能源 GE3 纯电智联 SUV 基础上改装而成，搭载了文远知行 WeRide.ai 自动驾驶技术，配备了 2 个激光雷达、3

个专业摄像头、1 个毫米波雷达。车侧贴有明亮的流线型自动驾驶标识。由广州公交集团白云公司运营、文远知行 WeRide. ai 提供技术支持，自动驾驶出租车设有 1 ~2 名专业的安全员，他们来自营运驾驶员队伍，特别甄选了性格稳重、责任心强、具有良好的专业素质的安全员，他们都拥有出租车营运服务资格证、经验十分丰富。在正式成为安全员之前，他们都接受了文远知行 WeRide. ai 工程师 200 小时以上的自动驾驶汽车安全员技术培训，以保障行驶和乘客的安全。市民只需要通过 App 或小程序下单，即能以 12 元的起步价体验。

文远知行是中国最早运营 RoboTaxi 的公司，也是目前中国规模最大的 RoboTaxi 公司之一，其路试里程数、订单数量和乘客数等指标在国内均排名第一。2020 年 11 月，文远知行公布运营一周年成绩单：累计完成 147128 人次出行，服务用户数超 6 万，无任何主动责任事故。已经积累下近三成忠实用户，每周至少乘坐一次文远知行的自动驾驶出租车，有 37% 的受访乘客表示可以现在就乘坐全无人驾驶的 RoboTaxi。从 2020 年 6 月开始，广州地区用户除了使用文远知行的 WeRide Go App，还可以通过高德打车一键呼叫使用文远知行的 RoboTaxi。无须提交申请或审核资格，首月免费乘坐，流程与一般网约车相同。

2018 年 12 月，小马智行发布 PonyPilot 自动驾驶移动出行（RoboTaxi）项目，在广州南沙中心区 200 多平方公里范围的试点城区公开道路 RoboTaxi 常态化运营，设置的接驳站点也已经超过了 200 个。主要乘客为公司员工和家属以及合作伙伴，并对部分公众开放。2019 年 6 月，小马智行获得加州 RoboTaxi 服务许可和广州首批自动驾驶汽车路测牌照。2019 年 11 月，小马智行在美国加州推出首个面向普通公众的 RoboTaxi 服务。小马智行自动驾驶汽车测试总里程超过 100 万公里。2019 年 12 月，小马智行 RoboTaxi 服务满一周年，完成 7 万人次出行。2021 年 2 月，小马智行在全球公开道路测试的里程超过 450 万公里。小马智行首批从标准化产线下线的自动驾驶汽车已获得广州市智能网联汽车开放道路测试牌照，并在广州中心城区道路上进行了路测展示。小马智行第四代传感器架构的林肯 MKZ 车型，车顶有 3 颗 64 线的激光雷达，车身有多颗毫米波雷达。

中国最大的自动驾驶汽车公司百度于 2020 年 4 月在长沙启动了 Dutaxi 服务，投入 45 辆红旗自动驾驶汽车，每天运营时段为 9：30～16：20，在恶劣天气下，Dutaxi 会暂时停运。开放的打车范围约 130 平方公里，行车路线将覆盖长沙当地的居民区、商业休闲区及工业园区等多维度实用生活场景。百度 RoboTaxi 应用了 V2X 技术对车辆视觉进行补充，车辆前装的 OBU（车载单元）能够和智能网联路侧的设备进行协同驾驶。百度与长沙市政府合作进行铺路以及设施部署，在铺设的 100 多公里的路段，共有 32 个智能红绿灯点位，配合智能摄像头可以作为 Dutaxi 的超视距传感器。Apollo RoboTaxi 服务上线百度地图及百度 App 智能小程序。百度 Dutaxi 服务只支持系统指定站点（推荐点）上下车，而不是用户所定位的位置。在确认完上车站点后，手机屏幕下方会有“免费体验”的显示，目前 Dutaxi 服务对普通大众是免费的。

2020 年 8 月，百度 RoboTaxi 服务在沧州开启运营，市民通过百度地图，可以呼叫 Apollo 自动驾驶出租车。行车路线将覆盖高铁站、学校、博物馆、产业园、星级酒店等沧州核心区域，首批开放的上下车乘车站点共计 55 个。2020 年 10 月，百度 RoboTaxi 服务在北京全面开放，用户可在北京经济技术开发区、海淀区、顺义区的数十个自动驾驶出租车站点，无须预约，直接下单免费试乘自动驾驶出租车。

滴滴出行于 2020 年 6 月，在上海面向公众开放自动驾驶服务，使用车辆为沃尔沃 XC60 SUV，滴滴 RoboTaxi 在车顶装载了 1 个高线束和 2 个低线束激光雷达，以及 7 个摄像头，全车共有 20 余个传感器。此次滴滴 RoboTaxi 载人测试范围仅限于上海开放自动驾驶汽车测试道路，路线经过嘉定区安亭的汽车会展中心、办公区、地铁站、酒店等核心区域。上海用户可通过滴滴 App 线上报名，审核通过后，通过专用 App 在开放道路范围内选择起终点，即可免费体验自动驾驶服务。滴滴 RoboTaxi 配备了安全员，可应对突发情况随时接管车辆。滴滴设立了国内首个自动驾驶安全护航中心，能够实时监控车辆、路况，并在车辆面临复杂情况时给予协助指令，从而解决未来自动驾驶运营中可能出现的远程协助问题。2019 年 9 月，滴滴宣布将上海投入 30 辆 L4 + 级别的自动驾驶车辆，在特定的真实出行场景中进行“预商业化”。

AutoX 于 2020 年 8 月开始在上海开放 RoboTaxi 服务，用户可以通过高德打车呼叫自动驾驶出租车。每辆自动驾驶出租车配置了一名安全员，乘坐无需付费。用户在体验前需签署一份志愿者协议才可以开始行程。2020 年 12 月，25 辆 AutoX 的 RoboTaxi 在深圳市区街道上进行自主行驶测试，这是中国首批车内全无人、无远程遥控的 RoboTaxi，完全依靠其无人驾驶系统“AutoX Driver”驾驶。AutoX 也是目前国内唯一支持任意点停车的 RoboTaxi，无固定上下车站点，实现了车找人而不是人找车的真正打车体验。

2021 年 2 月 27 日，东风公司技术中心牵头开发的 42 辆 RoboTaxi，在武汉经开区开放测试路段启动试运行。东风 RoboTaxi 车辆顶部装有无人驾驶传感器套件，由激光雷达、摄像头、毫米波雷达、高精度定位等传感器组成，车辆搭载高性能计算平台、车载网络通信设备，具备环境感知、路径规划、车辆控制、远程通信、一键招车等功能。此外，车辆还搭载了“5G + 北斗”定位、动态规划决策、“人车路网云”协同技术，可实现车辆云端监控、远程订单下发、人车交互等功能，市民只需通过手机 App 网上预约，即可免费体验。东风 RoboTaxi 驾驶座配有老司机随时准备在紧急情况下接管车辆，副驾驶座有工程师随时进行技术支持。东风 RoboTaxi 通过 4G/5G 网络实时上传行车数据给后台，每公里约产生 20GB 的数据量。东风 RoboTaxi 在武汉经济技术开发区的 22 个主要停靠点之间测试运行。

表 1　国内各企业 RoboTaxi 运营信息

企业	百度	文远知行	小马智行	AutoX	滴滴
示范区域	长沙、沧州、北京	广州市黄埔区、开发区	广州南沙区	上海、深圳	上海
区域范围	130 平方公里（长沙）	144 平方公里	200 平方公里	未公布	未公布

续表

企业	百度	文远知行	小马智行	AutoX	滴滴
投放车辆	115 辆	140 辆	50 辆	55 辆	30 辆
运营站点	超过 395 个上下站点	超过 130 个上下站点	超过 200 个上下站点	根据乘客位置附近进行安全停车	—
启动时间	2019 年 9 月试运行;2020 年 4 月面向公众开放	2019 年 11 月	2018 年 12 月	2020 年 4 月 27 日	2020 年 6 月
订单数量	—	147128 单	—	—	—
呼叫方式	百度地图/百度 App	WeRide Go App	微信小程序	高德地图 App	滴滴 App
面向对象	完善身份信息后可免费试乘	向公众全开放,下载 App 即可使用,无须审核	向员工、亲朋和部分公众开放	报名通过且收到通知,可呼叫无人车免费试乘	用户进行线上预约,审核通过之后即可免费试乘体验
运营时段	9:30～16:20	8:00～22:00	8:00～22:30	7:30～22:00	—

资料来源：电动汽车百人会研究报告，结合网络、企业信息予以整理汇总。

总体来看，2020 年底中国目前有大致 432 辆自动驾驶出租车在做运营测试。其中，文远知行在广州有 140 辆，小马智行在广州投入 50 辆运营，百度在长沙、沧州、北京三地的运营车辆分别为 45 辆、30 辆和 40 辆，武汉东风在沧州运营车辆为 42 辆，滴滴在上海车辆数为 30 辆，AutoX 在上海、深圳运营数量分别为 30 辆和 25 辆。①

目前 RoboTaxi 运营距商业化有很长的路要走，自动驾驶技术的安全性有待提高，整车制造成本和全保障人员的人力成本过高，关键传感器感知系统没有达到车规级标准。

① 上述数据是动态变化的，只能做参考，主要原因是目前中国很多一、二线城市颁发的自动驾驶汽车路试牌照只有三个月的有效期，过期作废。另外也有公司拿一辆车到每个城市都去申请一个路测牌照，这样就会出现一辆车有多个牌照的情况。

三 RoboTaxi的发展预测与影响展望

（一）RoboTaxi 的成本与展望

目前中国 RoboTaxi 的单车成本在 100 万元以内，影响成本的主要因素有购车成本、激光雷达和计算单元。

滴滴 RoboTaxi 采购沃尔沃 XC60 和林肯 MKZ 改装，AutoX 公司的 RoboTaxi 采购林肯 MKZ 改装。RoboTaxi 成本超过 100 万元，其中购车成本在 50 万元左右。文远知行 WeRide 的 RoboTaxi 采购车型包括林肯 MKZ、日产 LEAF 2、东风日产轩逸和广汽埃安传祺 GE3，其中广汽埃安传祺 GE3 补贴后售价为 12.98 万～15.58 万元，大幅度降低了 RoboTaxi 的成本。百度 RoboTaxi 采用红旗 EV，这款车型与红旗 E－HS3 共线生产，属于紧凑型纯电动 SUV，补贴后售价为 22.58 万～26.58 万元。东风自动驾驶领航项目的 RoboTaxi 由东风风神 E70 纯电动汽车改装而成，其中风神 E70 厂家指导价是 13.58 万～15.98 万元。

激光雷达成本是影响 RoboTaxi 单车成本的另一个重要因素，进口 64 线 Velodyne 激光雷达售价 8 万美元，16 线 Velodyne 激光雷达售价 3999 美元。目前文远知行 WeRide 量产的 RoboTaxi，采购东风日产轩逸乘用车成本 13 万元，传感器套件的成本 40 万元，因此，文远知行 WeRide 量产的 RoboTaxi 硬件成本不超过 60 万元。

表 2 Robotaxi 与有人出租车成本比较

主要项目	Robotaxi（2020）	Robotaxi 盈亏平衡点	有人出租车	备注
车辆成本（万元）	78	52（自动驾驶系统 6 万美元）	12	电动汽车成本 12 万元；当前自动驾驶系统分别按 10 万美元计算，汇率 6.6∶1
更换动力电池（万元）	5	5	5	25 万公里更换动力电池；5 万元

续表

主要项目	Robotaxi (2020)	Robotaxi 盈亏平衡点	有人出租车	备注
总行驶里程（万公里）	50	50	50	每天 250 公里计算；6 年 50 万公里
燃料成本（元/公里）	15	15	15	电动汽车每公里 0.3 元
维修保养成本（万元）	7	7	5	10000 公里/次，每次维修和保养费用 1000 元；自动驾驶费用增加 40%
保险费用（万元）	25.8	20.8	6	每年 1 万元；自动驾驶部件每年保费为自动驾驶部件金额的 5%
驾驶员工资（万元）	57.6		57.6	每月 8000 元；当前需要安全员，每月工资 8000 元
总成本（万元）	188.4	99.8	100.6	
单位里程成本（元/公里）	3.8	2	2	

（二）RoboTaxi 对出租车与汽车行业的变革

目前出行行业正在发生巨大的变革。以网约车、分时租赁为代表的智能出行方式逐渐取代传统的出租车和公共交通。国内网约车出行呈高速发展趋势，虽然整体占比较低，但是市场前景广阔。随着自动驾驶汽车技术的发展，传统司机会逐渐被安全员取代，最终形式是完全无人驾驶。司机工资成本超过出租车成本的 50%，加上未来 RoboTaxi 几乎可以全天 24 小时运营，可以免除驾驶员的休息时间，因此预计 RoboTaxi 的运营成本是传统出租车的 1/3 以下。

未来的 RoboTaxi 会去掉方向盘和加速油门等控制开关，整车外形尺寸、重量和制造成本都会大幅度降低。因此有更多用户选择以 RoboTaxi 的出行方式来取代私家车出行。可以预测，未来汽车社会共享汽车保有量的占比会超过私家车。因此 RoboTaxi 会成为主要的出行方式，取代目前的大部分出租车和公共交通工具。根据麦肯锡公司的研究，预计到2025年自动驾驶出租车成本将逐步趋近甚至低于人工驾驶出租车①。其后，自动驾驶出租车将逐步取代人工驾驶出租车并成为重要趋势。

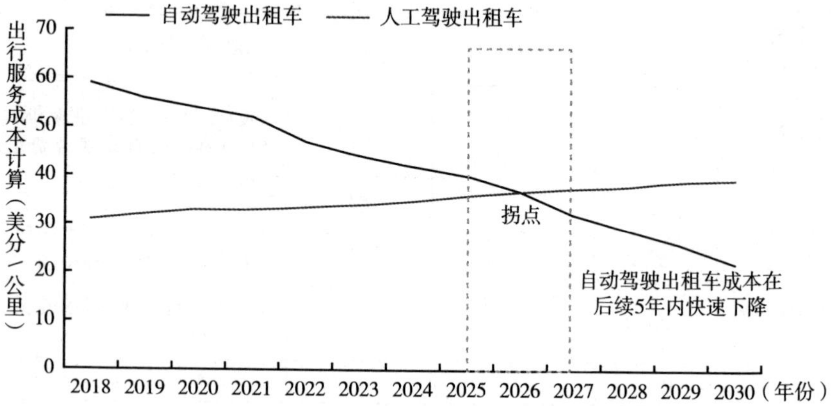

图3　自动驾驶出租车与人工驾驶出租车成本对比

另外，相较于人工驾驶出租车，自动驾驶出租车除了成本优势外，还需要在技术上能够彻底实现无人化，而不是当前有安全员参与的自动驾驶出租车。根据美国加利福尼亚州车辆管理局（DMV）于2020年2月26日发布的《2019年自动驾驶脱离报告》，脱离率排第一的为百度，平均脱离率为18050英里/次。谷歌下属公司Waymo占所有车辆总测试里程的50%，脱离率为13219英里/次，通用汽车旗下的Cruise脱离为12221英里/次。

表3　自动驾驶公司脱离率排名

公司	测试车辆(辆)	测试里程(英里)	脱离次数	每两次人工干预之间行驶的平均里程(英里/次)
百度	4	108300	6	18050.0
Waymo	148	1454137.0	110	13219.0
Cruise	228	831040.0	68	12221.0

①　引自麦肯锡咨询《中国无人驾驶市场展望》。

续表

公司	测试车辆(辆)	测试里程(英里)	脱离次数	每两次人工干预之间行驶的平均里程(英里/次)
AutoX	8	32054.0	3	10684.0
小马智行	22	174845.0	27	6475.0
Nuro	33	68762.0	34	2022.0
Zoox	32	67015.0	42	1595.0
滴滴	12	19279.4	8	1534.0
PlusAI	2	1880.0	2	940.0
Aimotiv	3	605.0	26	232.0

需要指出的是，从技术角度看，自动驾驶出租车不仅需要在成本上实现对人工驾驶出租车的超越，还需要在可靠性和安全性上超过人工驾驶出租车。

B.17

“出行即服务”（MaaS）的发展及商业模式探索

宋昊坤　肖睿轩　李瑞敏 *

摘　要：　近年来，Mobility as a Service 在全球范围内迅速被认可，众多城市开始探索 MaaS 的发展和实践。本报告在简要介绍 MaaS 基本概念的基础上，分析了 MaaS 的主要特征、潜在的价值、面临的挑战及平台框架等，具体分析了当前国内外几个典型的 MaaS 实践案例，包括 Whim、UbiGo 和广州“绿通票”，最后详细分析了 MaaS 的商业模式。

关键词：　MaaS　商业模式　“绿通票”

MaaS（Mobility as a Service，出行即服务）于2014年在芬兰召开的欧盟 ITS 年会上被首次提出，指通过一个服务提供商的界面来实现满足用户各类出行需求的服务模式，通过整合不同交通方式，从而为客户提供量身定制的出行“套餐”。目前 MaaS 在全球范围内仍不存在统一的定义，MaaS 联盟、MaaS Global、伦敦大学等机构均从不同的角度对 MaaS 给出了不同的定义，但交通方式整合、按需出行、一体化规划、预订及支付等都是这些不同的定义共同涉及的关键词。因此，MaaS 将作为一体化的出行服务平台，整合不同的交通方式和出行功能，为消费者提供定制化的一站式出行体验。

* 宋昊坤，清华大学车辆与运载学院博士研究生；肖睿轩，清华大学车辆与运载学院硕士研究生；李瑞敏，清华大学土木工程系副教授。

一　MaaS 的主要特征

MaaS 的主要特征体现在如下四个方面：一体化为表征、人本化为核心、共享化为基础、可持续为目标。

（一）一体化为表征

从形式来看，与目前的各类出行服务方式相比，MaaS 提供了统一的服务平台，一方面将集成不同类型的出行服务方式，另一方面可以为消费者提供出行规划、预订、购票、意见反馈等一站式服务，此外，还可以协助管理者实现对服务系统的实时监督、管控——实现面向消费者和服务商的服务一体化。

（二）人本化为核心

MaaS 的根本是以人为中心，为出行者提供最优的出行服务，因此，MaaS 始终将为用户提供便捷、高效、经济的出行体验作为全生命周期的服务核心。

（三）共享化为基础

MaaS 的目标是减少低承载量的小汽车出行量，因此，交通工具共享、行程共享、信息共享等是实现 MaaS 的重要基础。MaaS 平台使出行参与者能实时分享空闲的运载工具和出行过程中的数据信息，交管部门、出行服务提供商可以对其予以充分利用，挖掘蕴藏的商业价值。

（四）可持续为目标

MaaS 的重要目标就是要实现交通系统的可持续发展，例如可以通过共享模式提升车辆的利用效率，降低低运载量的私人小汽车出行方式占比。同时，共享出行的服务模式将可能倒逼汽车主机厂研发匹配共享使用场景的电动化的微型电动汽车。MaaS 平台可为消费者提供统一路径规划，提升出行效率，压缩旅行时间。

二　MaaS 的价值

MaaS 不仅能为出行用户和相关企业创造价值，而且将积极推动社会和环境问题的解决。MaaS 创造的价值主要可分为个体价值、组织价值、社会价值和环境价值四个方面。

（一）个体价值

面向出行者，MaaS 可以为用户提供一站式的、定制化的、优化后的出行服务，以提高出行效率，节约出行成本。

（二）组织价值

MaaS 可以获取交通运输和用户偏好等一系列宝贵的数据资源，各类组织机构（包括但不限于城市规划、交通规划、交通管理、出行服务等相关组织机构）可以利用这些数据不断优化本职工作和服务功能，提升用户服务体验。

（三）社会价值

MaaS 的推广将鼓励出行者更多地使用公共交通工具或选择合乘出行等，缓解道路拥堵。同时共享出行模式使消费者更加关注汽车的使用权而非拥有权，可显著提升汽车的使用效率，缓解空置车辆造成的停车位资源紧张等社会问题。

（四）环境价值

MaaS 可提升车辆的平均利用率和公共交通的使用率，减少温室气体排放。

三　MaaS 发展面临的挑战

MaaS 出现时日尚短，目前全球虽有众多探索，但尚属于初生阶段，商业模式尚不清晰，生态合作相对欠缺，关键技术亟待突破，其价值的实现之路面临着诸多挑战。

（一）商业模式有待厘清

目前，MaaS 尚未形成清晰的商业模式，各地的探索差异性较大，如产业内不同企业间如何分工？产业链上不同环节的企业如何实现盈利？服务过程中产生的数据的所有权、使用权由谁掌控？这些问题仍有待探索。

（二）生态合作有待扩展

从理论上而言，MaaS 将全面整合各类私人交通工具、公共交通工具，涉及多种交通运营商，同时 MaaS 还需要网联生态开发者提供丰富的网联服务资源，技术提供商提供实现技术突破的必要支撑，各种交通工具生产商提供自动的、网联的、节能环保的产品……未来，MaaS 终将形成繁荣的产业生态，不同参与者之间需要充分协同。

（三）技术能力有待加强

目前底层操作系统、高性能传感器、高性能计算芯片仍然是我国的“卡脖子”技术，严重制约着我国智能汽车、智能交通和智慧城市的发展，这也必将影响到 MaaS 的推进速度。

四　MaaS 平台架构

MaaS 平台的本质是基于大数据的一体化出行服务平台，通过整合、处理、利用多源数据信息，为用户提供定制化的一体化出行服务，同时为平台运营商日常运营维护和服务开发者创新设计提供便利。图 1 展示了 MaaS 平台的架构。MaaS 平台整合的地面公交、轨道交通、出租车、网约车、互联网租赁自行车等诸多交通运输工具实则是一个个取之不竭的数据源，是 MaaS 平台的基础，或是“动力源”。一系列交通数据在中间层经过处理、分析、存储，形成数据中台。数据服务层作为上层应用程序与数据中台之间的接口，为第三方开发者提供了统一的、便捷的数据调用服务。最终，数据开发者基于中台储备的数据资源，不断推出新的应用服务并优化既有应用服务，提升消费者的出行服务体验。

MaaS 平台的成功运行需要具备以下关键能力，即大数据采集、处理、存储和分析应用的能力，人工智能算法，不同平台之间统一的接口，数据信息安全保障能力，服务运营能力，基于超级 ID 的一体化服务能力。

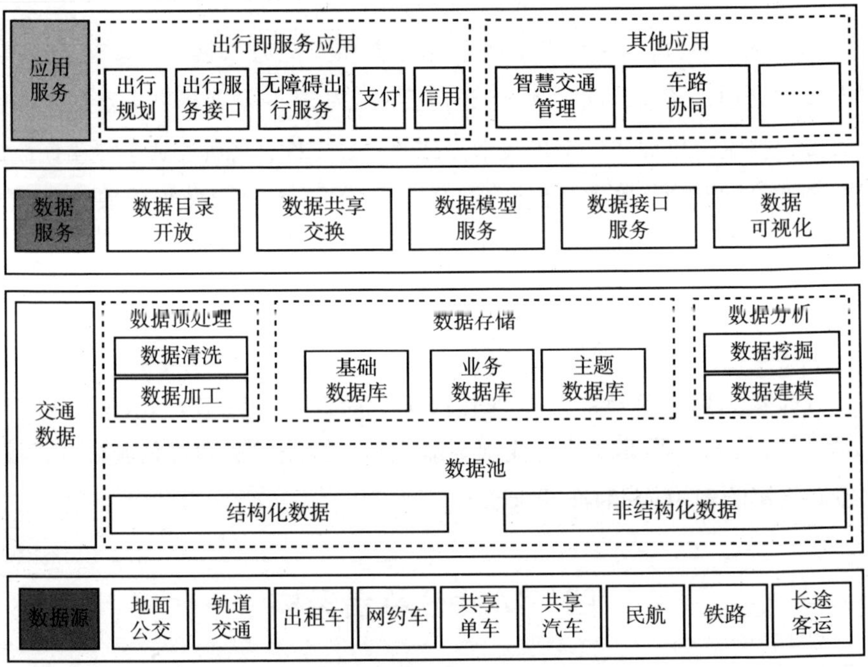

图 1　MaaS 平台架构

五 MaaS 典型案例

自从 MaaS 的概念被明确提出以来，迅速在全球交通领域被传播，众多的城市和单位都开始关注并推动 MaaS 的尝试和发展，下面主要介绍几个比较有代表性的案例。

（一）Whim

谈到 MaaS 的发展就不得不提到 Whim，作为在芬兰赫尔辛基发展起来并实际运行的很大程度上体现真正 MaaS 理念的出行平台，Whim 已经在赫尔辛基正式运行超过三年。在赫尔辛基，Whim 的合作方共有 9 家，其中 6 家是租赁车辆、出租车平台——SIXT、Hertz、TR、MENEVA、TAKSI、LAHITAKSI，另外 3 个合作方分别为规模较小的拼车平台 GOVEHO、欧洲最大规模的互联网租赁自行车运营商 TIER 以及赫尔辛基当地的运输管理局 HSL - HRT。由此可见，Whim 整合了公共交通、互联网租赁自行车、车辆租赁、出租车、拼车等交通资源，可以认为其实现了对于城市级别的交通资源整合。

以赫尔辛基 AB 区域的行程价格为例，对比运输管理局和 Whim 的价格方案。赫尔辛基运输管理局给出的官方公交票为 59.7 欧元/月，公共交通乘坐（80 分钟以内）价格为 3 欧元/次；而 Whim 成人票价格同样为 59.7 欧元/月，但高于无限次数骑车（每次骑行 30 分钟以内）和 4 次免费的出租车（每次 5 公里以内）；Whim 学生票优惠至 32.8 欧元/月，外加 25 欧元便可以获得互联网租赁自行车的一年骑行权。可以看到的是，在 Whim 的运营下，对于消费者来说选择官方运输管理局的月票是不划算的。

表 1 显示了 Whim 的每一种套餐的具体内容（公共交通的限制为 AB 区域）。学生票与普通票的套餐模式比较简单。相比之下周末票与畅享票显得比较复杂，除了畅享公共交通和互联网租赁自行车以外，周末票可以享受周末的免费租车服务（从周五下午到周一早上），畅享票的宣传“你有车、不

需拥有车”揭示了这种套餐租车的本质，并且每个月可享有 80 次免费的出租车（5km 内）服务。

表 1　Whim 的不同方案的票价

项目	价格(欧元/月)	公交	自行车	租车	出租车
学生票	32.8	有	有	正常价	正常价
普通票	59.7	有	有	优惠 15%	4 ×5km 免费
周末票	249	有	有	周末免费	优惠 15%
畅享票	499	有	有	全时免费	80 ×5km 免费

Whim 的具体使用方式较为贴近大众对于 MaaS 模式的想象。其 App 具体使用步骤大致如下：填写出行计划（出发地、目的地、到达时间），选择自己偏好的出行方案（根据预算、出行时长、步行距离等），购买相应的行程，展示电子票据获得交通服务。对于出租车来说，Whim 提供了约 5 家供应商供乘客选择，但是在规划出行方案时，选择出租车是单独的一套体系，不与公共交通系统耦合。

Whim 的特征可以归纳为：根据通行地区的范围确定具体公共交通的票价，提供不同级别的全服务套餐，交通套餐中包含的服务数量决定价格。Whim 不仅与政府的运输职能部门合作，还与大量的交通服务提供商合作，在赫尔辛基、安特卫普等城市都形成了相对完善的出行整合方式。

目前，Whim 已经将业务扩展到了英国、新加坡、日本等国家。

（二）UbiGo

UbiGo 是 2013 年在哥德堡进行的 MaaS 理念的实验，其出现的时间甚至早于 MaaS 概念明确的时间，但实验结束后即停止了 UbiGo 的服务。

2019 年，UbiGo 重新在斯德哥尔摩进行了实施。与 Whim 相比，UbiGo 在斯德哥尔摩的合作规模相比 Whim 要小一些。UbiGo 与当地的斯德哥尔摩交通运输局（SL）合作，但与非官方的运输提供商合作的较少，尤其是出租车平台仅与 CABONLINE 有合作；车辆租赁平台部分自营，部分与 Hertz 合作；互联网租赁自行车方面，UbiGo 选择了本国企业 Jonno。根据当地这类企业丰富程度可知，UbiGo 仅仅是整合了部分交通资源。

UbiGo 面向消费者时不如 Whim 那么友好，但是消费者选择更多。其套餐不是类似于 Whim 包含多个交通工具的出行方案，而是单一交通工具的方案（消费者可以根据自身的具体情况，选择每月的使用量以确定具体价格）。调研得到了具体数据如表 2 所示。共享汽车按照使用时长收费，互联网租赁自行车和周末租车类似，是限定时间内的买断制，公共交通定价是由月内使用天数决定的。

表 2　UbiGo 的价格情况

套餐	明细
共享汽车	3 小时/月 =330 克朗 ~30 小时/月 =2100 克朗
互联网租赁自行车	无限骑,299 克朗/月,或 229 克朗/月(续租)
公共交通	10 天/月 =525 克朗 ~40 天/月 =1540 克朗
车辆租赁	单个周末租车,833 克朗 ~1916 克朗
出租车	公共交通延迟 20 分钟以上时,免费乘坐

注：出现 40 天/月，是因为 UbiGo 可以整合家庭的账单。

UbiGo 与公共交通相比价格较高。以斯德哥尔摩交通运输局（SL）的月票为对比对象，单张月票可供消费者使用一个月，并支付 930 克朗/月（学生票为 620 克朗/月）。相比之下，UbiGo 的 30 天票需要支付 1215 克朗/月，无论是对于成人还是学生都不具有吸引力。但是，消费者可能出现一个月不会乘坐满 30 天的情形，并且有其他交通需求（如周末租车），那么这种单个交通工具套餐的阶梯价格制度可以通过自行组合带来更加精准的方案与性价比。

UbiGo 具体使用的亮点体现在支付上。其方式是月末统一支付，大大减少了平日的冗余支付步骤，同时也可以整合家庭的账单，统一使用套餐额度和现金进行电子支付。

因此，可以将 UbiGo 归纳为一个中度整合了交通资源，但是价格高于公共交通的 MaaS 方案。其特色在于消费者可以根据自身需求自由组合套餐，支付环节可以在月末统一完成，并且能够整合家庭的账单。

（三）绿通票

2020 年 12 月，国内出行企业滴滴出行和广州羊城通联合发行的“绿通票”面向广州市民正式发行。此次发行的是绿通票 1.0 试运营版，聚焦“公交 + 互联网租赁自行车”，首期发行周票、月票两款产品。以周票型绿通票为例，用户只要花一张青桔周卡的费用，除了一周内无限次畅骑青桔单车外，还能再享有 14 次一分钱乘公交的权益。“绿通票”的发行是广州对 MaaS“一站式出行服务”理念的探索。与国内之前一些冠以“MaaS”之名的平台相比，“绿通票”更为接近真正的 MaaS 理念。

六　MaaS 商业模式探索

（一）MaaS 产业的参与方

MaaS 产业需要多参与方充分协同，共同打造。图 2 描绘了 MaaS 的产业生态。MaaS 模式的核心是以 MaaS 平台运营商为基础的平台部分。MaaS 平台运营商在 MaaS 产业中发挥核心支撑作用，目前专属运营商、ICT 企业、OEM、政府等多方均有愿望和能力主导 MaaS 平台的运营，且在不同的国家和城市都有案例；在平台运营商的支持下，ICT 企业及科技公司为 MaaS 提供通信服务、架构设计和云服务，空间信息服务商则在前者支持下为出行服务运营商和消费服务运营商提供定位和地图服务，而支付服务提供商作为打通平台和用户之间的桥梁，为用户提供一站式的线上支付服务。

MaaS 平台与用户之间的商业活动需要外部环境提供支撑。保险公司为交通工具、运营主体和消费者提供保险服务，而政府管理部门则需要为 MaaS 做好顶层设计，营造有利的发展环境，同时，需要肩负起平台监管、基础设施建设、定价干预等职责。

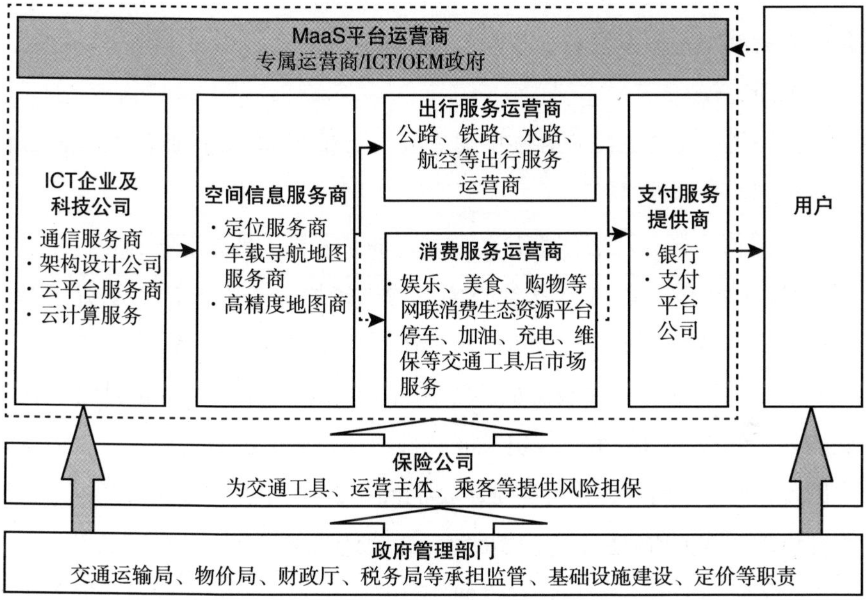

图2　MaaS 产业生态

（二）不同参与方在 MaaS 产业中的竞争博弈分析

本研究采用清华大学李显君教授提出的商业模式分析框架，分析政府、OEM（由于汽车产业生态大而复杂、横跨多领域，此处主要由汽车主机厂入手进行分析，其他如轨道交通、飞行器供应商可与之类比）、ICT 企业以及出行服务运营商在参与 MaaS 产业中具备的竞争力，如图 3 至图 6 所示。本研究将从共性和差异比较的维度对四类参与方进行分析。

1. 共性比较

四类参与方在产品通路和价值主张中的客户关系上存在共同点。在产品通路方面，MaaS 平台整合各类出行方式，为消费者提供一站式出行方案规划与支付，各类参与者必须通过线上与线下相结合的方式为消费者提供服务。在价值主张中的客户关系方面，参与方与客户保持互利共赢的关系，MaaS 平台要为用户提供高效、便捷、安全的出行服务，而用户的出行信息和选择偏好数据又将回流至 MaaS 平台，指导运营商合理调配运力，推出定制化的出行规划及服务套餐，提高收益。

2. 差异比较

由于四类参与方的特点存在明显差异，其参与 MaaS 产业的竞争力也存在诸多不同。

（1）价值主张：政府注重社会效益，而企业则关注经济利益

政府：政府的价值主张是全心全意为人民服务，收获社会效益，如由 MaaS 带来的社会效益提升、环境影响降低、生活质量提高等。

OEM：为消费者提供满意的汽车产品和汽车服务，进而获得收益；生产低能耗、低排放的汽车，承担节能减排的和环境保护的责任。

ICT 企业：为用户提供优质 ICT 产品和丰富的网联生态资源，为下游更高级别供应商或 OEM 提供高性能的电子、通信等零部件，以赚取利润。

出行服务运营商：为用户提供便捷、高效、舒适、安全的出行服务，获得票务收入。

（2）关键能力：政府擅长资源整合，企业掌握技术与方法

政府：能够统筹引领不同参与方，整合各类关键资源，并为 MaaS 的发展做好顶层设计，完善标准、法规，营造良好的 MaaS 发展环境。

OEM：主要掌握汽车全生命周期相关技术能力，包括设计研发、生产制造、销售服务以及拆解报废的全流程。

ICT：主要掌握互联网、通信、消费电子相关技术研发能力；部分互联网平台企业还掌握互联网生态整合能力、引流能力和营销能力。

出行服务运营商：主要掌握出行服务运营能力。

（3）关键资源：各有所长，ICT 企业自带用户流量

政府：掌握社会管理的行政权力，便于推动 MaaS 项目落地；同时，拥有财政资金支持，可以对 MaaS 项目进行投资或补贴。另外，国有企业拥有一定的技术研发、生产制造能力，可为政府参与 MaaS 产业提供技术支持。

OEM：掌握汽车全生命周期技术团队，为汽车生命周期的不同阶段提供技术支撑；拥有汽车生产制造车间；拥有大批汽车用户甚至是忠实粉丝，

可获得用户出行的一手数据，且可增强用户黏性。

ICT：掌握ICT相关技术研发团队，部分互联网平台公司还掌握丰富的网联生态资源和庞大的用户群体，有利于创新MaaS服务形式，并快速积累用户流量。

出行服务运营商：拥有支撑MaaS最关键的支撑——出行服务工具（公交车、出租车、轨道交通、摆渡船只等）以及奋战在出行服务一线的员工（司机、站务员、机务员等）；同时，还可以掌握用户出行信息、客流量、运营收益与成本等重要数据。

（4）收入来源：出行服务商和OEM的收入来源相对较少

政府：主要收入来自税收收入、债务收入、国有企业运营收入、国有财政收入、行政司法收入及其他收入等。

OEM：主要收入来自汽车产品的销售收入，部分车企还有零部件及技术方案收入（如比亚迪的动力电池、特斯拉的能源供应方案等）。另外，在国内新能源汽车双积分政策的规定下，还可以通过售卖积分赚取收益。

ICT：主要收入来自消费电子产品收入、互联网及通信业务收入、运输工具零部件销售收入以及互联网平台抽成收入。

出行服务运营商：收入来源较为单一，主要依靠出行服务运营的票务收入。

（5）价值网络中的合作伙伴关系

政府：在MaaS产业中，政府主要发挥引领、支撑、监管的作用，倘若要主导MaaS平台的运营，政府的技术能力相对薄弱，极有可能采取外包的方式。

OEM：处于汽车产业的中游，上游与零部件供应商、技术供应商合作共同开发汽车产品，下游或与经销商合作推动汽车销售，部分造车新势力采取直销的方式，跨越经销商直接面对用户。

ICT：在消费电子产业链处于核心位置，而在运输工具产业链处在产业链中上游。

出行服务运营商：需要ICT企业互联网和通信技术支撑，同时需要运输工具生产企业提供定制化的运输工具。

（6）其他

在客户细分方面，政府的服务对象是广大人民群众，而企业的客户则主要面向自己的领域；在费用结构方面，各参与方均需要支付广告成本、采购成本和人力成本，而政府或需要支付外包成本，不同企业还需要根据自己的业务支付研发、采购、生产、营销、运维等成本。

综合上述分析，不同参与方均在 MaaS 产业中具有独特的优势。但考虑到 MaaS 平台作为一个初生的生态，想要不断地繁荣，就必须要有源源不断的用户流量输入，而技术问题的攻关理论上只是时间的问题，同时假设政府可以全力支持 MaaS，那用户流量则成为 MaaS 平台成功的关键所在。因此，坐拥上亿用户流量的互联网平台企业（ICT 企业）亦有可能成为 MaaS 平台的主导企业。

表 3　政府在 MaaS 产业中的竞争力分析

<table>
<tr><td>关键能力 KC
统筹引领
资源整合
营造发展环境</td><td colspan="2" rowspan="2">价值主张 VP
全心全意为人民服务，收获社会效益</td><td>客户细分 CS
广大人民群众</td></tr>
<tr><td>关键资源 KR
财政资金
行政权力
国有企业</td><td>产品通路 CH
线上 + 线下</td></tr>
<tr><td colspan="4">价值网络 VN
客户关系：与用户之间互利共赢（数据回流→用户一定会参与设计）
合作伙伴：技术能力相对薄弱，平台一般外包经营</td></tr>
<tr><td colspan="2">收入来源 RS
税收收入、债务收入、国有企业运营收入、国有财政收入、行政司法收入及其他收入（这部分为 MaaS 平台收入）</td><td colspan="2">费用结构 CS
外包成本、广告成本、采购成本、人力成本等</td></tr>
</table>

表 4　OEM 在 MaaS 产业中的竞争力分析

<table>
<tr><td>关键能力 KC
汽车全生命周期相关
技术能力</td><td rowspan="2">价值主张 VP
为消费者提供满意的汽车产品和汽车服务，进而获得收益，生产低能耗、低排放的汽车，承担节能减排和环境保护责任</td><td>客户细分 CS
私人小汽车用户
出行服务营运公司</td></tr>
<tr><td>关键资源 KR
汽车全生命周期技术团队
汽车生产制造车间
汽车用户</td><td>产品通路 CH
线上 + 线下</td></tr>
<tr><td colspan="3">价值网络 VN
客户关系：与用户之间互利共赢（数据回流→用户一定会参与设计）
合作伙伴：上游与零部件供应商、技术供应商合作开发汽车产品，下游或与经销商合作推动汽车销售</td></tr>
<tr><td colspan="2">收入来源 RS
汽车销售收入、部分车企还有零部件及技术方案收入（如比亚迪的动力电池、特斯拉的能源供应方案等）
双积分政策下售卖新能源汽车的积分</td><td>费用结构 CS
研发成本、采购成本、生产成本、广告成本、营销成本、人力成本等</td></tr>
</table>

表 5　ICT 企业在 MaaS 产业中的竞争力分析

<table>
<tr><td>关键能力 KC
互联网、通信、消费
电子相关技术
互联网生态整合能力
互联网引流能力
互联网营销能力</td><td rowspan="2">价值主张 VP
为用户提供优质 ICT 产品和丰富的网联生态资源，为下游更高级别供应商
或 OEM 提供高性能的电子、通信等零部件，以赚取利益</td><td>客户细分 CS
ICT 产品用户，覆盖面极广
运输工具公司</td></tr>
<tr><td>关键资源 KR
ICT 技术研发团队
网联生态资源
互联网平台用户流量</td><td>产品通路 CH
线上 + 线下</td></tr>
<tr><td colspan="3">价值网络 VN
客户关系：与用户之间互利共赢（数据回流→用户一定会参与设计）
合作伙伴：消费电子产业链处于产业链的核心位置；运输工具产业链处在产业链中上游</td></tr>
<tr><td colspan="2">收入来源 RS
消费电子产品收入、互联网及通信业务收入、运输工具零部件销售收入、互联网平台抽成收入等</td><td>费用结 CS
研发成本、采购成本、生产成本、广告成本、营销成本、运维成本、人力成本等</td></tr>
</table>

表 6　出行服务运营商在 MaaS 产业中的竞争力分析

<table>
<tr><td>关键能力 KC
出行服务运营能力</td><td rowspan="2">价值主张 VP
为用户提供便捷、高效、舒适、安全的出行服务，赚取票务收入</td><td>客户细分 CS
不同种类出行服务的用户</td></tr>
<tr><td>关键资源 KR
出行服务工具
出行服务一线员工
（司机、站务等）
用户及相关数据</td><td>产品通路 CH
线上 + 线下</td></tr>
<tr><td colspan="3">价值网络 VN
客户关系：与用户之间互利共赢（数据回流→用户一定会参与设计）
合作伙伴：需要 CT 企业提供互联网和通信技术支撑，需要运输工具生产企业提供定制化的运输工具</td></tr>
<tr><td colspan="2">收入来源 RS
出行服务运营票务收入</td><td>费用结构 CS
研发成本、采购成本、广告成本、运维成本、人力成本等</td></tr>
</table>

（三）MaaS 产业分工

MaaS 产业整合多类型出行方式，覆盖众多领域，涉及不同种类的企业，对技术、资本、发展环境等要求较高，仅靠一方之力难以在短期内真正做成，必须要通过政、企、学、研、用充分融合打通，形成合力推动 MaaS 产业发展成熟。

政府应做好顶层设计，加强政策引领，统筹协调各方，整合各类优质资源，为 MaaS 产业提供有力的政策支撑；同时，应做好运营监管工作，维护平台的安全运营与市场秩序。要尽快制修订标准法规，为产业发展提供坚实的法律保障；不断完善各类交通基础设施，为 MaaS 的一体化运行提供支撑。此外，还应为产业内的重点企业提供一定的风险担保，减轻企业的畏惧心理，为产业快速推进增添动力。

ICT 企业（及科技公司）作为有可能成为主导 MaaS 产业发展的参与方，一方面应做好平台的开发、运营与维护工作；另一方面要加快关键技术攻关，积极推进 5G 技术研发及基础设施建设，提升物联网覆盖密度，并不断提升高精度地图和高精度定位技术水平；同时，应基于自身在人工智能算法领域的经验积累，高效利用用户数据，打造定制化服务。

出行服务运营商作为 MaaS 模式中的服务直接提供者，应不断调整服务方案，优化线路、运行图设计等，提高线网覆盖密度，提升运输效率和覆盖密度；同时，应调整票务定价策略，为用户提供多样的、个性化的选择空间。

OEM 应不断推动汽车新四化的进程，结合 MaaS 运营需求打造电动化、自动化、网联化、共享化的新一代汽车产品，推动 MaaS 快速落地。

高校及科研院所应着重发力攻关共性及关键技术，并推动新商业模式理论研究创新。

以上部分仅对 MaaS 产业未来的分工图景做了简单的描绘，要想真正实现 MaaS 模式，还有诸多问题需要继续深入挖掘，如平台的建设与运营，不同平台、运输工具之间的融合打通，数据所有权、控制权、使用权如何界定，如何平衡经济效益与社会效益之间的关系等。

七　MaaS 未来发展图景

本研究将 MaaS 发展划分为 1.0、2.0 和 3.0 三个阶段。

1.0 阶段产业处于"百家争鸣"的状态。产业尚未形成清晰、公认的商业模式，不同类型的企业甚至政府都参与 MaaS 平台的运营，企图主导 MaaS 产业发展，市场上出现许多 MaaS 平台；同时 MaaS 的运营覆盖范围较小，且交通工具间的打通度较低，功能则多停留于方案规划和支付整合层面。

2.0 阶段产业处于"诸侯割据"的状态。产业分工逐渐明确，在弱肉强食的市场规则下，仅有几家较大的 MaaS 平台参与竞争，形成"诸侯割据"的局面。同时 Maas 的覆盖范围逐渐扩大，可在区域或城市间开展示范或正式运营，城区内的交通工具间基本打通，功能则将细化至交通工具的灵活调度层面。

3.0 阶段产业处于"天下大同"的状态。产业结构稳定，商业模式已经成熟，市场上仅存在一两家 MaaS 平台巨头，形成垄断格局。此时，MaaS 覆盖范围将突破城市或区域间的限制，扩大至全国甚至全球，交通工具间实现全面打通。此时，人们可以尽情享受 MaaS 提供的高效、边界、安全、舒适、定制化的出行服务。

地方篇

Local Reports

B.18

广西网络预约出租汽车行业管理情况分析

刘善赞*

摘　要：2020年，广西壮族自治区交通运输管理部门在网络预约出租汽车管理政策宣贯培训、政策出台实施以及管理执法等方面开展了较为有效的工作，网络预约出租汽车合规化进展成效显著，截至2020年12月底，广西14个地市发放网约车运输证件2.13万本，从业资格证件7.37万本。未来政府相关部门将进一步完善交通运输新业态联席会议制度，全面评估政策效果，利用监管服务平台加强网约车管理，加快推进网络预约出租汽车合规化进程。

关键词：网络预约车出租汽车　联席会议制度　广西

* 刘善赞，广西壮族自治区交通运输厅。

一　广西网络预约出租汽车行业基本情况

截至2020年12月底，广西14个地市已经全部出台网络预约出租汽车行业管理政策文件，省级认定具备线上服务能力的本地网络预约出租汽车平台共4个。14个地市共许可网络预约出租汽车平台135个（实际已投入车辆运营的平台56个，占41.5%），发放网络预约出租汽车运输证件2.13万本、网络预约出租汽车驾驶员从业资格证件7.37万本。2020年度全区完成订单1500多万个，其中双合规完成订单率39.2%，全国省级排名第6位。

表1　广西网络预约出租汽车基本情况

序号	城市	许可平台（个）	许可车辆（辆）	许可驾驶员（人）	实际已投入车辆运营平台(个)
	全　区	135	21273	73670	56
1	南　宁	7	14187	34287	5
2	柳　州	15	3183	11476	7
3	桂　林	23	1292	8110	11
4	梧　州	8	381	3523	3
5	北　海	15	657	3168	2
6	防城港	5	0	182	0
7	钦　州	13	257	2509	2
8	贵　港	8	610	3694	3
9	玉　林	8	355	433	4
10	贺　州	5	89	2095	3
11	百　色	14	110	1340	9
12	河　池	7	99	851	4
13	来　宾	6	37	1468	2
14	崇　左	1	16	534	1

二　广西针对网络预约出租汽车行业的主要政策措施

（一）加强政策宣贯培训，统一推进出租汽车行业改革和网络预约出租汽车政策制定

1. 宣贯培训国家政策

2016年广西组织出租汽车行业管理现场培训和网络视频培训，邀请交通运输部出租汽车改革两个文件起草专家对各地交通运输部门、出租汽车企业相关人员进行培训，提高行业管理部门人员的认识和领会文件内涵的能力，为深化出租汽车改革政策顺利实施奠定基础。

2. 出台省级指导意见

2016年《广西壮族自治区人民政府办公厅关于深化改革推进出租汽车行业健康发展的实施意见》发布，指导各市开展行业改革，鼓励巡游车企业转型升级、提升自身服务，规范网络预约出租汽车经营行为，为出租汽车行业改革和网络预约出租汽车规范管理政策落地实施指明方向。

3. 指导市级制定政策

组建出租汽车行业改革专班，由自治区和各市出租汽车行业管理部门业务骨干共同研究制定市级深化出租汽车改革两个文件和相关配套政策实施措施，并形成各市政策文件模板，明确主要工作思路、改革方向和基本内容架构等，为各市加快推进出租汽车行业改革和网络预约出租汽车政策落实提供参考。

（二）督促政策出台实施，确保网络预约出租汽车政策落地实施

1. 调研督导

广西多次组织开展出租汽车行业改革和网络预约出租汽车政策制定的调研督导专项行动，赴未制定政策的各地市进行调研，听取和收集有关建议和意见，共同研究解决政策落实的措施和方法，协调当地政府加快推进出租汽

车行业改革和出台网络预约出租汽车行业管理政策文件。

2. 约谈督促

广西多次组织约谈和通报未出台出租汽车行业改革和网络预约出租汽车政策的地市交通运输局，及时传达全国出租汽车改革会议精神，督促各市交通运输局加强向市级政府领导报告，会同有关部门加快推进出租汽车改革和出台网络预约出租汽车政策。

3. 有序落地

2017 年南宁市率先出台出租汽车行业改革和网络预约出租汽车政策；2018 年全区共有 9 个地市出台出租汽车行业改革和网络预约出租汽车政策；2019 年全区共有 12 个地市出台出租汽车行业改革和网络预约出租汽车政策；2020 年上半年全区 14 个地市全部出台出租汽车行业改革和网络预约出租汽车政策。

（三）加强管理和执法，加快促进网络预约出租汽车行业合规化

1. 组织约谈

近年来，自治区交通运输厅、公安厅、网信办、通信局等部门会同或参与各城市行业管理部门约谈在广西落地经营的滴滴出行、神州、首汽等 9 家网络预约出租汽车平台公司，督促网络预约出租汽车平台公司配合行业管理，加强合规化工作，落实安全生产管理责任制，规范企业经营管理，提高数据传输质量等。

2. 进驻检查

2018 年自治区交通运输厅会同公安厅、网信办、通信局、工商局和柳州市相关管理部门进驻注册地在广西的广西云森科技有限公司（OK 平台）开展全面安全检查，并督促平台公司做好整改工作。此外，广西省级行业管理部门多次参与或指导各市行业管理部门加强对在营的网络预约出租汽车平台公司进行检查，督促平台公司做好安全、运营和服务工作。

3. 加强执法

广西近年来组织多形式的出租汽车行业“打非”执法统一行动。2018

年组织打击非法从事出租汽车经营专项行动；2019 年组织“不忘初心 牢记使命”出租汽车行业整治专项行动；2020～2021 年组织城市客运服务提升年活动，督促网络预约出租汽车企业合法合规化经营。

4. 建立平台

2020 年启动省级网络预约出租汽车行业监管服务平台，旨在提高网络预约出租汽车信息交互效率和质量，提供网络预约出租汽车经营数据，以及为部分城市或县城提供网络预约出租汽车监管功能。目前相关工作正在筹备中，预计 2021 年将完成建设和投入使用。

三 网络预约出租汽车管理工作取得的主要成效

（一）管理体系逐步完善

1. 行业立法

2019 年南宁市对《南宁市出租汽车客运管理条例》进行修订，完善巡游车管理规范，巩固出租汽车行业改革成果，推进巡游车转型升级，并将网络预约出租汽车纳入适用范围，增加有关网络预约出租汽车的管理规定，规范网络预约出租汽车经营服务行为。2020 年柳州市将出租汽车行业管理办法纳入本市立法项目，正式启动立法调研工作，预计 2021 年出台实施。

2. 建立规章

2020 年南宁市出台《南宁市网络预约出租汽车经营服务管理若干规定》地方规则，对网络预约出租汽车辆类型、参数和性能等作出了细化规定，进一步降低新能源汽车准入门槛；简化了办理相关准入事项需提供的材料和具体流程，使车辆办证更加便捷；也明确了网络预约出租汽车退出经营管理要求，为经营者和驾驶员进入和退出网络预约出租汽车市场提供更加便捷的服务。2020 年，南宁市在吴圩机场设置了网约车临时停候区，解决在重点场所周边网约车等待接单时的乱停乱放问题。2019 年柳州市对网络预约出租汽车实施细则进行了评估和修订，修订后为网络预约出租汽车行业营造宽松环境，放宽市场准入限制，破除行业壁垒，减少事前准入限制，同时加强事中事后监管。

3. 科学规划

2020 年南宁编制《南宁市出租汽车发展规划》，综合考虑南宁市常住人口数量、经济发展水平、城市交通拥堵情况、轨道交通规划建设等因素，从规范管理、维护公平市场秩序的实际需要出发，确定出租汽车改革方向和制度框架，明确出租汽车服务定位，全面构建包括巡游出租汽车、网络预约出租汽车在内的多样化服务体系，科学确定巡游出租汽车、网络预约出租汽车在各个发展阶段运力需求。柳州也正在制定出租汽车行业发展“十四五”规划，重点对出租汽车运力进行测算，并建立动态调整机制，从深化巡游出租汽车改革、规范网络预约出租汽车发展、提升行业监管水平等多方面提出具体方案及措施。

4. 建立联合监管机制

南宁、桂林、北海市等交通运输部门与本市公安交警部门建立长期联合执法制度，共同打击网络预约出租汽车行业非法和违规经营行为。2020 年，南宁共查处非法营运网络预约出租汽车 204 辆次、网络预约出租汽车违规经营 36 辆次、巡游出租汽车违规经营 180 辆次、非法运营巡游出租汽车（克隆出租汽车）44 辆次、违规揽客人员 119 人次，组织企业暗访和检查问题车辆 100 辆次。南宁、柳州、桂林、梧州等市交通运输部门与本市审批部门加强沟通和协作，加快推进网络预约出租汽车行业合规化。

5. 推进信息化管理

自治区道路运政系统实现与公安部门治安管理系统的数据互联互通，为各地查询网络预约出租汽车驾驶员背景情况和办理运输证件提供了便利。南宁、北海等市建立网络预约出租汽车行业管理平台，并加强与本市城市管理、行政审批、交警、治安等部门管理平台的数据交换和互联互通，提高行政管理效能和执法效率。

（二）新旧业态不断融合

1. 取消经营权有偿使用

南宁市根据国家、自治区和本市出租汽车行业改革要求，逐步取消原有巡游车经营权指标1.5万元/个的有偿使用费。目前广西各城市已全面实施巡游车经营权无偿使用。

2. 建立统一信用体系

全区各市认真开展出租汽车服务质量信誉考核工作，将网络预约出租汽车服务质量信誉考核纳入考核范围，强化对考核结果的运用。南宁市建立出租汽车驾驶员（含网络预约出租汽车）信息管理系统，对在考核周期内服务质量信誉考核综合得分为0的驾驶员，列入不良信用名单，两年内不得再从事出租汽车经营服务。柳州市将出租汽车服务质量信誉考核结果作为巡游出租汽车运力投放招投标的重要条件，并建立出租汽车质量信誉考核动态系统，将出租汽车驾驶员、车辆的违规情况实行动态考核，并每月进行通报。

3. 鼓励巡游车转型升级

南宁市鼓励在巡游出租汽车企业中推广智能化、信息化等技术运用和网络预约出租汽车管理模式，提高运营和管理效率。目前南宁市九州出租汽车有限公司、中鹿出租汽车有限公司2家巡游车企业联合建立“南宁打车”平台；其他9家巡游出租汽车企业联合建立“蛋卷出行”平台，拓展巡游出租汽车服务模式，推进新旧业态融合发展。柳州、梧州市引入网约车平台公司进入巡游车行业，创新“巡游+网约”运营模式，实现网上预约与线下巡游相结合，增加驾驶员收入，同时促使网络预约出租汽车企业规范内部管理，强化对驾驶员和车辆的安全管理。

4. 加快网络预约出租汽车合规化

全区各市积极推进网络预约出租汽车合规化工作。以南宁市为例，截至2020年12月底，南宁市有7家网络预约出租汽车平台公司获得经营许可（原已审批10个平台，其中3个平台因长期未投放车辆和不具备经营条件已于2020年底注销），发放网络预约出租汽车驾驶员证件3.43万本、车辆运输证件1.42万本（巡游出租汽车仅为6000多辆），日均运营次数（单量）31万次，南宁市网络预约出租汽车接单双合规率（车辆和驾驶员均合规）为80.4%，位居全国城市第3。

四　网络预约出租汽车管理存在的问题

（一）多部门联合监管机制有待进一步完善

网络预约出租汽车行业具有跨领域、跨行业、网络化等特点，2018年7月交通运输等12个部委组成网络预约出租汽车、互联网租赁自行车、共享汽车、互联网物流等交通领域新业态协同监管部际联席会。但目前广西大部分城市未建立网络预约出租汽车多部门联合监管联席会议制度，未形成联合执法工作机制，对网络预约出租汽车经营违法行为管控力不足。

（二）网络预约出租汽车行业合规化主动性不高

广西各市已经出台了网络预约出租汽车政策文件，网络预约出租汽车平台、车辆和驾驶员都有了取得合法身份的途径。但从目前情况看，部分城市的网络预约出租汽车平台、车辆和驾驶员对合规化主动性不高，仍然在观望，合规化进展较为缓慢。交通运输部网络预约出租汽车平台数据显示，截至2020年12月底，广西的玉林、贺州、防城港、百色、河池、来宾、崇左等7个市的网络预约出租汽车接单双合规率不足10%。

（三）网络预约出租汽车平台企业管理有待规范

根据国家、自治区和地方网络预约出租汽车政策，网络预约出租汽车平台公司是网络预约出租汽车客运服务的具体组织者和提供者，应承担承运人责任和相应社会责任。但根据目前仍有部分网络预约出租汽车平台公司仅仅将车辆和订单作为增加“流量”和“估值”的工具，存在主体责任不落实、经营行为不规范、安全管理漏洞大等问题，甚至通过各种方式逃避、抵制政府管理部门的执法监管。比如，部分网络预约出租汽车平台公司安全管理制度不完善、缺乏对车辆和人员的有效管理、安全管理档案缺失、信息安全漏洞大等；部分网络预约出租汽车平台不清理不符合条件的车辆和驾驶员，向不合规车辆和人员派单，甚至向未经背景审查的驾驶员派单；部分网络预约出租汽车平台违规开展促销活动，严重扰乱正常的出租汽车市场秩序；部分网络预约出租汽车平台获得经营许可后，长期不投入车辆运营，而是以此来吸引社会投资或销售汽车。

（四）部分网络预约出租汽车驾驶员盲目进入市场

部分网络预约出租汽车驾驶员盲目相信网络预约出租汽车平台、第三方非法中介或汽车销售企业的宣传，未经充分市场调查，大量以租代购、捆绑销售等合作方式进入网络预约出租汽车市场，造成市场供过于求，加上疫情冲击，网络预约出租汽车经营收入远远低于预期，甚至难以偿还车辆贷款。

五　网络预约出租汽车管理的下一步工作

（一）建立和完善联合监管机制

推动各地参照国家交通运输新业态协同部际联席会议制度，建立协调监管、数字监管、信用监管的联合监管机制，形成监管和执法工作合力，推进网络预约出租汽车行业规范有序发展。

（二）全面评估政策成效

推动各地科学分析网络预约出租汽车行业发展情况，对出租汽车改革政策实施效果和网络预约出租汽车管理效果进行全面总结评估，进一步优化完善改革政策和措施，为网络预约出租汽车行业健康和稳定发展提供良好的经营环境。

（三）规范行业管理

通过建立省级网络预约出租汽车监管服务平台，加强数据统计、对比和分析，推动各地加强网络预约出租汽车行业管理，加快推进网约车合规化进程。继续加强行业管理和执法，强化网络预约出租汽车平台公司合法经营行为，严厉打击非法经营，建立和完善市场预警机制，维护行业稳定，保障司机和乘客合法权益，提升网络预约出租汽车服务质量。

（四）提升行业服务

通过完善行业审批机制，引导建立出租汽车综合服务站，以及协调机场、火车站、汽车站、港口、大型商场、主要医院、大型社区等提供出租汽车专用通道或临时停放区域等措施，不断改善网络预约出租汽车经营环境。

B.19

湖北省武汉市交通新业态的管理实践分析

汪红结*

摘　要： 本报告回顾和分析了2020年湖北省交通新业态的发展和政策实施情况。对网约车采取了成立工作组、加强监督管理、联合执法以及利用线上平台监管等方式，截至2020年底，武汉市网约车许可数量29942辆，取得许可资格的驾驶员61698名。武汉市对于互联网租赁自行车主要采用了联席会议制度，建立监管平台，加强服务质量考核，严厉打击违规投放等措施，2020年中心城区互联网租赁自行车市场容量约为61.99万辆。

关键词： 网约车　互联网租赁自行车　监管平台　联合执法

一　武汉市交通新业态的基本情况

网约车、互联网租赁自行车作为互联网经济的产物，自登陆武汉以来，发展十分迅速，为市民出行提供了便利，但在快速发展的过程中，网约车、互联网租赁自行车这类交通新业态也暴露了不少问题。不合规的网约车在路上运营，没有运营资质的私家车和驾驶员，严重扰乱出租

---

* 汪红结，武汉市交通运输综合执法支队。

车客运市场秩序，引发乘客出行安全隐患。互联网租赁自行车无序投放、乱停乱放问题也一度令人困扰，严重影响了武汉城市文明和交通形象。

为更好地满足社会公众多样化出行需求，促进交通新业态与老业态的融合发展，武汉市相关管理部门针对网约车和互联网租赁自行车开展了一系列规范举措，截至2020年底，武汉市网约车许可数量29942辆，取得驾驶员许可资格的有61698名；获得网约车平台运营许可并实际上线经营的平台公司有18家，包括滴滴、东风、T3、曹操、首汽、万顺、风韵等。互联网租赁自行车经营企业有3家，分别是摩拜32.47万辆、哈啰22.98万辆和青桔3.5万辆。经过近几年不断努力，武汉市网约车和互联网租赁自行车等交通新业态管理已初显成效，各种乱象得到有效整治，保障了运营安全和乘客合法权益，也进一步提升了城市文明形象。

二　网约车管理经验做法

（一）出台运营管理相关政策法规，执法有理有据

2017年3月，出台了《武汉市网络预约出租汽车经营服务管理暂行实施细则》（以下简称《细则》）。《细则》主要从市场准入、经营规范、监督检测三个方面对网约车运营管理规范进行细化落实。

2018年对网约车的管理上升到立法层面，11月，出台了《武汉市客运出租汽车管理条例》，对网约车的经营许可、网约车运营服务、权益保障、监督检查、法律责任等方面进行了详细规定。

（二）成立工作专班，完善职能职责

为规范武汉市网约汽车市场监督管理工作，成立网约车工作管理专班，并进行了相关职能要求。参与起草本市客运出租汽车（含网约车）行业发展规划和计划、办理网约车行政许可、审验网约车经营和驾驶员的资质，开

展服务质量信誉考核、对网约车营运活动进行监督检查，对违法行为依权力清单实施行政处罚等。

（三）加强线上线下联动检查，强化监督管理

1. 重点检查网约车车辆及服务认定

检查内容重点从以下六个方面进行认定。

（1）是否符合《武汉市网络预约出租汽车管理暂行实施细则》所规定的有关要求。

（2）是否未安装固定式具有行驶记录功能的车辆卫星定位装置、具有车内影像摄录功能的装置及应急报警装置。

（3）有无市交通运输行政主管部门核发的网约车运输证，车辆在本市注册日期距申请日期未满 3 年。

（4）线上提供服务的车辆与线下实际提供服务的车辆是否不一致。

（5）线上提供服务的驾驶员与线下实际提供服务的驾驶员是否一致。

（6）是否在许可的经营区域内从事经营活动，不得超出许可的经营区域（起讫点一端应当在许可的经营区域内）。

2. 加强非法的网约车违法取证

主要从摄录车辆、询问驾驶人和询问乘坐人三个方面进行取证。

（1）摄录车辆，使用执法记录仪记录车辆的外形外观及车内特征，重点摄录车辆号牌及涉嫌违法驾驶人、乘坐人的面部特征，以及相关证照。

（2）询问驾驶人，询问涉嫌违法驾驶人车辆的使用性质、有无从事网络预约营运的运输证、手机中的预约及线路情况、与车内乘坐人的关系等要素。

（3）询问乘坐人，询问乘坐人乘坐该车的原因、与驾驶人的关系、通过什么方式乘坐该车、姓名、联系电话。主要通过“问询表”的方式记录，“问询表”具体样式由市公安交管局统一印制。有条件的对其身份证进行摄录。

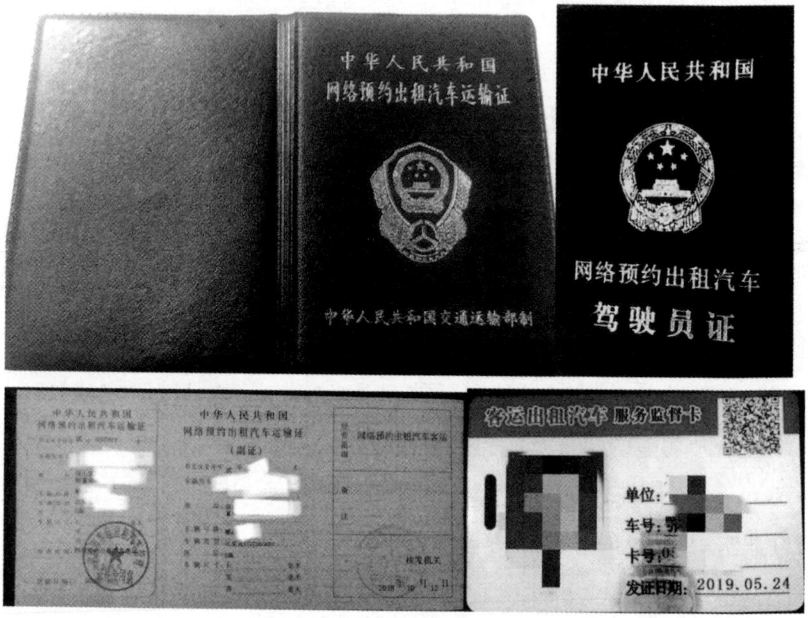

图1　网约车及驾驶员证件样式

3. 采取联合执法方式进行查处

因网络预约出租车内部的特征（如都有手机导航、接单 App 等）与其他车辆不同，工作中进行重点发现并核查。非法从事网络预约出租运输案件查处时，注意发现、查找以及确定乘坐人，以乘坐人的询问为突破口，找到驾驶人非法从事网络预约运输的证据。发现此类违法行为时，确保交通和交管执法人员现场询问，及时将驾驶人与乘坐人分开调查，确保询问双方不互相串供。现场调查结束后，对经初查确定存在非法从事网络预约出租车营运的，控制车辆，按照相关程序进行处理。

4. 通过监管平台进行线上检查

通过交通部“网络预约出租车监管信息交互平台”进行查验；将截取订单发起信息和经营支付信息作为证据清单进行调查取证，再通过省道路运输管理局统一身份认证系统查验驾驶员与车辆合规化情况。

图 2　武汉市对网约车开展联合执法

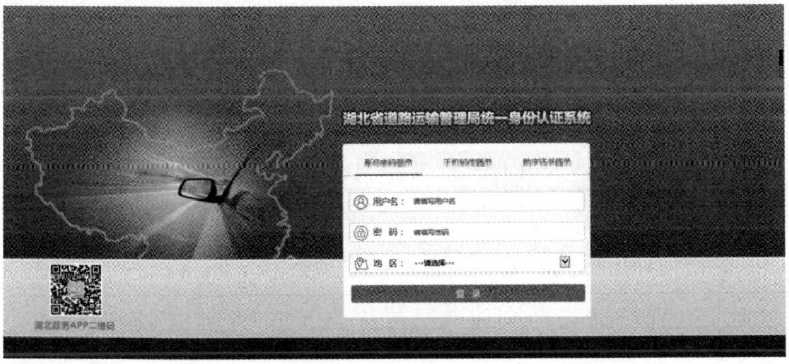

图 3　道路运输管理局统一身份认证系统

三　互联网租赁自行车管理经验做法

（一）制定互联网租赁自行车管理办法

先后出台了《市人民政府关于鼓励和规范互联网租赁自行车健康发展的意见》和《武汉市非机动车管理办法》，要求对互联网租赁自行车企业及车辆实行备案管理，备案内容包括：营业执照、办公地址、经营维修和转运消纳场所、经营许可证、运营模式说明以及第三方机构出具的车辆合格检验报告等，目前在全市经营的互联网租赁自行车企业都进行了以上内容的备案管理。在规范停车秩序方面，制订了《非机动车停放技术导则》，指导各区加强单车停放管理。

（二）组织市场容量评估

为科学合理评估全市互联网租赁自行车规模数量，控制好总量，委托第三方评估机构对全市互联网租赁自行车市场容量进行了测算。评估工作结合城市空间承载能力、市民出行需求、企业运营情况、道路条件等因素，综合考虑后形成科学报告。根据测算，2019 年和 2020 年武汉市中心城区互联网租赁自行车市场容量预测分别为 60. 01 万辆和 61. 99 万辆。依据测算结果，经过实施两次大规模调减，单车投放总量由 2018 年的 103 万辆减至 2020 年的 58. 95 万辆，控制在市场容量评估范围之内。

（三）坚持联席会议制度

市交通局联合市城管委、市公安交管局等相关部门，每季度召开一次互联网租赁自行车联席会，共同研究解决单车管理中存在的突出问题，有针对性地制定切实可行的措施。

（四）建设单车管理平台

为充分发挥大数据管理作用，组织启动了互联网租赁自行车监控管理平台设计、立项招标及开发建设工作，并于 2019 年 7 月正式投入使用。该平台主要在企业提供数据基础上，通过计算机分析统计掌握全市互联网租赁自行车投放总量，研判重点区域车辆分布情况，了解企业运维人员配备上岗情况，同时市交通局与市城管委、市公安交管局及企业加强互动，通过平台及时处理管理中出现的问题。

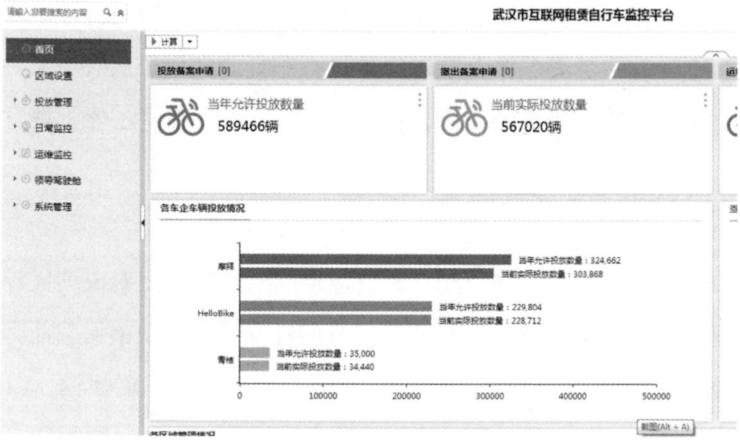

图 4　武汉互联网租赁自行车监管平台

（五）开展服务质量考核

为进一步加强互联网租赁自行车企业服务质量管理，从 2018 年开始，将互联网租赁自行车企业服务质量考核纳入常态化管理，每年委托第三方机构，采取走访企业、现场抽检、问卷调查等方式对互联网租赁自行车企业服务管

图 5　武汉互联网租赁自行车服务质量考核情况通报会

理情况进行考核，最后形成企业服务质量考核报告。并适时将考核结果向社会公布，引导社会各界关注互联网租赁自行车行业发展，从而加强对互联网租赁自行车企业管理工作的监督，督促企业落实线上线下主体管理责任。

（六）依据考核实施调减

结合考核结果排名，在市场存有投放空间的情况下，对成绩优异排名第一的企业，予以增加投放数量奖励；在市场投放量超过城市承载能力的情况下，按照考核得分排名，实行依次递增 10% 比例调减车辆规模，以此激励企业落实主体责任。如 2019 年对考核排名靠后的一家互联网租赁自行车企业实施了减投 10% 的惩罚措施，以此督促企业落实主体责任。

（七）严厉打击违规投放

市交通局多次联合市交管局对违规投放的互联网租赁电动自行车开展联合执法。2020 年 3 月，针对违规投放互联网租赁电动自行车问题，组织力量共收押电动自行车 1755 辆（目前已整改到位，由企业自行运离武汉）。

图 6　违规投放车辆依法处置

2020 年 5 ~6 月，对互联网租赁电动自行车企业违规投放电动自行车行为开展执法检查。2020 年 7 ~8 月，对以上企业在约谈和下达责令整改通知书拒不整改的情况下，组织开展了一次专项清理执法行动。截至 2020 年底，共查处互联网租赁电动自行车 2000 余辆。

（八）加强文明骑行宣传

为加强市民文明使用互联网租赁自行车的宣传教育，先后三次召开互联网租赁自行车管理工作新闻发布会，市交通局联合市文明办、市城管委、市公安交管局向全体市民发出倡议书，号召全市市民文明使用互联网租赁自行车，做到文明骑行、规范停放、爱护互联网租赁自行车，做文明宣传的使者。制作了文明使用互联网租赁自行车的卡通公益宣传片，在地铁、公交进行了广泛宣传，提升市民的文明行为。

组织单车企业开展文明创建宣传月活动。首先，要求单车企业利用 App 弹窗广告、语音播报、短信提示等线上手段，引导用户文明骑行、有序停放；其次，要求单车企业在车身显著位置张贴文明城市创建宣传标语；最后，组织各单车企业运维人员组成志愿者队伍，在人流比较密集的重点路段发放文明骑行宣传手册、摆放文明骑行宣传易拉宝、张贴文明骑行标语等。

以网约车、互联网租赁自行车等为代表的交通新业态，提高了交通资源的整合效率，给市民社会带来了极大便利。但新业态作为新生事物，在发展中又难免出现一些令人困扰的问题。如何在新业态发展中进行规范，通过规范推动新业态发展，武汉现阶段积累了一些网约车和互联网租赁自行车相关管理经验，但随着交通新业态的深入发展和资本市场推动，新问题会不断地出现，对交通管理者提出了更高的要求，加强对新课题的研究，提升适应新形势下交通运输发展的管理能力是每一个交通人的不断追求。

B.20
南昌市交通新业态发展情况分析

王小平*

摘　要：　本报告介绍了南昌市交通新业态发展的基本情况。截至2021年1月底，南昌市共有互联网租赁自行车企业11家，路面自行车总投放规模为30万辆，其中互联网租赁自行车9.7万辆，互联网租赁电动自行车20.3万辆。南昌市推出公共自行车企业协助政府管理互联网租赁自行车合理投放与规范停放的模式——“南昌模式”。公共自行车系统与互联网租赁自行车企业成功对接，实现全市公共自行车、互联网租赁自行车和互联网租赁电动自行车有序投放、规范停放和“一张网”管理。2020年9月，南昌公交集团开始探索预约定制公交，采取了家校定制、景区定制、家企定制、社区到地铁站定制和包车服务等不同模式。

关键词：　互联网租赁自行车　南昌模式　定制公交

一　互联网租赁自行车（含电动自行车）投放情况

截至2021年1月底，南昌市共有互联网租赁自行车企业11家，路面自行车总投放规模为30万辆，其中互联网租赁自行车9.7万辆，互联网租赁电动自行车20.3万辆。共投入运维人员1221人，投入运维车辆381辆，路

* 王小平，江西南昌公交运输集团培训中心书记。

面转运车辆共13488辆。互联网租赁自行车停放点位共42234个，电子围栏设置10929个。

各种车辆的日均使用频率相对较高。其中公共自行车每天4次，互联网租赁自行车为每天2~3次，互联网租赁电动自行车为每天3.5次。

表1　南昌市互联网租赁自行车企业及投放情况

单位：辆

序号	企业	整治前车辆总数		2021年初运营车辆数	
		自行车	电动自行车	自行车	电动自行车
1	人民出行	0	1000	0	1820
2	皮皮虾出行	0	300	0	300
3	小遛	0	18000	0	4721
4	滴滴青桔	15000	105000	2780	75744
5	美团	50000	60000	46310	54791
6	芒果出行	0	652	0	425
7	哈啰	65000	72500	27140	58000
8	如易出行	0	2100	0	2100
9	租八戒	0	1330	0	235
10	喵走出行	0	19830	0	4947
11	公交集团公共自行车			21000	
	小计	130000	280712	97230	203083

从南昌市数据来看，疫情下，共享电动车逐步取代互联网租赁自行车，在两轮车市场占据主导地位，政府也出台相应管理政策，鼓励适度有序投放。2020年12月26日南昌地铁3号线开通，标志着地铁开始成网运行，两轮共享车将更好地解决了“最后一公里”问题。

2021年1月为促进南昌市互联网租赁自行车（含电动自行车）规范有序发展，《南昌市人民政府办公室关于规范互联网租赁自行车发展的实施意见》发布。2021年1月20日南昌市交通运输局、南昌市城市管理局、南昌市公安局交通管理局联合下发《关于印发南昌市互联网租赁自行车运营服务管理实施细则的通知》。

二　南昌市公共自行车管理的新模式

（一）项目基本情况

南昌市公共自行车项目是市政府2016年作出的重大决策，是创建国家公交都市，便利市民绿色低碳出行，打造绿色南昌、建设文明城市的重大举措，实行一小时内免费骑行惠民政策。市政府相关会议纪要明确，该项目由南昌公交运输集团全资子公司——南昌公交顺道公共自行车科技有限公司负责建设和运营。

截至2021年1月底，累计建设运营服务站点1223余个，其中有桩站点403个，无桩蓝牙道钉电子围栏站点820个，投入运营自行车2.1万辆，覆盖红谷滩区、东湖区、西湖区、青云谱区、经开区、青山湖区和高新区，累计为市民提供了3000万余次的免费、绿色、低碳出行服务，有效解决了市民出行“最后一公里”的难题。南昌公共自行车凭借规范有序的管理，获得社会各界的一致好评和肯定。

（二）“南昌模式”

各互联网租赁自行车企业陆续在南昌市投放车辆，这在一定程度上为市民短途出行提供了便利，但由于企业主体责任不落实，互联网租赁自行车投放泛滥，车辆运营维护不到位、乱停乱放、车辆淤积等乱象随处可见。为了更好地协助政府相关部门做好城市秩序的管理，在市委市政府的高度重视下，在市城管局、红谷滩区政府的大力支持下，顺道自行车公司充分利用科技手段，结合公共自行车蓝牙道钉电子围栏成功实现互联网租赁自行车的规范管理，形成互联网租赁自行车规范管理“南昌模式”，获得多方面广泛好评。2019年11月李克强总理考察江西时充分肯定“南昌模式”；2019年7月全国互联网租赁自行车规范管理研讨会在南昌召开，学习考察推广“南昌模式”；2019年12月住建部全国城管“强、转、树”专项会议推崇“南昌模式”；此后，北京、杭州、太原、南京、深圳等50余个城市相关部门和企业先后前来考察学习“南昌模式”。

总结这些年南昌市公共自行车管理实践，电子围栏监管平台具有以下优势。

一是可以管“量”。通过对自行车租借量、单车周转率等指标的实时监测，结合城市人口、市民出行规律等数据，可以比较精确地测算出城市互联网租赁自行车（电动自行车）的合理投放量，为政府决策等提供科学依据，避免盲目投放和泛滥成灾。

二是可以治“乱”。蓝牙道钉电子围栏要求车辆只有进入围栏内方可落锁还车，否则无法结束行程，同时具有定位精度高、延时短、使用方便等特点，可以达到引导车辆集中规范停放的管理目标，提升城市形象。

与此同时，公共自行车系统已与摩拜、哈啰、滴滴等互联网租赁自行车企业成功对接，能够快速打造全市统一的电子围栏监管平台，实现全市公共自行车、互联网租赁自行车和共享电动车有序投放、规范停放和“一张网”管理。

（三）项目运营情况

项目属于公益属性，南昌市政府相关会议纪要明确，项目建设投资由市本级财政安排解决，运营维护资金由各区、县财政安排解决。但目前尚未有效落实项目的运营维护补贴资金。

为了有效地保障项目可持续运营，填补各区政府对项目运营维护补贴的空缺，南昌公交顺道自行车公司尝试与各互联网租赁自行车企业进行合作，为各企业提供入栏接入、车辆保洁、秩序整理等基础服务，目前已与哈啰出行、滴滴青桔等企业签署服务协议，对已纳入规范管理的企业适当收取服务费，既可加强城市秩序管理，又可适当减轻各区财政的压力，但因目前仅在红谷滩区开展此项工作，不足以填补各区财政对该项目运营维护补贴的空缺。

为了将红谷滩区互联网租赁自行车规范管理成功经验和做法向全市推广，“南昌市互联网租赁自行车电子围栏及监管平台项目”已被列为市政府重大重点项目，明确市城管局为项目牵头单位、南昌公交顺道公共自行车科技有限公司为业主单位，拟在全市新增建设5000个蓝牙道钉技术的电子围栏站点，搭建全市互联网租赁自行车监管平台，实现全市范围内互联网租赁自行车和电动自行车的规范管理，2021年初已完成站点选址复勘和项目的立项工作。

三　南昌市定制公交平台运营情况

2020年9月，南昌公交集团与掌上公交合作的多元化定制公交App平台正式运营，目标是满足广大市民差异化、高品质的通勤出行需求，减少小汽车使用，扩大多样化公交服务影响力，倡导和方便市民优选公交、绿色出行，积极倡导广大市民绿色出行。

该平台具备预约定制公交与即时响应公交两种功能，目前仅启动了预约定制公交模式，包括：家校定制（月票）、景区定制（往返票）、家企定制（次票和月票两种）、社区到地铁站定制（次票和月票两种）、包车服务（线上定价线上支付）五种运营形式。

家企专线主要针对各类工业园区、高新技术园区、小微企业、高校园区等企业员工，根据上述企业员工上下班通勤的特点，为同一片区内的不同企业员工定制公交线路。

家校专线主要针对南昌市中小学开通到各个社区的线路，尤其是疫情期间，城市周边公共交通不发达的中小学为安全考虑不建议学生乘坐普通公交，只能乘坐家校专线，最高峰开通了319条家校专线，随着疫情防控形势向好，中小学生可乘坐普通公交后，专线仅剩200条左右。

社区专线主要满足从社区到地铁站换乘出行需求，实行定点停靠，预约准点出行。

景区专线重点围绕南昌市周边景点进行线路定制，如滕王阁、原城纪、吴城、凤凰沟、怪石岭、湾里等地，并结合海昏侯国遗址公园开通一条定制旅游专线，未来还将推出如红色景点等定制旅游专线。

图 1　掌上公交 App 的使用介绍

“掌上公交”App 既可以为市民提供公交线路、班次查询服务，又可以提供定制公交服务，市民使用定制公交的具体操作流程如下：

第一步，市民需在苹果或安卓应用商店搜索下载“掌上公交”App；

第二步，打开“掌上公交”App，注册账号并进行登陆；

第三步，选择定位城市“南昌”，即可在首页上方看到“定制公交”菜单；

第四步，点击“定制公交”菜单，可通过“已开通班次订购”查看开通线路并购票，也可点击“线路征集”提交自己的出行需求。

据了解，为使定制公交最大限度满足市民出行需求，做到公共资源利用率最大化，此次南昌公交开通的网约定制公交将设立开线、停线规则。

其中，开线规则为定制企业专线预约 20 人及以上即可开通，定制旅游专线预约 25 人及以上即可开通；停线规则为企业专线满足以下任意一条即可公示线路停开：①连续 3 日购票量低于 5 人；②连续 5 日购票量低于 10 人；③1 个月内日均客运量低于 10 人。另外，旅游专线未达到开线规则不发车。

票价设置规则：最低实行3元起步。

南昌公交推出的定制专线票价规则如下。

一是，企业专线方面，采取“5公里内3元，每增加5公里票价增加1元（不足5公里按5公里计算），5元封顶”的票价规则；退票规则为享受折扣的次票、月票不予退票，单次购买的在发车2小时外的收取票价的20%作为手续费，2小时内不予退票。

二是，旅游专线方面，根据里程采取往返一票制的票价规则，单边里程在40公里内的，为20元一人一票制（往返），单边里程在30公里内的，为15元一人一票制（往返），单边里程在20公里内的，为10元一人一票制（往返）。退票规则为在发车2小时外的收取票价的20%作为手续费，2小时内不予退票。

三是，包车服务方面，根据使用车型、线路公里等进行计价。

2021年底，每日有近3000人次通过定制平台出行，主要是上班上学出行族。大多市民还不习惯使用该平台，平台的使用频率还不高，客流占公交总客流比例不大。但随着该平台逐步被市民熟知，客流数据和使用频率将逐步提高。

案 例 篇

Case Studies

B.21

哈啰出行

——国内领先的专业移动出行平台

一 发展概况

哈啰出行是国内领先的本地出行及生活服务平台，致力于应用数字技术的红利，为人们提供更便捷的出行以及更好的普惠生活服务。公司于2016年9月在上海成立，从共享单车业务起步，逐渐进化为包括两轮出行（哈啰单车、哈啰助力车、哈啰电动车、小哈换电）、四轮出行（哈啰顺风车、全网叫车、哈啰打车），以及酒旅、到店服务等在内的多元化出行及生活服务平台。

截至2020年底，哈啰出行旗下哈啰单车已经进驻全国超460城（含县级市），用户累计骑行184亿公里，累计减少碳排放量50万吨；哈啰助力车进入全国近400城（含县级市），用户累计骑行56亿公里，减少碳排放16.7万吨；哈啰顺风车已覆盖全国超300城，认证车主逾千万名。

依托大数据、人工智能、云计算等技术驱动，哈啰出行已形成一整套行业领先的、应用于海量互联共享出行设备的智慧系统——哈啰大脑，实现全业务生态的智能决策，以达到运力在时间、空间与需求上的最优匹配。结合自身运营及管理经验，哈啰出行还向城市输出共享两轮车辆全域管理、非机动车管理平台、哈啰智巡等多项方案，赋能城市智慧交通建设。

经过近几年发展，共享两轮出行已有机融入城市公共交通服务生态，成为公共交通服务的一部分。从首推信用免押、践行精细化运营到倡导与政府“共建”“共享”“共管”“共治”的全生态友好，哈啰致力于引领共享两轮出行生态建设。

近5年来，哈啰出行一直遵循健康可持续的商业模式。在业务发展实践中，坚持 Reduce（减量化）、Reuse（再使用）、Recycle（再循环）的“3R”原则，实现车辆的全生命周期精益生产及管理。截至2020年10月底，哈啰直接和间接覆盖上游生态伙伴近400家，涉及整车制造、电池、半导体、通信等产业，每年带动上游企业创造产值上百亿元，直接为上游创造约5万个岗位，间接拉动超20万人就业。

二　发展历程

2016年9月，确立“哈罗单车”项目；11月，“Hellobike”1.0正式亮相市场。

2017年3月，电子围栏技术正式“上线”；6月，“Hellobike”向“哈罗单车”过渡，确立新战略；9月，“哈罗助力车”业务正式上线。

2018年2月，哈罗单车注册用户数突破1亿；3月，宣布信用免押，是行业首个在全国范围推行免押模式的单车企业；7月，哈罗单车日订单量超过2000万，用户口碑和订单规模跃居行业首位。

2019年2月，哈啰顺风车业务在全国正式上线；6月，哈啰出行、蚂蚁金服、宁德时代三方合资成立小哈换电，共建两轮能源网络。

2020年2月，抗击新冠肺炎疫情，哈啰出行在行动：减免租金、免费骑行、共享岗位、春雷计划、复工复产等；3月，哈啰单车5.0代车“云行”、哈啰助力车5.0代车“云起”投入使用；4月，提出互联网租赁自行车进入企业与政府共建共享的3.0时代；9月，注册用户突破4亿；10月，哈啰单车和助力车进驻城市均超过400个、哈啰出行网约车业务“哈啰打车”在广东中山市上线；11月，哈啰出行换电业务启用全新品牌“小哈换电”；哈啰电动车宣布将推出智能两轮“新物种”。

2021年2月，哈啰出行App上线酒店预订服务。

三　当前业务

（一）两轮共享业务（哈啰单车 & 哈啰助力车）

1. 哈啰单车

截至2020年10月底注册用户数超4亿。入驻全国460多个城市，累计骑行总里程达171亿公里，用户覆盖方面，从一线城市到下沉市场全线渗透。基于单车广泛而高频的流量入口，哈啰单车积极拓展更多高成长性的多元业务。

在城市和交通智慧化的大浪潮下，多元化、弹性化和共享化的新型交通服务是新时代城市交通体系建设的重要特点。在生态友好的两轮出行新阶段，深耕两轮出行的哈啰实现了行业范围内的领先地位，可以提供多样化城市出行解决方案，如蓝牙道钉模式、电子围栏模式、智慧公共助力车模式，与城市服务、政府管理紧密联动，以技术手段引导用户规范文明用车停车，真正融入城市公共出行，通过新技术、新模式的结合不断创新发展，率先进入并带动行业整体迈向互联网租赁自行车3.0时代。

2. 哈啰助力车

哈啰助力车于2017年9月正式上线，截至2020年10月底，哈啰助力车入驻城市超400个，累计骑行总里程为51亿公里。哈啰共享助力车符合新国标参数要求，目前最新款助力车产品搭载蓝牙语音、智能灯光、北斗高精度定位等系统，在“人车交互”方面实现智能化升级，提升了安全保障和用户体验，以便捷、低碳环保、价格相对低廉等特性，深受消费者青睐，是城市缓行交通、韧性交通的重要组成部分。

图1　哈啰助力车

（二）四轮出行业务（哈啰顺风车 & 哈啰打车）

1. 哈啰顺风车

继“哈啰单车”“哈啰助力车”两轮业务之后，哈啰出行在四轮领域推出拼车服务平台。

2018 年 12 月，哈啰出行 App 上线顺风车司机招募业务，2019 年 1 月，哈啰顺风车业务在 6 城试点上线，2019 年 2 月，哈啰顺风车业务在全国 303 个城市正式运营。

哈啰顺风车通过技术驱动，合理匹配司乘出行供需，致力于为用户提供普惠、绿色的拼车出行服务，成为用户拼车出行的新选择，并通过技术研发投入，推动大数据、云计算、智能算法等技术探索顺风车在构建智慧交通方面的积极作用。

在安全保障方面，哈啰顺风车做了一系列规范和专业技术设定，如从产品定位上，杜绝相关社交功能，司乘沟通采用虚拟号码；司机准入门槛方面，建立车主多重审核制度，包含对接上线城市公安部门建立动态背景审查体系；在行程中，哈啰 App 设有“实时位置保护”、7 ×24 小时安全专线客服、紧急联系人、一键报警等功能。此外，哈啰还为司乘双方免费提供人身意外险，全方位保障用户安全。

2. 哈啰打车

2020 年 10 月，哈啰出行在原有顺风车业务、聚合打车的基础上，在广东中山启动新业务“哈啰打车”试运营，正式切入网约车领域。哈啰打车希望通过技术 & 商业模式创新，解决用户“打车难、打车贵、选择少”的行业痛点，致力于以“普惠”为核心价值主张，打造一款真正让普通老百姓可以“打得起”“打得到”的网约车产品。

（三）换电业务

小哈换电是哈啰出行旗下的两轮换电业务品牌。2019 年 6 月，哈啰出行联合宁德时代、蚂蚁金服共同出资进军“两轮出行换电领域”，致力于打造中国最大的两轮车基础能源网络，面向公众提供两轮电动车换电服务。

成立一年多来，作为国内首家两轮电动车换电柜 CQC 认证企业，小哈换电秉承“科技新能源，不用充电更安全”的品牌主张，以领先科技革新两轮出行能源补给方式，加快推广“以换代充”的新兴能源消费模式，力图让全国 4 亿两轮出行用户享受清洁新能源的科技福利。目前，小哈换电已在全国数十个城市面向社会大众开放网络，提供安全、智能、便捷、高效的两轮出行用电服务。

（四）哈啰电动车业务

延承哈啰在两轮出行领域的产品研发和技术积累，面向用户提供更环保更智能的出行解决方案。2020 年 11 月，哈啰出行执行总裁李开逐宣布，哈啰电动车首款智能新品将于 2021 年面世。

四　核心能力

哈啰是一家以技术为驱动的企业，核心能力体现为运用智能化技术实现车辆高效管理。两轮出行业务面临的考验在线下运营，长期可持续发展比拼的是运营的效率和运维的成本控制。哈啰在互联网租赁自行车和助力车的业务运营中，积累了强大的后台技术支持和运维能力，基于哈啰大脑实现智慧运营，通过智能规划、智能调度、智能派单等将运力和运维效率最大化，显著降低企业成本，并助力城市管理。

（一）以哈啰大脑为核心的科技实力

1. 哈啰大脑

哈啰大脑基于大数据、人工智能、云计算技术，可远程管理维护调度控制中枢，运用大数据管理车辆的骑行轨迹、城市热力图、车辆生命体征等，通过数据交换连接人—车—生活场景，不仅可以更好地服务用户，还可以“反哺”城市规划建设。在智慧城市的框架下，哈啰大脑可完成车辆信息的智能化收集、整理、融合，形成全方位覆盖、高效率运行的新型城市管理模式。

2. 运维 BOS 系统

运维 BOS 系统由管理后台和移动端的 BOS App 组成。单车、助力车的运维管理后台面向各级运维管理人员，为其提供运营管理和作业所需功能。BOS App 让一线运维人员能够有效监控助力车的使用、运营和维修状态信息，同时接收智能派单系统的任务工单分派完成各类运维工作，如调度、维修、找车和换电等。

哈啰大脑还会做到站点车辆密度和站点热度实时跟踪——哈啰出行 App 根据用户位置推送信息，引导他们前往附近的空闲和非热门站点进行还车——这也是哈啰通过阈值预警和用户引流，继而保障车辆的有序停放。

物联网、大数据、算法等底层技术支撑哈啰的产品、服务及运营能力不断迭代升级。目前哈啰在上海和杭州设立研发中心，拥有技术人才近 2000 人。截至 2020 年底，哈啰出行累计申请专利 816 个（其中发明专利申请 330 个）。已有 14 个发明专利、227 个实用新型专利和 157 个外观专利获得国家知识产权局的授权。每一项专利都推动了产品和行业的革新，推动出行更高效、便捷。

哈啰坚持在技术方面的长期投入，用技术手段推动精细化运营。而积累的这些经验，可以延伸复制至电动车、换电服务、网约车、本地生活等新业务。

（二）线下大规模业务的精细化运维能力

哈啰从创立之初就是聚集线下大规模资产运营业务，避开行业的“烧钱大战”，不断提升运营能力、产品技术标准和消费者体验。哈啰是目前唯一运营千万级共享移动智能终端并将整个商业模式跑通的创业公司。通过智慧运营和车辆全生命周期管理，哈啰不断降本增效，线下大规模运营能力已成为哈啰的“护城河”，并不断被拓展至换电、电动车、本地生活等其他业务。

（三）产业生态影响力

哈啰出行是两轮出行领域第一个提出产业共生共荣理念并深耕两轮生态的公司。在上游产业链，哈啰出行和生态合作伙伴共同定义共享两轮诸多零部件的生产标准，同时也输出了单车整车、两轮电池等的回收再利用标准。截至 2020 年 11 月，哈啰出行覆盖上游的直接和间接供应商有近 400 家生态伙伴，包括整车制造、电池制造、半导体、通信技术、贴片设计加工、基础材料、柜体加工组装、电源电器件等领域。目前哈啰出行每年拉动上游企业创造产值上百亿元，直接为上游创造超 5 万个岗位就业，间接带动上游超 20 万人就业。

五　未来规划

基于 4 亿庞大用户基数，从两轮、四轮，迭代和延伸至本地生活服务，哈啰未来将构建以出行为基础的综合性普惠生活服务平台。首先，中国是两轮出行大国，对两轮出行存有广泛而高频的刚需，日均两轮出行次数超10亿次，业态升级空间非常大。作为两轮出行领域最大的服务供应商，哈啰会持续深耕已处行业领先的两轮出行领域，全面构筑包括哈啰单车/助力车、哈啰电动车、小哈换电等在内的两轮出行生态体系，从“一站式”两轮出行服务延伸至两轮基础设施服务。

经过四年多的发展，互联网租赁自行车行业从追求“天下武功，唯快不破”的用户抢占，到向数字化和智能化迈进，已经融入城市慢行交通体系，成为市民的主力交通方式之一。在共享出行行业进入3.0时代的当下，除依托科技力量实现车辆智慧运营、节约道路资源、辅助城市慢行系统建设、达成用户服务闭环外，哈啰还将持续做好用户连接，提升价值供给，推动共享两轮服务实现企业、用户和政府管理部门三者共管、共治、共建、共享。

出行不仅是一个交通工具，还是生活场景延伸。以用户为中心的业务是无边界的，哈啰将通过科技赋能，构建包括大交通、快送、酒店等在内的基于出行的综合性普惠生活服务，探索从移动出行到生活空间全生态的无限可能。

B.22
华夏出行

——全面构建出行生态，实现用户与车辆生命周期全覆盖

一 出行行业大浪淘沙，市场格局初现

共享出行作为一种新兴的出行模式在中国市场上悄然兴起，引起了一波投资热潮和创业热潮。经过一番大浪淘沙后，共享出行行业出现了巨大转折。部分企业纷纷陷入困局，资金链紧张、被迫倒闭、退出市场等规模化的退潮现象开始出现，当外界持怀疑眼光去审视这个行业的时候，有一部分企业正依靠扎实的内力反向推动着行业的发展。

华夏出行就是在这个阶段逆势发展的企业之一，2021 年业务规模及用户规模仍处于稳定扩张的状态。全系业务布局至全国 57 个城市，投入车辆 4.2 万辆，累计注册会员数量达到了 680.3 万，是北汽集团由制造型企业向制造服务型和创新型企业转型的战略代表。

在新一轮的产业变革中，全国甚至全球的知名整车厂商，都在汽车新四化背景下纷纷布局出行业务，市场饱和、消费升级、政策引导、技术变革等因素的加重，加速了整个行业的转型举动。作为大型国有制造业龙头企业，北汽集团在新势态的带动下，为打造新模式布局新产业，也参与到了这次转型大潮当中。

2017 年 4 月，北汽集团战略转型的重要引擎华夏出行正式成立，不同于出行赛道的其他竞争者，华夏出行致力于开创具有北汽特色的出行模式，整合了北汽集团的资源与优势，打造北汽出行领域乃至中国自主汽车行业典范。

二 构建两大生态，协同发展破解战略密码

共享化发展的门槛在提高，仅靠资本、仅懂管理、仅了解运营，都无法在这个行业走到最后。要在共享出行领域立足，需要企业具备清醒的战略头脑，只有将适合自身发展的商业模式彻底打通，才能实现企业的可持续性发展。华夏出行察觉到了这一现状，实施了 MSX2.0 发展战略，构建了“出行+增值服务”生态圈，这项业务涵盖了出行的大交通、小交通、目的地旅游、定制化个性化出行产品等全出行场景。

这一出行全生态的构建，全面覆盖了出行场景，也有效的应对了行业大环境“点对点”的高压。其中包含了满足 C 端用户的长短租/分时租赁业务摩范出行、城市小交通出行以及网约车/私人订制出行、越野自驾等特色出行场景，以及面向 B 端客户商旅出行的华夏行达、面向政府公务员通勤出行的北京出行等。同步打造了新能源同城物流配送业务摩范速运，满足货物的高效出行需求。利用自身较独特的核心优势，做到出行场景全覆盖，是华夏出行最具突破性的布局之一。而华夏出行旗下的摩范二手车业务，能适时将运营车辆流转到二手车市场，不仅保障运营车辆始终能够给用户提供良好的出行体验，同时兼顾车辆处置残值等综合判断车辆的处置时期，最大化控制企业成本。华夏出行打通了车辆从上游定制化生产到投入共享出行服务再到流转至二手车市场的贯穿车辆全生命周期的管理，形成了汽车全生命周期的产业闭环。在最大化保障用户安全出行体验的同时，有效降低了华夏出行的企业运行成本。

（一）持优势跑赢赛道，打造分时租赁平台

在政策法规与互联网发展势头的带动下，分时租赁行业成为共享出行最为活跃的领域之一。“摩范出行”就是华夏出行倾力打造的共享汽车分时租赁服务平台，致力于为用户提供绿色、经济、智慧、便捷、时尚的出行方式。综观摩范出行的发展势态，不难发现其已经实现了管控模式的全面升

级，管理效率与市场响应速度不断提升。目前，摩范出行在全国已布局50个城市，主要覆盖了一、二线城市，投入车辆规模达4.2万辆，全国运营网点4500个，会员数突破680万。

（二）从城配领域入手，深耕2B、2C市场

依托北汽集团车辆制造、车辆流通、车辆金融、车辆处置等方面的既有优势，为降低城市货运成本、提升城市同城货运效率，华夏出行启动运营了物流业务品牌“摩范速运”，并将其定位于新能源城市配送运营服务商，以“互联网+城市物流货运”的运营模式深耕2B、2C市场。据了解，摩范速运以同城配送、无优搬家、车辆租售、SAS平台服务为主营业务，以此满足个人、中小企业以及集团公司配送的货运需求。截至目前，摩范速运的自有运营车辆规模达到4500辆，布局城市15个，合作客户突破200家。

（三）延伸公务出行业务，承接社会化出行服务保障

把握北京市公车改革后社会化出行这一时机，华夏出行旗下的公务出行业务“北京出行”迎来了长线发展的好机遇。作为华夏出行旗下最大的公务出行服务提供商，北京出行主要负责全面承接北京市公务用车制度改革后全市各级党政机关、通州行政副中心及大型企事业单位的社会化出行服务保障任务。除此之外，北京出行还为每年的北京市两会、2016年首届世界旅游大会以及G20能源部长峰会等多个国家和北京市的重要会议提供优质用车服务。北京出行的现运营车辆规模继续扩大，已经超过了7000辆，开通服务网点超过380个，累计服务党政机关、国有企事业单位超过1400家，会员突破10万。

（四）开启商旅会展服务，解锁运营核心模式

华夏行达是华夏出行服务业务序列中的一个重要组成部分，主要以客户的需求作为导向，整合行业优良资源，为客户打造“个性化定制服务”，并提供境内外差旅、旅游出行、商务出访、会议会展和营销活动策划等服务。

在其发展历程中，主要打造了大小交通、酒店预订、呼叫中心、营销策划“四位一体”的“互联网＋交通＋旅游”一站式服务解决模式。同时从用户的角度，为其提供大小交通、目的地旅游、个性化定制出行的解决方案。

（五）建立越野自驾平台，打造西部旅游枢纽公共服务体系

在自驾游产业标准化尚待推进的现状下，华夏出行抢先布局，在2019年4月正式成立了旗下越野自驾品牌“华夏318”。这一业务将聚焦“打造中国越野自驾第一品牌”，以“通借通还”“与沿途产业合作”的创新模式，为用户提供越野自驾游全产业链“一站式”解决方案，主要目的在于建设西部自驾服务平台，打造西部旅游枢纽公共服务体系。目前，华夏318在泛西部地区打造了专属的自驾服务平台，全新开通了25条产品线路，实现了5省间异地“通借通还”。

（六）入局二手车业务，构建汽车全生命周期产业闭环

入局二手车业务是华夏出行产业链布局的重要一环，它的价值在于打通了华夏出行从上游车辆订制化生产采购到投入出行运营服务以及二手车处置的覆盖汽车全生命周期的运营闭环，同时也形成了行业赛道内其他经营企业无法打破的竞争壁垒。据悉，“摩范二手车”已累计完成车辆处置2182辆，成功出口至多米尼加、约旦等海外市场。下一步，华夏出行计划在国内外市场同时发力，拓宽线上、线下销售渠道，提高车辆资产处置效率及残值回收率，形成良性经营循环。

三 制胜优势加持，为可持续发展奠定基础

（一）国有汽车巨头实力支撑，具备完整坚定的产品基础

与行业赛道中其他竞争者不同，华夏出行的背后是实力雄厚的北汽集团，拥有北汽集团在新能源车辆研发和制造方面的优势，具备坚实的产品基

础，具有完善的产品线与技术优势。同时，北汽集团具备丰富的人才和资金储备，在转型路上提供丰富的人力、物力和财力，能为华夏出行带来精细化的运营和管理，推动产业升级。因此，华夏出行以北汽集团已有的大量用户数据为基础，结合地域文化、社会生活、交通出行等数据，进行精准的用户行为与习惯、消费频次与场景的推演和分析，可以为人们消费理念和出行习惯的提升起到助推作用。

经过四年的发展，华夏出行现阶段已基本完成了“出行 + 增值服务”生态圈的建立、密集化服务网点的覆盖、智能化终端应用的迭代、精准化核心用户的聚拢等原始框架的搭建以及自有出行生态的闭环。

（二）全产业随布局跨界融合，开辟具有竞争力的商业模式

在北汽集团的大力支持下，华夏出行聚焦汽车后市场，合理利用北汽集团自有及社会资源，理性盘活用户市场、存量良性市场增长。融合多方资源，抓住打造行业开放融合契机，探索促进行业发展的共赢模式。

先期以分时租赁作为起点，通过扩充自有平台服务空间，纵深建造出行产业链，在实现自有出行生态闭环降本增效的同时，打造了一个完整的大出行概念。以“出行 + 增值服务”两大核心业务集群建立开放式综合出行服务生态系统和创新商业模式。经过长期的摸索与探寻，华夏出行把握“不谋一域而谋全局”这一理念，逐渐开辟了特有的商业模式。

（三）平台化优势指导高效运作，推动产业全生态发展

随着商业模式不断优化，以及业务规模不断扩张，华夏出行进入平台化发展阶段。受前瞻性思考的引导，总部决定从运营管控向战略管控转变，将重点放在总体战略规划和业务间协同效应发挥上。为了能持续领跑在出行新势力的前线，华夏出行积极由规模速度型向质量效益型转变，进一步深化“精细化运营和精细化管理”理念在内部管理体系的应用。

平台化建设是检测出行企业生存能力的一项重要指标，华夏出行的平台化发展构架相对稳固。依托北汽集团的平台优势，华夏出行计划全面升级成

为资产平台、投资平台、战略规划平台、业态产品孵化平台、运营质量监督平台，为整个生态链产业实现资本、资源、渠道、品牌、管理、技术、运营七大赋能，打造管理边界与分级授权清晰、运营高效的管控模式。

在近年的探索中，华夏出行搭建了一个集运营指挥、管控、调度于一体的专业平台，开发了由 3 个 App 端、5 个系统组成的信息化体系，建立了一个相当精准、包含海量潜在购车用户信息和使用习惯的数据库，形成了一套先进的管控模式，获得多项生产经营贡献奖。

（四）智能化大数据精准支撑，科学开放战略性合作

上述的精准“数据库”，是华夏出行在智能化和大数据应用方面的成效显现。出行企业对数据监测的敏感度，直接影响着未来的发展。2018 年 4 月 9 日，华夏出行运营监控中心正式投入运营，目的在于为用户建立可视化、数据化、智能化、“车—桩—位”一体化的高效、高质、高水准的服务运营体系。

通过智能办公、停车场监控、数据可视化、智能客服四个模块，实现对用户、订单、车辆、网点、运维订单五个大维度相关核心数据的收集、整理、分析。目前运营监控中心实现了对全国、各省份、各网点、各车辆的四级管控，通过大屏幕实时更新的运营数据精准分析和实时监控全国各网点运营效率及各车辆状态，从而为网点布局提供有效的数据支撑，提高运营效益。

正是基于内部信息系统呈现的价值信息，华夏出行认识到外部自动驾驶与无人驾驶行业正在变革，在未来出行领域，着重关注从出行工具到出行生态的打造，依托北汽集团在无人驾驶领域的深厚积累，在共享无人驾驶领域谋篇布局。坚持“共享出行作为智能网联与自动驾驶的最佳应用场景，必将率先成为试验田”，华夏出行于2018 年与文远知行签订战略合作协议。下一步华夏出行计划进一步深化与文远知行的战略合作，紧抓机遇提前布局，协同数家自动驾驶领域领军企业展开深度合作并签约成为战略合作伙伴，共同推进人工智能技术实现行业应用和自动驾驶出行服务。

四　加码构建新生态体系，打造一站式综合出行服务平台

行业高速运行下，单一的业务布局难以在共享化大潮中立足。华夏出行计划在下一阶段将“出行即服务”作为未来发展的重点考量因素，绘制面向未来出行行业的新生态体系。围绕着“以客户为中心”这一经营理念，持续升级、优化服务，做用户美好出行、安全出行、品质出行的领航者。并将高质量发展作为企业的经营方向，以“平台化、开放化、数据化、市场化”为重点，分阶段全面实现“十四五”战略目标。在保障现有规模的前提下，以增加企业收益为主要经营目标，完善商业模式、构建盈利模式。不断提升管理效能，打造“扁平化”管理体系，建立高效市场反应与决策机制，快速应对市场变化。

华夏出行按照“打造一站式综合出行服务平台”的目标，培育和打造一个健康可持续发展的出行企业，成为行业领军企业，助推出行行业的发展与变革，让人们的出行更加美好。

B.23

凹凸出行

——汽车即服务时代的虚拟汽车服务商

一　企业概况

创办于2013年的凹凸出行，是一家“轻资产”平台。通过七年多的沉淀，凹凸出行业务已覆盖北京、上海、广州、深圳、南京、杭州等近150个城市，注册车辆超30万辆。

凹凸出行借助互联网、大数据与现代出行深度融合，通过技术创新和“真共享”、精细化的运营手段，以颠覆性的私家车车源供给与创新商业模式，打造集快捷出行、精准搜车、智能排序、个性化智能推荐、交易管理等功能于一体的高效共享出行平台。在人工智能不断深化应用的过程中，持续优化平台的服务及运营体系，从而达到整合闲置私家车资源，优化资源配置，缓解供需矛盾，实现车、人、环境多方共赢的目的。

二　使用场景

传统租赁公司为重资产，车型结构偏低端，商业模式单一，而凹凸出行主要为闲置私家车提供车辆出租的供需匹配、撮合服务（车型超过万种），同时也提供还车、保险等配套增值服务；产品填补了中国租赁行业中高端及个性车的空白，且大幅提升了整体行业服务水平。

从服务细分上来说，凹凸出行包罗了不同使用频次及距离下的各种使用场景。例如开会、饭局赴约时用超短租，全家周末出游时用短租，等牌照摇号时用长租等，这些场景能够满足20～500公里的自驾用户在遇到出行烦恼

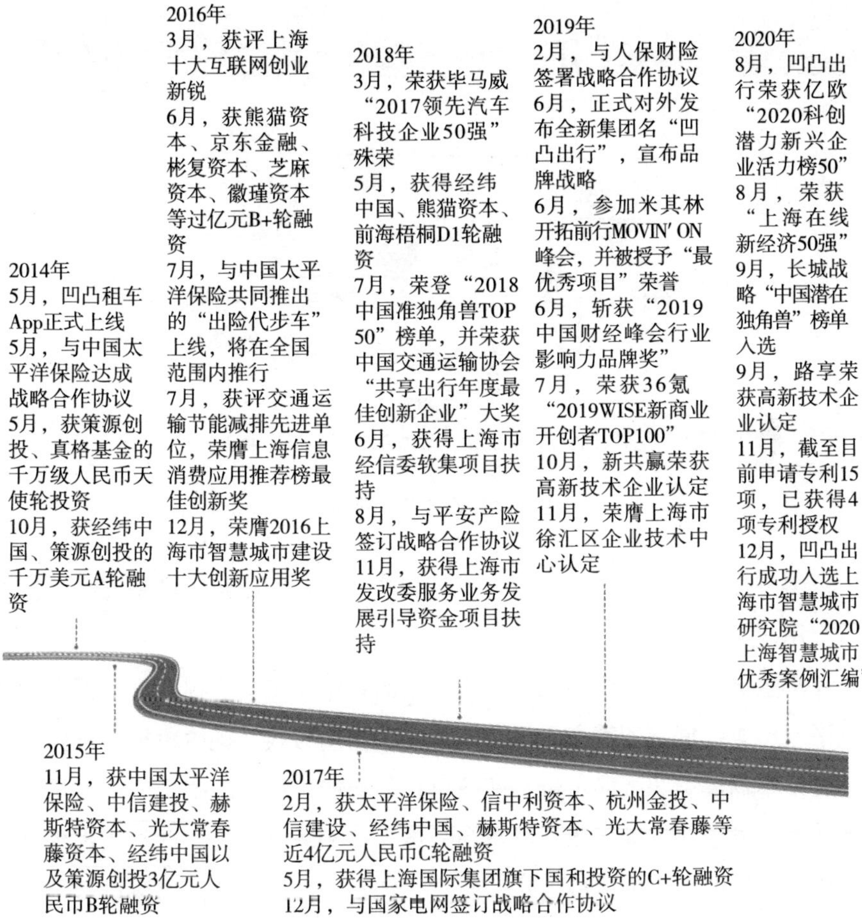

图1　凹凸出行发展概况

时的用车需求。

目前，凹凸出行集团旗下囊括以长短租业务为主的“凹凸租车”以及车险用户出险后可以一键预约的“凹凸出险代步车”等业务子品牌，通过大数据、人工智能的互联网技术，未来可能还会将业务延伸至更多领域。

凹凸出行以特有的轻资产私家车源共享模式，带来了原本传统市场没有的万款车型，同时提供更低的租金。租客可以全程搜索指定车型，品牌、型号较多，以满足用户差异化需求。

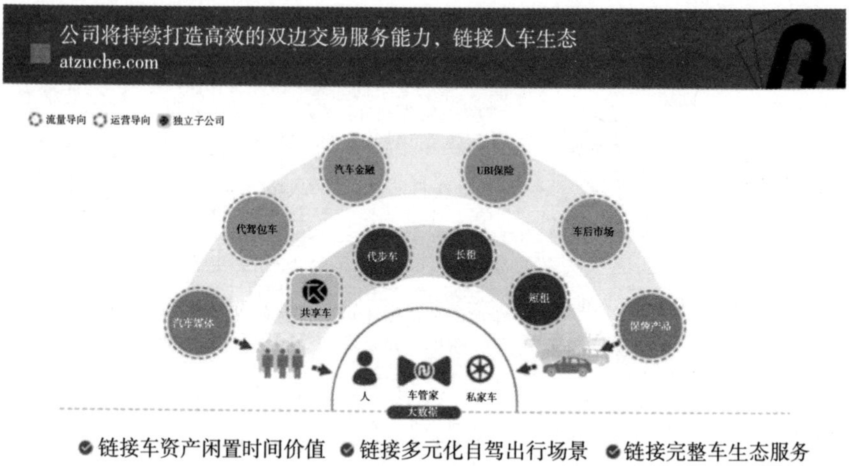

图2　凹凸出行生态链

值得一提的是，通过大数据与人工智能技术，凹凸出行已将互联网技术覆盖至用户使用的各个场景。

在车主上架阶段，凹凸出行拥有完整的系统化工具支撑，可依据车辆现状及平台历史数据，测算指导价格、租期、租用方式。此阶段较为重要的技术手段是车辆模型的智能定价，凹凸出行的智能定价系统基于用户大量需求访问数据、市场数据进行动态学习和分析，根据需求高峰、低谷实现价格的动态调整，帮助用户价值最大化。同时，针对个性车，凹凸出行设有个性车定价的策略。

此外，为保障平台用户安全出行，凹凸出行平台设有保障费，该费用包含在智能定价系统中，并根据租客驾驶行为评分高低进行动态调整。与驾驶征信系统及UBI（Usage Based Insurance）类似，通过凹凸出行出租的车辆均设有智能硬件，在保障安全的同时，积累用户驾驶行为数据，并通过综合算法进行分析，最终用户驾驶行为得分与价格挂钩。

租客找车阶段，凹凸出行可基于平台历史数据分析及人工智能神经网络算法，进行个性化推荐，最大化满足用户偏好需求。在租客查看车辆详情阶段，凹凸出行将用户体验信息化，并建立评价体系，帮助用户决策。

在两端交易环节，凹凸出行已实现下单、取车、还车等完整的自动化订单流转，各环节用户均可以通过 App 完成。

此外，凹凸出行已实现运营系统化。以车管家为例，创设的初衷是将服务标准化，提高用户体验。目前，车管家可通过特有 App 和系统连接，以及神经网络学习及算法实现自动化调度。目前凹凸出行平台车管家可实现自动调度，在减少人工调度时间的同时，增加车管家人均单量，运营效率极大地提升，可以实现以更少的人支撑更多的服务。

三　业务流程和商业模式

随着技术的发展，人们相继享受到 SaaS（Software as a Service，软件即服务）和 PaaS（Platform as a Service，平台即服务）带来的便利。而在出行行业，将迎来 CaaS 时代。凹凸租车联合创始人陈韦予提出，“汽车即资产的时代结束，汽车即服务（Car as a Service，CaaS）的时代即将来临。当你可以越来越便捷地触达到车辆，汽车将不再是一项资产，而转变成一种服务——可以碎片化购买使用时间，并延展到出行以外的综合类生活服务。凹凸出行正以轻资产＋物流＋大数据，致力成为全球领先的虚拟汽车服务商”。

当 CaaS 时代真正来临时，能够连接供需两端的虚拟汽车服务运营商在产业链中负责提供重运营的深度服务，不仅调度车辆还要连接各个渠道环节，其商业价值与产业地位也将水涨船高。

随着经济大环境的变化和新互联网时代的来临，更多“90 后”的新兴消费群体将逐步成为汽车市场的主力军。对于他们，汽车不再仅是日常生活出行的代步工具，而更多的是通过汽车表达自己对生活的态度。从满足汽车功能使用的传统消费向满足汽车生活体验的新型消费的转变成时下消费新趋势。

在智慧城市建设的大背景下，凹凸出行平台希望助力构建城市智慧交通的未来，通过凹凸智慧交通大数据平台和凹凸智慧交通服务平台的建设，为上海乃至全国的智慧交通发展贡献力量。

（一）凹凸智慧交通大数据平台

建设以“私家车共享出行”为基础的凹凸智慧交通大数据平台。该平台使用凹凸出行平台上的用户出行需求行为大数据和用户驾驶行为大数据两类交通大数据，基于交通大数据采集技术、交通大数据仓库构建技术、离线及在线大数据计算技术和大数据挖掘及分析技术，形成数据成果，提升城市的智慧交通和出行能力。

（二）凹凸智慧交通服务平台

建设以“私家车共享出行”为核心的凹凸智慧交通服务平台。建设微服务技术架构，通过对平台功能进行抽取和解耦，构建众多互相独立且互相支持的微服务，形成完善的高性能的分布式服务架构，可在不影响用户访问的情况下快速迭代平台功能，为平台用户提供更流畅的产品体验。为了提升用户体验，凹凸出行平台车管家团队提供了全城 24 小时取送车服务，负责交还车辆、验车等工作，使流程更加标准化，通过车管家智能调度系统进一步提升供需两端匹配效率。

（三）助力智慧城市建设

智慧城市是城市能级和核心竞争力的重要组成，是上海建设具有全球影响力的科创中心和卓越全球城市的重要载体。

凹凸出行积极赋能城市智慧交通建设。除了不断提升用户的出行体验外，凹凸出行还拥有强大的大数据收集、沉淀和分析能力，其中出行场景与可约车辆的匹配数据、全维度驾驶行为数据、城市交通数据等，这些都为凹凸出行向车辆全生命周期服务产业延伸打基础，也可为参与智慧交通及基于无人驾驶的智能交通构建做准备。同时，人工智能技术在凹凸出行平台的深度应用，这将为无人驾驶技术的普及及车辆共享化的未来场景提供理论和技术基础，也属于参与建立智慧城市大脑不可或缺的一部分。

表1　凹凸出行核心技术在智慧交通上的应用场景

序号	核心技术	平台应用场景	智慧交通场景
1	基于深度学习的个性化推荐	出行用户的车辆推荐	为智慧交通下的出行用户提供更符合其个性化需求的交通工具
2	基于强化学习的车辆排行榜	出行用户的车辆推荐	为智慧交通下的出行用户提供更符合其个性化需求的交通工具
3	用户出行需求预测	用户出行时间、规模和类型预测	使用智能技术，对城市交通情况的进行准确预测，是城市交通智慧化的基本功能
4	结合随机过程的车管家优化调度	车管家取送车的优化调度	通过智能技术，提供优化的车辆送车上门调度方案，为无人驾驶技术成熟后的智慧城市交通提供优化车辆调度的技术基础
5	基于长短期行为反馈的出险概率预测	出行用户的出险预测和出险风险下降	通过智能技术提升城市交通的整体安全性，减少城市交通中的高出行风险的出行频次

四　未来规划

凹凸出行始终在供需两端共同发力，不断追求平台运营体系的优化升级。在5G商用落地、无人驾驶、产业互联网等新业态蓬勃发展的态势下，凹凸出行以创造性实践为CaaS时代的来临赋能。

凹凸出行规划了AI产品全景图。首先，后台智能化，如商品信息智能化、商品运营智能化、自动精确匹配等。凹凸出行会将车管家服务过程数字化、用户问题信息化和智能化，并通过后台智能化分析来确保用户享受到符合标准的高质量服务。同时，凹凸出行将进行客服的智能化，通过AI机器人解决用户在使用App过程中遇到的问题。并进行智能风控，根据用户信息及行为数据确定风控等级，以把控车辆共享的安全性。其次，产品智能化，一方面，针对租客使用的各种类型的产品进行智能化推荐、智能化营销。另一方面，通过车主智能化，管理车主出租意愿，帮助车主用智能化经营助手做经营最大化。最后，决策智能化，综合平台上各种数据，为管理层和业务决策提供支持。

B.24
八维通科技有限公司

——卓越的智慧出行平台服务运营商

一 发展概况

八维通科技有限公司（以下简称“八维通”）成立于2017年1月23日，是由中国中车、中国银联两大央企共同投资的国家级高新技术企业。自成立以来，八维通定位于智慧出行平台运营服务提供商。

八维通是全球首家提出轨道交通移动互联网票务解决方案的服务商，包揽第一、第二例轨道交通二维码乘车全线开通案例。公司深耕轨道交通行业，结合云计算、大数据、人工智能、区块链、5G等新技术，从智慧乘客服务、智慧运营、智能运维安全等多角度提供智慧城轨整体解决方案，为轨道交通降本增效、数字化转型提供了有力支撑。在中国城市轨道交通协会指导下，八维通打造了“城轨易行”——全国城轨行业跨城互联互通平台，通过“城轨易行”平台为各地城轨官方App赋能，实现了全国轨道交通跨城扫码乘车便捷出行的互联互通。

同时，八维通以数字票务服务为基础，创新提出了换乘零等待、支付零转换、服务零距离等先进理念，向以城市轨道交通、公交车、高速公路、加油站、停车场等运营公司为代表的交通出行业主方提供一站式智慧出行整体解决方案及数字化升级服务，并基于出行运营大数据，以技术驱动，为“交通、乘客、商业”构建和谐的互动生态，打造最具价值的MaaS智慧出行平台，率先覆盖地铁、公交、高铁、高速、停车场、加油站、景区等场景，实现了众多出行场景的互联互通，并开创了“P+R”城市智慧停车管理和运营的新模式。

目前，八维通在轨道交通移动互联网市场处于领先地位，已经服务了全国120多个出行场景，建设和运营20余个城轨交通项目及城轨易行项目，注册用户数突破5000万，成为全国涵盖出行场景数量最多、服务生态最全面的MaaS平台。

八维通以数字票、聚合支付、用户权益、碳积分为运营核心，整合金融和商圈资源，提供便民、利民、惠民的更多精准服务，让乘客享受从快速出行到快乐出行的升级体验。

截至2020年底，公司业务已覆盖20个省份（共计100余个城市），领跑同业。

二　商业模式

（一）整体框架

八维通基于智慧出行平台打造智慧出行生态，连接行业侧、商业侧、用户侧，从云端连接不同出行场景，汇聚用户流、服务流、资金流和数据流，实现互联互通、效率提升和价值增长。

向行业侧（场景业主、行业合伙人）提供定制化解决方案，如数字票务解决方案、智慧出行解决方案、智慧枢纽解决方案等，以捆绑行业侧利益关系，奠定应用场景基础。

向用户侧（出行乘客）提供MaaS服务，优化出行体验，节省出行成本，丰富出行生活，吸引其成为线上用户，奠定流量基础。

向商业侧（商业合作方）提供出行场景线上运营环境，导入高性价比线上用户流量，吸引商业侧开展商业运营。

（二）运作机制

八维通智慧出行生态的建立和生长依赖于正反馈机制的循环运作。

（1）获场景，得用户。业主借助八维通的数字化升级解决方案实现“互联网+”转型升级。将线下出行服务部分环节，如票款支付、信息查

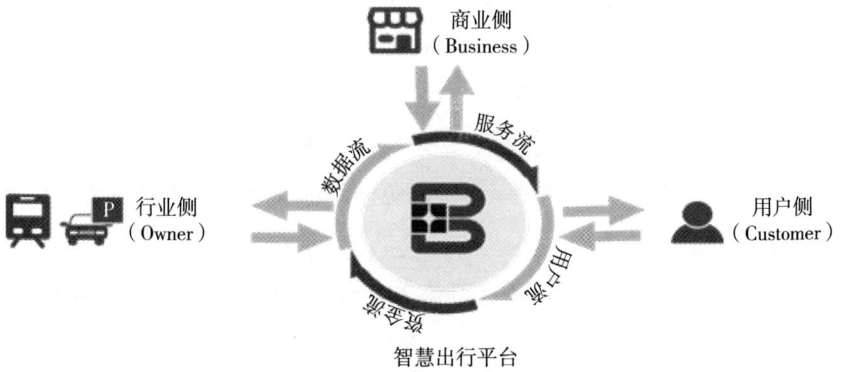

图1　八维通出行生态

询、站厅导航等移到线上，以更便捷、更智慧的形式服务于乘客用户，几乎零成本吸引线下乘客用户转化为线上用户流量。

（2）引商业，展运营。凭借线上用户流量，八维通与商业侧开展商业运营合作，导入商业资源，实现商业目的。

（3）享收益，固场景。八维通将商业运营带来的收益和分润与业主共享，巩固合作关系，扩大合作内容，提升合作依赖。

（4）正循环，拓场景。每获取一个新场景，将为平台带来新的用户增量，吸引新的商业合作方，进一步提升商业运营水平，在业主选择合作方时增加竞争砝码，助力更多场景的拓展。

（5）互联通，互协同。八维通以智慧出行平台为核心和基底，连接各类场景，引入各种商业，打通用户、服务、资金和数据，不断挖掘场景与场景、场景与商业、商业与商业的协同价值，多方共赢。

三　核心竞争力

经过2017～2020年的发展，八维通不断向其他场景延伸业务。八维通的竞争优势如下。

（一）股东资源

中国中车作为国内轨道车辆制造垄断性企业，为公司提供轨道交通领域的客户资源和市场支持；中国银联为公司提供金融清分结算支持以及全方位战略合作支持，包括联合制定行业二维码标准、联合拓展市场、受理环境建设资本支持、营销资源投放等。相对于其他竞争产品，八维通具有全国拓展的市场基础和股东资源，具备轨道交通和出行行业的技术基因和股东资源。

（二）市场方面

公司在轨道交通领域市场占有率排第一，并已在国内各主要城市群战略布局，同时通过中国城轨协会的城轨易行平台，启动全国轨道城市互联互通进程。公司聚焦业务和技术，赋能各城市地铁业主，服务乘客用户，得到了各城市轨道交通业主的一致认可。

（三）解决方案

公司为交通业主单位提供一站式智慧出行平台解决方案，涵盖用户 App 应用、硬件改造、数字信息系统搭建、云平台支持等核心环节。以开放、兼容的技术原则，满足多元化支付的应用需要，全面兼容住建部、交通部、地方数据局等出行码标准。

1. 公共出行互联网票务

为满足传统公交、轨道交通领域移动支付刚需，八维通率先为轨道交通企业构建轨道交通互联网票务平台，实现手机乘车二维码、银联闪付、人脸生物识别乘车过闸业务，无锡和福州分别成为全球轨道交通行业实现二维码乘车的第一、第二案例。传统的轨道交通与先进的移动支付技术相结合，实现了轨道交通出行的智能化、人性化，可以更好地提升行业服务水平、提高整体运营效率、探索创新商业模式，集中体现城市现代化交通管理水平。

2. 城市静态交通

八维通基于城市级智慧停车服务运营平台可提供城市级静态交通整体

解决方案，实现以智慧停车为核心、停车位资源为基础，综合利用云计算、物联网、人工智能、无线通信、大数据处理、区块链技术等手段，通过创新的商业模式连接资本和各城停车行业资源，让城市停车资源联网化、信息化、系统化，在全时空范围具备数据采集、分析、预知、控制、指引等能力。针对城市停车设施运营实现云平台数字化管理，并通过云平台实现对停车位的精准预知与引导，进而助推城市停车资源的标准化管理与高效利用。

3. 在跨城互联互通方面

跨城移动支付的互联互通是基于"互联网+交通"策略、秉承"让城市公共出行更便捷"的服务理念，不仅解决了跨城地铁出行、公交出行之间实名认证、乘车码互通、对账结算等一系列问题，也解决了跨地区数字票卡的互联互通使用问题，为外地游客、往返于城市间的商务人士、港澳台同胞及外国友人提供了更加便捷的出行体验。八维通跨城互联互通案例包括在中国城市轨道交通协会指导下建设的覆盖全国城轨行业的"城轨易行"互联互通平台、为中国银联建设的全国公交 & 地铁智慧出行服务平台，以及服务于区域型的成渝互联互通平台等。

4. 在门对门一站式 MaaS 服务方面

八维通一直致力于城市级 MaaS 一体化智慧出行服务体系建设，充分运用"互联网+交通"理念，围绕城市公众出行服务需求，在出行场景互联互通方面既打通了区域内多模交通（公交、轨道交通、出租、网约车、共享汽车、互联网租赁自行车、轮渡等），也打通了城际交通（民航、高铁、长途客运）等多种出行方式；在出行资讯信息共享服务方面，接入了机场、停车场、交通枢纽、住宿、景区、餐饮、购物、气象、交通等丰富多样的出行信息数据，打造了数字化出行助手；同时以换乘零等待、支付零转换、服务零距离的先进理念为指引，以各地铁、公交智慧出行 App 为服务门户，借助交通智能调度、用户大数据精准画像、绿色出行优先算法等技术，以及多元化移动支付能力，为用户提供出行路径一键规划、行程一键预定、费用一键支付等无缝衔接的"门对门"交通出行服务，使出行成为一种按需获取的即时服务，让出行更简单、便捷、高效，进一步提升公众交通出行满意度、提高公众绿色出行比例、提升城市形象。

（四）商业模式

公司在强大的市场支撑下获得了更多的、不同类型的出行场景，奠定了全国范围互联互通的运营基础，逐渐探索基于出行场景、数字票、用户、数据的多维盈利模式。

（五）深耕潜力

公司借助股东中国中车在轨道车辆制造领域的垄断地位，具备合作研发车载物联网设备的基础，在轨道交通垂直领域业务延展性极佳，发展潜力巨大。

四　未来规划

进一步深耕轨道交通场景，拓展全国高铁智慧车站场景，同时依托城轨易行平台实现业务覆盖城市的轨道交通互联互通，继续以轨道交通场景延伸覆盖接入更多公交、停车场等其他出行场景。以轨道交通场景为核心，加强高铁、公交、停车场、加油站、高速、景区等交通场景出行连接，推进智慧出行生态圈的高效、健康运营，成为出行行业独角兽。

研发出行科技，向交通行业运营单位赋能。公司已占有国内50%的城轨市场，目标是服务80%以上的业主单位。基于城轨和公交等公共交通场景，公司将智慧出行平台服务以SaaS形式，向公交、轨交、出租、网约车、互联网租赁自行车、停车场、城际铁路、民航、旅游等出行场景拓展和接入，为用户构建极致的一体化智慧出行体验。

推广平台服务，获取出行互联网流量。随着国内智慧出行行业的蓬勃发展，以及移动互联网、物联网、5G等新技术的普及，公司通过智慧出行平台服务主流的移动端应用，目标覆盖6亿以上出行人群。

B.25

曹操出行

——车企向出行服务商转型代表

一 发展概况

2015年11月25日曹操专车上线公测，2019年2月14日曹操专车宣布“曹操专车”升级为“曹操出行”。曹操出行是吉利科技集团布局“新能源汽车共享生态”的战略性投资业务，秉持“低碳致尚、服务至上”的核心价值观，将全球领先的互联网、车联网、自动驾驶技术以及新能源科技，创新应用于共享出行领域，致力于为用户创造和提供一站式的健康、低碳、共享出行生活方式。

曹操出行以“公车公营+认证司机”的B2C形式运营，同时对雇佣司机实行统一培训后上岗，并注重乘客满意度管理，以解决网约车平台经常出现的服务水平参差不齐、乘客安全无保障等问题。曹操出行采取垂直生态战略，为公商旅人士在出行前、出行过程并延伸至出行目的地的各种需求，提供多元化、高质量、个性化和精细化的服务。曹操出行客户端注重“人车互联”，可同时与司机手机、车辆通信，还可以获取车辆的电流、电压、电量、巡航里程、故障情况等数据。当车辆的电量低于10%、续航里程少于30km时，车辆将无法发单。同时曹操出行在技术上还自有一套精准数据算法，能抓取车辆电子指南针数据以获得车头的朝向，调取距离乘客最近且相同方向的车辆，保障车辆以最快的速度到达用户的身边，减少用户的等待时长，也减少司机车辆的空驶率。

曹操出行致力于提供高品质、高保障、安全靠谱的服务体验，作为传统车企向出行服务商转型的B2C典型代表品牌，目前曹操出行旗下拥有曹操专车、绿色公务、曹操众悦、曹操顺风车、曹操帮忙等，是以新能源汽车涉入并建立起个人/企业用户自愿碳减排量积分账户的低碳出行品牌。截至2021年2月28日，曹操出行已经在全国57个大、中、小城市上线，累计投放车辆5万余辆，注册用户超5000万。

二 发展历程

2015年11月25日，曹操专车在宁波上线公测，而后陆续在杭州滨江区、青岛、南京、成都、厦门上线运营。

2019年2月14日，曹操专车宣布升级为“曹操出行”。

2019年9月19日，曹操出行在杭州、成都两个城市上线顺风车业务。

2019年12月9日，曹操出行宣布在杭州上线“聚合叫车”业务，率先接入第三方高端出行服务品牌耀出行。

2020年1月2日，曹操出行正式“出海”，在巴黎启动公测，采用吉利控股旗下伦敦电动汽车的全新TX车型作为运营车辆。

2020年1月8日，曹操出行租车业务上线。

2020年1月17日，曹操出行宣布上线代驾业务，首批在北京、上海、天津、重庆、深圳、广州、东莞、佛山、杭州、成都10个城市开展试运营。

2020年1月17日，曹操出行在全国正式上线金融服务业务。

2020年4月20日，曹操出行宣布与支付宝达成深度合作意向，上线曹操出行支付宝小程序，提供一站式出行服务。

三 当前业务

（一）曹操专车

曹操专车作为新能源汽车共享出行服务平台，采取“新能源+公车公营+认证司机”的模式进行运营，属于B2C重资产运营。曹操专车致力于创造高品质出行服务，优悦人们的生活，以细致贴心的专车服务体验，成为值得信赖的专车出行伙伴。曹操专车通过多种车型选择、动态折扣机制、私人专属定制、公车公营等为用户提供品质服务、优质体验。

（二）绿色公务

绿色公务采用B2B运营模式，主要是为政府、企业等组织提供公务出行，设有企业用车客户端，可实现定制化出行，如点对点接送、接送机等。同时该平台可显示详细用车行程，既有助于费用管控，也可防止公车私用，保障公务出行的廉洁透明。在用车模式上，绿色公务有助于打破传统用车出行模式，接轨汽车共享经济，助企业用车成本下降；综合成本方面，通过简化流程、提升效率，减少企业内部财务、人力等综合成本。

（三）曹操众悦

为保障充足运力，提升服务效率，曹操出行于2019年正式发布“众悦加盟”计划，宣布向符合条件的B端加盟商开放流量、技术和品牌资源，加盟商可通过自带或采购具有合法合规资质的营运车辆，并自主招募管理司机，发展形成自己的车队资产，并将车队资产接入曹操出行平台，实现互利共赢。可在曹操出行公众号后台“众悦加盟”进入加盟入口，曹操出行对接入平台的车型及品牌不做限制，但需符合网约车政策有关规定。加盟商可共享曹操出行平台多元化业务线，包括专车、绿色公务出行等业务，创造出一种真正意义上“为共享而生”的服务平台，共同服务移动出行客户。同时，曹操出行平台可提供定制化的新能源车型支持，共享吉利、沃尔沃遍布全国的经销商网络，为加盟商提供车辆采购渠道、售后维保等整体解决方案。

（四）曹操顺风车

2019年9月19日，曹操出行在杭州、成都两个城市上线顺风车业务，2020年11月20日，曹操出行宣布曹操顺风车将在全国上线试运营。其顺风车同时具备一键报警、行程分享等安全防护功能。

（五）曹操帮忙

“曹操帮忙”业务是曹操出行平台基于满足乘客主流专车需求之外，单独设立的一条产品线。该产品线为用户每一次需求购买足额的保险，以庞大车队规模及专车司机队伍，为用户提供专车专人、点对点的个性化即时帮忙取送服务。为解决用户紧急、个性化同城直送需求的服务。用户可通过曹操专车客户端下单，将个人物品通过曹操专车平台取送。目前，曹操帮忙已覆盖全国 40 多个城市，与全国范围内 2 万多家商家达成合作意向，并以每个月新增 1500 家 B 端商户的规模增长。目前高峰日订单量接近 5 万单，曹操帮忙平均客单价 30 元左右。

四　核心能力

（一）集团优势

曹操出行背靠吉利控股集团，具有规模效应、协同效应和资源优势；可依托吉利控股集团的资金、客源、车辆设备等资源发展。曹操众悦依托吉利控股集团自有资源，整合售前、售后资源，集中赋能合作伙伴；利用曹操出行已有的用户运营能力，保障充足的流量，提升服务效率。曹操出行通过专业的司机培训，保证品质服务。

曹操出行打通移动出行产业链上下游各个要素，发展成为一个强大的供应链平台（S 端），加盟商（B 端）拥有并经营“车 + 司机”核心生产资料，曹操出行（S 端）通过整合供应链、服务、管理、营销、传播等多种资源，集中向加盟商（B 端）赋能，两者共同服务好移动出行用户（C 端）。

（二）技术革新

专车采用纯电动车，能耗成本低，同时，曹操出行率先推出换电车型。曹操出行的首款换电车为 5 座版枫叶 80V，综合工况续航里程达 415 公里，仅需要60秒即可完成电池更换，同时兼备充电功能，在快充模式下仅需30分钟电量即可充至80%，实现网约车技术的极大革新。曹操出行即将上线运营的全新换电车型，将进一步盘活曹操出行现有运力，提升车辆运营效率，释放出更大出行潜力，对平台进一步发展也有一定意义。截至目前，吉利科技集团的智能换电站已在重庆、杭州、济南、淄博等地逐步落地，在全国签约的换电站超过1000座。未来，曹操出行还将在全国各大城市、省际、高速路网等逐步推进，这些将成为其跨入新能源网约车"换电时代"的重要保障。

（三）精细化运营

曹操出行的司机服务获得整个行业和广泛用户的认可。自运营之初起，曹操出行便全面导入百年伦敦出租车司机培训认证体系，成立行业独创的曹操学院，持续打造"曹操标准"，输出高素质的专车司机。曹操出行积极丰富产品线，打造更为立体的价格体系和多维乘坐体验，通过精细化运营市场之举，深层次迎合消费升级趋势，以迈入高质量发展阶段。曹操出行从单一的专车业务产品线构建起大出行闭环生态群，先后上线了专车、出租车、顺风车、绿色公务、曹操商城等，在追求覆盖的广度的同时不断加深精细化运作。就专车业务而言，从"新能源"专车到"优选+"几何A高端座驾，车型、体验双双升级，进一步满足用户"从有到优"的消费需求变化，多维度满足用户多元化出行需求，不断提升自身在出行市场的服务力与竞争力。

五　模式创新

（一）加盟模式

曹操出行原先所有车辆均为自有车辆，采用B2C的重资产运营模式，在运营效率不高且无法形成规模化之前，难以实现盈利。2019年初，曹操出行正式发布"众悦加盟"计划，向符合条件的B端加盟商开放流量、技术和品牌资源，加盟商可通过自带或采购具有合法合规资质的营运车辆，并自主招募管理司机，发展形成自己的车队资产，并将车队资产接入曹操出行平台，曹操出行会对司机培训与服务品质进行严格监管，充分发挥 B2C 平台优势，确保乘客安全与服务体验，实现互利共赢。

（二）两融模式

曹操出行提出“巡游 + 网约”的两车融合模式，以塑造新的出租车行业规范。在出租车空驶状态下，可以接受扬招订单，开始服务后，车辆立即向平台报送订单信号，曹操出行平台显示该车为“载客”状态，将不再向该车派发网约订单。相反，在出租车空驶状态下，平台可向车辆派发网约订单，司机接单后车辆顶灯显示“网约”状态。除营收多元化、动态定价等改变外，其秉承“线下优先”原则，通过内外双摄的摄像头和相关软件，实现了“司机一旦接受乘客扬招、平台便不再派单”。如今，随着网约车市场份额的增加，在特殊场景下单一模式的用车需求无法得到充分满足，这也要求网约车、出租车融合发展，曹操出行的全新“巡游 + 网约”融合出租车运营模式具有深远意义。同时，在“互联网 +”时代，处在严格管制下形成封闭垄断市场经营环境的传统出租车行业，整体缺乏数字化、信息化、智能化的运营管理，无法在实际运营过程中实时了解车辆的运营现状，缺乏用户实时监督及评价，整个传统出租车行业亟待进行结构性改革升级，结合新技术，提升行业形象、服务质量以及经营效益。

六　未来规划

（一）定制化

曹操出行董事长刘金良认为，“首先主机厂要让业务实现线上化，只有实现线上化才能产生数据，通过数据的积累才能更清晰得了解用户的特征与需求。通过数据全面记录用户的特征，才能确保我们研发的每一代汽车都能够更精准的满足、符合用户的需要”。未来曹操出行将使运营车辆具备更多定制化功能，满足用户个性化需求。同时由于疫情因素，在探索定制化车型方面，健康安全将成为未来的发展方向与转型方向。

（二）拓展产品业务

曹操出行将不断拓展自身的增值业务与产品线，实现在移动出行生态圈的完整布局。目前曹操出行正在开发的产品有代驾、出租车、充电、金融服务等，未来还将增加自动驾驶、快运、巴士、空中出租车等产品。曹操出行已于2020年8月在杭州展开自动驾驶车辆测试。

（三）研究国际市场

2020年1月2日，曹操出行正式“出海”，在巴黎启动公测，采用吉利控股旗下伦敦电动汽车的全新TX车型作为运营车辆。针对进一步的海外布局，刘金良表示，“巴黎是我们启动海外市场的试点，未来我们希望与更多国际伙伴积极合作，进一步研究国际市场，研究各个国家的充电桩布局与城市政策，让新能源出行平台走向更多国家”。

B.26 哈喽优行

——“网约车、城际拼车与定制客运”三位一体模式

一 公司概况

哈喽优行是河北润络科技有限公司依托新干线旅游集团18年的客运行业经验，推出的互联网出行服务平台，是河北省石家庄市本土首家取得交通部、河北省交通厅、河北省通信管理局等部级、省级联合认证具有全国资质的网约车平台。公司同时获得全国网约车资质和定制客运牌照的出行平台。

哈喽优行致力于成为引领中国二、三、四线城市出行服务标准的新出行品牌，涵盖快车、专车、接送机、定制客运、城际拼车、跨城小件物流等服务，努力为用户提供安全、便捷、低碳、高品质的一站式出行服务。

二 发展历程

2018年4月，确立“哈喽优行”网约车平台和定制客运平台项目。

2018年9月，河北润络科技有限公司正式成立，同时定制客运系统上线运营，开通“北京—石家庄”“石家庄—张家口”。

2019年6月，哈喽优行取得石家庄市网约车经营许可证，成为石家庄本土首家全国型网约车平台。

2019年9月，哈喽优行在石家庄市运营，同时接入高德地图聚合平台。

2019年10月，哈喽优行城际拼车上线开通石家庄周边2条线路。

2020年4月，哈喽优行陆续取得潍坊、哈尔滨、蚌埠、衡水、聊城、泰安、德州、济南、长春、秦皇岛、宿州、济宁、九江、沈阳、南昌等地网

约车牌照，并陆续上线运营。

2020 年 10 月，哈喽优行开城超过 10 个，网约车运营一年后在石家庄市的市场份额排第二。

三　业务范围

在市场运营方面，哈喽优行深挖出行场景化，探索新模式。母公司新干线旅游集团拥有政府公务用车供应商和渠道资源优势，哈喽优行拥有互联网技术、运营能力和用户资源优势，二者深度融合，在河北打造了一个资源整合、资源互补的运营模式。一方面，哈喽优行接入高德地图聚合平台，依托高德用户流量，依靠自身服务和运营管理能力获得市场认可。另一方面，哈喽优行深挖公务商务出行和生活服务潜力。围绕政府和商务需求，哈喽优行提供专车、通勤车和接送机等服务；围绕生活服务需求，哈喽优行开通同城货运、跨城小件速运当天达服务，提供及时配送服务，此外还开通了校园直通车、景区直通车、就医直通车等多个场景下的出行业务。

互联网时代，本质是流量也就是用户的生意，服务好用户，将业务重心回归到服务、商业本质上来，发力下沉市场、发力场景服务，以拓展市场空间、降低运营成本是哈喽优行的区域化网约车运营模式。

四　发展特点

（一）主打安全、品质、服务的发展战略

哈喽优行一直坚持合规安全，并将服务做到极致，实现服务的品质化和专业化。作为新干线集团网约出行战略品牌，哈喽优行始终致力于为用户提供安全、高品质、多元化的出行体验。在不断扩大规模的同时，坚守安全底线，坚持服务理念，严控成本和风险，是哈喽优行的核心发展战略。哈喽优行相信口碑才是实现长期发展的关键。

（二）致力于出行市场品质化和专业化

哈喽优行平台有网约车快车、专车等基础服务，还有接送机、城际快车、旅游专车等特色服务，针对政府、企业客户推出对公结算的包车、会务专车服务。平台秉承用户至上的服务理念，将“安全、服务、品质”作为企业的核心竞争力。通过在合规安全、品质服务、出行场景、社会公益等方面的持续投入，哈喽优行全面提升了用户体验，赢得了更多用户的认可。

（三）加速三、四线城市布局，差异化竞争

目前，三、四线城市网约车市场渗透率较低，其出行潜力有待进一步挖掘。哈喽优行基于新干线客运积累的线下运营经验，深耕城际出行领域，为用户提供安全、便捷的“城市出行、城际出行”等一站式服务。以一站式多元化的出行服务满足时效和高性价比的用户需求。

公司上线了“城际快车”业务。“城际快车”主要提供城际拼车和城际包车两大业务类型，聚焦50～300公里的中短途出行需求，改传统客运大巴为五座或七座商务车、改传统三段式出行方式为一段式出行方式，满足用户的多元化出行需求，填补了城乡出行的市场空白。

（四）安全管理机制和运营保障措施

哈喽优行成立了集团、公司、城市运营安全委员会，层层落实安全生产责任制，制定《安全生产目标考核管理办法》《年度安全生产目标考核方案》。平台产品侧不断迭代安全功能，上线司机课堂，加强对于司机的安全培训、落实安全例会制度，车辆都配备了运营安全监控设备，保障安全行车，公司有监控室，同时落实24小时安全员值班制度，不断加强全员安全培训，倡导“人人都是安全员”，认真执行《安全生产法》“管生产、管安全，管业务、管安全”，全面形成“安全生产，人人有责”“没有安全，一切归零”的企业核心经营理念。

哈喽优行网约车平台针对司机准入实行背调机制，对司机身份、车辆和

资质进行严格审核，确保网约车驾驶员符合《出租汽车驾驶员从业资格管理规定》。服务过程中实行服务前、服务中、服务后全方位安全保障措施，加强车辆、司机端和后台数据三方面安全规范防控。在派单前应用人脸识别等技术，对车辆和驾驶员一致性进行审查；强化运行风险管控，利用大数据技术，对路线行驶偏移、不合理长时间停留等风险进行预警和客服干预；并建立投诉冻结机制，对乘客投诉未核查处理的，不得向被投诉驾驶员派单。

在事故发生时，平台有 24 小时反馈渠道和完整的应急响应机制以及与保险公司合作的全方位的订单险保险保障措施。

（五）积极承担社会责任

在社会责任方面，面对新冠肺炎疫情，哈喽优行严格落实平台主体责任，不断升级安全策略。平台统一为司机进行核酸检测，严格落实司机体温监测制度和全程佩戴口罩制度，统一发放口罩、消毒液等防疫防护物资，并在每台车辆安装防止飞沫传播的防护隔离膜，推出“实名乘车码”等，服务中，执行“单单消毒、单单通风”机制，完成每一笔订单，司机都要用消毒水对车辆内部防护膜、座椅、把手、扶手等区域进行无死角消毒和开窗高频通风，切实保障司机和乘客的安全。

同时，哈喽优行积极参与社会公益活动，安排医护专车为医护人员提供交通保障运力支持。疫情期间，哈喽优行平台组织运力全面支持抗疫、防疫工作。

B.27

快狗打车

——标准化与精细化服务助力城市货运高效发展

一 平台概况

快狗打车是一款货运软件。快狗打车的前身为58速运，致力于为用户随时随地提供拉货、搬家、运东西等短途货运及交易服务平台，全面贴合及匹配现今用户日常货物运输需求。通过先进的运力调配和管理，推动短途货运标准化升级。

二 发展历程

2014年，快狗打车的前身58速运便已经成立，业务聚焦短途货运服务领域，采用“互联网+”赋能的智能化配送模式。

2016年，58速运全面覆盖线下小B类市场。

2017年8月，58速运与东南亚同城货运公司GOGOVAN合并，进一步扩大业务规模，估值超过10亿美元。

2018年7月12日，58速运宣布完成第一期2.5亿美元的融资。

2018年8月，58速运品牌全面升级焕新，并宣布更名为“快狗打车”。

2019年，快狗打车业务已覆盖6个国家及地区、346个城市的超2000万用户，已拥有360万名平台注册司机。

2020年，快狗打车已经覆盖全球6个国家400多个城市，拥有超过3000万用户和450万名注册司机。

三　商业模式

快狗打车以短途货运为切入点，通过“互联网+”实现城市闲散运力的整合和调配，利用大数据驱动的智能系统提升车货平台效率，不仅满足城市“货物出行”的需求，更有助于提升城市运力效率，缓解城市出行与城市运营之间的矛盾。

（一）产品模式——信息撮合业务

快狗打车通过 LBS 技术精准定位为用户提供服务，利用自主研发的 SOPAS 智能调度平台以及“互联网+大数据”智能系统连接车主与货主，帮助车主实现在线接单、上门服务，货主通过快狗打车实现在线支付，交易更加快捷也更有保障。快狗打车连接车主与货主，采用轻资产运营模式，能够有效利用价值杠杆实现高效率、低风险运营，确保顾客满意的同时实现高收益和高价值实现率。

表 1　快狗打车核心业务

货运服务	针对具有拉货需求的普通用户或个体用户的临时性货运需求，通过 App 下订单，为用户提供中短途从 A 点到 B 点的整车货运服务
企业服务	针对企业用户的及时性用车需求和计划性、多场景的定制化物流用车需求
搬家业务	针对大众不同的搬家需求，快狗打车将搬家服务根据用户属性分为普通搬家、日式搬家、企业搬家三种，并严选行业优秀搬家公司作为合作伙伴，同时对于搬家过程中可能出现的附加服务实现了价格的标准化统一，满足不同用户的搬家需求
车辆业务	为货车司机、物流公司等货运供给侧提供车辆买卖、租赁、汽车金融、求职等服务

（二）用户模式——保持 B 端优势，拓展 C 端市场

快狗打车创始之初主要服务于 B 端用户，包括小 B 端和大 B 端两类。小 B 端主要针对个体商户，大 B 端主要针对企业用户，提供即时性或计划性服

务，包括电商平台、生鲜快消、家装家具、电子电器等各行业的3000多家客户，满足潮汐用车、多点配送、线路优化等多样化需求。天猫、拼多多、京东、鑫方盛、宁德时代、大疆、易初莲花等企业与快狗打车均保持着长期稳定的合作关系，能够整合和调配巨量社会运力，在B端逐渐积累了业务优势。

受疫情影响，预订自提社区团购模式重新成为风口上的宠儿，“网上卖菜”更是吸引了阿里、美团、滴滴等互联网巨头下场，快狗打车充分利用自身优势，为盒马、美团快驴、多多买菜、京喜等更多企业提供强大的运力。

快狗打车在满足B端货品配送的同时，也兼顾C端用户货运的市场需求。C端为即时性运货的普通用户提供服务，推出货运出行的“打车”模式，将在线下单、价格透明、操作规范的标准化货运用车服务延伸到个人用户市场，解决诸多拉货、搬家难题，包括上门搬家、建材运送、食品配送、电器家具运输、展览物资运送等。B端和C端用户各取所需的服务定位方式，成功解决了货物出行痛点，扩大了用户群使用范围，提升了社会资源的使用效率。

为了优化B端和C端客户的货运服务，快狗打车通过智能化平台建立了城市优质司机运力池，并强化司机侧的服务管控能力，以此确保服务体验的提升。快狗打车平台的数百万司机储备，全部经过专业化的培训和严格的筛选，并通过数据化实时收集、监督司机行为和服务流程，使货运出行服务更加规范和高效。

表2　城市货运全场景解决方案

类型		场景	订单类型
货的（中短途从A点到B点的整车货运服务）	C端（普通用户）	生活、工作中的同城拉货需求	即时性
	小B端（个体商户）	小商户生意经营运转中的同城拉货需求	计划性、即时性
优配（固定结算周期，针对复杂运输需求提供专业化、定制化的全系解决方案）	大B端（企业用户）	大中型企业用户业务开展所需的同城拉货需求	计划性、即时性

（三）推广模式

1. 下沉市场——合伙人计划

快狗打车推出合作伙伴赋能计划，通过开放城市、商圈渠道资源，与各级合伙人共同创富增收。快狗打车在短途货运领域已经形成了成熟的产品化短途货运众包解决方案和完善的运力及市场开发体系，凭借着品牌保障、收益稳定、体系完善、技术雄厚、培训专业等多方面优势，吸引了众多潜在合作伙伴的关注。

快狗打车合伙人并不限于个人或公司形式，只要在本地区有一定影响力，熟悉当地地域、商户、市场，且认同快狗打车发展理念、主动性强、有责任心即可申请加入，完成从申请到面谈、认领商圈、资质审核、签约入驻的加盟流程。快狗打车在招募平台合伙人后，也为授权合作伙伴提供了包括专业的经营管理支持、培训支持、商务运营支持、市场拓展支持和合伙人晋升体系等在内的完整支持体系。多维度地有效支持可以帮助合作伙伴专注于本地市场的开发，促使合作伙伴良性平稳发展。

2. C 端市场——口碑营销

快狗打车作为短途货运行业领导品牌，坚持“让城市货物出行更美好”的品牌理念，从而顺利完成品牌全新的战略转型。

快狗打车从用户、货物、场景化这 3 个角度进行品牌的造势和传播，多渠道、多角度发声，突出产品的强大功能和优势。

在司机和用户层面针对各自圈层需求痛点给予精准“解答”，借助司推司、客邀客等运营层面的拉新活动，以性价比最优方式获取双侧支持。

通过与 4S 店合作，打通产业链供给侧，解决主机厂销售和司机获取环节，以平台口碑实现多方合作共赢。

（四）盈利模式

快狗打车平台在长期运营中积累了海量信息，通过对这些数据的挖掘和分析，更好地在司机和用户之间搭建桥梁，完成更精准的服务匹配。以轻量化的模式改变过往无序市场环境，提升货运效率，并从中抽取信息服务费。

四　核心能力

（一）海量的信息资源和强大的数据分析系统

在多年的运营过程中，快狗打车以海量数据为基础，凭借大数据和人工智能具备了货运行业的技术优势，从而实现了人、货、场的快速连接，促进了短途货运的技术性转型。自主研发的 SOPAS 技术平台，具备运力实时监测、资源智能调度、用车体验优化等诸多功能，能够凭借全面 IT 化的定制运营，提高平台的司机调度能力，确保服务的流畅与高效。依靠这一行业领先的技术壁垒，快狗打车在确保用户满意度的同时，还降低了运输成本，提高了整体运营效率。

（二）强大及优质的服务能力

O2O 模式的出现，让互联网对传统货运产业的重构成为可能，货运行业的竞争已从单纯的货源竞争转向服务竞争。对此，快狗打车在满足大小 B 端商户、企业的同时，还提出了“打造城市货物出行的公共交通设施”的概念，针对 C 端用户进行发力，以货的（针对大众）+优配（针对企业客户）的运营模式，提出了城市货物出行的全场景解决方案，使货运平台不仅能满足企业业务运输、个体商户拉货运输需求，还能满足个人在生活工作中所需的一切拉货需求。

其中针对企业客户需求，内部孵化“快狗专送”，以准自营全职运力，提供“招、培、管”全流程管理服务。

快狗打车努力做到服务更广、响应更快、价格更优、质保更强。2020 年开始，快狗打车便着力打造“货运专车”模式，从源头解决供给侧标准化问题，在过往经验基础上，进一步缩小管理颗粒度。

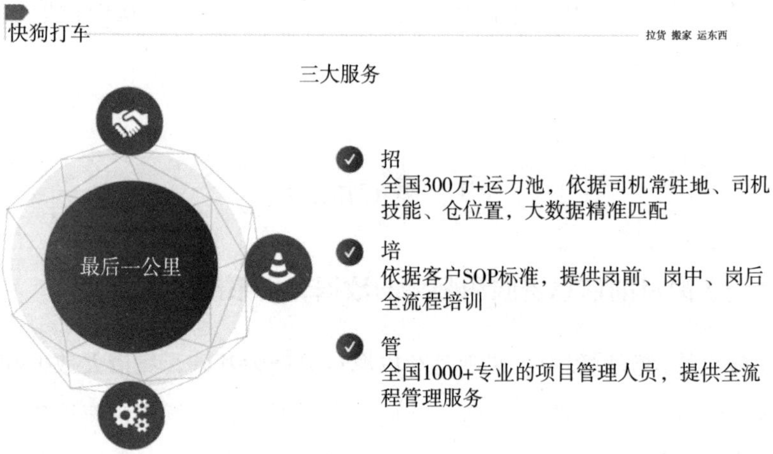

图1　快狗打车三大服务

截至目前，快狗打车整体业务已覆盖6个国家及地区400个城市的超3000万用户，培训基地覆盖全国数百万名优质司机。通过一键下单，基于大数据运营能力15秒即时响应，可实现司机最快10分钟上门；收费标准透明，无违规溢价。每一笔订单都有灵活的货运保险组合。最多长达60天无息运费账期。

（三）发力社区团购

社区团购在疫情后迎来发展红利期，各个互联网巨头纷纷投入这一潜力市场。但社区团购面临如何控制成本、做好物流配送和供应链管理的问题。

但大部分社区团购平台短时间内靠自营快速搭建物流团队明显是不现实的，而外包给中小第三方公司，又将面临车型覆盖面窄且零散导致运力弹性差、无法满足潮汐需求。为了能够保证物品快速到达用户手中，物流环节是一个极为重要的因素，尽管统仓统配一定是效率、成本最优的方式，但若社区数量众多，物流成本也会上升。

快狗打车“广、全、专”的优势助力企业在社区团购物流配送上具有明显的竞争优势。

一是服务范围更广。对于大部分网络货运平台来说，布局一、二线城市并非难事，因为无论运力还是用户需求量都非常大。但是针对下沉市场，三、四线城市的网络布局是企业面临的难点，对此，快狗打车以合伙人模式深入下沉市场，在三、四线城市拥有着稳定的运力，助力社区团购类企业快速的下沉。

二是服务车型更全。快狗打车各种车型齐全，可以满足客户对各种货品运输的需求。快狗打车经过多年的发展，对于运输、搬运各项服务也进行了标准化统一，可以减少传统货运市场乱收费、溢价的问题，有效降低货运成本。

三是企业配送服务更专业化。快狗打车可帮助企业解决社区团购多点配送难题，司机根据规划好的路线进行配送，提升司机单次配送时效。

快狗打车凭借自身强大的运力网络，确保服务流畅与高效，快速连接人、货、场，为企业的运作和合规提供有力的支撑。专业服务下，保质保量将用户订单准时送达，减少用户投诉，增加黏性、提升复购率。

高效的赋能机制，使得快狗打车在后疫情时代保持精进，无论是在一线城市还是在下沉市场，针对企业用户大量的用车需求，快狗打车都能够快速响应。在社区团购热潮下，快狗打车直击社区团购痛点，从速度和规模上都可以帮助社区团购企业快速抢占市场并降低成本。

（四）加强安全管理

近两年，快狗打车严把安全关和服务关，从供需双侧出发，逐步完善功能，优化体验。特别针对 C 端用户较多的搬家业务，增设双侧虚拟号，在线交易，明码标价，杜绝乱收费。并优化客诉处理流程，保护当事双方权益，主动介入，化解矛盾。

为保障运输过程中货主、司机、货物安全，快狗打车全面推出 12 项安全保障举措，其中，行程录音功能也于 2021 年春节前开发完成，近期已正式上线。

表 3　快狗打车 12 项举措保障“人 + 货”安全

环节	举措
服务前	实人、实名、实车、实时的“系统 + 人工”认证体系
	严格司机准入制度，进行社会信用和不良行为记录筛查
	政企共建“线上 + 线下”安全培训教育
服务中	平台实时防护，全程关注车辆动态和订单服务情况
	一键报警，保证货主/司机安全
	实时行程分享，通过微信聊天发送好友，实时同步订单详情
	行程录音功能已上线
服务后	平台提供随单物损险，保障货主财产安全
	平台提供随单人身保险，保证司机人身安全
	司机积分考核机制，信用不达标即刻退出
	平台先行赔付，保障货主/司机权益
	专职安全及客户服务团队

五　未来规划

（一）打造城市货物出行的公共交通设施

比起客运市场的成熟与多样，货运市场尤其是用户端的货物出行市场，还停留在初级阶段，快狗打车的优势，响应时间快、比普通车更便宜、严格实施“司机认证 + 交易闭环 + 全程网络”。快狗打车基于在短途货运行业深耕多年的经验与成熟的货运体系，为货运“打车”市场构建更高效、更省钱、更安全的城市货物出行公共交通网络。

（二）打造中国高效、安全、绿色的新型开放货物出行平台

从行业的层面来看，绿色城配是短途货运在新时代背景下的新突破，快狗打车从 2019 起开始与政府、汽车主机厂开展战略合作，推广新能源货车，并 2020 年与华晨雷诺金杯、摩范速运签订了战略合作协议，为货运求职者

提供新能源货车租赁服务。目前快狗打车新能源货车占比已经达到30%以上，并将以每月5%～7%的速度增长，通过线上大数据实现节能减排、线下新能源绿化运力，全力构造绿色城配体系，双线联动，布局绿色物流，推动绿色新能源货车的多场景使用，同时还会与菜鸟物流在新能源运力方面展开深度合作，打造新能源货运网络。

（三）多功能模块清晰化布局，助力合伙人更好开展业务

为推动货运行业的多元化发展，快狗打车先后推出了货的、搬家、企业、合伙人等细分业务。其中，合伙人计划主要针对三、四、五线城市，开拓下沉市场。公司也将投入更多精力将品牌能力、系统、客服等多年积累的经验分享给商圈内的个体劳动者、小商户、司机师傅，提升其客户量，助力合伙人业务形成良性循环。

B.28

美团打车

——赋能融合发展，服务美好生活

一 平台概况

美团的使命是“帮大家吃得更好，生活更好”。作为一家生活服务电子商务平台，公司聚焦“Food + Platform”战略，以“吃”为核心，通过科技创新，和广大商户与各类合作伙伴一起，努力为消费者提供品质生活，推动生活服务业需求侧和供给侧数字化升级。美团打车自 2017 年在上海开展业务以来，形成了自营、聚合、巡游车等不同打车业务模式，覆盖国内近 70 个大中城市。2020 年，美团组建了智慧交通平台，进一步增强 LBS 地图、交通、人工智能等方面的能力，以更好地支持交通出行业务。

图 1 美团打车应用场景

借助网约车的技术优势，美团打车持续为政府、企业提供巡游出租车数字化解决方案。为巡游车数字化转型和高质量发展提供助力，进而探索城市巡网融合改革和创新升级。目前，美团打车在巡游车领域发明专利申请近90件，在沈阳、广州等多个城市开展了示范运营，取得了良好的运营效果。

二　巡游车行业现状

伴随着数字信息技术地快速发展和应用，以手机电召为主要方式的网络预约出行方式深刻改变了社会公众的出行理念和模式。《中国一线城市出租车行业服务水平研究报告》显示，只有13.71%的受访者表示仅通过扬招方式打出租车，86.29%的受访者表示会使用线上App呼叫出租车。由于大量乘客转入网约预约叫车，传统巡游车司机逐渐发现以往“扫街”“蹲点”方式已经不能保证有效地接到订单。

传统巡游出租车行业管理迫切需要进行数字化升级，对齐网约出租车技术手段，保障全程数据可跟踪监控，智慧平衡区域运力，科学规划行程路线，更新支付手段，在安全合规的先天优势基础上，通过网约数字化手段为乘客提供更高质量的出行服务。网约化是巡游出租车改革的新趋势，巡游出租车网约化后，参与出行服务的各个主体均是受益者。

三　巡游车巡网融合发展方向

网约化成为未来巡游出租车业务发展的必然趋势。基于车载终端（车机）实现数字化，打破平台壁垒，整合构建巡游出租车资源，通过大数据分析、精准定位、智能调派等技术手段，为市民提供安全便捷的出行解决方案。

（一）构建基于车机的网约 + 扬招整体解决方案

政府与出租车公司技术能力不足以支持巡游出租车网约化。巡游出租车属地管理性质明显，从国家层面很难统一管理。全国大部分城市的出租车公司从人力、财力、技术能力和运营经验等都不具备进行线上软件开发、数字化运营的能力。地方政府与出租车公司难以搭建相关数字化平台，推进巡游出租车数字化升级。建议地方政府考虑与有成熟出行服务经验的大型互联网平台合作，基于传统巡游车的车辆、司机管控，提升其运营调度、服务评价、企业管理等方面的能力。互联网平台企业的有效参与，能够最大程度地使资源优化配置，地方政府与大型平台合作，也是以最小的代价实现巡游出租车网约化改革。

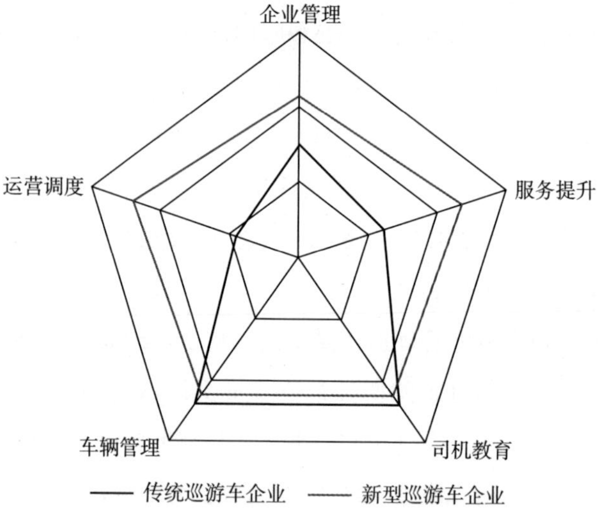

图 2　传统巡游车企业与平台企业对比

（二）支持探索巡游出租车动态价格调整机制

加快理顺巡游车运价机制，鼓励各城市积极探索实行巡游车政府指导价，有条件的城市可以在政府指导价的基础上进一步探索动态调整价格机制，建立常态化的出租车运价评估、论证和调整机制，推进巡游车价格根据市场变化调整。高峰时段运营成本高、产值低，为此，高峰时段出车率低与出行需求大的矛盾凸显。在早晚高峰期、节假日、恶劣天气等特殊时段，按照驾驶员高峰期间单位小时运营收入与其他时段单位小时收入基本相当的原则，适当上调巡游出租车价格，发挥价格杠杆的作用，一方面引导市民乘坐地铁、公交等其他交通工具出行，减少路面交通压力；另一方面，提高价格可以提升出租车司机的工作积极性，在特殊时期增加运力供给，更好地满足市民的打车出行需求，同时也可以提高积极出车司机的收入。在平峰时段，可以适当下调出租车价格，引导更多有需求的市民在平峰期使用出租车出行，减少出租车空载率，进而增加出租车司机的收入。

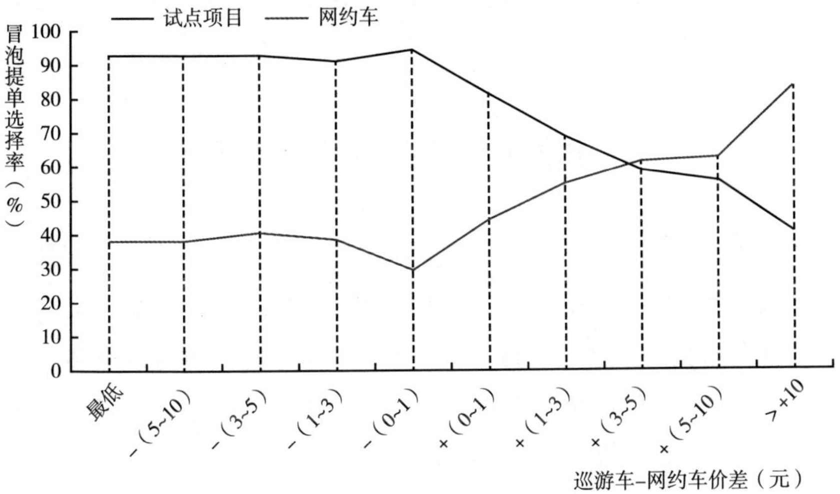

图 3　巡游车与网约车价格差

（三）建设巡游出租车行业司乘信用体系

行业的健康发展需要多方共建共促，建议由地方政府牵头构建本地巡游车行业信用体系，综合运用网约运营数据、评价数据、交通违规、公安犯罪背调、各信用联盟等多渠道数据，构建司机信用系统和乘客信用系统，将司机、乘客一并纳入诚信监管体系，增强双方的责任意识及契约精神，建立事前筛选、事后追责的全程行为监督机制，让良好行为得到奖励、失信行为得到惩罚。

对于信用良好的司机，平台对其进行守信激励，给予一定程度的派单倾斜，优先派送优质订单，增加守信信息公示载体，比如车辆顶灯显示优质司机的特殊标识、乘客上车后语音播报告知该司机信用状态等。对于信用较差的司机，平台可对其进行硬性管控，如车顶灯强制显示低服务分、远程关闭计价器停止接单操作等。针对部分信用分过低的司机，强制重新考评司机资质，并匹配相应的淘汰机制，推动从业人员服务水平的正向循环。

对于信用良好的乘客，优先满足其订单需求，匹配信用良好的司机；对于部分信用分过低的乘客，在保障基础出行需求的前提下，限制其在平台的增值服务使用权限，如无法使用优惠券、无法享受免费升舱服务、无法享受提前派单服务等。

四　美团打车沈阳巡网融合案例

2019 年美团打车在沈阳市交通运输局指导下，以巡游车行业转型升级降本增效、用户出行服务提升、行业治理能力现代化的“三赢”为目标启动了“沈阳出租汽车电召网约平台”项目。项目建设覆盖政府和企业侧（行业监管系统、展示大屏、服务线上化）、司机侧（车机网约化、手机车机联动、车机顶灯联动）、乘客侧（沈阳出行 App、美团 App + 微信小程序）等“四位一体”的巡游车数字化技术创新和融合，搭建了信息中心、运营管理中心、信息服务中心支撑精细化管理和运营，提升了沈阳巡游车行业管理水平、运营水平和乘客服务体验。

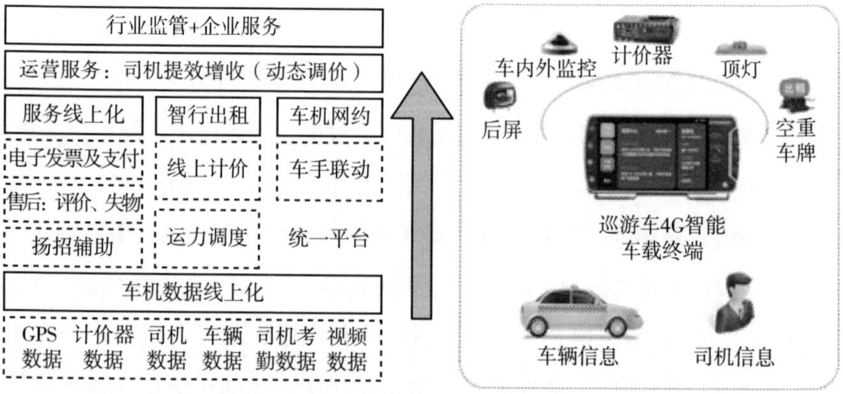

图 4　美团打车巡游车巡网融合解决方案

（一）行业监管与治理数字化

传统巡游出租车行业管理存在拒载溢价、运力调度不及时、乘客投诉取证难等痛点。美团打车为政府管理定制了行业监管系统及可视化大屏系统。网约平台还可以为政府服务管理提供出行大数据分析，为政府管理工作决策提供科学依据，提高政府数字化管理水平。在重要节日、恶劣天气等特殊时期，政府可以根据全量巡游出租车数据，制定有针对性的政策方针，实时指挥调节巡游出租车运力，保障市民的合理出行需求得到最大限度的满足。帮助政府对城市出租车运力、出租车公司管理、司机群体有了可量化的管理依据，政府对出租车的服务管理更全面，对出租车行业的安全监管更高效。

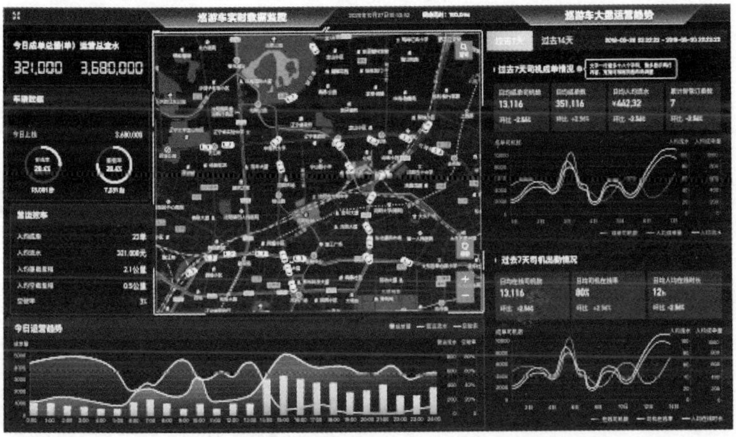

图5　沈阳巡游车数字化可视化监管系统

美团打车为沈阳市定制了“沈阳出行”，作为官方的打车 App 软件。在实现打车功能的基础上，逐步聚合公交、轨道、班车、火车等多种交通方式的信息，为居民提供一站式的出行信息服务。

（二）服务线上化

美团打车可以通过“智行码＋微信小程序”的形式实现行程关联、行程服

图 6　沈阳出行官方打车软件

务、服务评价和售后、线上支付等功能，既补全了线下扬招乘客的信息使得“交易”数据完整，也达到服务线上化、乘客服务体系和行业监管等目的。

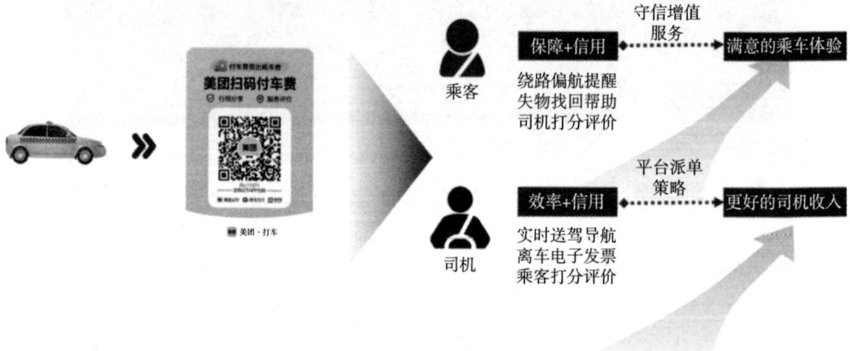

图 7　美团打车服务线上化方案

（三）巡游车车机网约

美团打车为沈阳定制研发了巡游车“车机网约”解决方案。通过司机手机端应用及车载智能终端应用服务司机，双端均具备独立接单履约的能力，并且实现了智能联动，给司机带来更加安全便捷的操作体验，是全国首个成功实现车机手机联动的成熟的解决方案。

手机端及车载智能终端均已实现独立接单履约、导航定位、安全录音、结算收款等功能，通过升级车载智能终端应用，司机可实现双端智能联动接单的功能。尤其在车载智能终端独立接单履约流程中，基于车机硬件设备的特性定制开发了车机双端呼通话、车机导航、车机银行卡绑定及对账等核心能力。在使用过程中，双端发挥各自的优势并有效形成互补，收车后司机可通过手机端查看扬招订单和线上订单的全量订单及流水详情、活动详情等，满足离车场景下司机对平台的使用诉求。对司机宣传教育等内容可通过车机及手机双端持续触达司机，提高宣导有效性，达到提升行业服务水平的目的。

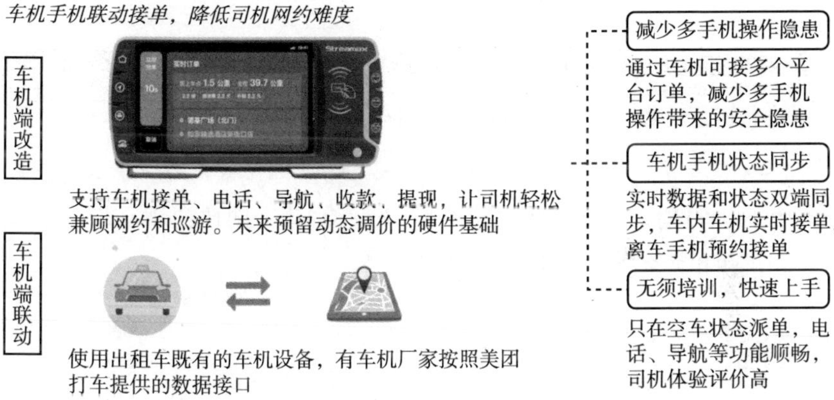

图 8　车机手机联动模式

（四）服务管控智能化

美团打车将网约车服务管控和客服体系赋能到沈阳巡游车行业。在派单服务方面，平台会综合考虑距离、拥堵情况、运力刚需等因素，为司机提供可视化的线上接单、抢单、派单等服务；平台会根据后台数据绘制巡游接载扬招乘客的热力图，使司机告别凭经验、靠运气接客的传统低效接单模式。

智能化司机服务能力建设提升司机接单效率和收入

提升司机接单量		提升司机接单效率	提升司机接单体验
空驶引导	热力图	连环派单	顺路单
引导司机前往热区	提示司机附近热区和供需情况	行程结束前指派终点附近订单	司机可接终点在住地附近订单
			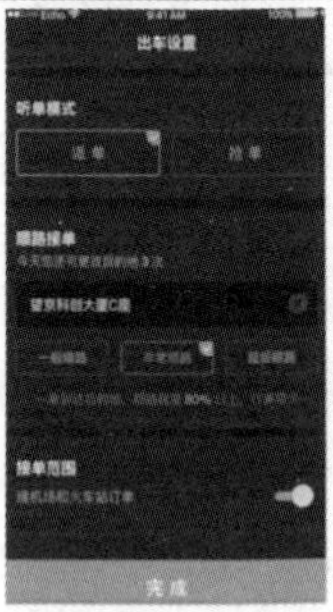

图 9　智能化司机服务能力建设

自 2020 年 3 月进入试运营以来，平台已累计服务司机 2.1 万名，其中 1.9 万名司机获得订单收入。累计 5600 名司机申领使用智行码，其间为近 110 万名乘客提供便捷支付能力。通过智能供需匹配、路径优化等大数据手段有效提升了运营指标。目前，司机平均接驾距离约为 800 米，同比沈阳平均水平减少 20%。司机侧和乘客侧的客诉一次性解决率分别为 90.6% 和 93.1%。

人工服务知识图谱	·7个环节、30类场景、296种问题
人工服务标准流程	·5个步骤
线上产品能力	·产品端客服中心 ·订单下投诉功能 ·绿盾安全计划
线下服务能力	·依托美团平台客服，建立300人专职团队 ·7×24小时值班处置 ·服务场景治理专组、客服处理流程设计组、高危投诉处理分工协作

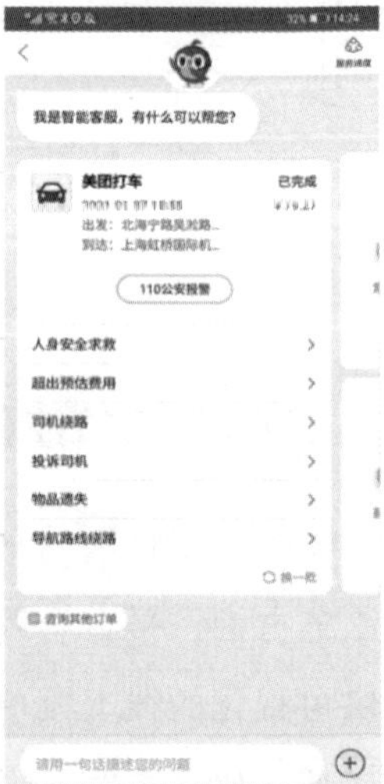

图 10　美团打车智能化司机服务和客诉服务体系

B.29
人民出行

——打造安全、便捷、高效的城市慢行交通系统

一 发展概况

2019年3月，人民出行5G智能出行，即人民出行城市智能公共电动自行车事业正式启动，主要致力于将智能出行和标准化绿色交通体系结合，构建国家新标准3C认证的电动自行车慢行交通系统。

人民出行坚持“革新公共出行时代 打造未来城市理想出行生态链”的发展理念。以公共电动自行车为切入点，在满足城市居民需求的同时，深耕公共出行消费市场，与当地政府通力合作，并配合现有出行工具；联合动力锂电池、物联网、人工智能、无人驾驶、智慧物流等形成生态圈，推动城市交通相关制造企业公共化转型，协助地方政府改善城市出行现状、推动城市交通建设完善、融合公共交通创新协调发展，共同打造“未来城市的理想出行工具”。

截至2020年底，累计用户上千万，投放车辆超数十万辆，骑行次数超过上亿次。

二 业务领域

公务出行方面，创新了公务出行的新模式，让各大政企单位的中短途出行更绿色、高效、智能。

智能执勤方面，为公安、城管、环保等单位的中短途执勤、执法换届提供智能管理和高效解决方案。

数据应用方面，党管交通数据的应用，为各地政府部门提供监管数据的分析，逐步健全企业、地方、中央的共建、共管、共治的融合管理机制。

绿色出行方面，积极践行绿色出行行动计划“政务引导”人民先行为各政企单位和百姓提供 0～10 公里的中短途绿色出行解决方案。

慢行交通方面，坚持“创新、协调、绿色、开放、共享”五大发展理念，以打造安全、便捷、高效的城市慢行交通系统为目标，鼓励并规范电动自行车市场发展。

三　公司主要特点

人民出行借助人民网旗下人民数据强大的平台体系，连通各城市交通系统内部数据的支持，协助各地监管部门做好车辆运营综合整理。骑行数据的采集、模拟、跟踪，对于城市智慧交通建设，以及安全体系的构架起到非常积极的作用。具有终端感知、传输、平台和应用一整套点对点方案的 5G 智能项目，致力于科技串联起人民的便捷、智慧生活。

四　地方城市运营案例

（一）长沙市共享电单车发展情况

2017 年，共享电单车进入长沙市场。从 2019 年开始，众多电单车企业纷纷“进军”长沙市场。官方数据显示，2019 年底，长沙共享电单车接近 10 万辆。

2020 年 9 月，长沙市人民政府办公厅发布《关于促进互联网租赁自行车规范发展的指导意见》，鼓励和推动互联网租赁自行车规范化、集约化、绿色化发展，实行总量控制、配额管理，加快完善设施供应。

2020 年，疫情期间，长沙共享电单车迅速发展。到 11 月初，共享电单车约 46 万辆，已上牌车辆 6 万辆，喵走为 27180 辆、小溜共享为 15370 辆、哈啰出行为7974辆、青桔街兔为6782辆、美团为6358辆。

2020年11月23日，长沙市交通运输局、市公安局交警支队、市城市管理和综合执法局集中约谈了小溜共享、喵走、哈啰出行、青桔、美团、喜宝达6家共享电单车企业，要求3天内清理回收无牌照电动自行车，总数近40万辆。

2020年12月1日起，长沙开始施行《关于促进互联网租赁自行车规范发展的指导意见》(长政办发〔2020〕33号)，有效期5年。根据意见，长沙共享电单车投放实行配额管理，长沙交通运输、公安、城管执法三部门以召开定期联席会议的方式，综合长沙实际需求和各企业运营情况，共同确定共享电单车配额；各企业应当严格按照核定配额投放，投放的车辆应到市公安部门办理登记安装号牌，并进行编码或号牌管理，企业置换车辆应提前向市交通运输部门进行报告，市交通运输部门同步抄送市公安、城管执法部门，按照“先收后投”“号牌置换”“先上牌后投放”方式进行。

长沙上牌照的共享电单车共6万辆，预计总量可达20万辆。

（二）人民出行在长沙合法合规投放

基于现状，“人民出行”为当地居民中短途出行提供了更优的选择，配合当地景区附近缺少交通工具的现状，因地制宜打造特色方案吸引客流量；在合法合规投放的基本前提下，在指定区域内有序运营。

2020年1月，“人民出行”成为南宁市首批审批通过的共享电动自行车企业，在西乡塘区获得数千辆投放指标。随后，投放范围进一步扩大，投放指标翻倍。4月，经广西南宁交通管理部门批准，“人民出行”正式在南宁登记上牌投车运营，“人民出行”是进入南宁市共享电单车品牌中投放数量居前、运营更为规范的企业之一。同时，也面向白领和大学生，在国家级高新区和高校区进行投放，后续还将覆盖南宁更多市属区域。

“人民出行”遵守城市发展规划、兼顾市民绿色出行需求，合法合规取得准入资格严格，执行“一车一证一牌”，根据人口分布和城市特点划定运营区域以及投放数量，积极配合城市管理者进行治理，满足人民群众的出行需求；提供高性价比的收费模式标准，为市民出行提供更加多元化的选择，尤其在疫情期间，凭借环保、便捷、高效的特性深受城市用户欢迎。

在有序停放管理上，通过 GPS 和北斗高精度双定位系统，利用垂直精准停车技术，发挥电子围栏作用，实现有序停放，引导安全出行。

“人民出行”倡导有序运营，在南宁坚持“创新、协调、绿色、开放、共享”的发展理念。以交通供给侧结构性改革为引领，以优先满足短距离出行和对接公共交通需求为导向，鼓励支持互联网租赁自行车发展；以合理配置城市公共资源为主导，以规范企业市场经营活动和维护城市环境为重点，汇聚政府、社会、企业等多方力量，规范引导互联网租赁自行车有序发展，发挥社会各界力量“共管共治”，在发展中规范，在规范中发展。

B.30 上海通用五菱分时租赁项目

——政企联动创新共享出行生态模式

一 柳州模式及其成效

为推进生态环境保护建设和高质量发展，实现国家和自治区新能源汽车发展目标，柳州市自2017年起大胆创新，立足于三、四线城市实际情况，政府、企业、社会等多个维度协同，通过政企联动、市场驱动、政策推动、配套主动等重点措施，主要围绕微小型新能源汽车，在用车场景上进行创新性便利化设计，并形成标准。在用车环境持续完善的基础上，实现用户大幅提升，形成人、车、路良好协同的生态体系，逐步形成了新能源汽车推广应用的“柳州模式”，取得全国瞩目成效。

柳州模式主要举措包括：完善配套政策体系；推进示范工程建设和推广传播；针对性地开展充电建设和网络布局，优先满足用户最为迫切的充电场景需求；创新配置专属资源和路权，激励电动化出行；将专用车位的建设纳入城市管理体系，由政府主导，倡导全民参与解决停车问题；实行差异化的新能源汽车交通管理政策，允许使用公交专用道，不受单双号限行限制等。

截至2020年底，柳州市新能源汽车保有量超8万辆，电动出行率超20%，电动化率约25%，提前达到国家《新能源汽车产业发展规划（2021～2035年）》相关要求；建成7346个公共充电桩、7041个公共充电插座、11136个私人专用充电插座，充电密度3∶1；规划新能源汽车专用停车位15367个，车位比3∶1；新能源汽车产业提供就业超10万人次；在提升城市电动化出行率、降低出行成本、实现生态环境保护、缓解交通拥堵压力、促进产业经济发展等方面取得了良好成效。

二　基于柳州模式的共享出行

在共享出行方面，以上汽通用五菱及其合作伙伴 WarmCar 为代表的企业充分发挥柳州模式创新创造精神，基于宝骏 E100 等最适合城市出行的小型新能源汽车，重点在个人、政务、旅游等领域开展共享出行服务。

（一）个人领域共享出行

依托柳州模式经验，解决共享汽车服务网点少、停车难、管理难等共性问题，利用大数据对市民出行习惯进行需求分析，在居民小区、旅游景点、工业园区、商圈、学校、医院、交通枢纽等区域合理布设新能源共享汽车租赁网点，规划建设新能源共享汽车专用车位，实施创新的运营模式。共享汽车的价格是 0.15 元/分钟 +0.8 元/公里，短距离出行不到出租车价格的1/2，长距离不到 1/3，并且提供 24 小时服务，可以随时通过手机实现自主租赁，为用户提供安全、便捷、实惠、绿色的共享出行服务。

（二）智慧政务共享出行

针对地方机关单位开展智慧政务共享出行服务用车活动，活动报名超 2 万人次。在公共机构集中办公区布设新能源共享汽车租赁点，为政务出行正向开发“E 桂行”软件实现无钥匙租车、用车审批、轨迹查询、违章自动查询、车辆全生命周期跟踪等，既满足了政务人员便捷出行、节能降本的需求，又帮助运营企业在出租率不高的时间段实现了谷值补充。

（三）共享出行结合全域旅游

探索新能源与旅游产业融合发展，补齐旅游交通基础设施短板，加快完善地方旅游交通网络，打通旅游景点的最后一公里，无缝衔接旅游线路。在实现新能源汽车柳州模式产业延伸的同时，塑造柳州生态旅游新名片，推动旅游产业高质量发展，促消费扩内需，助力构建内循环。

以“一车游柳州”全域旅游智慧出行创新品牌为例，其基于上汽通用五菱的新能源汽车，以出行服务运营方“WarmCar 共享汽车”为平台，在柳州市火车站、机场等重要交通枢纽，以及园区、景区、核心商圈等位置布设超过160个租赁点，投放500多辆车，充分发挥车辆的移动链接属性，将柳州的景点、美食、住宿、交通枢纽串珠成链，通过“网红”景点打卡和导览线上化的方式，为本地市民、外来游客提供更便捷、更智慧的出行方式。目前，“一车游柳州”已向超过10万名用户提供出行服务，成为第二、第三产业融合的样板，为汽车制造、租赁运营、旅游服务实现协同发展提供参考范式。

以“一车游三江”项目为例，上汽通用五菱在柳州三江首批投入定制版宝骏 E100 系列车型 80 辆，建成 20 个网点，覆盖高铁站、旅游景点和酒店，包括三江南站、三江鼓楼、侗天宫文化广场、侗乡鸟巢、三江旅游集散中心等，同时建设“暖途驿站”服务旗舰店，游客使用 App 即可提前预订车辆，一下高铁就可以驾驶共享汽车游览三江景点，以从三江南站到三江鼓楼约 10 公里计算，仅需花费 13 元，为游客出行提供了更便捷的交通工具选择，开启侗乡绿色出行和全域旅游的新篇章，未来还将不断增设新的网点，完善当地旅游交通网络。

三　柳州模式下的共享出行商业模式创新

柳州模式下的共享出行商业模式主要在共享合作模式、共享车辆定制化、共享“三化”等方面进行了创新。

（一）共享合作模式创新

由柳州市政府、上汽通用五菱及 WarmCar 三方形成合力共同开展出行业务创新。上汽通用五菱提供适用的、高品质的车辆，配套建立维修新业态，并保持车辆持续迭代更新；地方政府及企业提供网点资源、云平台、政策支持及本地运维支持；WarmCar 提供运维、市场、运营、智能算法、智能硬件、软件开发团队。三方协同开展共享出行探索。

（二）共享车辆定制化创新

基于共享出行场景，对车辆进行定制，例如设计镂空拉手，无死角空间易于打扫；配置 PVC 座椅，防水耐刮花；设置车辆操作语音和文字提醒，做到简明指引；前杠材料采用原色设计，摩擦易于修复等。通过车辆定制化改造，提升用户体验、提高运营效率。

（三）共享“三化”创新

主要是充电与卫生方面保持用户化、整备本地化、维修现场化等。共享汽车运营成本中很大一部分是维修和人工成本，结合上汽通用五菱的优势，设计了一款专门共享的车辆，配合软件和体系，做到了让用户很容易保持车内卫生，同时让网点的保安协助充电，车辆出现事故时维修成本也非常低，如前后杠都是材料原色，剐蹭只需用砂纸轻擦。充电方面没有采用快充模式，配以 6.6kW 的交流慢充和本地化运维后，使整个充电成本更加低，同时又增加了车的供给实时性。

四　柳州模式下的共享出行成效

（一）车辆投放及网点建设

目前已投放共享车辆超 2400 多辆、建立网点 600 多个，设置共享专用车位 1100 多个，共享汽车网点已经基本覆盖主要商圈、交通枢纽、科技产业园区、居民区、高校等。

（二）实现全盘盈利

截至 2020 年 8 月，柳州市共享汽车 Warmcar 总订单收入约 2000 万元。其团队在 10 月实现了盈利，是国内为数不多实现盈利的团队。

（三）完善城市交通网络

租赁网点布设覆盖部分偏远的、公共交通较不发达的工业园区、居民区，能够对城市交通进行很好的补充。

（四）线下商圈合作共荣

同各大商圈合作，为商圈提供交通引流支持并用优惠券协助其商家开展用户留存活动。

（五）助力优化营商环境

用商业盈利的方法为企业、科技园区等提供了交通便利，有效降低了中小企业的出行成本，助力打造良好的营商环境。

（六）商业化方式完善基建

共享网点多建设在红线内区域，通过商业化的方式，获得场地管理方支持，建设充电桩等基础设施。

（七）加快构建共享社会

上汽通用五菱推行的共享出行很好地让柳州市民体验到了共享经济美好的一面，市民多次租用宝骏 E100 作为婚车，可见对其认同，目前其已经成为柳州共享出行的代名词。

上汽通用五菱还将继续创新柳州模式，探索和推出更多满足用户需求的出行服务及产品。

B.31
T3出行

——以车联网重构移动出行

一　平台概况

T3 出行是南京领行科技股份有限公司打造的智慧出行生态平台。“T3”的含义是 Trust（信赖）、Tech（技术）、Trend（趋势）代表公司“成为中国最值得信赖的出行服务企业”的愿景、“科技引领　愉悦出行”的使命，以及引领共享经济和出行服务发展趋势的战略目标，通过功能强大的出行平台、与地方交通企业密切的合作、充分整合的服务资源、定制化的产品，致力于为用户提供“安全、便捷、品质”的出行服务。

T3 出行是由一汽、东风、长安三家车企联合腾讯、阿里巴巴等共同出

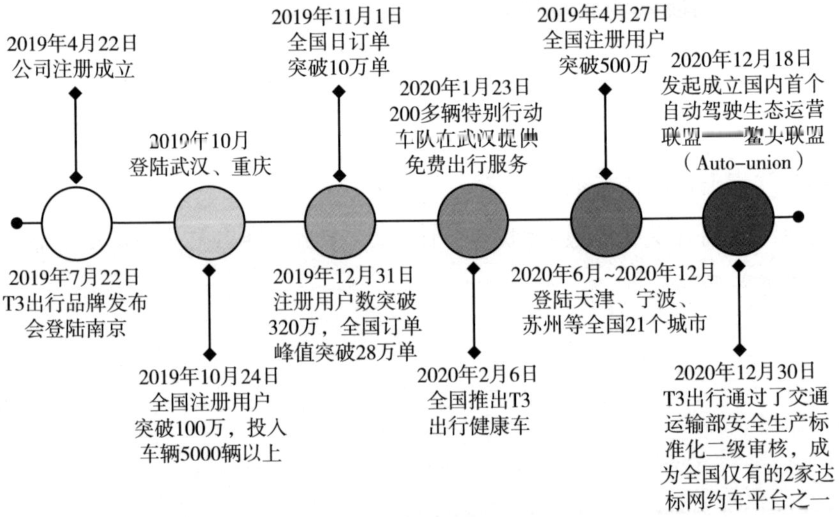

图1　T3 出行的发展历程

资打造的智慧出行平台。自成立之日起，T3 出行的定位就是出行平台，而非传统意义上的网约车运营商。一方面，未来 T3 出行平台运营的网约车主要由合作伙伴持有和运营，T3 出行以科技公司的身份，负责平台开发和运营。另一方面，T3 出行的车联网平台和出行平台都对外开放，为有需求的出行企业提供平台管理服务和 App 产品。

二　商业模式

（一）运营模式

与滴滴的 C2C 不一样，T3 出行属于 B2C 模式。T3 出行通过合规实体运营保障运力供给，车辆是集中采购的定制化、智能化的新能源车型，司机均经过严格准入审核。T3 出行通过整合多方优势核心资源，联合地方出租车、客运公司、汽车经销商等，推动出行供给侧结构性改革，保障优质合规运力稳定供给。

1. B 端——车端

T3 出行的车辆大多来自一汽、东风、长安等合作方的品牌，车辆除了按照智能化、新能源等的统一标准采购之外，还会在投入运营前进行相应的定制化、智能化改造。T3 出行通过打通车内网和互联网，做到每辆营运车辆可以被平台实时管理。

2. C 端——司机端

T3 出行一方面通过企业招聘的方式雇佣司机，另一方面也通过加盟的形式与第三方 CP 进行合作。为了打造一支高素质的司机队伍，只有经过背调、面试、培训、考试、体检、性格测试六大环节的司机才可上岗，T3 出行建立了一套对司机的评分体系和淘汰机制，线上通过车内外摄像头对司机的违规行为，如抽烟、闯红灯等做记录、提醒，设置了红线司机和重点司机。若触碰到红线，将严格清退。线下通过合作伙伴加强对司机的管理。奖惩并行提升司机的服务质量。

（二）当前业务

面向个人用户T3出行提供快享专车、预约、接机、送机等服务。

图2　T3出行特点

面向企业群体T3出行有专门的企业用车入口，提供定制化的用车场景、便捷化的用车流程、精细化的费用管理、直观的行程统计分析。

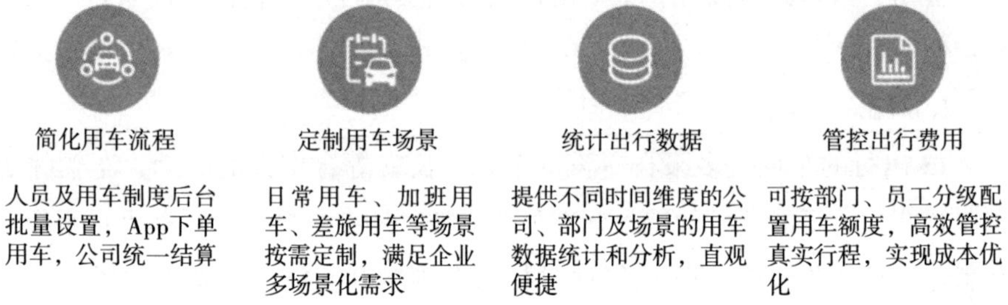

图3　T3出行企业用车核心优势

T3出行已经成为全球唯一实现大规模智能网联应用的出行平台，并已具备对外进行技术输出的能力，建立了车联网开放平台，愿意把成熟的车联网解决方案提供给合作伙伴。

（1）T3出行以车联网为切入口和加速器，加速赋能出租车行业，推进“巡网一体化”升级改造。T3出行平台不仅仅是给出租车导流，还会做技术赋能，帮助出租车公司、政府主管部门实现对司机与车辆的实时管理，以及服务全流程管控。目前，由T3出行打造的首批试点新能源出租车——“T3

出行、优行出租”正式在南通和广州投入运营。这也是T3出行“超级出租车”巡网一体化解决方案在全国的首次落地。

（2）T3出行将实施出租车“瑞兽计划”，3年内投入30亿元，在开通城市占有率达到30%，助力出租车行业进行整体智能化升级，为出租车产业链上的各方提供全方位的支持，助力政府、出租车公司、司机、用户形成共融共生的和谐，实现四方受益。

（3）基于车联网体系，T3出行既能为自动驾驶研发积累数据资源、提供场景，也可以为其提前测试、试运营提供平台。目前，T3出行整合自动驾驶行业各方资源，携手苏州高铁新城联合中汽创智等科技企业与一汽、东风、长安等整车企业及科研机构等共同发起成立鳌头联盟。作为中国第一个自动驾驶生态运营联盟，鳌头联盟将加速自动驾驶商业化运营落地。

（4）在联盟中，T3出行作为出行平台，将承担起搭建自动驾驶运营平台的角色。鳌头联盟整合了多方优势，构建了自动驾驶产业链“铁三角”，未来也将展示更为强劲的爆发力，致力于成为中国自动驾驶时代的核心运营商。

此外，T3出行还在探索创新产品，推出更多产品线，更好地满足消费者多元化的出行需求。

（三）价格机制

T3出行将绝大部分采用新能源汽车。新能源汽车不论是使用成本还是保养成本都远低于传统燃油车。T3出行在市场切入上也进行了差异化，其选择了主打“安全性”品牌作为基本出发点，同时在价位上则介于滴滴提供的快车和优享之间，但在服务上则向专车看齐，T3出行承诺高峰期间、特殊天气不溢价。

（四）盈利机制

区别于目前行业中大部分互联网初创企业，T3出行具有完整的产业链优势。三大央企主机厂将与T3出行共同推动产业链延伸，完成从汽车生产制造行业向出行服务行业转型，将生产、销售、车辆运营、维修保养、融资租赁、新能源、网联汽车、无人驾驶等全产业链打通，T3出行依靠强大完整的产业链条来获取利润，在竞争中有更长的价值链，可以以更低的成本提供优质的服务。

（五）推广模式

在T3出行的股东中，腾讯、阿里、苏宁等企业也将为T3出行的发展贡献力量。比如，与苏宁上万家的门下店面以及线上网店都会有相应的产品和合作。如果按照T3设计的发展方向，这个以“国家队”的身份进入的企业，极有可能重构网约车的行业模式。

（六）平台特点

国有资本发起成立但并不控股，引入社会资本股本总数超国有资本，完全采用现代企业管理制度，高层需要进行投资绑定。

三大汽车央企数据打通，实现自动驾驶——汽车本身的数据和控制是整车企业的核心机密，整车厂一般不对外开放。而T3出行将会与三大车企共享数据，并基于数据专门设计网约车。

T3出行与出租公司合作，采取新享出租的方式，更像是一个全国性出租车公司，这也是行业的先行者。

重视安全性审查。司机入驻端从手机变为车机，杜绝换人开车。T3的司机要接受背景调查，T3出行开发的程序每隔60秒自动进行车内扫描，如果发现异常会从云端锁车并报警。

（七）竞争优势

标准化运营方面，T3出行通过统一车辆、专职司机，针对行业标准不一的服务乱象，给用户提供标准化的服务体验。

车联网架构方面，T3出行是首家融合车联网架构的出行平台，通过对车联网的深度应用，打造 V. D. R（Vehicle - Driver - Road）安全防护系统，全面保障出行安全和乘车体验。

合资方赋能方面，T3 出行由三大央企主机厂联合互联网科技公司等共同投资打造，带来硬件 + 软件的双重赋能。

产业链打通方面，T3 出行打通了整个产业上下游，包括从 OEM 制造、开发到线下的运营、维保，再到后期的充电等环节。

数据生态方面，T3 出行真正打通了出行场景下人、车、路三大元素数据交互，为无人驾驶、智慧城市提供强力数据生态支撑。

三　核心能力

T3 出行是首家深度应用车联网架构的出行平台。通过对车联网的深度应用，打造 V. D. R 安全防护系统，全面保障出行安全和乘车体验。

（一）T3出行车联网架构

前台系统涵盖深度定制的车载智能硬件、各类出行产品，可提供安全的移动出行服务，后台系统基于微服务构建大中台能力中心，借助基础设施云平台，为车联网的运转调度提供技术能力支撑。安全运营与管理系统保证了日常百万级车辆的运营管理；大数据分析共享平台有利于进一步沉淀数据、实现智慧出行，更好地提供服务。

在车联网领域，T3 出行将联合整车企业共同推进“4 个 1”战略，即一套车联网标准、一个唯一车辆 ID、一张车联网、一个众创生态。其他车联网平台往往规模较小、资源分散，一家整车企业可能有多套车联网并存，导致流量不足，难以聚集社会生态资源。通过车联网的广泛应用，T3 出行同时掌握场景、技术和数据，可以建立包括司机数据、车辆数据、视觉和语音数据等在内的数据生态，推动自动驾驶、智慧交通、智慧城市落地。

（二）V. D. R 安全防护系统

T3 出行打通人、车、路三要素，构建了完善的安全防护系统 V. D. R（Vehicle – Driver – Road）。

对车辆的实时管理方面，通过打通车内网和互联网，每辆营运车辆可被平台实时管理。通过人脸识别匹配，司机与车辆将完全一一对应，内置车机接单确保车单合一；车内的物理按键报警，提供紧急情况下更低学习门槛的报警交互；在安全事件发生时，平台甚至能进一步干预车辆，进行闪灯、鸣笛或限制再次启动。

对司机的全时段管理方面，高频次的人脸识别将确保司机与车辆全时段一致。通过高清视频采集与分析，平台可监测司机是否存在疲劳驾驶等不良驾驶状态，以及频繁变道、超速、跟车过近等危险驾驶行为。通过对司机的每日行为报告，司机的驾驶行为将得到改善，进一步培养其良好的行为习惯。

危险情况主动预判方面，基于不断深度学习，平台还能主动预判危险情况，协助车内的人规避安全风险，让每一程潜在的危险都有迹可循。

四　未来规划

T3 出行 CEO 崔大勇认为，网约车诞生的时期行业是 1.0 时代，也就是手机对手机约车的时代，正在进入的是 2.0 时代，车辆代替手机成为连接乘客和平台的智慧终端。2.0 时代将是一个过渡时期，车联网将重构移动出行产业。T3 出行领先行业直接进入 2.0 时代，以车联网为主体的出行平台。未来会是 3.0 时代，基于物联网、大数据、无人驾驶以及云端平台一体化，出行行业将达到真正的智慧出行。

2020 年 12 月 22 日，T3 出行发布了 2021 年战略目标——“4833”战略，即网约车业务落地全国 48 城，加速和落地“网约车业务 + 巡网一体超级出租车 + 自动驾驶生态运营联盟”三大战略板块，并在 2021 年底实现全业务线日均300万订单目标。

2021~2025年，T3出行稳步拓展衍生业务，构建出行生态，联合产业链伙伴，在智能充电、维修保养、UBI保险、融资租赁等领域开展业务合作。

2025年开始，T3出行致力于成为智慧出行的引领者和智慧城市的推动者。

B.32

小豆租车

——打造全国自驾游租车平台

一　平台概况

2019 年 5 月小豆租车上线，仅用两年时间即形成了由 1000 多个中小租车公司、数万辆各型车辆组成的覆盖全国 200 多个城市 10000 多个租车网点的租车网络，为租车客户提供预订、送车上门、接送等 7×24 小时服务。2020 年小豆租车平台为全国中小微租车企业撮合完成近亿元的租车业务，逐步成为中小租车企业的重要业务渠道。小豆租车快速形成规模并有持续稳定的订单业务量，主要得益于以下两点：一是很好地解决了中小租车企业获客能力有限且缺乏与流量平台对接的技术能力的问题；二是通过对中小租赁企业的管理赋能，让其成为流量平台的合规供应商，扩大流量平台的业务覆盖范围。

二　发展历程

小豆租车发展的大环境是我国汽车租赁市场需求旺盛、互联网汽车租赁为租车客户和租车企业所接受；小环境是我国汽车租赁行业总体规模虽然比较大，但 80% 的租赁车辆是都由中小租赁公司运营，管理水平和服务质量不佳直接导致多数中下企业业务能力不强，获客渠道单一且订单数量难以保证。

2018 年初，小豆租车开始筹备建设专门为中小租车企业服务的租车平台。鉴于有比较扎实的基础，小豆租车可以为流量平台提供遍布全国，特别是旅游地区、偏远地区的租车供应商，填补由大型供应商门店不足而造成的空白，小豆租车和携程、同程等一些主要的 OTA 流量平台达成合作协议。在此基础上，小豆租车开发的具有自主知识产权的连接流量平台与租车企业，具有处理订单信息、租金结算等功能的系统很快投入使用。

2019 年小豆租车不断拓展订单来源，陆续与飞猪、同程等主流 OTP 等流量平台建立合作关系，为租车企业提供更多订单。同时，开发具有自主知识产权的支付宝小程序、微信小程序、百度小程序等新的订单渠道。2020 年上线小豆租车 App 的安卓版和 iOS 版，拓宽了订单来源。

经过两年的努力，小豆租车已经建立了完善的公司组织管理机构、运行可靠的线上和线下运营管理体系、拥有自主知识产权的互联网技术系统，保证了平台能够有效地桥接租车流量平台和租车企业，促使旅游地区、偏远地区的租车网络正常运营，为全国数十万租车客户提供优质的租车体验。

2020 年小豆租车获得河北省商务部的表彰，石家庄市商务部评选小豆租车为“石家庄市优秀电商企业”，国家发改委有关部门先后到小豆租车考察指导工作。

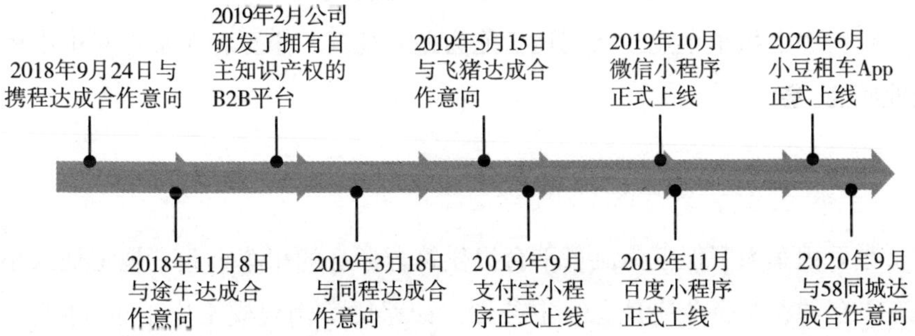

图 1 小豆租车发展历程

三 平台特点

我国互联网汽车租赁发展迅猛的一个表现是出现了很多中介类租车平台，但基本处于散、小状态。目前我国租车平台大致分为以下类别：第一类是旅行类综合平台（OTA 和 OTP），包含租车预订业务，如 OTA 携程、同程等，以及 OTP 飞猪。第二类是专业租车预订平台，如小豆租车、悟空等。第三类是传统自营租车公司自建租车预定平台（垂直平台），如一嗨、神州等。另外还有很多规模比较小的地方性传统租车公司自建租车平台。亦如很多互联网出行平台一样，除了旅行类平台外，其他类别的租车平台基本未盈利，甚至亏损。

出现上述现象的主要原因是我国 80% 以上的租车企业规模较小，第一类租车平台对接这些小企业成本太高或者说小企业没有能力对接第一类平台，需要第二类租车平台作为桥梁承接第一类平台的流量订单并通过自己的平台分配给中小租车公司。

小豆租车向上衔接携程、同程等 OTA 平台及飞猪等 OTP 平台，这些企业都是大公司，有非常严格的业务操作、质量管理体系，向下衔接管理水平、服务意识较弱的小微租车企业。这样的衔接工作的难度是显而易见的，原来统一的业务过程被拆分为线上订单、与线下车辆交接、服务多个企业和业务单元的情况，对租车平台而言是严峻的挑战。

针对中小租车企业互联网运营能力差的情况，小豆租车重点对中小租车企业赋能。

（一）建立严格的供应商管理制度

小豆租车为了保证为流量平台提供符合标准的租车企业，规定加入小豆租车平台的租车企业应具有一定条件，如租赁车辆规模不应小于 30 辆、车龄不应大于 5 年、应对投保不低于 50 万元的第三者责任险等。接入小豆租车平台的企业必须通过工商营业执照等证明审核，车辆必须提供车辆登记证、保单等证明并登录系统，同时要求具有相对完善的管理制度以及服务体系。

小豆租车制订《运营商门店操作手册》，明确全套线上、线下业务操作规程，对所有加入平台的租车企业的业务人员进行系统操作培训，让他们具有使用系统处理订单、交接车辆、解决服务质量纠纷等能力，使租车企业系统地提升服务质量，满足个人商旅用车省心、放心的需求。

小豆租车还有完善的客服和供应商质量考核体系，及时将线上服务要求转化为线下服务实施，对各类投诉予以及时处理。对于服务质量达不到标准的租车企业，予以下架处理。图 2 为供应商上线审核流程和要求。

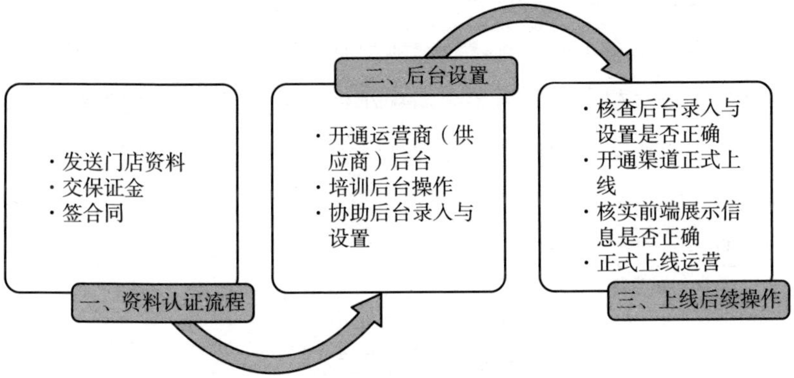

图 2　小豆租车管理流程

（二）在网上为租车公司设立虚拟门店

多数中小租车公司没有能力在机场、车站、商业区、写字楼等业务热区设立门店。小豆租车利用互联网的优势，在确保租车公司在规定时间期限内能把车辆交付给客户的前提下，为租车企业在上述业务热区设立虚拟门店，客户可以在虚拟门店下订单，租车公司根据订单确定的时间和地点向客户交付和收回租赁车辆。

小豆租车的这一业务特点大大提高了中小租车公司的竞争力，让它们能与大型租车公司一起分享中国汽车租赁行业快速发展的红利。中小租车公司只要严格遵守租车平台有关业务操作程序和规章，就可以像大型租车公司一样向客户提供服务。

（三）以订单带动中小租车企业管理水平全面提升

汽车租赁与宾馆酒店、航空旅行业有以下共同特征：没有存货的概念，如果车辆、床位、座位没有租（销售）出去，就没有任何存货价值；客户需求随时间而变化，并且有一定的波动规律。为此，通过附加销售条件，对客户实施有区别的定价策略，可以提高经营效益。这一经营管理原理被称为收益管理（Revenue Management，Yield Management），预订是这类行业最常用的附加销售条件。

尤其是中小租车企业，直接获客能力有限，更多的是依赖租车平台提供预订的订单。小豆租车由此切入，与中小租车公司建立了比较紧密的关系，为进一步向中小租车企业推广业务管理系统、提高中小租车企业管理水平打下了基础。

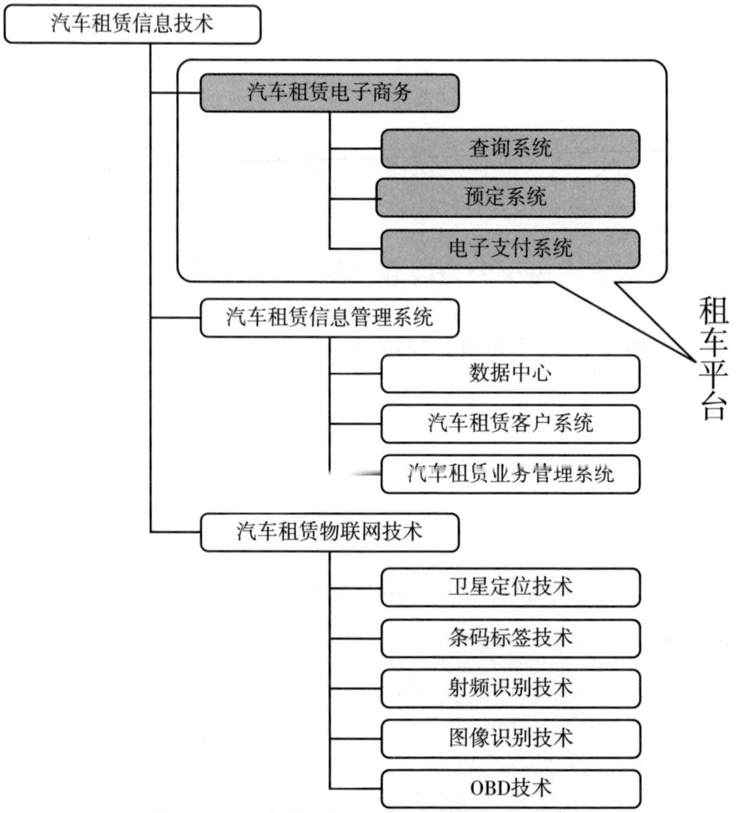

图3　汽车租赁信息技术

如图3所示，租车平台除可以在电子商务方面有所作为外，还可以在汽车租赁信息管理系统、汽车租赁物联网技术两个方面发挥互联网公司的技术优势，作为汽车租赁信息技术服务商给汽车租赁企业更多赋能。一方面开源，为租车企业带来更多订单；另一方面节流，通过管理帮助企业提高经营效率、降低经营成本。如此，汽车租赁企业也应心无旁骛地扮演好资产的持有者和管理者、运用信息技术管理汽车租赁经营活动的执行者的角色。

小豆租车按照这个思路，通过对租车企业的管理赋能，使汽车租赁的整体成本下降、各方收益提高，客户也享受到了低价优质服务，这应当是平台、企业、客户都乐见的。

四　业务流程

汽车租赁进入预订时代，根据相关调查，全国86%的租车客户通过各类平台租车，而且基本是预订。目前，租车客户已习惯通过携程、飞猪等OTA、OTP类平台租车。小豆租车通过以下程序和业务操作规程，保证将大量订单匹配给具有履行订单能力的租车公司，具体的业务流程如下。

（一）客户端流程

客户端用车流程如图4所示。

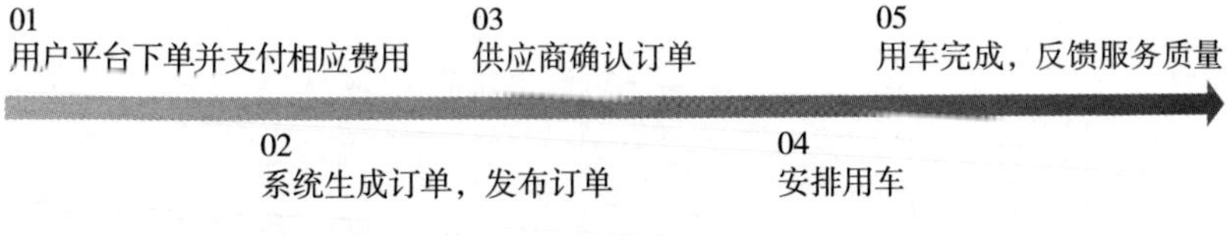

图4　客户端用车流程

（二）订单分配流程

小豆租车作为国内专业的租车平台，有以下获客渠道：一方面是第三方平台流量，另一方面是小豆租车自建平台流量。小豆租车订单分配是通过自

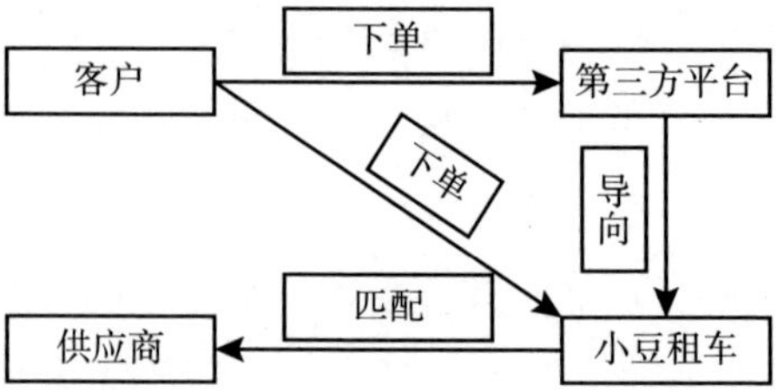

图 5　订单分配流程

动分配机制实现的。用户通过第三方流量平台直接下订单，平台承接第三方平台派发的订单信息，通过优化自建平台直接派发给对应的中小租车公司，当租车公司接单予以相应的提醒：商家端 App 提醒、商家端 PC 端提醒、短信提醒等，就可以在规定的时效内回访客户，并提前安排一系列接待工作，为客户提供满意的租车体验。

B.33 携程用车

——为全世界旅游用户提供安全可靠的用车服务

一 发展概况

携程用车是携程集团旗下用车业务品牌，产品定位清晰，依托于集团优势资源，开辟了“旅游+交通”垂直市场，实现目标人群的精准细分和差异化网约车运营服务，满足用户的旅游、商旅出行需求。携程用车主打抵离交通枢纽、酒店和旅游资源的高品质出行服务，为平台用户提供接送机、接送站、旅游包车、即时打车等旅游和商旅出行服务。

携程用车致力于成为“小而美”旅游垂直场景中的网约车平台，不断提升商旅、旅游用户出行体验，以高质量用车服务，展现目的地亮丽城市名片。截至目前，携程用车业务已覆盖全世界2000个目的地城市，年均GMV超过10亿元。

二 发展历程

2010年，携程和去哪儿OTA平台为进一步提升高端旅游用户和商旅用户出行体验，通过与线下旅行社、道路客运公司或出租汽车公司合作，为高端VIP用户、航司金卡会员以及部分目的地的旅游用户提供接送机服务。

2012年，去哪儿网成立独立的专车接送机项目团队，进行内部创业项目孵化。通过与滴滴、快的、大黄蜂、优步、易到等网约车平台合作，提供用车服务满足去哪儿平台出行用户的接送机、接送站需求。

2015年10月，携程控股去哪儿网，此后双方进行了一系列的加速整合，集团决定以去哪儿专车技术和运营团队为班底，成立携程用车业务部，实现业务打通和全面融合；同年，用车业务海外拓展以接入具备旅游经营许可或道路运输相关许可运营公司的业务模式正式启动，在携程、去哪儿 App 上开通专车服务入口为全世界多目的地旅客提供旅游出行服务。

2016 年，随着七部委网约车经营服务管理暂行办法和各城市相应实施细则的陆续颁布，业务部对接入的网约车公司的运营资质进行梳理，与首汽、滴滴、曹操、易到等具备许可的网约车平台公司持续开展合作。

2017 年，集团出于互联网产业生态布局考虑，为实现对用车业务安全、服务和品牌更好地把控，决定逐步启动组建自有网约车运力，成立用车业务主体天津海豚出游科技有限公司，与集团机票、酒店、火车票、度假等业务联手提供一站式的旅游出行解决方案。

2018 年 3 月，携程用车获得《网络预约出租车线上服务能力认定》，适用范围为“全国”；6 月获得第一张城市《网络预约出租车经营许可证》，随即启动全国范围内许可申办和业务合规推动工作，标志着“聚合 + 自营”混合业务模式正式确立。

2019 年，为响应携程集团在 20 周年庆上提出的“高质量、国际化”战略，携程用车进一步明确业务定位，启动高质量改进项目，在到场无车率、应单率、NPS 等方面全面改进。

2020 年，疫情来袭，用车业务受到重大影响，业务部在做好防疫工作、践行社会责任的同时，完成了“用车系统的中台化建设”项目，实现国际、国内系统全面融合，平台可靠性进一步提升，为国际化拓展打下了基础，同时安全与质量等基础建设工作进一步夯实，为业务发展保驾护航。

三　当前业务

（一）接送机站

截至目前，携程用车国内接送机站业务已覆盖境内 227 个机场、404 个火车站，国内机场覆盖率超过95%，日均订单量超2万单。虽然2020年受疫情影响订单量有所下降，2020年10月开始已恢复至上一年度同期水平。

携程用车接送机站采用的是“携程专车”自营品牌+接入第三方网约车平台的混合模式，优势如下：一是自营品牌可以自主定价，为用户提供更多选择；二是兜底作用，保障乘客都能够被服务，携程用车接送机站业务到场无车率仅为千分之二左右，在网约车行业内处于较高水平；三是高品质服务标准，接入的第三方网约车平台大多不会按照聚合平台独特的标准提供服务，如“随时退”“无限等”等，因此自营品牌对践行高品质服务提供了必要保障。

2020年，为了进一步体现高品质、差异化的经营理念，携程用车对豪华车型接送机站业务进行了全面升级，建立新品牌“携程豪华车”，向全国中高端用户提供安全可靠的高端用车服务，目前携程豪华车覆盖全国29个核心城市。

（二）包车业务

携程用车为旅客提供按天包车业务，产品定位是为旅游和商旅用户提供专业、靠谱的包车服务。7座以下包车服务同接送机站业务一样采用“聚合+自营”的混合模式，对标网约车合规要求，对接入车辆、驾驶员和第三方平台进行严格审核；7座以上包车业务仅通过接入第三方道路运输企业的方式开展运营，要求接入的第三方企业具备相应的道路运输许可证。目前包车业务已覆盖了全国63%以上的城市。

（三）即时打车业务

即时打车业务作为旅游出行的必要补充，用于满足用户即时打车的需求。携程用车的打车业务模式为聚合模式，通过与首汽、滴滴、嘀嗒、曹操等网约车平台合作为旅客提供即时打车服务。目前日均订单量超4000单。

（四）国际用车业务

为践行携程集团国际化的战略，响应集团“深耕国内，心怀全球”的号召，携程用车业务逐步拓宽海外市场，目前国际市场已覆盖100余个国家和地区的2000多个城市。值得一提的是，携程用车为外国来中国的旅客提供多种语言客户服务，全面提升入境旅客旅游体验。

四　核心能力

（一）利用集团大数据优势实现订单精准匹配

携程用车背靠携程集团，集团充足的旅游数据资源为用车业务提质量、降成本提供了保障，利用机票、酒店、火车票、旅游等大数据，携程用车可以实现全面、及时、准确地掌握用户需求，结合接送机站业务强预约属性，从订单派发的角度来看，携程用车接送机站业务能够实现订单最优匹配，最大限度地降低司机空驶时长，达到降低驾驶员空驶率、提升驾驶员收入、提高平台效率等目的。从城市治理角度来看，预约出行作为未来的发展趋势，能够发挥缓解城市拥堵、完善城市大脑、有效配置交通资源的作用，进而协同推动城市治理水平和治理能力的现代化。

（二）通过高质量的改进不断提升用户满意度

携程用车立足携程金牌服务标准，推出行业内领先的四重服务保障。从客人下单开始，只要因非客原因导致的未用车、延误用车等都会有服务人员及时为客人进行退赔保障。在做好对客服务承诺的同时，携程用车内部也在不断地进行质量提升，应用行业内领先的精益六西格玛改进方法，到场无车率和司机迟到率持续降低，2020年更是达到行业内标杆水平。用户下单应单率达到98%，真正确保用户无论何时何地都能够安全可靠的用车。2020年，携程用车带头启动了司机行中服务“0”缺陷的行业自律标准，通过半年的改进，行中服务达成率达到97%，处于行业领先水平。

行业用户满意度调查（NPS）显示，携程用车品牌连年推荐率行业领先（用户针对预定便捷、支付便捷和接驳便捷的推荐率很高），2020年第四季度更是取得58%的好成绩。在做好用户侧满意的同时，携程用车也关注自身的社会责任，在疫情期间对自营司机予以关怀，减免保险费用和降低佣金，司机在线满意度达到70%。

（三）通过安全保障体系保障司乘安全

携程用车通过对驾驶员进行全方位身份信息审核以及对人员驾驶证、网约车驾驶员证、车辆行驶证与网约车运输证验真等方式，最大程度从源头降低发生治安及刑事案件的风险；通过线上线下驾驶员岗前培训、日常安全教育、日常考核等方式，提升驾驶员安全意识、防御性驾驶能力和突发安全事件处置能力；通过行程中的一键报警、紧急联系人、行程分享、异常停留和轨迹偏移预警等功能，为乘客安全提供保障，同时加强司机防疲劳的管理，严格科学限制司机在线工作时段，降低事故发生率。建立交通事故、治安事件、自然灾害、公共卫生事件应急处置预案，实现突发事件全过程的妥善处置，同时为每笔订单投保承运人责任险附加司乘人员责任险，最大程度保障司乘权益。

（四）立足场景化特点提升产品力

为了在服务上进一步解决坐飞机出行人群的痛点，吸引更多携程用户在预订机票后选择接送机。携程用车贯彻携程“高品质”战略，深化网约车高品质、差异化发展的实践，作为首家提供无限等和免费退服务的平台，推出“无忧行”服务，助推网约车高品质发展。根据用户调研发现，国内航空旅客在接送机用车服务上，最关心的两大问题为取消政策（65%）和等待政策（60%）。携程用车“无忧行”服务，让旅客无须考虑因临时取消或者超时等待而产生的费用和麻烦。为保障司机利益，针对用户临时取消接机订单，平台为受到影响和损失的司机提供“客户爽约补贴”。司机可以获得订单金额30%的补贴，根据车型不同，补贴上限30～60元不等。对于超过一个小时以上的长时间超时等待，平台将为受影响的司机提供“超时等待补贴”，按照1元/分的标准执行，上限为100元。

五　未来规划

携程用车将继续实行“543”策略，即服务5分、产品4分、价格3分的业务发展策略。服务方面，运用先进的质量管理理论，不断提升服务质量，努力实现“0”缺陷；产品方面，推出无限等、随时退等符合旅游场景用车特点的创新服务，同时在目前最短提前预订期0.5小时、最长180天的基础上，进一步缩小最短预定期，不断加长最长预订期，进而提升旅客整体用车体验；价格方面，在旅游预约用车场景采购成本偏高的情况下，携程用车价格将尽力与行业价格保持在同一水平之上，做到质优价廉、物超所值。

在用户安全方面，携程用车将继续按照网约车相关法规政策要求，在车辆及人员资质审查、行中安全保障、应急事件处置、保险兜底理赔等方面严格把控并持续改进。

在司机关怀方面，携程用车在更加关注司机收入、保障司机权益的基础上，2021年开始，启动了“蓝海豚计划”，为遭遇重大疾病、大病手术和重度残疾的携程专车司机及其直系亲属提供一年的关怀补贴。

携程用车以为全世界旅游用户提供安全可靠的用车服务为使命，深耕旅游垂直场景中的网约车服务，努力成为“旅游+交通”融合发展的典范。

S 基本子库
UB DATABASE

中国社会发展数据库（下设 12 个子库）

整合国内外中国社会发展研究成果，汇聚独家统计数据、深度分析报告，涉及社会、人口、政治、教育、法律等 12 个领域，为了解中国社会发展动态、跟踪社会核心热点、分析社会发展趋势提供一站式资源搜索和数据服务。

中国经济发展数据库（下设 12 个子库）

围绕国内外中国经济发展主题研究报告、学术资讯、基础数据等资料构建，内容涵盖宏观经济、农业经济、工业经济、产业经济等 12 个重点经济领域，为实时掌控经济运行态势、把握经济发展规律、洞察经济形势、进行经济决策提供参考和依据。

中国行业发展数据库（下设 17 个子库）

以中国国民经济行业分类为依据，覆盖金融业、旅游、医疗卫生、交通运输、能源矿产等 100 多个行业，跟踪分析国民经济相关行业市场运行状况和政策导向，汇集行业发展前沿资讯，为投资、从业及各种经济决策提供理论基础和实践指导。

中国区域发展数据库（下设 6 个子库）

对中国特定区域内的经济、社会、文化等领域现状与发展情况进行深度分析和预测，研究层级至县及县以下行政区，涉及省份、区域经济体、城市、农村等不同维度，为地方经济社会宏观态势研究、发展经验研究、案例分析提供数据服务。

中国文化传媒数据库（下设 18 个子库）

汇聚文化传媒领域专家观点、热点资讯，梳理国内外中国文化发展相关学术研究成果、一手统计数据，涵盖文化产业、新闻传播、电影娱乐、文学艺术、群众文化等 18 个重点研究领域。为文化传媒研究提供相关数据、研究报告和综合分析服务。

世界经济与国际关系数据库（下设 6 个子库）

立足“皮书系列”世界经济、国际关系相关学术资源，整合世界经济、国际政治、世界文化与科技、全球性问题、国际组织与国际法、区域研究 6 大领域研究成果，为世界经济与国际关系研究提供全方位数据分析，为决策和形势研判提供参考。

法律声明